国家社科基金重点项目结项成果(13AFX018)

福建师范大学法学院

资助出版

《国有股权行使法律问题研究》课题组的组成：

负责人：王新红

成　员：魏树发　张　琳　刘玉梅　杨雄壬　武欣玲

国家社科基金丛书
GUOJIA SHEKE JIJIN CONGSHU

国有股权行使
法律问题研究

Research on the Legal Issues of the Exercise
of State-owned Equity

王新红　等著

人民出版社

目　　录

第九章　国有股权行使之实践论

绪　　论

一、研究的意义

（一）理论意义

产权的公共性是国有股权区别于私有股权的重要特点。长期以来，西方产权理论对公有产权多有诟病。他们认为，公有产权是没有效率的，主张私有化。在我国国有企业改革的历程中，私有化的主张也一直甚嚣尘上。研究国有股权行使法律问题，从理论上回应对公有制基础上的股份制的各种质疑，论证在公有制基础上实行股份制是可行的，证明国有股权可以是有效率的产权制度安排，意义重大。

国有股权是当前企业国有资产的主要存在形式，具备"国有"和"股权"的双重特质，其权利属性融合了公权与私权的双重特点，应成为经济法权利研究的重要对象。[①] 在私法领域，《民法典》确立了公共财产权和私有财产权平等保护的原则。但是，以私人本位为基础的私法在公共财产权保护方面存在着不足。就股权行使来说，《公司法》关于股权行使的法律规定不足以规范和保障国有股权的行使。探讨国有股权的特殊性，提出指导国有股权行使的基本理论，丰富和发展公共财产权行使和保护的理论，为"毫不动

---

① 参见张培尧：《论国有股权的基本属性》，《北方法学》2012 年第 2 期。

摇地巩固和发展公有制经济""将股份制作为公有制经济的主要实现形式"提供法学理论支撑实属必要。

（二）实践意义

"公有制为主体、多种所有制经济共同发展"是我国的基本经济制度。党的十九大报告也一如既往地强调"毫不动摇地巩固和发展公有制经济"。国有经济是公有制经济的主要形式，国有企业是国有经济的微观载体。我国自 1992 年党的十四大确立建立中国特色社会主义市场经济体制以来，就将建立现代企业制度作为国有企业改革的目标。1992 年，党的十四大提出积极试行股份制并总结经验；1997 年，党的十五大提出股份制是公有制经济的实现形式之一；1999 年，党的十五届四中全会提出对国有大中型企业，宜于实行股份制的，要改为股份制企业；2002 年，党的十六大要求积极推行股份制；2003 年，党的十六届三中全会进一步明确股份制应成为公有制经济的主要实现形式。时至今日，国有企业现代企业制度建设已经基本完成，绝大部分国有企业已经改组为公司，股份制已成为我国公有制经济的主要实现形式。国有企业建立现代企业制度后，国有股权的行使问题成为国有资产管理和国有企业运营的关键问题、核心问题。建立和完善国有股权行使的法律制度体系，保证国有股权的正确行使、有效行使成为时代之需，当务之急。

2015 年 8 月，《中共中央、国务院关于深化国有企业改革的指导意见》（以下简称《指导意见》）提出，以管资本为主加强国有资产监管，这是新时代对国有资产监管工作提出的新要求；2015 年 11 月，国务院发布的《关于改革和完善国有资产管理体制的若干意见》提出："准确把握国有资产监管机构的职责定位。国有资产监管机构作为政府直属特设机构，根据授权代表本级人民政府对监管企业依法履行出资人职责，科学界定国有资产出资人监管的边界，专司国有资产监管，不行使政府公共管理职能，不干预企业自主经营权。"2016 年 12 月，中央深化改革领导小组第 30 次会议审议通过了

《国务院国有资产监督管理机构以管资本为主推进职能转变方案》。在现代企业制度语境下，所谓"管资本"，就是出资人依法行使股权，不干涉国有公司经营的具体事务，国有公司依法行使经营自主权。在完成这种转变后，如何对国有公司实行有效的监管成为现阶段面临的突出问题。

以上目标的实现，国有企业必须在新的起点上进一步深化改革。建构国有股权行使法律制度，解决国有股权运行实践中亟待解决的国有股权行使的主体问题、权能问题、控制问题、股权转让问题、监督问题等各种法律问题，保障国有股权安全、高效地行使。

二、研究现状述评

我国改革开放 40 多年，国有企业改革一直是经济体制改革的核心，也是学术关注的重点领域。学术界在 20 世纪 80 年代，围绕搞活国有企业进行研究。党的十四大后，围绕国有企业建立现代企业制度进行研究。公司是现代企业制度的表现形式，国有企业公司制改造逐渐成为研究的重点。进入 21 世纪，随着国有企业公司制改造的推进，越来越多的国有企业改制成了公司，于是，国有公司的治理和国有股权的行使问题进入学者们的视野。

不过，研究成果主要是经济学方面的，纯法学或以法学为主的研究成果相对较少。就对国有股权的法学研究来说，做了系统阐述的专著主要有：石少侠的《国有股权问题研究》，程合红、刘智慧、王洪亮的《国有股权研究》，肖海军的《国有股权法律制度研究》，漆多俊等著的《国有企业股份公司改组法律问题研究》，徐晓松等著的《国有股权行使和监管法律制度研究》。另外，还有一些专著聚焦于国有股权相关的某个法律问题，如张培尧的《国有控股权行使法律制度研究》、肖海军的《国有股权代表人制度研究》。尽管对国有企业研究的法学研究成果相对于经济学的研究成果较少，但从发表论文的绝对数量上看，也是蔚然可观的。学者们就国有股权的诸多理论问题和实践问题进行了广泛、深入的讨论，达成了广泛的共识，但许多

国有股权行使法律问题研究

问题并未解决，仍有深入探讨的必要。

（一）达成的共识

1. 政企分开、政资分开理论

政企分开是国有企业改革之初提出的一种处理政府与国有企业关系的理论，其含义是政府的职能与企业的职能分开，是针对当时政府统一组织社会生产和直接管理企业提出的。但是，仅仅有政企分开是不够的，在推行政企分开实践过程中，国有企业曾经走入了"一放就乱、一收就死"的怪圈。有学者分析指出，由于国家既是行政权的行使者，又是国有企业财产的所有者，国家对国有企业有行使行政权和所有权的双重权利。国家机关特别是国有企业的上级主管机关，在与国有企业发生关系时，往往把这两种权利不加区分，使得"政企不分""以党代政"现象时有发生。① 于是，在政企分开理论的基础上，又产生了政资分开理论，其含义是政府的公共管理者职能和国有资产所有者职能应当分开。正是在政企分开、政资分开理论的指导下，《宪法》才改"国营企业"为"国有企业"；国有资产管理体制才发生了翻天覆地的变化。进入新时代，我国仍然存在政企不分、政资不分的情况，但要建立中国特色的国有股权行使制度，仍然必须强调政企分开、政资分开。

2. 所有权与经营权相分离理论

所有权与经营权相分离理论是20世纪80年代提出的，其要义在于，国有企业的财产所有权属于国家，国家授予经营权给国有企业。该理论的提出，解决了政企分开后，国有企业经营的权源问题。在国有企业建立现代企业制度的背景下，现代企业制度所具有的两权分离特性，又似乎为所有权与经营权相分离理论提供了注解。美国学者伯利和米恩斯在其1932年出版的著作《现代公司与私有财产》一书中提出了公司所有权与控制权分离的命题，并对由该命题推导出的公司委托代理理论进行了深入研究，董事们与管

---

① 参见崔勤之：《崔勤之文集》，社会科学文献出版社2014年版，第37—39页。

004

理者的利益可以同公司所有者的利益相背离，并且他们通常就是这样做的。①
有学者指出，西方的两权分离理论恰好迎合了国有企业改革的需要，找到了
本土化生长的土壤。中国经济领域的两权合一走向两权分离是现实也是必然
选择。② 2015 年《指导意见》将所有权与经营权相分离作为深化国有企业改
革的基本原则加以确立。

3. 国有股权具有公共属性

学者们普遍认为，国有股权由国家所有权转化而来，具有公共属性。由
这种公共属性所决定，国有股权的行使制度应当与私有股权的行使制度不
同。如张培尧指出，国有股权的公共权利本质决定了其权利行使制度兼具公
法性和私法性规范的双重特点，但这并不意味国有股权的行使可以任意适用
公法或私法规范。"国有股权在根本上属于股权之一种，其权利行使必须以
《公司法》为首要依据；但同时也不能不切实际地割裂国有股权所有者与国
有企业出资人之间的关系，完全排斥国家或政府对国有股权行使的管制
措施。"③

4. 应有明确的、不行使公权力的国有股权行使主体

关于国有股权的行使主体，基于政企分开、政资分开的基本要求，学者
们普遍认为，要区分国有资产管理者、国有资产所有者代表与国有股持有
者，因政府只宜为国有资产的管理者和所有者代表，而不宜为国有股持有
者，应依法确定相应的国有资产运营机构来作为国有股东。④ "各级行政机
关作为抽象意义上的国有资产所有者的代表，应与国有资产运营机构形成直
接授权关系，而与国有资产营运机构的下属企业或公司无直接法律关系，其

---

① See Berle, A. A., and Means, G. G. The Modern Corporation and Private Property, New York: Macmillan, 116-119, 1932.
② 参见林敏娟：《公共文化服务中的民营企业角色》，中国社会出版社 2014 年版，第 167—168 页。
③ 张培尧：《国有控股权行使法律制度研究》，中国法制出版社 2014 年版，第 38 页。
④ 参见程合红、刘智慧、王洪亮：《国有股权研究》，中国政法大学出版社 2000 年版，第 247—251 页。

只能依据公司法行使股东权益或者依据抽象行政行为管理这些企业，其主要行使权利的对象应是国有资产运营机构，国有资产运营机构亦为国有资产的投资人，是真正意义上的国有股持有人和股权行使主体，主要包括中央及各级政府的国有资产运营机构。"[①]

5. 完善国有公司内外部监督机制，防治国有资产流失

国有公司的监督问题始终是学者们关注的焦点，学者们普遍认为，国有公司的监督机制不健全、未能有效防治国有资产的流失，因此必须完善国有公司的内、外部监督机制。

内部监督方面，存在的问题主要有：监事会的独立性弱、知情权得不到有效保障、监事的专业技能不足、有关监事的法律责任设置不合理等。[②] 故应当：（1）采取措施加强监事会的独立性；（2）赋予监事会履职所必需的职权；（3）对国有公司监事任职资格做出规定，强调具备财经、法律等专业知识的人才能担任监事；（4）合理设置监事的法律责任。

外部监督方面，外部监督的主体具有广泛性，存在监督职责重叠、有些外部监督没有考虑国有公司的特殊性、监督责任不明等问题，应充分发挥各种监督主体在国有企业监督中的作用，明确各类监督主体的监督职责、监督方式和监督责任。

6. 其他共识

此外，学术界还在诸如国有股的持股方式、国有股划转充实社会保障基金、国有股转让等许多具体问题上达成了共识，在此不一一列举。

2008 年全球金融危机以来，西方发达国家的经济陷入停滞，而中国经济却依然欣欣向荣。国有企业在抵御金融危机中发挥了中流砥柱的作用。这其中，包括法学学者在内的学者们所做的卓有成效的研究功不可没。

---

① 漆多俊主编：《国有企业股份公司改组法律问题研究》，中国方正出版社 2002 年版，第 82 页。

② 参见吴凡、卢阳春：《我国国有企业公司治理存在的主要问题与对策》，《经济体制改革》2010 年第 5 期。

（二）需要继续深入探讨的问题

尽管达成了广泛的共识，但国有股权行使方面仍然有许多法律问题有待深入研究，这是因为：一方面，学者们对大量的问题仍然存在较大分歧，需要继续探索；另一方面，我国国有资产管理体制和国有企业改革均仍处于"进行式"，而不是"完成式"，不仅有许多新问题不断涌现，而且原来达成的共识也可能再次受到质疑，有重新研究的必要。具体来说，以下问题需要继续深入探讨：

1. **国有股权行使的基础理论**

国有企业实行股份制，是国家政策推动的，理论准备并不充分，股份制企业的生成原理与传统国有企业大相径庭，且有些已经达成共识的理论，因为时过境迁，有重新探讨的必要。例如，已经达成共识、并被《指导意见》所确认的所有权与经营权相分离理论，本书主要作者王新红认为是需要检讨和批判的。因此，有必要为国有股权行使寻找新的理论支撑。

2. **关于国有资产管理体制**

党的十八届三中全会通过的《中共中央关于全面深化改革若干重大问题的决定》［以下简称《决定》（2013）］提出"以管资本为主完善国有资产管理体制"，这对国有股权行使制度产生哪些重大影响，需要认真对待。

3. **关于国有股权行使主体**

国有股权行使主体制度是国有股权行使制度的主要内容之一，学界对国有股权行使主体的研究，有共识，也有分歧。分歧主要体现在对国有资产监督管理机构的定位问题上。顾功耘等人认为，自成立伊始，国有资产监督管理机构便因身兼出资人和监管人双重身份和职责而备受理论界和实务界的指责。这种身份双重性是经济体制由国家主导型向市场主导型过渡的特殊产物。在这样的定位下，国有资产监督管理机构承担过多政府赋予的行政职能，不能专心做出资人，引起企业的非议，在不能合理完成政府交办的事项时又会被政府责难，成为企业和政府间的"夹心饼"。当前国有资产监督管理机构履行出资人职责的主要模式有通过集团公司间接持股、通过平台公司间接持股和直接持股三种。从长远来看，今后国有资产监督管理职能与出资人职能应当分别由不同的部门或组织来行使，要么是监管职能从国有资产监督管理机构分离，单独再设一个专门的国有资产监督管理机构，要么是出资人职责从国有资产监督管理机构分离，由专门的国有投资控股公司行使该职能，而将国有资产监督管理机构还原为一个纯粹的监管机构。① 李曙光（2009）认为，《企业国有资产法》中一个很重要的制度创新在于它建构了一个委托人、出资人、经营人、监管人、司法人"五人"的区别法律定位与关系的雏形。委托人、出资人、经营人、监管人、司法人"五人"各有定位、相对独立、职责明确并互相协调，构成我国国有资产法律保护的基础性法律关系和《企业国有资产法》的法理基石。国有资产监督管理机构的法律定位应是一个"法定特设出资人机构"，是"特殊商业目的法人"。由此，"国有资产监督管理委员会"应改名为"国有资产经营管理委员会"，国有资产监督管理机构应该是一个"航母级"的资本运营中心。它本身应该建立资本运营中心治理结构，应有自己的战略规划委员会、风险控制委员会、提名委员会、薪酬委员会和审计委员会。现有的"国有资产监督管理委员会"应据此设计思路进行改革。② 本书主要作者王新红认为，设立国有资产监督管理机构，由其代表政府对国家出资企业履行出资人职责和监管职责，结束国有企业"产权主体缺位"和"九龙治水"局面，是现行国有资产管理体制的巨大进步。但国有资产监督管理机构集出资人代表、监管者和规则制定者三重身份于一身，同时履行出资人职责、监管职责及相关规则制定职责的"顶层设计"也存在重大缺陷：国有资产监督管理机构身份错位，导致其承

---

① 参见顾功耘等：《国有资产监督管理机构履行出资人职责模式研究》，《科学发展》2012年第9期。

② 参见李曙光：《论〈企业国有资产法〉中的"五人"定位》，《政治与法律》2009年第4期。

担的多项职责相互冲突；国有资产监督管理机构代表政府对多家国家出资企业履行出资人职责，导致难以克服的普遍性关联问题；国有资产监督管理机构履行出资人职责的行为存在巨大的道德风险，需要专门监督，但现行国有资产管理体制缺少对履行出资人职责行为的专门监督机构和监督制度安排。①另外，国有股权行使主体的体系化研究存在明显的不足，对国有资本投资、运营公司作为国有股权行使主体的研究才刚刚起步。

4. 关于国有股权的权能

国有股权是股权，其权能也主要包括资产收益权、重大事项决策权和选择管理者的权利。但是，国有股权的国有性质决定了其各项权能的行使具有特殊性。学界对国有股权权能的特殊性的研究存在不足，有待进一步深入研究。

5. 关于国有股权行使的监督

国有股权行使的监督问题，虽然一直受到学者们的关注，研究中也达成了不少共识。但是，实践反映出的问题仍然十分严重，国有资产流失现象仍然未能得到有效的遏制。对国有股权行使的监督研究，需要创新研究的思路。

6. 关于国有股权的划转

为弥补社会保障基金之不足，我国采取了利用国有资本充实社会保障基金的措施。先后采取的方式有"国有股减持""国有股转持""国有股划转"。国有股划转是党的十八届三中全会确定的新举措，这一新举措将会给国有股权行使制度带来怎样的影响，如何更好地实现国有股划转的目的，学术界必须予以回应。

7. 关于党组织参与国有股权行使和参与国有公司治理

自习近平同志在全国国有企业党的建设工作会议上的讲话发表之后，学

---

① 参见王新红：《论企业国有资产管理体制的完善——兼论国有资产监督管理机构的定位调整》，《政治与法律》2015 年第 10 期。

界掀起研究党组织参与国有公司治理的高潮。但是，研究主要是党建学界的学者，其他学科的学者倾注的研究热情明显不够，甚至还有学者认为，党组织参与国有公司治理是强调政治权力对公司治理的介入，是有违公司法基本原则的"中国特色"。这些造成了对该问题的研究不够深入。特别是由于缺少法学学者的参与，党组织参与国有公司治理的法治意义未能彰显，党组织参与国有公司治理的制度未能有效建构。而有关党组织参与国有股权行使的研究更是空白。如何构建客观、理性、科学的党组织参与国有股权行使和国有公司治理的制度应是今后研究的必然趋势。

8. 关于国有股权的处分

《企业国有资产法》第7条规定："国家采取措施，推动国有资本向关系国民经济命脉和国家安全的重要行业和关键领域集中，优化国有经济布局和结构，……"国有资本要有进有退，国有股权的处分，是国有资本退出某些领域的实现方式。国有股权的处分问题，集中表现为国有资产在国有股权处分时流失。尽管学术界对此高度重视，投入了大量的研究力量，殚精竭虑，但国有资产在国有股权处分时流失的脚步并未停歇。国有股权处分成为国有企业管理者和政府相关管理部门某些人的饕餮盛宴。如何规范国有股权处分行为，有效防治国有资产的流失，是国有股权处分制度建构的核心问题。

三、研究思路和主要内容

（一）研究思路

本书是国家社科基金重点项目"国有股权行使法律问题研究"的结项成果。在项目研究中，遵循理论来源于实践并指导实践的基本路径，从新时代中国特色社会主义建设中国有企业在新的起点上进一步深化改革的伟大实践出发，在国有企业混合所有制改革、国有企业分类改革的背景下，在企业国有资产管理体制从"管资产"为主向"管资本"为主转变的过程中，检讨我国现行国有股权行使制度存在的不足；通过研究国有股权区别于私有股权的特殊性，提出国有股权的两权分离理论，并以之为基础，重构国有股权行使的法律制度。

（二）主要内容

1. 国有股权行使之基础论

首先，对20世纪80年代提出的，在中国国有企业改革30多年来一直居于指导地位的所有权与经营权相分离理论进行了深入的分析和深刻的检讨。所有权与经营权相分离理论是特定历史条件下的产物，在国有企业建立现代企业制度的背景下，不仅无存在的价值，而且为政府不当干预国有企业的经营活动提供了借口，贻害无穷。国家所有的财产投入到国有企业后，就不再属于国家所有，而是属于被投资的国有企业所有，国家取得的对价是出资人权。国有企业不存在所有权与经营权相分离的问题。经营自主权是国有企业作为营利法人所固有的，不是国家授予的。国有企业进行以建立现代企业制度为目标的改革，现代企业存在出资人权与企业控制权相分离的"两权分离"现象，其与所有权与经营权相分离的含义相距甚远。前者是要解决的问题；而后者却是一种制度安排，是作为解决政企不分问题的对策提出的，是解决问题的方法。前者的权利主体分别是出资人和企业管理者，是企业内部的"两权分离"，反映了本应属于出资人的控制权旁落到了管理者的手中，导致了"内部人控制"这一弊病；后者的权利主体分别是企业财产的所有人和企业本身，涉及的是企业与外部的关系，是作为处理企业与政府关系的原则被人为设计的。

其次，探讨了股份制与所有制的关系，深入揭示了公有制基础上的股份制与私有制基础上的股份制在生成原理、运行机制及需要解决的问题等方面的共性和各自的特殊性。国有股权的行使，应当遵循股权行使的一般原理，符合股权行使的一般要求，但同时必须注意到国有股权行使的特殊规定性，对各种私有化的主张进行批判和回应。

再次，对现代西方经济学有关现代企业制度的委托代理理论、产权理论、控制权理论进行了批判性的研究，吸收其有益的成分用于指导国有股权行使的实践。重点关注了国有产权的特殊性、国有股权行使中委托代理关系的特殊性、国有公司控制权行使的特殊性。

最后，在前面分析的基础上，提出了国有股权行使中的两权分离理论，即国有股权行使存在名义股东与实质股东的分离，股权与股权行使权的分离。国有股权两权分离的特点决定了国有股权行使制度的核心是规范和保障名义股东的股权行使权，防治其股权行使行为的道德风险。

2. 国有股权行使之体制论

国有股权行使的主体与国有资产管理体制密切相关，本部分探讨我国的企业国有资产管理体制，阐释党的十八大以来国有资产管理体制的新变化，论述这种新变化对国有股权行使的影响。

3. 国有股权行使之主体论

探讨国有股权行使主体体系构成，国有股权行使主体体系是一个立体的体系，基于多级委托，有实质股东、中间层股东和名义股东；在每一个不同的层级，又有诸多不同的主体。重点探讨国有资产监督管理机构、国有资本投资、运营公司作为国有股权的主体的法律问题。党的十八大以来国有资产管理体制的新变化体现在国有股权行使主体上，就是：（1）国有资产监督管理机构的职能从"管资产"向"管资本"转变；（2）出现了国有资本投资公司和国有资本运营公司两类新的国有股权行使主体。故本部分重点探讨国有资产监督管理机构，国有资本投资、运营公司作为国有股权的主体的法律问题。

4. 国有股权行使之权能论

国有股权与其他股权一样，其权能主要包括选择管理者的权利、参与重大事项决策的权利和资产收益的权利。但是，国有股权的权能行使与其他股权的行使是有差异的。基于差异的存在，探讨国有股权权能的特殊性及其制度保障是本部分内容的主旨。

5. 国有股权行使之监督论

由于国有股权存在两权分离，国有股权行使的监督制度成为国有股权行使制度的核心制度，能否建构有效的国有股权行使监督制度体系，决定了国有股权行使制度的成败。本部分试图在总结现有监督制度的得失基础上提出监督制度优化的建议。

6. 国有股权行使之划转论

划转部分国有资本充实社会保障基金这一重大举措对国有股权行使的影响也是重大的。（1）用于划转的国有资本仅限于国有股权，即划转国有资本就是划转国有股权；（2）代表社会保障基金承接所划转的国有资本的承接主体成为极其重要的国有股权行使主体。本部分以国务院发布的《划转部分国有资本充实社会保障基金实施方案》为研究对象，总结其得失，提出优化的具体意见。

7. 国有股权行使之党组织参与论

本部分通过对 2016 年 10 月习近平同志在全国国有企业党的建设工作会议上的讲话中提出的"将党组织内嵌到国有公司治理结构中，明确和落实党组织在（国有）公司法人治理结构中的法定地位"的学习，探索党组织参与国有股权行使和国有公司治理的理论依据和现实方法。

8. 国有股权行使之处分论

本部分围绕《企业国有资产交易监督管理办法》关于国有股权处分的主体、处分的权限、法律责任等实体规定和国有股权处分的内部决议程序、审批程序、评估程序、交易程序等程序规定进行阐述。在评析国有股权转让相关实体和程序规范的基础上，指出其存在的缺陷，并提出了相关完善措施。

9. 国有股权行使之实践论

本部分以福建省人民政府国有资产监督管理委员会的国有股权行使为例，对国有股权行使的实践进行描述，揭示国有股权行使的实践状态，反映国有股权行使中存在的真实问题，是本项目研究立足实践的体现和从实践中来的重要成果。

四、主要创新与需要继续研究的问题

（一）主要创新

本项目成果是在学界已有研究的基础上取得的，相较于已有研究，既有论证体系的创新，也有观点的创新。

（1）从基础论、体制论、主体论、权能论等9个方面阐述国有股权行使的法律问题，建构了最为完整的国有股权行使法律问题的研究框架。其中，划转论、党组织参与论是同类研究尚未涉及的领域。①

（2）全面深入地检讨了指导中国国有企业改革的基础性理论——国有企业所有权与经营权相分离理论，毫不含糊地指出，国有企业所有权与经营权相分离理论是特定历史条件下的产物，在国有企业建立现代企业制度的背景下，该理论已经过时，应当抛弃。

（3）深入分析了"两种股份制"——建立在公有产权基础上的股份制与建立在私有产权基础上的股份制——的差异。虽然股份制是社会化的产物，与社会化相适应，不同所有制企业都可以采用股份制的组织形式，但它最初是建立在私有制基础上，并作为调和私有制与生产社会化之间的矛盾所出现的企业组织形式。股份制的出现，克服了资本的私人所有制与社会化大生产之间的矛盾。但股份制在克服私人资本局限的同时带来了新的问题——"两权分离"问题，即在股份制企业中，存在剩余索取权与公司控制权相分离的现象，存在管理者为了自己利益而损害出资人利益的道德风险，为了防治这种道德风险，在股份制数百年的发展历程中，各国形成了较为完善的股份制企业治理机制。国有企业天然存在出资人与管理者相分离的状况。国有企业天然存在"两权分离"问题，我国国有企业改革选择了股份制企业作为

———————————

① 对划转国有资本充实社会保障基金和党组织参与国有公司治理，学界主要是从社会保障、党建角度的研究，从法学角度的研究少之又少，迄今未发现有将之纳入国有股权行使法律问题的研究。

目标模式，是为了借鉴西方股份制企业的治理机制。但是，公有制基础上的股份制及其两权分离与私有制基础上的股份制及其"两权分离"存在重大差异，我们在学习引进西方股份制制度的时候，必须正视两种不同产权基础的股份制的差异，并在此基础上建立中国特色的国有股份制企业法律制度。我国目前对国有股份制企业采取的"鸡尾酒式"混合治理模式，以大陆法系的股份公司治理机制为蓝本，吸收、借鉴英美法企业治理的某些制度，并将之与保留下来的传统国有企业管理制度中的党对企业的政治领导、党管国有企业的管理者以及职工民主管理相融合。既体现了吸收一切人类文明成果为我所用的开放态度，又立足于"中国问题"，重视本土资源。从总体上看，是恰当的、有效的。

（4）对西方产权理论、委托代理理论进行批判，吸收其有益成分，提出国有股权的两权分离理论。国有股权行使主体不是企业国有资产的终极所有者，只是经多级委托代行国有股权的名义股东，存在实质股东与名义股东的分离，这种分离必然导致股权与股权行使权的两权分离。基于委托代理，作为实质股东代表的政府应该享有选择、变更名义股东权，制定股权行使规则权，以及对名义股东股权行使的监督权，其中后两项权利可以授权国有资产监督管理机构行使；名义股东享有股权行使权，即以股东名义对国家出资公司行使股权。国有股权两权分离的特点决定了国有股权行使制度的核心是：规范和保障名义股东的股权行使权，防治其股权行使行为的道德风险。

（5）以国有股权行使主体与监督主体分立为主要内容重构国有股权行使主体制度。针对现行企业国有资产管理体制存在的监管规则不统一、出资人职责和监督职责相混同的弊病，提出：第一，剥离国资委的出资人职能，扩充国资委的监管职能，实现监管规则的统一和监管对象的"全覆盖"；第二，以国有资本投资、运营公司取代国资委代表政府履行出资人职责。

（6）以监督权源为标准，重构国有股权行使监督制度体系。针对国有股权行使监督存在的监督主体繁多、监督职责重叠、监督效率低下的问题，提出：第一，按照监督权源的不同，将国有股权行使监督划分为公权力监督、私权利监督和社会权监督；第二，外派监事会监督、出资人监督、国有公司党组织的监督应当融入国有公司治理结构；第三，审计监督、监察监督应当契合国有公司的特点。

（7）优化国有股权划转的方式，使划转成为优化国有资本布局、促进国有公司股份多元化持有、改善国有公司治理机制的契机。

（8）赋予党组织参与国有股权行使的资格是将党组织内嵌到国有公司治理结构，明确和落实党组织在国有公司治理结构中的法定地位的前提条件。深入阐述了党组织参与国有公司治理的理据、原则和实现方式。

（二）需要继续研究的问题

本项目成果在学界已有研究的基础上前进了一小步，尚有许多问题有待更深入的研究。这里，结合本项目成果之不足，提出以下需要继续研究的问题，作为项目组后续努力的方向，也供学界同仁参考。

（1）关于国有股权行使的社会影响因素。任何制度都是在特定的社会环境下发挥作用的，受到社会环境的影响。因此，全面认识影响国有股权行使的环境因素，是建构高效的国有股权行使制度所不可或缺的。本书作者虽然深刻地认识到了这一点，也做出了一些努力，但由于受专业、能力所限，未能全面系统地阐述影响国有股权行使的社会环境因素，以及这些因素如何影响国有股权行使制度。

（2）关于国有股权行使的基础理论。项目组在批判国有企业所有权与经营权相分离理论的基础上，提出国有股权与国有股权行使权相分离的理论，并以该理论为基础，对国有股权行使中的一系列理论问题和实践问题进行了阐述。但是，对于国有股权和国有股权行使权分离与现代股份制企业普遍存在的控制权与剩余索取权相分离的状况缺乏深入的对比研究，没有突出前者相较于后者的特殊性；国有股权区别于私有股权的根本特征在于国有股权是一种公共财产权，而对于公共财产权的法学研究明显不够，对于公共财产权的行使制度和保护制度的立法，明显不足，未能很好地规范和保障公共财产权。本书主要作者王新红提出的国有股权与国有股权行使权相分离的理论只是公共财产权理论的重要组成部分之一，关于公共财产权的基础理论，尚有诸多问题有待深入研究。就国有股权的行使来说，中央政府与地方政府分别代表国家行使国有股权的理论依据、制度安排等，就是未决的难题，尚需深入研究。

（3）关于国有股权行使的具体法律问题。本项目研究成果从体制论、主体论、权能论、监督论、划转论、处分论等方面对国有股权行使的具体法律问题进行了研究，体系完整。但是，对各具体法律问题的阐述，不够深入。例如，关于国有股权行使监督的法律问题研究，对影响监督制度的社会环境因素、对社会监督的研究等，均有待加强；再如，关于国有股权行使主体制度的研究，本书主要作者王新红提出改变以国有资产监督管理机构为核心的国有股权行使制度，以国有资本投资、运营公司为核心重构国有股权行使主体制度的设想。这种设想只是初步的，有待更深入的研究；又如，关于党组织参与国有股权行使法律问题的研究，本书主要作者王新红提出了国有公司作为营利法人，应当拥有独立的意识能力，而国有公司党组织要接受上级党组织的领导，这在党组织参与国有股权行使的情况下构成一定的紧张关系。这是党组织参与国有股权行使必须解决的难点问题。解决这一问题，需要在制度上明确党组织参与国有公司治理的边界、明确上级党组织对国有公司党组织的领导权限，既要保障党的方针政策在国有公司不打折扣地得到落实和执行，又要维护国有公司的经营自主权。但是，如何为党组织行使国有股权设置限度，尤其是上级党组织对国有公司党组织进行领导的职权范围，也有待更深入地研究。

第一章　国有股权行使之基础论

国有股权行使问题的提出，源于中国国有企业以建立现代企业制度为目标的改革，探讨国有股权行使法律问题，首先必须总结指导国有企业改革的理论，及国有企业走上股份制道路的原因，在此基础上进一步探讨国有股权行使的特殊性。本章阐述国有股权行使的基本理论问题，对国有企业所有权与经营权相分离理论进行检讨；在比较分析公有制基础上的股份制与私有制基础上的股份制之间的差异及其对制度的特别诉求的基础上，提出国有股权与国有股权行使权相分离的理论。

第一节　国有股权的含义、性质和分类

一、国有股权的含义

"概念乃是解决问题所必需的和必不可少的工具。没有限定的专门概念，我们便不能清楚地和理智地思考法律问题。"[1] 研究国有股权行使法律问题，首先必须准确界定国有股权的概念。国有股权是股权的属概念，所谓股权，是指股东基于对公司的投资而对公司享有的参与重大事项决策、选择管理

---

[1] ［美］E. 博登海默：《法理学——法哲学及其方法》，邓正来、姬敬武译，华夏出版社1987 年版，第 465 页。

者、资产收益等权利。根据股权的定义，所谓国有股权，是国家授权的投资主体因其以国有财产进行投资从而在公司中享有的参与重大事项决策、选择管理者、资产收益等权利。①

1991 年，《关于在股份制试点中加强维护国有资产权益的通知》首次提出"国有股权"一词。1992 年，《股份制试点企业国有资产管理暂行规定》第 3 条明确规定，对于用国有资产入股形成的股份，可以视股权管理的不同情况分别构成国有法人股和国家股。前者是全民所有制企业用国家授予其自主经营的国有资产向独立于自身的股份制试点企业进行投资而形成的股份；后者是有权代表国家投资的政府部门或者机构以国有资产向股份制试点企业投资所形成的股份，二者在性质上都属于国家所有，统称为国有资产股，即国有股。这一规定为《股份制试点企业国有股权管理实施意见》和随后国家国有资产管理局和国家体改委正式发布的《股份有限公司国有股权管理暂行办法》所继承。1994—1997 年，国务院启动的百户国有企业建立现代企业制度的试点工作取得了阶段性成果，体制机制有了重大的创新。② 2003 年，党的十六届三中全会提出使股份制成为公有制的主要实现形式，实行经营业绩考核与年薪制，组建国务院国有资产监督管理委员会（以下简称国务院国资委）统一代表国务院对中央企业（不包含金融、文化类企业）履行出资人职责。2013 年，党的十八届三中全会提出要积极发展混合所有制经济，深化国企改革。2015 年，习近平总书记就国企改革提出"三个有利于"为国有股权的行使确立了价值判断标准③，在保证国有股权行使的前提下，解决公有制与市场经济相融合的困境。从 2015 年《指导意见》发布以来，国企改革的主要目标是形成更加符合我国基本经济制度和社会主义市场经济发展要

---

① 参见程合红、刘智慧、王洪亮：《国有股权研究》，中国政法大学出版社 2000 年版，第 51 页。

② 参见安志惠：《混合所有制下国有股权的保护》，《常州工学院学报》2017 年第 3 期。

③ "三个有利于"标准是 2015 年 7 月习近平总书记在吉林省考察调研期间针对国企改革提出的，其内容为：推进国有企业改革，要有利于国有资本保值增值，有利于提高国有经济竞争力，有利于放大国有资本功能。

求的国有资产管理体制、现代企业制度和市场化经营机制，不仅国有资本布局结构要更趋合理，同时还要造就一大批充满活力、善于经营的优秀企业家。以上这些为国有股权的行使提供了重要的制度保障。

二、国有股权的性质

（一）股权的性质

学界对于股权性质的讨论，可谓众说纷纭，有物权说①、债权说②、独立权利说③，等等。我国著名学者江平认为，股权是一种具有财产利益和转让性的权利，是股东因出资而取得的权利。④ 我们赞同认为股权既不是物权也不是债权，而是一种自成一体的独立的权利类型的观点。一方面，法律既然使用了股权这一新的概念，就说明它与物权、债权等权利存在差异，如果没有差异，股权的概念就没有存在的必要；另一方面，从股权的权能来看，包括选择管理者的权利、重大事项决策权和资产收益权等。这些权利既有财产权的性质又有人身权的性质，与物权、债权的权能相距甚远。

（二）国有股权的公共属性

国有股份是由国家所有的财产进行投资所形成的股份，国有股份的形成渠道有多种，就目前而言，我国公司中的国有股份的形成渠道有：（1）通过原国有企业中的财产按对价折换成股份而形成的；（2）从其他法人或者自然人股东处购买形成的；（3）通过"债转股"形成的；（4）在新设立公司时，国家通过财政拨款入股的方式而形成的。国有股份属于国有资产，国家作为国有股份的所有人享有国有股权。国有股权在本质上仍然是股权，但其是具

---

① 参见王利明：《论股份制企业所有权的二重结构——与郭锋同志商榷》，《中国法学》1989 年第 1 期。

② 参见郭锋：《股份制企业所有权问题的探讨》，《中国法学》1988 年第 3 期。

③ 参见江平、孔祥俊：《论股权》，《中国法学》1994 年第 1 期。

④ 参见江平、孔祥俊：《论股权》，《中国法学》1994 年第 1 期。

有公共权利属性的股权。

1. 国有股权来源的公共性

如前文所述，国有股份的形成渠道多种多样，但不同渠道形成的国有股权都是通过国家让渡国有资产的方式取得的。"政府代表国家对用以出资并获取收益的财产享有所有权，但它与私人所有权还是有很大区别，特别对其财产的取得、转让和处分上要受人大、审计机关和监察机关的监督，并非完全由政府或其负责人的自由意志决定。"[①] 根据《企业国有资产法》和《预算法》的相关规定，国有股权的收益最终都和国有资本的经营预算制度联系在一起，从这一点上看，其公共权利的内涵清晰明确。

2. 国有股权存在目的公共性

2015 年《指导意见》指出要将国有企业划分为商业类和公益类。但不管是商业类国有企业还是公益类国有企业，其在经营过程中，无论是为了推动产业的升级与调整，创造公平的市场竞争秩序还是通过国有企业进行政治调节、经济调节和社会调节，其最终目的都是为了维护社会公共利益，反哺社会。国有企业设立目的的公共性，也反映了国有股权存在目的的公共性。

3. 国有股权行使的方式的公共性

国有企业改革的一个重要方向和目标就是实现政企分开。纵观国有企业改革三十几年的实践，这个目标并没有很好地实现。现阶段，国有股权的行使方式主要是在层层授权的基础上通过委托代理实现的，由履行出资人职责的机构委派国有股东代表履行股东相应的职权。被委派的股东代表在履行职权时，在涉及公司的合并、分立、解散、申请破产等重大事项时，股东代表和委派的机构还必须要向本级人民政府报告并获得批准，这与私人权利的差异不言而喻。

在股权主体被分为"国家"和"私人"的状态下，"国家"的股权行使与"私人"的股权行使必然存在区别。公司的运行是以私人所有为基础的，

---

① 马俊驹：《国家所有权的基本理论和立法结构探讨》，《中国法学》2011 年第 4 期。

在"国家所有"向"国有股权"的转变过程中，股东与公司的关系就顺势地适用到了政府与国有企业之间的关系。鉴于国有股权公共权利的本质属性，其与私人权利存在着明显的区别，因此，国有股权在行使过程中，起源并服务于私人股权的公司股权制度必然不能直接运用到国有股权行使中去。

4. 国有股权行使法律规制的公私法交融性

国有股权本质上是一种股权，股权是一种私权，故在公司法人的内部运行过程与市场环境中，国有股权应当保持股权具有的一般私法特征。但是，国有股权的所有者是国家，国有股权运行目的具有公益性，意志形成过程中必然受到公法的约束。

有学者从股权由股东出资财产所有权转化而来的角度，提出国有股权的权利属性不可避免地要受到国家所有权的影响与约束，因为，从根本上讲，国有股权是企业国有资产所有权，是国家所有权在公司法上的体现。① 还有学者认为国有股权在性质上其实是对国家所有权公共权利属性的一种继承。② 我们认为，股权无疑是出资人以其财产或财产权益进行出资转化而来，但可以用于出资的财产和财产权益，可以是债权、知识产权、用益物权等依照《公司法》规定可以作为出资的一切财产或财产权益，并不限于出资人享有所有权的财产。因此，认为股权由所有权转化而来的观点有失偏颇。相应地，认为国有股权是企业国有资产所有权，是国家所有权在公司法上的体现的观点和国有股权在性质上是对国家所有权公共权利属性的一种继承的表述都有失偏颇。但由国有股权的公共属性所决定，调整国有股权行使的法律显然包括公法。

---

① 参见许斌龙：《关于国有股权的法理思考》，《改革与战略》2008年第11期。

② 参见徐晓松等：《国有股权行使和监管法律制度研究》，北京大学出版社2016年版，第27页。

三、国有股的分类

（一）国家股和国有法人股

依据投资主体和产权管理主体的不同，可以将国有股分为国家股和国有法人股。国家股的股份可以依法定程序取得，或者通过有权代表国家的机构或部门向股份公司出资形成。国有法人股的股份亦可依法定程序取得，或者由具有法人资格的国有企业、事业及其他单位以其依法占有的法人资产向独立于自身的股份公司出资形成。在股份公司的股权登记上，国家股记名为该机构或部门持有的股份，而国有法人股则记名为该国有企业或事业及其他单位持有的股份。

（二）国有普通股和国有特别股

国有普通股是指国有股东所享有的权利、义务等与公司中的其他普通股东并无差异。国有特别股是指国有股东在某些权益上优先于普通股股东，如在利润分配、剩余财产索取等方面优先于普通股股东得到满足。在我国现阶段，大多数国有股份仍然以普通股的形式表现。但随着国有企业混合所有制改革的不断推进以及国家为了实现一定的社会经济目标，国有特别股制度的设立就是一个很好的趋势，其存在方式表现为以下两种：

1. 优先股

2015 年，《指导意见》提出允许将部分的国有资本转化为优先股。优先股的优先性主要体现在公司利润和剩余财产的分配上，但与此同时，在参与公司决策管理方面会受到限制，如：无表决权或表决权受限。有关优先股制度的详细阐述，请参见第四章。

2. 黄金股

黄金股起源于英国，是指政府为了对私有化企业的管理保留一定的控制权而采用的特别权利。① 尽管股少，通常为象征性的一股，但因为这一股分量非常大，大到足以推翻其他股东的决议，因此被称为黄金股。我国目前尚未设立黄金股制度，但《指导意见》明确指出，少数特定领域探索建立特殊管理股制度。黄金股属于《指导意见》所述的特殊管理股。随着国有企业混合所有制改革的推进，可以引入黄金股制度。有关黄金股制度的详细阐述，请参见第四章。

第二节　国有企业所有权与经营权相分离理论批判②

所有权与经营权相分离理论，是 20 世纪 80 年代伴随国有企业改革产生的一种法学理论。由于当时国有企业独立法人的观念还未形成，国有资产属于国家所有，只有国家才能调动国有资产；国有资产出资到企业后转变为企业财产的观点还不被接受。但是，由于企业的生产经营活动必然要支配企业的财产，为了使国有企业的经营活动能够顺利进行，国有企业必须被授予支配企业财产的权利，这种权利被命名为经营权。随着国有企业现代企业制度改造的不断深入，所有权与经营权相分离的理论实际上已经过时。但是，《指导意见》却仍然将所有权与经营权相分离确认为国有企业改革的指导性原则。继续坚持所有权与经营权相分离的原则，我们将无法正确处理国家与国有企业之间的财产权关系；无法设置使国有企业的经营活动免受政府不当干预的防火墙；无法实现政企分开，国有企业难以走出"一放就乱，一收就死"的怪圈。毫不夸张地说，所有权与经营权相分离理论贻害无穷，必须对之进行全面、深刻的检讨和批判。

---

① See Nadia Gaydarska, StemphanRanmmeloo. "The Legality of the 'golden share' under EC Law", *Maastricht Faculty of Law Working Paper*. Vol. 5. No. 9. 2009.

② 本小节全文发表于《政治与法律》2019 年第 8 期。

一、所有权与经营权相分离理论及其证成依据

（一）所有权与经营权相分离理论

所有权与经营权相分离理论，是我国在经济体制改革过程中提出的。1979 年 7 月，国务院拉开了国有企业经营自主权扩大的序幕；1984 年 5 月，为进一步扩大国有企业的经营自主权，国务院发布《关于进一步扩大国营工业企业自主权的暂行规定》，为所有权与经营权相分离理论的产生打下基础；1984 年 10 月，党十二届三中全会《关于经济体制改革的决定》指出可以适当分开所有权与经营权，不能将全民所有同国家机构直接经营企业混为一谈，这是党的政策中首次正式提出所有权与经营权相分离这一命题；1986 年制定的《民法通则》第 82 条是我国法律对经营权的最早规定；此后，1988年制定的《全民所有制工业企业法》和 1992 年发布的《全民所有制工业企业转换经营机制条例》均对所有权与经营权相分离做了明确的规定。

所有权与经营权相分离理论的要义在于：国有企业的财产所有权属于国家，但通过授予经营权给国有企业，实现政企分开。"资本所有权与经营权的分离，是资本所有人与资本经营人在资本运动的出发点和回归点上结成的经济关系在法律上的必然反映。"[1] 所有权与经营权相分离理论的提出，在当时历史条件下具有重要意义，为国家对国有企业的控制从直接控制向间接控制的转变打下了基础，结束了全民所有制企业法律地位不明确的状况，确立了具有中国特色的企业制度。

（二）所有权与经营权相分离理论的证成依据

从党的十二届三中全会《关于经济体制改革的决定》来看，所有权与经营权相分离理论的证成依据有二：一是马克思主义理论；二是社会主义的实

---

[1]　覃天云主编：《经营权论》修订版，四川人民出版社 2001 年版，第 335 页。

践。而从我国多数学者对所有权与经营权相分离的理论证明来看，更多的是引证西方学者关于现代企业制度中存在"两权分离"的阐述，许多学者将现代企业制度的两权分离直接等同于所有权与经营权相分离。①②③④

1. 马克思主义理论

马克思主义理论作为所有权与经营权相分离的理论依据，主要是马克思和列宁关于股份公司的阐述。马克思在《资本论》中对股份公司"两权分离"做了如下阐述："股份公司的成立……实际执行职能的资本家转化为单纯的经理，别人的资本的管理人，而资本所有者则转化为单纯的所有者，单纯的货币资本家。"⑤ 在企业中不是企业的一切活动都由资本所有者自己来完成，可以由非所有者来代替所有者完成，这是所有者和非所有者的劳动分工。马克思认为资本所有与资本的管理职能是相分离的。列宁也对"两权分离"进行了阐述："资本主义的一般特性，就是资本的占有同资本在生产中的运用相分离，货币资本同工业资本或者说生产资本相分离，全靠货币资本的收入为生的食利者同企业家及一切直接参与运用资本的人相分离。"⑥

2. 社会主义实践

所有权与经营权相分离的社会主义实践，主要是十月革命后，苏联实行的租让制，以及十月革命后取得胜利的其他社会主义国家学习苏联经验所采取的各种所有权与经营权相分离的做法，如在南斯拉夫实行的工人自治。但

---

① 从中国知网查到的有关所有权与经营权相分离的文献中，有相当多的文献直接将两者等同。如王妍的《所有权与经营权关系的当代发展及后现代企业制度的生成》，马捷、段颀、张维迎的《所有权与经营权分离情况下的自由进入均衡》；王跃生的《论当代企业所有权与经营权融合的趋势》等论文。

② 参见王妍：《所有权与经营权关系的当代发展及后现代企业制度的生成》，《当代经济研究》2013 年第 9 期。

③ 参见马捷、段颀、张维迎：《所有权与经营权分离情况下的自由进入均衡》，《经济研究》2013 年第 8 期。

④ 参见王跃生：《论当代企业所有权与经营权融合的趋势》，《北京大学学报》（哲学社会科学版）2004 第 1 期。

⑤ 《资本论》第 3 卷，人民出版社 2004 年版，第 494—495 页。

⑥ 列宁：《帝国主义是资本主义的最高阶段》，人民出版社 2014 年版，第 56 页。

是，苏联的租让制并没有维持下来，在斯大林时期，就全面实行国有国营。其他社会主义国家也纷纷效仿。但国有国营的低效率使得国有企业困难重重，难以为继。在 20 世纪 80 年代初，保加利亚和匈牙利先后提出了国家作为所有者与作为经营者两种职能可以分离的思想；[①] 苏联在戈尔巴乔夫主政期间提出了改革的新思维，其中包括在 1985 年提出了占有关系与经营关系是可以分离的，并将其加以推行。[②]

3. 现代企业制度中的"两权分离"

美国经济学家伯利和米恩斯在 20 世纪 30 年代对西方现代企业中两权分离的现象做了如下描述："公司制度的兴起以及随之而来的由于工业在公司形式下的集中而产生的所有权与管理权的分离，乃是二十世纪中头一个重要变化。"[③] 美国著名管理学家钱德勒认为，随着股权分散的加剧和管理的专业化，实际上，那些拥有专门管理知识并垄断了专门经营信息的经理掌握了对企业的控制权，"两权分离"便由此出现。从历史的视角来看，从私有制诞生到工业革命前的漫长岁月里主要是以古典企业为代表，所有权人通过自己行使其对物的所有权，表现对物的利用。此时，物的所有者与支配者两位一体，所有者不仅直接参与生产经营过程，且实际使用和直接支配着自己的财产。虽然那时候也存在一些两种权利分离的情况，如奴隶主和封建主雇佣管家协助经营，但不是主要的。工业革命之后，现代企业——建立在技术现代化和管理现代化基础之上由专门的经理人员管理的企业——出现了，特别是股份制出现以后，一方面由于股东人数众多，不可能都参与公司管理，也不一定有能力经营管理公司，另一方面，随着社会分工的发展，企业管理活动成为一种专业性的活动，于是股权与控制权分离的现象出现，随着两权分

---

① 参见李维安、丁军、朱光华：《论所有权与经营权分离形式的硬化机制——两权分离比较研究的启示》，《南开经济研究》1987 年第 3 期。

② 参见李维安、丁军、朱光华：《论所有权与经营权分离形式的硬化机制——两权分离比较研究的启示》，《南开经济研究》1987 年第 3 期。

③ Adolf A. Berle, Gardiner Means. *The Modern Corporation and Private Property*. New York: Macmillan, 1932, 69.

离的现象越来越普遍，其形态也越来越完善。

二、所有权与经营权概念之厘清

（一）不同语境下所有权概念之厘清

1. 不同语境下所有权的不同含义

所有权概念在法学与经济学中的含义不同，在大陆法系与英美法系中的含义也不同。在大陆法系的话语中，所有权是物权的一种，是物的所有人在不违反法律、不损害第三人权利范围内，自由地对物进行处分，并排除他人干涉的权利。在英美法系的话语中，所有权与财产、财产权都用"property"表示，property被用来指有货币价值的权利客体以及主体对客体的权利。财产所有权既可存在于有形财产中也可存在于无形财产之中。有学者指出英美法系的财产法理论上其实并没有明确的所有权概念，其所有权更多地表现为拥有某一利益，英美财产法甚至可以不提所有权而讨论财产权的法律问题。① 在经济学文献中，所有权是某种财产或财产性权益的归属。② 马克思的经济学巨著《资本论》中对所有权概念的使用也是如此。如关于劳动力所有权的论述："他在让渡自己的劳动力时不放弃自己对它的所有权。"③

我国法律对所有权的规定主要借鉴了大陆法系的立法。比较《物权法》④ 与《民法通则》关于所有权的规定，《物权法》没有沿袭《民法通

---

① 梅夏英：《民法上"所有权"概念的两个隐喻及其解读——兼论当代财产权法律关系的构建》，《中国人民大学学报》2002年第1期。

② 如张维迎在《所有制、治理结构及关系——兼评崔之元和周其仁的一些观点》一文中使用的所有权概念，参见张维迎：《所有制、治理结构及关系——兼评崔之元和周其仁的一些观点》《经济研究》1996年第9期；再如亨利·汉斯曼在《企业所有权论》一书中使用的所有权概念，参见〔美〕亨利·汉斯曼：《企业所有权论》，于静译，中国政法大学出版社2002年版。

③ 《资本论》第1卷，人民出版社2004年版，第196页。

④ 《民法典》已于2020年5月28日十三届全国人大三次会议表决通过，并已于2021年1月1日起施行。本书中提到的《民法总则》已成为《民法典》的总则而不再独立存在，《物权法》《合同法》均已废止，但其内容也已融入《民法典》，分别成为《民法典》的"物权编"和"合同编"。

则》笼统地将"财产"作为所有权的客体，而是明确规定所有权的客体为动产和不动产，强调了它的物权属性。权利仅仅在法律明确规定其作为物权客体的情况下才成为物权客体。企业的财产多种多样，有物、物上的权利、债权、知识产权等等。在《物权法》施行前，说企业财产所有权是可以的，在《物权法》施行后，再笼统地说企业财产所有权，则是欠准确的。

当然，《物权法》也允许法律将权利规定为物权客体。权利作为物权客体的，最典型的是权利质权，《物权法》对权利质权的规定，是权利成为他物权客体的典型例证。那么，权利能否成为所有权的客体？从逻辑上看，只要法律有规定，就是可以的，而《企业国有资产法》也为权利成为所有权客体提供了依据。根据《企业国有资产法》第 2 条、第 3 条的规定，企业国有资产是国家对企业各种形式的出资所形成的权益，由国务院代表国家对企业国有资产行使所有权。但是，权利成为所有权的客体，不仅是没有必要的，而且增添了混乱。如果权利可以成为所有权的客体，则会出现所谓债权的所有权、股权的所有权、知识产权的所有权等，那么，债权的所有权、股权的所有权、知识产权的所有权分别是指什么呢？如果是指债权、股权、知识产权、他物权的归属，那这些权利本身均有非常明确的指向，债权归属债权人、股权归属股东、知识产权和他物权也皆有明确的权利主体。是指权利的处分吗？任何权利的权利人均可以在法律允许的范围内，依照自己的意志处分权利。"债权人在处分其权利时，其地位与物权人的处分权一致。比如债权人以自己的意思表示废止自己的债权、放弃债权（债的免除）等，债权人所行使的处分权，本质为支配权，而不是请求权。在这一点上，债权人的权利内容与物权一致。任何一个权利人，其拥有权利的地位、其对权利的处分，与所有权的拥有与处分是一致的。这一点，在德国法学中被称为'类似所有权人之地位'。"[1] 所以，在债权、股权、知识产权、他物权等权利后面加上"所有权"字样，显然是画蛇添足。再以《企业国有资产法》关于国

---

[1] 孙宪忠：《中国物权法原理》，法律出版社 2004 年版，第 25—26 页。

务院代表国家行使企业国有资产所有权的规定为例，《企业国有资产法》第4条第1款分别授权国务院和地方人民政府代表国家享有出资人权益，这就出现了问题：国务院代表国家行使的企业国有资产所有权与国务院和地方人民政府分别代表国家享有的出资人权益二者之间是什么关系？可见，依照《企业国有资产法》的规定，难以对国务院行使国有资产所有权给出解释。[1]

2. 所有与所有权的关系

在英美法中，所有与所有权是对应的。而在大陆法和我国的法律话语体系中，所有与所有权并不构成对应关系。所有权是一个物权概念，而所有表达的仅仅是权利的归属。任何权利都是主体的权利，都有其归属，不同的权利客体，权利的性质不同。如权利的客体是物，则权利人享有物权；权利的客体是对他人履行义务的请求，则权利人享有债权；权利的客体是注册商标，则权利人享有注册商标专用权；权利的客体是专利，则权利人享有专利权等等。例如，《企业国有资产法》第43条第2款中有"所有或者实际控制的企业"的表达，这里的"所有"表达的是企业的产权归属的意思，并非企业所有权，因为企业是主体，其不能成为权利的客体。再如，《民法通则》第48条有"企业所有的财产"的表达，这里的"企业所有的财产"显然不等于企业拥有所有权的财产，因为企业的财产除了所有权的客体——不动产和动产以外，还有债权、注册商标、专利、商誉等。

（二）我国法律中经营权的内涵与性质

1. 我国法律关于经营权的规定

"经营权"这一概念是我国法律特有的，法国、德国、意大利等国家的民法典均没有"经营权"这一概念。[2] 国有企业在公司制改革前，被称为全

---

① 有关该问题的详细阐述，请参见王新红：《关于总出资人权法律规定的思考——对〈企业国有资产法〉第3条的检讨》，《江西财经大学学报》2012年第3期。

② 仇书勇：《反思对现代公司"两权分离"理论的两种误解——以法学为视角的研究》，《法学论坛》2007年3月。

民所有制企业，1988 年制定的《全民所有制工业企业法》第 2 条第 2 款规定，国家依所有权和经营权分离的原则授予企业经营管理。企业对国家授予其经营管理的财产享有占有、使用和依法处分的权利。

2. 经营权的性质

关于经营权的性质，学术界也是众说纷纭。覃天云认为：经营权是"资产（资本）所有权衍生的、具有商品经营职能的法人他主物权。"[1] "经营权视为独立的财产权制度，仅仅是商品经济高度社会化'两权分离'的特定法权形态，是具有鲜明时代特征的他物权。"[2] 王利明主编的民法学教材将经营权视为用益物权的一种。[3] 对以上观点，有学者持不同意见，认为无论两权分离还是两权合一，经营权都是财产所有者拥有的权利，而且，同样可以在财产所有者的认可下将其分离出来。[4] 将经营权定义为"他物权"只看到了经营权与所有权的可分离性，定义不仅没有揭示经营权作为他物权与其他的他物权的区别，而且忽视了经营权与所有权结合并统一由所有权人自身行使的这种情形，在该种情形下，经营权并非他物权，而是自物权的一种。[5]

所有权与经营权相分离理论蕴含这样的逻辑前提：经营权与所有权原本是相统一的。根据《全民所有制工业企业法》第 2 条第 2 款的规定，经营权包括占有、使用和处分的权能。这些权能，都在所有权的权能范围之内，所有权人自然也是享有的。也就是说，经营权是蕴含于所有权之中的。从这个意义上说，将经营权定义为他物权似有不当。

但是，在财产所有人自己经营管理其财产的情况下，经营权的概念是没有存在必要的，尽管财产所有人对其财产行使占有、使用和处分等与经营权的权能相重合的权利，但这就是行使所有权的行为，不存在经营权的问题。

---

① 覃天云：《经营权论》修订版，四川人民出版社 2001 年版，第 123 页。

② 覃天云：《经营权论》修订版，四川人民出版社 2001 年版，第 123—124 页。

③ 参见王利明：《民法》，中国人民大学出版社 2000 年版，第 210 页。

④ 参见谢志华：《所有权与经营权：本质和形式》，《财务与会计》（理财版）2014 年第 3 期。

⑤ 参见漆多俊：《论公司制两权分离形态》，《现代法学》1992 年第 3 期。

这就像地上权、地役权一样，地上权人和地役权人对他人之不动产所享有的地上权和地役权，所有权人自身自然也是享有的，但我们不能否认地上权、地役权是他物权，也不能说所有权人对自己的不动产也享有地上权或地役权。

事实上，经营权的概念也正是在财产所有者与财产的经营管理者相分离的情况下才提出来的。从《全民所有制工业企业法》第2条关于经营权的规定可以看出，企业财产的所有者是国家，经营权的主体是企业。因此，认为经营权只存在于财产所有人与财产经营者相分离的状态下，经营权的主体不包括财产的所有人，并无不当。

但是，经营权是他物权的判断却是有问题的。他物权是物权，而企业的财产有不同的形态，如：自有物、债权、专利权、对他人之物享有的权利等。对于他物权、债权、专利权等，也称国家享有所有权就明显不妥，企业享有的经营权也就自然不能称为他物权了。

综上所述，从企业财产的权利形态上看，企业财产的表现形式多种多样，有物、物上的权利、债权、知识产权、股权等等。即便国有企业的财产属于国家所有，在《物权法》施行后，也只能说，国家对国有企业的动产和不动产享有所有权，笼统地说国家对国有企业的财产享有所有权是欠缺法律常识的、是不准确的。既然国家对企业财产所享有的权利并非仅仅是所有权，那么将国家授予国有企业的经营权定性为他物权也不准确。

三、 国家与国有企业财产权关系之辨正

（一） 关于出资人与被出资企业财产权关系的企业法理论

出资人出资设立企业，用于出资的不限于物，根据《公司法》第27条第1款的规定，出资人用于出资设立公司的财产，还可以是知识产权、土地使用权、债权、股权等。出资人对其用于出资的财产或财产权利享有的既可能是所有权，也可能是他物权、债权、股权、专利权等。也就是说，出资人

可以作为出资的财产类型是多种多样的，对其用作出资的财产因财产的类型不同，所享有的权利也不同，笼统地说出资人对其用作出资的财产和财产权益享有所有权，不符合《物权法》的规定。

从企业法理论来看，企业性质不同，出资人与被出资企业的财产权益关系也不同：（1）个人独资企业。该类企业不享有独立的法律人格，不是权利义务的承担者，出资人作为企业财产的所有人享有该企业的一切权利，负担该企业负担的一切义务。（2）合伙企业。在企业法的发展历史上，最初是不承认其民事主体资格的，但现代各国基本上承认其为自然人、法人之外的"第三民事主体"。合伙企业的财产由合伙人共有，合伙企业的债务由合伙人共担。合伙人投入合伙企业的财产不再属于合伙人个人所有，而是转化为全体合伙人共有，不能用于偿还合伙人个人的债务，但合伙人可用其在合伙企业中的财产份额偿还债务。（3）营利法人。该类企业具有法人资格，出资人将其用作出资的财产移转给企业，作为对价，出资人成为企业的成员，取得出资人权，与此同时，企业对其名下的所有财产享有法人财产权。营利法人的典型形式是公司，以公司为例，出资人取得公司股份或资本份额，并凭借其所持有的股份或资本份额成为公司股东，对公司享有股权。

（二）出资人与被出资的营利法人之间的财产权关系

1. 出资人享有出资人权

根据前述企业法的一般理论，出资人出资设立营利法人，必须将其用作出资的财产移转给被出资的营利法人，并取得对价——出资人权。出资人权是《企业国有资产法》创造的一个概念，其相当于《公司法》中的股权。之所以使用出资人权这一概念，乃是因为国家出资企业还包括国有独资企业，国有独资企业不是公司，国有独资企业的出资人不能称为股东，出资人享有的权利也不能称为股权。出资人权包括股权，但不限于股权。

关于出资人权的性质，学界虽然没有阐述，但出资人权的性质与股权的性质是相同的。关于股权性质的阐述，见本章第一节。

2. 被出资的营利法人享有法人财产权

营利法人的财产最初来源于出资人的出资，出资人出资行为完成后，就不再对其用作出资的具体财产享有权利，转为按照出资比例或者出资人之间的约定对营利法人的所有财产享有出资人权。营利法人则对包括出资人出资在内的所有财产享有财产权，法律上称之为法人财产权。我国1993年制定的《公司法》第一次在法律中对法人财产权做了规定。但是，对于法人财产权的性质和内容，法律没有规定。由于该法同时规定"公司中的国有资产所有权属于国家。"学者们一般认为，法人财产权不包括所有权。2005年修订的《公司法》第3条规定公司享有法人财产权，且删除了1993年《公司法》第4条中"公司中的国有资产所有权属于国家"的规定。不过，对法人财产权的性质仍存在争论，主要体现为"法人拟制说"与"法人实在说"之争。持"法人拟制说"者认为，法人并不是法人财产真正的权利人，法人的财产权利应追溯到其真正的权利人——出资人。持"法人实在说"者则认为法人就是法人财产权的主体。法人是为了适应商品经济的发展而为法律所拟制的，从这种意义上来说，所有的法律人格均为法律的拟制。法人拥有独立的财产是其具有权利能力和行为能力、拥有独立的意思表示，并独立承担民事责任的前提。若法人不能基于其主体地位而取得财产权，则是对法人人格的抹杀，与社会发展客观规律不符。法人能够基于其民事权利能力获得财产权，所有权作为财产权的表现形式之一，就理应在此范围之列。因此，以法人形式存在的企业，必然是其财产的所有者。有学者指出，法人必须有自己独立的财产，而这种独立的财产又寓含企业独立的经济利益。如果企业不能拥有独立的财产，那也就不享有独立的经济利益，而享有独立的经济利益又是搞活企业所必需的。我国《民法通则》对企业法人独立财产、独立意志、独立责任的相关规定，实际上已经包含了企业法人理应拥有对其财产享有完全的支配权的意思。① 尽管《民法通则》关于法人的规定已被《民法典》相关规定所取代，但纵观《民法典》关于法人的规定，有关法人享有独立财产、独立意志、独立责任的规定没有变。

简言之，出资人与被出资的营利法人的财产权关系表现为：出资人将其财产用作出资设立营利法人，将其用作出资的财产所有权或其他财产权转移给企业，出资人取得的对价为出资人权；企业取得由所有出资财产构成的法人财产，享有法人财产权。由于出资人不限于所有权人，出资人用作出资的财产不限于物，因此，由出资人出资构成的财产也不限于物；加之企业法人在经营过程中，其财产的形态不断变化，因此法人财产权包括但不限于所有权。（见图 1-1）

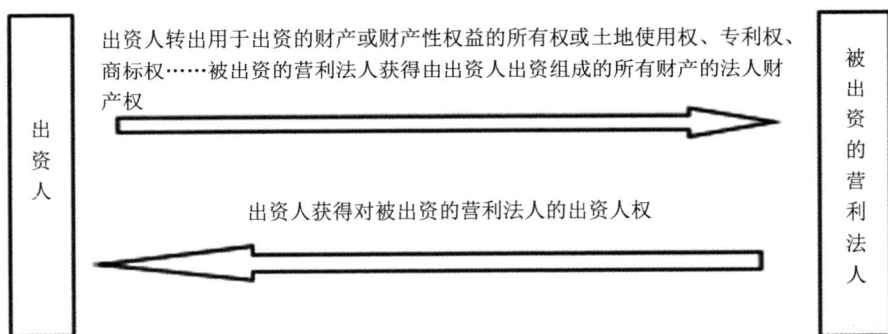

出资人转出用于出资的财产或财产性权益的所有权或土地使用权、专利权、商标权……被出资的营利法人获得由出资人出资组成的所有财产的法人财产权

出资人获得对被出资的营利法人的出资人权

出资人　　被出资的营利法人

图 1-1　出资人与被出资的营利法人之间的财产权关系

（三）国家与国有企业的财产权关系

国有企业因出资主体的不同，可区分为两大类：一是代表政府履行出资人职责的机构单独出资或者与其他投资者共同出资设立的国有企业；二是国有企业再投资所形成的国有企业。

---

① 参见王新红：《〈企业国有资产法〉若干法律问题初探》，《福建师范大学学报》（哲学社会科学版）2016 年第 1 期。

就第一类国有企业来说，根据上述企业法理论，"国家所有的财产投入到法人企业后，就不再属于国家所有，而是属于被投资的法人企业所有，国家取得的对价是出资人权益。"[①] 企业国有资产不是物，而是国家出资所形成的权益，对此，《企业国有资产法》第2条做了明确规定。在已经完成公司制改造的国有企业中，出资人权益即股权，并非所有权。国家对于投资于国有企业的那部分财产，在投资之前享有财产权，这种财产权因用作出资的财产或财产权益的不同而不同，可以是所有权，也可以是土地使用权等他物权，或者是债权、股权、专利权等，以及它们的组合。国家在国有企业成立后，成为国有企业出资人，其用作投资的财产转移给了国有企业，并取得出资人权作为对价。

就第二类国有企业来说，根据上述企业法理论，国家与该类国有企业不存在直接的财产权益关系，国家只能通过影响其出资的国有企业去间接影响该类国有企业。

无论是哪类国有企业，均是具有独立财产和利益的民事主体，均对企业自身的财产享有法人财产权，包括所有权和其他财产权。国有资产进入国有企业后其所有权或其他财产权就归属于国有企业，国有企业在依法向出资人分配收益的基础上，可以对企业财产行使完全的处分权。

（四）权利形态的变化与国有资产的保值增值

近年来，相关法律法规及政策文件中都在强调国有资产的保值增值。有人认为，国家丧失对所出资的财产的所有权或其他财产权是国有资产流失的一种表现。其实不然，国家的财产出资到国有企业后，该财产就成为国有企业法人财产的一部分，国家在丧失对所出资的国有财产的所有权或其他财产权的同时，获得了对价——出资人权，这只不过是权利形态的变化罢了！

---

① 王新红：《〈企业国有资产法〉若干法律问题初探》，《福建师范大学学报》（哲学社会科学版）2016年第1期。

这种权利形态的变化与国有资产的保值增值并没有必然的联系。在国家失去其用作出资的财产的所有权或其他财产权的同时，对价是取得了出资人权，国有资产并没有流失。国有资产流失既可能发生在国有企业改制过程中，也可能发生在经营管理中。当国有资产流失发生在国有企业改制过程中时，国有资产权利形态的变化与国有资产的流失同时发生，但是，前者并不是后者发生的原因。防治国有资产的流失，应当采取的对策是加强对国有资产的监管，而不是限制国有资产权利形态的变化。

四、 现代企业制度语境下国有企业不存在所有权与经营权相分离现象

（一）现代企业制度语境下国有企业的经营权无须国家授予

所有权与经营权相分离理论的基本出发点是国有企业财产的所有权属于国家，企业是没有财产的。一个没有财产的企业法人，如何取得和维持法人资格呢？又如何从事生产经营活动呢？根据《民法通则》的规定，法人应当具有独立的财产、独立的意思和独立的责任。正是因为企业法人需要有独立的财产，所以，国家才对国有企业授予经营权。有了经营权之后，国有企业便有了独立的财产。这种理论与我国计划经济时期的全民所有制企业情况比较契合。全民所有制企业全部资产归国家所有，虽然企业取得法人地位，但企业仅仅是国家计划的执行者，并没有真正独立的人格、独立的财产和独立的责任，国家事实上对企业债务负无限责任。企业经营权是由国家给予的，给或不给，给多少，都由国家决定。

这种理论明显与现代企业的生成原理不符。在现代企业制度中，企业因出资者的出资行为取得财产并以此财产为基础得以设立，出资人用于出资的财产，必须转到企业名下，出资人在完成出资后，所出资的财产就归属于企业，出资人取得的对价就是出资人权。被出资企业对所有由出资人出资形成的财产和财产权益，以自己的名义享有支配权，并对自己的行为承担责任。

也就是说，在现代企业制度中，企业对企业财产的占有、使用和支配权是其本身所固有的，无须外界授予。①就国家与国有企业的关系来说，国家对国有企业的财产不享有所有权及其他财产权，所谓"皮之不存，毛将焉附"，既然国家对国有企业的财产不享有所有权，不能行使占有、使用和处分的权利，国家也就没有能力将占有、使用和处分的权利授予国有企业。就国有企业来说，国有企业作为企业法人，对其财产享有所有权及其他财产权，国有企业对其财产的占有、使用和支配权是其本身所固有的，无须国家授予。

国有企业的董事会、经理、监事会等对公司事务的决策、管理和监督行为，都是代表公司进行的，不存在所有人不能直接支配其财产的情况。如果经营权仅存在于所有人不直接支配其财产、委托他人进行经营的情况下，则在现代企业制度的语境下，经营权没有立身之所。

（二）现代企业的"两权分离"不是所有权与经营权相分离

如前所述，对所有权与经营权相分离理论的证成主要有三个方面的理由：马克思主义经典作家的阐述、社会主义的实践以及现代企业制度中的两权分离。从社会主义实践来看，苏联、东欧都纷纷走上了资本主义发展道路，并没有为我们提供所有权与经营权相分离的成功经验，故在此不加讨论。这里重点探讨一下马克思主义经典作家的阐述和现代企业制度中的"两权分离"问题。

从前文中提到的马克思和列宁的阐述可以看出，他们所说的两权分离正是被称之为现代企业制度中的两权分离。这种"两权分离"是相对于古典企业中的"两权合一"而言的。根据企业经济学的研究，企业的控制权与企业的剩余索取权应该相统一。企业的控制权之所以归于出资人，而不是其他"利益相关者"，是因为相较于依据契约取得收入的其他参与者而言，出资人作为剩余索取者在边际上受企业经营业绩的影响。"公司治理结构背后的逻

---

① 参见许保利：《如何看待和推进国企国资改革》，《国有资产管理》2017年第1期。

辑是：控制权跟着剩余索取权（风险）走，或剩余索取权跟着控制权走，使得两者达到最大可能的对应。"① 在古典企业中，出资人享有剩余索取权，并实际控制企业，即也享有企业的控制权，两权是合一的。但是，以股份公司为代表的现代企业，却遇到了问题：出资人名义上虽然同时享有剩余索取权和对企业的控制权，但实际上，由于：（1）股份的分散，使得公司股东很难集中起来行使表决权，且对多数股东来说，行使该权利并不是理性的选择。（2）由于专业分工的发展，管理企业需要越来越多的专门知识，需要专门的管理人才。这样，公司实际的控制权就落入了企业管理者之手，出现了出资人权（剩余索取权）与控制权的分离。这种"两权分离"是现代企业的固有缺陷，它导致了委托代理问题。现代企业制度，特别是其中的治理结构的制度安排，就是为了解决此委托代理问题而建立的。

由此，我们可以看出，现代企业的"两权分离"与所有权与经营权相分离风马牛不相及：

其一，现代企业中的"两权分离"是一种现象，是要解决的问题。而所有权与经营权相分离却是一种制度安排，通过把经营权交给企业，在政府的公权力与国有企业之间形成防火墙，从而使企业真正成为独立的市场主体，实现政企分开。其是作为解决政企不分问题的对策提出的，是解决问题的方法。

其二，现代企业中的"两权分离"的权利主体分别是出资人和企业管理者，是企业内部的"两权分离"，反映了本应属于出资人的控制权旁落到了管理者的手中，导致了"内部人控制"这一弊病。所有权与经营权相分离中的权利主体分别是企业财产的所有权人和企业本身，涉及的是企业与外部的关系，是作为处理企业与政府关系的原则被人为设计的。

（三）所有权与经营权相分离理论也不再适用于全民所有制企业

我国国有企业改革的目标是建立现代企业制度，且将大多数国有企业改

---

① 赵晓雷：《中国现代经济理论：1949—2000》，上海人民出版社 2001 年版，第 325 页。

组为公司。但我国仍有一定数量的国有企业是依照《全民所有制工业企业法》设立的全民所有制企业。我国的全民所有制企业，既不是古典企业，也不是现代企业，它是在计划经济体制下产生的国有企业组织形式，国家与全民所有制企业之间的财产关系，并不遵循现代企业制度的逻辑。根据《全民所有制工业企业法》的规定，全民所有制企业的财产属于国家所有，国家出资的行为并不是全民所有制企业设立的必要条件，国家向企业投入资金的行为也不是现代企业制度中的出资行为，并不发生财产权的转移，有学者一针见血地指出，全民所有制企业"是不存在出资人的"。① 似乎全民所有制企业必须获得国家的授权取得经营权后，才能实现企业对财产的经营。从《全民所有制工业企业法》的规定来看，的确如此。

但是，从全民所有制企业的经营管理实践以及《企业国有资产法》的相关规定来看，所有权与经营权相分离理论也不再适用于全民所有制企业。从企业法理论上看，国有企业要成为事实上的营利法人，且国家仅以出资额为限对企业债务负有限责任，即企业必须拥有独立的意思、独立的财产。企业财产属于国家所有的理论，无法体现企业财产应当具备的独立性。在《企业国有资产法》中，全民所有制企业被称为国有独资企业，是《企业国有资产法》规定的四种国家出资企业之一。根据该法第 4 条、第 6 条、第 11 条的规定，国务院和地方人民政府分别代表国家对国家出资企业履行出资人职责、享有出资人权益，并授权履行出资人职责的机构分别代表国务院和地方人民政府履行出资人职责。显而易见，全民所有制企业也有明确的出资人。除此之外，《企业国有资产法》对国有独资企业的管理者选择、重大事项决策、监督等做了系统的规定，这些规定基本体现了现代企业制度的逻辑。可以说，《企业国有资产法》已经无形中对《全民所有制工业企业法》进行了修正。

---

① 许保利：《如何看待和推进国企国资改革》，《国有资产管理》2017 年第 1 期。

五、所有权与经营权相分离理论的弊害

（一）所有权与经营权相分离理论导致了国有企业财产权理论的混乱

在现代企业制度中，企业对其名下的所有财产享有法人财产权。企业在自己的目的事业范围内，享有权利能力和行为能力，可以以自己的名义独立享有权利和承担义务；企业有自主的意思和能独立支配的财产，它可以以自己的名义以及用自己的财产独立承担民事责任；对于自身所负担的债务，企业用其能独立支配的财产履行清偿责任。企业当然享有经营自主权。企业的出资人依法享有选择管理者、参与重大事项决策和资产收益的权利。企业的出资人通过参与到企业机关中来行使以上权利。现代企业制度语境下的国有企业作为独立的营利法人，经营自主权理应是其固有的权利，而无须国家来授予，更不应当受到外界的干预、限制及剥夺。也就是说，在现代企业制度下，政府本来就没有干预企业经营自主权的权利。

但是，按照所有权与经营权相分离理论，企业对其财产的支配，不是基于所有人的身份，而是由所有人授予的，这与现代企业的生成原理大相径庭，它带来了一系列的理论困惑，使国有企业财产权理论变得混乱。

首先，使有关国有企业的财产权理论难以自洽。所有权与经营权相分离理论无法解释国有企业的财产权关系。例如，在国有资本控股公司中，其动产与不动产的所有权属于谁呢？按照所有权与经营权相分离的理论，首先排除了属于国有资本控股公司，它只享有经营权。属于国家吗？国家虽然控股，但还有其他出资人，也许只能解释为出资人共有。但如果解释为全体股东共有，那么，又无法解释它与合伙企业中的合伙财产的共有存在的本质区别。我国自1993年《公司法》颁布以来，围绕公司财产所有权、经营权、法人财产权的论著可谓汗牛充栋，但只要是固守所有权与经营权相分离理

论，均难以在理论上自洽。

其次，混淆了两种不同性质的两权分离。如前所述，现代企业存在出资人权与控制权一定程度的分离，这种"两权分离"与所有权与经营权相分离风马牛不相及。但是，为了论证所有权与经营权相分离理论，学者们有意无意地将两者等同或者将出资人权与控制权相分离视为所有权与经营权相分离的发展，即所谓新的"两权分离"。

最后，成为完善现代企业治理制度的理论障碍。现代企业治理制度的核心，是解决出资人与控制人相分离情况下控制人的道德风险问题，为此，各国的法律和各种公司章程设定了一系列的制度和规则，胡萝卜和大棒并举，以期通过激励和约束的手段，最大限度地抑制控制者的道德风险，实现公司利益的最大化。但是，所有权与经营权相分离理论却使得我们踟蹰不前。对企业的激励与约束往往以放权或收权的形式进行；在监督问题上，往往与限制企业的经营权联系在一块，使加强监督失去正当性。

（二）所有权与经营权相分离理论在实践中走向了反面

所有权与经营权相分离理论旨在解决政企不分问题，但从实践来看，它恰恰成为导致政企不分的重要原因。在所有权与经营权相分离理论中，企业事务的支配权是基于所有权人对物的支配权而来，不能合理地解释企业事务的支配权。因此，在《全民所有制工业企业法》明确规定了所有权与经营权相分离之后，企业与政府（作为所有权人）的边界并不清晰。1992 年国务院发布《全民所有制工业企业转换经营机制条例》，该条例规定了国有企业享有 14 项经营自主权：生产经营决策权、联营兼并权、产品销售权、物资采购权、产品劳务定价权、投资决策权、进出口权、留用资金支配权、资产处置权、人事管理权、工资奖金分配权、劳动用工权、拒绝摊派权和内部机构设置权。尽管《全民所有制工业企业转换经营机制条例》对于落实企业的经营自主权发挥了极其重要的作用。但是，一方面，其关于国有企业享有的

14 项权利的规定，并没有穷尽在经营过程中国有企业应当享有的所有权利；另一方面，这 14 项权利授予国有企业行使后，也导致了许多新的问题。例如："庙穷方丈富"便是典型问题之一，究其原因，乃是因为国有企业的财产是国家所有，国有企业的管理者管理的是国家的财产而不是自己的财产，存在委托代理问题。根据委托代理理论，由于管理者与所有者（国家）的利益存在不一致，导致激励不相容，管理者往往会利用信息优势损害国家的利益，这种现象被称为"道德风险"。为了防治道德风险，监督是非常必要的。虽然国家设立了相关的监督机构，但是这种监督来源国有企业的外部，存在严重信息不对称的问题。由于国有企业的 14 项权利都是国家授予的，当国家发现授权之后产生的消极后果后，自然而然地采取了"收权"的措施，但是，"收权"之后，由于企业缺少从事经营活动所必需的权利，企业经营将缺乏活力，国家必然陷于放权与收权两难的境地，而国有企业必然陷入"一放就乱，一收就死"的怪圈。

在有的学者看来，现在两权分离存在的问题之一是两权分得不够清楚，界限不够明确，作为出资人的政府机关常常干预企业自身的经营活动。但是，只要坚持国有企业的经营权来源于国家的授予，不是企业所固有的，则国家对国有企业的行政干预就不可避免。只有坚持经营自主权是企业所固有的，并不是传统意义上的经营权，不是国家授予的，国家对企业的行政干预才可能被隔离，国有企业才可能走出"一放就乱，一收就死"的怪圈。

总之，在特定历史条件下产生的所有权与经营权相分离理论，已不再适应当前国有企业的发展。诚如孟勤国教授所言："以所有权支配有限的经营权，无论适当与否，都由所有人意志和利益决定。他物权范畴中的国有企业经营权不具备独立物权的功能，在理论与实践中都没有对抗政府部门以所有权名义进行控制和干预，根本不可能造就国有企业的独立法人地位，……"[1]

---

[1]　孟勤国：《物权二元结构论——中国物权制度的理论重构》，人民法院出版社 2002 年版，第 27 页。

（三）为国有企业"走出去"留下法律风险

党的十八大以来，习近平提出了"一带一路"倡议，即积极主动地发展与"一带一路"沿线国家的经济合作伙伴关系。国有企业"走出去"战略是落实"一带一路"倡议的重要内容。我们如果固守所有权与经营权相分离理论，仍然将所有权与经营权相分离视为国有企业改革的基本原则，则国有企业的财产属于国家所有，不属于国有企业所有，国有企业对其只享有经营权，这可能会导致国有企业的独立法人地位不被其他国家司法机关认可的法律风险。

六、小结

国家所有的财产投入到国有企业后，财产属于被投资的国有企业所有，国家取得出资人权的对价。故对国有企业而言，不存在所有权与经营权相分离的问题。国有企业进行以建立现代企业制度为目标的改革，现代企业存在出资人权与企业控制权相分离的"两权分离"现象，其与所有权与经营权相分离的含义相距甚远。前者是要解决的问题；而后者却是一种制度安排，是作为解决政企不分问题的对策提出的，是解决问题的方法。前者的权利主体分别是出资人和企业管理者，是企业内部的"两权分离"，反映了本应属于出资人的控制权旁落到了管理者的手中，导致了"内部人控制"这一弊病；后者的权利主体分别是企业财产的所有人和企业本身，涉及的是企业与外部的关系，是作为处理企业与政府关系的原则被人为设计的。故现代企业制度中存在的"两权分离"现象，不能为国有企业所有权与经营权相分离理论提供正当化的依据。总之，国有企业所有权与经营权相分离理论是特定历史条件下的产物，与现代企业制度格格不入，在国有企业建立现代企业制度的背景下，不仅无存在的价值，而且为政府不当干预国有企业的经营活动提供了借口，贻害无穷，必须对之进行深刻的检讨和批判。唯有如此，我们才可能建立真正的现代企业制度。

第三节　国有企业股份制改造审视①

国有企业改革的目标是建立现代企业制度。所谓现代企业制度，就是现代公司制度，以出资人权与公司控制权相分离为典型特征的一种企业制度。股份公司是现代企业的典型形式，深刻认识和充分理解股份制，这是我们进行国有企业现代企业制度建设的理论研究和制度构建的逻辑前提。从股份制产生和发展的历史看，股份制是在私有制基础上滋生和成长起来的。股份制是否适用于公有制的问题，随着股份制被确认为公有制的主要实现形式，已然不是问题。但是，经济基础决定上层建筑，建立在公有制基础上的股份制与建立在私有制基础上的股份制必然存在差异，认识这种差异并根据这种差异为国有股权的行使提供特殊的法律制度支撑和保障，使我国国有企业的现代企业制度建设不仅得其形，而且得其神。

一、股份制的产生及股权行使机制的形成

（一）股份制的产生

股份制是生产社会化的产物，1600 年经英王特许设立的东印度公司，这家为了掠夺东方殖民地的财富而设立的公司，是最早出现的股份公司，尽管其服务于殖民者的贪婪和疯狂的掠夺，每个毛孔都滴着血和肮脏的东西，但它的出现却具有划时代的意义，它标志着股份制的产生。股份制的出现对人类文明进步的意义可与蒸汽机的发明和电的使用相媲美。马克思看到了股份制所带来生产关系的变革，他在《资本论》中指出："从资本主义生产方式

---

①　本小节以《国企改革：股份制企业治理机制的中国式探索》为题发表于《法学》2018年第 1 期。

产生的资本主义占有方式，从而资本主义的私有制，是对个人的、以自己劳动为基础的私有制的第一个否定。但资本主义生产由于自然过程的必然性，造成了对自身的否定。这是否定的否定。这种否定不是重新建立私有制，而是在资本主义时代的成就的基础上，也就是说，在协作和对土地及靠劳动本身生产的生产资料共同占有的基础上，重新建立个人所有制。"① 在马克思看来，取代资本主义私有制的，是重建的个人所有制，这种个人所有制，显然不再是传统的私有制，而是"非孤立的单个人的所有制""联合起来的社会个人的所有制"。② 通过股份制，"把资本变成属于社会全体成员的公共财产，这并不是把个人财产变成社会财产。这里改良的只是财产的社会性质。"③ 有学者据此认为，"股份制公司应该可以成为由资本主义社会过渡到社会主义社会的桥梁，可以成为孕育社会主义的载体。"④

（二）股权行使机制的形成

在西方发达资本主义国家，生产资料由私人所有，为了克服私人所有制与生产社会化的矛盾，通过股份制的形式，将私人占有转化为社会所有。在这种情况下，由于出资人人数众多，不可能让所有的出资人都参与企业的管理，特别是广大社会公众股东，根本不会去参与企业的管理。出资人与企业的管理者（实际控制人）分属不同的主体，出资人与管理者形成委托代理关系。为此，必须建立一整套的监督、制约和激励机制，才能使具有投资意愿的人敢于投资企业。毫无疑问，由于信息的不对称，管理者作为内部人总比其他利益相关者掌握更多的信息。在管理者与股东等利益相关者的博弈中，上演猫捉老鼠的游戏，此起彼伏。其基本逻辑结构是：私有产权难以适应社

---

① 《资本论》第 1 卷，人民出版社 2004 年版，第 874 页。
② 《马克思恩格斯全集》第 48 卷，人民出版社 1985 年版，第 21 页。
③ 《马克思恩格斯全集》第 1 卷，人民出版社 1972 年版，第 266 页。
④ 漆多俊主编：《国有企业股份公司改组法律问题研究》，中国方正出版社 2002 年版，第 52 页。

会化大生产的需要，为此，不得不采取股份制的形式。但股份制是出资人权和管理权相分离的，这种分离，导致管理者的道德风险；为了防治管理者的道德风险，形成了现代企业的治理机制和公司法律制度。

二、我国国有企业改革的目的及选择股份制的原因

（一）国有企业改革的目的和目标

20 世纪 80 年代启动的国有企业改革，其目的是提高国有企业的效率。党的十四大提出建立社会主义市场经济体制，党的十四届三中全会将国有企业改革的目标确定为建立现代企业制度，由于股份公司是现代企业的主要组织形式，改组为股份制企业成为国有企业改革的主要方向。

（二）国有企业改革选择股份制的原因

国有企业之所以要改革，主要是因为效率低；国有企业改革之所以选择股份制，乃是因为：其他改革措施均未能解决国有企业效率低的问题，而股份公司的治理机制被证明为科学的现代企业治理机制。国有企业与股份制企业的契合性体现在：都存在管理者的道德风险，而抑制管理者的道德风险的现代企业治理制度，是企业各利益主体在股份制几百年发展历程中相互博弈的产物，是国家在平衡企业各方利益主体相互关系时所做的制度安排，是迄今为止人类社会找到的最好的在两权分离情况下的企业治理机制。

三、股份制企业治理机制的有效性条件

比较建立在公有制基础上的股份制与建立在私有制基础上的股份制，虽然都是股份制，但其发展路径以及所要面对和解决的核心问题迥然有异。西方国家的股份制是为了克服私有制的局限，解决科技发展带来的生产社会化与私有制之间的紧张关系而产生的，现代企业的治理机制只不过是股份公司为解决因"两权分离"问题所带来的副产品而已。我国国有企业改革选择改

组为股份制企业，是直奔股份制企业的治理机制而去的。公有制基础上的"两权分离"与私有制基础上的"两权分离"无疑存在巨大的差异，这些差异会不会导致国有企业股份制改革"直奔股份制企业的治理机制"扑空呢？这需要我们深入研究股份制企业治理机制的有效性条件。

（一）股份制企业治理机制的有效性条件分析——基于科斯的产权理论

诺贝尔经济学奖获得者科斯认为，在交易费用为零的情况下，只要产权明晰，不管权利如何进行初始配置，这些财富经过当事人之间的谈判都会得到最大化的安排；当交易费用不为零时，不同的权利配置界定则会带来不同效率的资源配置。由于交易费用不可能为零，因此，产权制度的设置是重要的。科斯的产权理论被广泛运用于分析社会经济生活中诸多现象。股份制企业治理机制的有效性条件，用该理论来分析，包括：

1. 产权明晰

产权的重要性毋庸置疑，没有产权的社会不仅效率绝对低下，资源配置也绝对无效。产权应当是明确的、具体的。秦失其鹿，众皆逐之。在产权没有明晰的情况下，"公地悲剧"就会出现。只有明晰产权，才能定纷止争。根据科斯的研究，如果交易成本为零，只要产权明晰，市场就会找到最有效率的资源配置方式。可见，产权明晰是市场经济不可或缺的，市场交换，是不同资源的交换，如果产权不明晰，交易将无从进行。股份制的基本含义是，公司资本分成等额股份，出资人依照其所持有的股份享有权利，这本身就蕴含了产权明晰的意思。

党的十四届三中全会做出的《中共中央关于建立社会主义市场经济体制若干问题的决定》［以下简称《决定》（1993）］在阐述现代企业制度的基本特征时，首先强调的也是"产权明晰"。产权明晰，在股份制企业中即表现为股份有明确的主体，在我国，公有制有集体所有制和全民所有制（国家所有制）两种形式。无论是国家所有，还是集体所有，权利主体都是明确的。这是不是就意味着公有制与产权明晰之间不存在冲突，股份制可以在公有制的土壤上生长呢？从"产权明晰"的文义去分析，确是如此。但在科斯及其追随者看来，产权明晰并不仅仅是指产权应有明确的权利主体，更是指产权主体应是明确的个人。公有制的产权主体由于没有明晰且不可能明晰到个人，均属于产权主体不明！

2. 产权主体对产权的关怀

科斯及其追随者之所以认为公有制均为产权主体不明，乃是因为公有制缺乏私有制那样的来自所有者的对产权的真正关怀。如前所述，股份制企业中，所有者与管理者相分离，所有者、其他利益相关者和管理者之间的关系为委任关系，存在管理者损害所有者及其他利益相关者利益的道德风险问题。为了解决这一问题，西方发达国家逐渐形成了现代企业的治理机制和治理法律制度。但是，无论是治理机制，还是治理法律制度，都不足以自行，而是依赖权利人去行动，尤其是所有者的行动。

在私有制条件下，作为理性经济人的各权利人，会自觉选择适当的方式维护其权益。现代企业的治理机制正是各利益主体与其他相关主体为了各自利益的最大化进行长期博弈形成的"自生自发"的秩序。公有制的情况却不同，以国有企业为例，国有企业的资本，从初始来源看，来自或主要来自全民或国家，国家依法授权政府行使所有者权益，政府再将该权益授予履行出资人职责的机构……这就存在多层次的委托关系。在这多层次的委托关系中，全民或国家作为初始委托人，政府、履行出资人职责的机构等既是委托人也是代理人，国有企业的管理者是代理人。由于不可能由全民或国家来履行委托职能，从而缺乏人格化、具体化的初始委托人；由于政府、履行出资人职责的机构作为委托人或代理人，均需要通过其代表来行使权利和承担义务。在所有环节中，无论是行使委托人权利者，还是履行代理人义务者，均与国有企业没有利益关系，均缺乏对国有企业经营状况深切关注的动力。换言之，国有企业的国家出资人代表，由于并不是真正的所有人，难以像私有的出资人那样关怀产权。

如果从制度的演进史上去比较私有制与公有制基础上的企业治理机制和制度，我们可以更清楚地看到，公、私产权主体对产权的关切度不同所导致的两者的治理机制与制度的巨大差异。公有制企业均不可能是所有者直接经营管理的，而是委托代表来经营管理的，天然存在两权分离。但是，同样是存在两权分离，在私有制条件下出现的股份制能够产生和演绎出一套系统的、完整的、不断发展的以控制管理者道德风险为核心的现代企业治理机制和法律制度；而公有制基础上的国有企业和集体企业在发展中却未能形成有效的企业治理机制。我国 20 世纪 80 年代开始的国有企业改革，始终未能逃过"一放就乱，一收就死"的轮回。公有产权主体对产权利益缺少关怀，这在科斯的逻辑体系中是致命的，意味着股份制不适用于公有制企业。因为股份制企业本身的治理机制和各国有关股份制企业治理的法律制度均建立在亚当·斯密"理性人假设"的基础之上，作为理性人的股东，能够发挥作用的前提条件是产权主体对产权的关怀。分析至此，关于公有制企业能否采用股份制企业的形式，结论似乎是：公有制不具备"产权主体对产权利益的关怀"这一条件，股份制不适用于公有制企业。

（二）股份制运行条件之再思考——科斯产权理论的不足及修正

我国国有企业在尝试实行股份制之前的改革中，虽然也有一些成功的改革措施，但总体而言，这些改革是不成功的。股份制推行后，国有企业与国家、社会以及企业职工的关系得以理顺，按照股份制企业原理设计的国有股份制企业的治理机制，与国有企业传统的管理模式相结合，形成中国特色的国有股份制企业治理机制。从实践来看，国有企业股份制改造以来，国有企业经营效率明显好转，并不断做大做强。十六届三中全会，中共中央决定"使股份制成为公有制的主要实现形式"。股份制是可以适用于公有制的，国有企业可以进行股份制改造，国有股份制企业是可以有效率的。科斯的产权理论值得反思。

1. 关于产权明晰

如前所述，科斯及其追随者认为，产权明晰是指产权主体可以明晰到个人，公有制企业的产权没有明晰到个人，属于产权主体不明。但是，"法律上人人皆有，实际上人人皆无"并不是公有产权固有的缺陷，通过一定的制度安排，产权虽然没有明晰到个人，但产权主体也完全可以像产权已经明晰到个人一样对待产权。

2. 关于产权主体对产权的关怀

公有产权主体的产权，只能由其代表来行使，存在初始委托人缺位的问题。但这并不必然导致产权主体对产权利益的漠视。就国有股份制企业来说，通过一定的制度安排，确保利益相关者及其代表均在企业中享有其切身的利益，依法行使权利在多数情况下是其最优的选择。

四、我国国有股份制企业运行的实践考察

20 世纪 90 年代始，随着苏联解体和东欧剧变，私有化的主张一直在中国颇有市场。尽管"私有产权制度效率高于公有产权效率的判断和理论逻辑也并未获得经济发展经验史实的支撑。"① 现代西方国家股份制的治理机制一直被视为转型国家企业治理的蓝本，但在金融危机来临时，竟然不堪一击。而我国的国有股份制企业却保持了繁荣。在全球经济凋敝的大环境下，在科斯及其追随者看来不可能有效率的国有股份制企业在关键时刻起到了中流砥柱的作用。国际社会注意到了这一重大现象，纷纷总结和研究国有股份制企业治理的"中国经验"。

---

① 于池：《中国国有企业改革中的权利委托代理关系分析》，载刘永佶主编：《经济中国——国企改革》，中国经济出版社 2013 年版，第 41 页。

（一）国有股份制企业治理的中国特色

对于"中国经验"是否存在，学术界有不同的声音。但是，国有股份制企业的治理存在一些"中国特色"，却是不争的事实。举其要者，主要有：

1. 拟制产权主体

我国国有企业改革，有限地接受了科斯定理，为国有企业拟制了产权主体。2003 年国务院进行机构改革，新设直属特设机构——国务院国资委。随后，地方政府也相继设立了代表其对国家出资企业履行出资人职责的国有资产监督管理机构。不过，我国并不认同科斯关于产权必须明晰到个人才是有效率的制度安排这一观点，没有实行私有化。

2. 独具特色的"鸡尾酒式"混合公司治理模式

我国国有股份制企业的治理机制，不能简单照搬西方国家的公司治理机制，而必须针对中国的特殊性问题，探寻特殊的治理机制。我国现行的国有股份制企业治理模式，是一种"鸡尾酒式"的混合治理模式。这种模式的基本内容为：（1）以大陆法系"二元制"的股份公司治理模式为基础，建立股东（大）会、董事会、监事会分权制衡的框架；（2）不拘泥于"二元制"的公司治理机制，吸收、借鉴英美法系"一元制"的公司治理结构的某些做法；（3）设立履行出资人职责的特设机构——国有资产监督管理机构，由其和其他履行出资人职责的机构履行出资人职责；（4）坚持党对国有企业的政治领导、党管国有企业的管理者；（5）发扬职工参与国有企业民主管理的历史经验；（6）继续保留对国有企业管理者的一些特殊的激励和约束制度。①

3. 党组织对国有企业的政治领导

党组织在国有企业中占政治核心地位，是中国国有企业治理的特殊之处。中国的国有企业改革始终是在党的领导下进行的。1997 年 1 月，中共中

---

① 参见王新红等：《国有企业法律制度研究》，中央编译出版社 2015 年版，第152 页。

央发布的《关于进一步加强和改进国有企业党的建设工作的通知》规定了党对国有企业的领导是政治领导。2004 年 10 月，中共中央办公厅转发的《中央组织部、国务院国有资产监督管理委员会党委关于加强和改进中央企业党建工作的意见》强调，要坚持党的领导、发挥国有企业党组织的政治核心作用，建立健全企业党组织参与企业重大问题决策的体制和机制，保证、监督党和国家方针政策在中央企业的贯彻执行。2016 年，习总书记在全国国有企业党的建设工作会议中强调："坚持党对国有企业的领导是重大政治原则，必须一以贯之；建立现代企业制度是国有企业改革的方向，也必须一以贯之。中国特色现代国有企业制度，'特'就特在把党的领导融入公司治理各个环节，把企业党组织内嵌到公司治理结构之中，明确和落实党组织在公司法人治理结构中的法定地位。"可见，党组织对国有企业的政治领导，不是抽象的、务虚的，而是通过"双向进入、交叉任职"等方式，行使或参与行使选择管理者和决定企业重大事项的权利。

4. 对国有企业管理者特殊的约束制度

无数实践证明，人性并不可靠。首先，选拔到国有产权代表岗位和管理者岗位的人不一定是廉洁奉公的人；其次，即使选拔到国有产权代表岗位和国有股份制企业管理者岗位的人是廉洁奉公的人，人性也是会变的。2015 年案发的中石油系"塌方式"腐败，再次为此做了注解。邓小平同志早就指出："制度好可以使坏人无法任意横行，制度不好可以使好人无法充分做好事，甚至会走向反面。"① 因此，根据国有产权结构的特点，建构与其符合的监督制约机制和激励机制是不可或缺的。对国有企业管理者特殊的约束制度主要有三个方面的内容：

（1）严厉的刑事责任

《刑法》对控制管理者的道德风险设置了刑事责任。《刑法》对国家工作人员的职务犯罪的刑罚设定了较非国家工作人员相同程度的犯罪更严厉的

---

① 《邓小平文选》第 2 卷，人民出版社 1994 年版，第 333 页。

刑事责任，根据第 93 条第 2 款的规定，国有企业的管理者职务犯罪较之非国有股份制企业、企业管理者职务犯罪要承担更严厉的刑事责任。严格来说，《刑法》不是按国有企业和非国有企业来区分受贿罪和商业受贿罪的，国有控股公司中也有不视为国家工作人员的管理者，如非国有股东代表出任的董事、社会招聘的经理，其受贿行为直接依据第 163 条第 1 款定罪量刑；国有资本参股公司虽然不属于国有企业，但代表国有股的董事以及国有股东选派的管理者，也视为国家工作人员。但这种情况不多，不足以否定法律对国有企业管理者的犯罪行为较非国有企业管理者同等程度的犯罪规定了更严厉的刑事责任这一结论。

（2）政府审计监督制度

审计制度是现代企业制度的组成部分之一。在两权分离情况下，为监督、考评管理者，也为了企业能赢得公众投资者、债权人的信任，企业可以或必须委托独立的社会审计机构出具审计报告。此外，和世界其他国家不同的是，中国对国有企业还存在一套政府审计制度，依法审计国有企业和国有资本、促进国有资产保值增值是政府审计的基本职能。通过《审计法》《审计法实施条例》的相关规定，政府加强了对国有企业管理者的监督，并有效遏制了国有企业管理者与社会审计机构通谋制造虚假审计报告的行为。

（3）监察监督制度

根据《监察法》的规定，国有股份制企业的管理者纳入监察监督的范围，为国有股份制企业的管理者履行忠实义务和注意义务增加了保障。

（二）对国有股份制企业治理中国特色的分析与评价

无论是学界还是业界，对国有股份制企业治理的中国特色的归纳和举要，是属于"中国经验"，还是属于"中国问题"均存在诸多争论。对我国现行国有股份制企业治理特殊制度的评价褒贬不一，从学术的角度讲，百家争鸣乃是正常现象。但是，国有企业改革，包括国有股份制企业治理机制的改革，都还在路上。改革中，对以上国有股份制企业治理特殊制度是作为"中国经验"予以坚守，还是作为"中国问题"予以解决，决策者不能含糊其词，必须做出明确的选择，既不能把问题当成经验，也不能将经验视为问题，而应采取正确的评价。对上述国有股份制企业的治理机制和制度的中国特色，可以从宏观和微观两个方面进行评价，这里仅从宏观方面进行分析：

1. 博采众长，吸收人类优秀文明成果为我所用

国有股份制企业的治理机制是一种"鸡尾酒式"混合治理机制，它不拘一格，博采众长，吸收人类优秀文明成果为我所用，彰显了后发优势。比如，我国在"二元制"的治理机制中引入独立董事，就是对英美法公司治理机制的借鉴。尽管该制度引入之初有人戏称为"两只猫逮同一只老鼠"[1]；也有人质疑其有效性，称独立董事为"花瓶董事"。[2] 时至今日，虽然争论依然存在，但不仅上市公司按要求配置了独立董事，非上市公司主动配备独立董事的情况也并不罕见，这说明该制度已然在中国生根。

2. 立足于中国实际，重视本土资源

现代企业制度虽然是舶来品，但我国并不盲目照搬，而是将之与中国的客观实际相结合，并重视其与本土资源的结合。公司治理结构被打上中国化的烙印，具体表现在以下两个方面：（1）高度重视国有股份制企业的党建工作，坚持和改善党对国有股份制企业的领导。（2）始终相信并依靠人民群众，充分发挥职工代表大会和工会的作用。

基于以上分析，我们认为，上述国有股份制企业的治理机制和制度的中国特色是值得肯定的中国经验。理论上可以弥补国有企业的初始委托人缺位的不足，有助于对管理者的激励和监督，实践也证明，自我国股份制改革以来，国有企业效益明显提高。

---

① 罗培新：《"冷眼"看独立董事》，《金融法苑》2000 年第 12 期。
② 谭郑霄：《我国上市公司独立董事制度批判》，《时代法学》2005 年第 6 期。

五、小结

股份制作为社会化大生产的组织形式，并不与特定的所有制相联系，私有制可以用，公有制也可以用。但是，建立在公有产权基础上的股份制与建立在私有产权基础上的股份制存在诸多差异，我们在学习引进西方股份制制度的时候，必须正视两种不同产权基础上的股份制的差异，并建立中国特色的股份制企业法律制度。

第四节　国有股权行使理论

在批判国有企业所有权与经营权相分离理论、论证股份制企业作为国有企业改革主要目标形式的基础上，我们需要进一步探讨国有股权的行使理论。

一、股权行使的基本理论

（一）产权理论

传统经济学并不关心企业本身的产权结构问题，是现代西方产权理论为我们打开了企业的"黑箱"。现代西方产权理论是在对微观经济学和标准福利经济学的根本缺陷进行思考和批判中形成的，是现代经济学的重要理论之一。其奠基者为诺贝尔经济学奖获得者科斯，他于1937年发表的《企业的性质》和1960年发表的《社会成本问题》两篇文章，被认为是产权理论的奠基之作。科斯首先指出："在交易成本为零的情况下（标准经济理论的一个假设），只要产权明晰，双方的谈判将会带来最大财富的安排，并且这与权利的初始分配无关。"① 然而，市场运行是有成本的，市场交易过程存在摩擦和障碍，这种摩擦和障碍又会严重影响企业行为和企业资源配置的结果。考察市场行为者的利润最大化行为时，必须把产权列入考察范围。科斯继而指出："在交易成本为正的现实世界中，……，将这些权利应该配置给那些能够有效地使用它们的、具有引导他们这样做的动力的人是可取的，发现（且维持）这样的权利分配，应通过法律的明确和减少有关转让的法律要求方面的麻烦，因为转让费用应该最低。只有在一个适当的产权体系（这种体系已生效）下才会达到这样的状态，……"②

关于产权的含义，德姆塞茨指出："产权包括一个人或（应为"使"——引者注）其他人收益或受损的权利"③ 阿尔钦指出："产权是一个社会所强制实施的选择一种经济品的使用的权利。"④ 菲吕博腾、平乔维奇对各种产权制度进行了归纳，他们指出："产权不是指人和物之间的关系，而是指由物的存在及关于它们的使用所引起的人们之间互相认可的行为关系。……对共同体中通行的产权制度可以描述为，它是一系列用来确定每个人相对于稀缺资源使用时的地位的经济和社会关系。"⑤ 可以总结出产权具有社会关系的性质，在本质上是一种行为权。它是在两个及两个以上平等的

---

① ［美］罗纳德·H. 科斯：《1991 年诺贝尔奖获得者的演讲：生产的制度结构》，载［美］威廉姆森、［美］温特编：《企业的性质——起源、演变与发展》，商务印书馆 2010 年版，第 304 页。

② ［美］罗纳德·H. 科斯：《1991 年诺贝尔奖获得者的演讲：生产的制度结构》，载［美］威廉姆森、［美］温特编：《企业的性质——起源、演变与发展》，商务印书馆 2010 年版，第 305 页。

③ ［美］哈罗德·德姆塞茨：《关于产权理论》，载［美］罗纳德·H. 科斯等：《财产权利与制度变迁——产权学派与新制度学派译文集》，刘守英等译，格致出版社、上海三联书店、上海人民出版社 2014 年版，第 71 页。

④ ［美］阿尔钦：《产权：一个经典注释》，载［美］罗纳德·H. 科斯等：《财产权利与制度变迁——产权学派与新制度学派译文集》，刘守英等译，格致出版社、上海三联书店、上海人民出版社 2014 年版，第 121 页。

⑤ ［美］菲吕博腾、平乔维奇：《产权与经济理论：近代文献的一个叙述》，载［美］罗纳德·H. 科斯等：《财产权利与制度变迁——产权学派与新制度学派译文集》，刘守英等译，格致出版社、上海三联书店、上海人民出版社 2014 年版，第 148 页。

财产权之间的交易中形成的，动态上包括占有权、使用权、收益权和处置权。① 在科斯之后，产权理论经过威廉姆森、斯蒂格勒、布坎南、舒尔茨、张五常、阿尔钦、德姆塞茨、巴泽尔等人的发展，被广泛运用于分析社会经济生活中的诸多现象。产权理论被用于分析企业制度，其核心观点就是：企业的产权必须明晰。一般认为，明晰的产权是现代企业制度的基本要求。

（二）委托代理理论

委托代理理论是制度经济学契约理论的主要内容之一，最早是由罗斯提出的，是建立在非对称信息博弈论的基础上的。非对称信息指的是某些参与人拥有但另一些参与人不拥有的那部分信息。在博弈中，拥有另一些参与人不拥有的信息的参与人被称为代理人，另一些参与人被称为委托人；相互拥有对方不拥有的信息，即互为委托人与代理人。假设局中人皆为理性人，委托人与代理人的效用函数不同必然会使二者产生利益冲突。如果缺乏有效的制度安排，代理人很可能为了自己的利益而损害委托人的利益，道德风险随之产生。委托代理理论揭示了代理人和委托人间的利益冲突及代理人机会主义、损害委托人利益的倾向，揭示了委托人和代理人的利益不一致、信息不对称、契约不完全以及经营环境不确定性等问题，提出了代理人可能会随时出现损害委托人利益的道德风险。为了防治代理人的道德风险，必须建立某种机制，使代理人与委托人的利益趋于一致，或者使委托人能有效地监督代理人。

委托代理关系是随着生产力大发展和规模化大生产的出现应运而生和逐渐成为社会经济生活中的一种普遍现象的。一方面，生产力大发展使得分工细化，权利所有者无法行使所有的权利；另一方面，专业化分工产生的大批具有专业知识的代理人能够行使好被委托的权利。委托代理理论被广泛运用于经济生活的实践。用委托代理理论来指导企业的治理，产生了现代企业治

---

① 参见夏志强：《产权制度创新与国有资产管理体制重构》，《财经科学》2004 年第 2 期。

理理论和现代企业治理制度。20 世纪 30 年代，美国经济学家伯利和米恩斯发现，由于股份公司中股权的广泛分散、企业的控制权已转入管理者的手中，企业的所有者也因此被贬到仅是资金提供者的地位，现代公司出现了从"所有者控制"转变到"管理者控制"的现象。① 并研究了这种现象所带来的公司治理核心问题的转变。出资人权与控制权的分离使得委托代理关系成为现代企业的基本特征之一。出资人权与企业管理控制权分离之后，企业管理者掌握了企业的实际控制权，但其所控制的企业财产并非是自己的财产，当他们觉得自己对企业的贡献和承担的风险与他们的收益不对等时，就可能为谋求自身利益而损害所有者的利益。亚当·斯密早在 1776 年《国富论》一书中就指出了这种情况："股份公司中的经理人员使用的是别人的钱财，而不是自己的，不可能期望他们会像私人公司合伙人那样的觉悟性去管理企业……因此，或多或少地疏忽大意和奢侈浪费的事在这些企业里的经营管理中总是会流行"。② 为了防止管理者的机会主义行为损害所有者（即出资人，下同）利益的道德风险，也需要设计或者形成某种机制，使得所有者与管理者的利益趋于一致，或者使所有者能有效地对管理者的经营管理行为进行监督。

由于国家不可能亲自经营企业，委托代理关系在国有企业中出现是必然的。并且，国有企业相较于其他现代企业，委托代理关系更为复杂，层次更多、链条更长，导致真正所有者对实际控制者的监督难度更大、成本更高、效率更低，国有公司管理者损害所有者利益的现象更为普遍和严重。以国有资本控股公司为例，除了国家这个大股东外，还有其他中小股东的存在，国家作为大股东自然希望能通过长期投资获得长远收益，而在国有资本控股公司中的其他中小股东追求的往往是股票市场的短期收益，这样管理层就可借着委托人之间的利益不一致的理由从而采取对自己更有利的行动。委托代理

① 参见张维迎：《企业理论与中国企业改革》，世纪出版集团、上海人民出版社 2015 年版，第 80 页。

② 亚当·斯密：《国富论》，胡长明译，人民日报出版社 2009 年版，第 404—405 页。

问题是现代企业固有的问题，现代企业制度的核心组成部分是现代企业治理制度，它就是以致力于解决所有者与管理者的委托代理问题为目标的。我国将国有企业改革的目标确定为建立现代企业制度，其根本原因就在于要运用现代企业的治理机制来解决长期以来困扰国有企业的治理机制问题。迄今为止，委托代理理论仍然是分析国有企业监督问题的主要工具，也是本书阐述国有股权行使法律问题依据的主要基础理论。

二、国有股权行使理论及其中国化改造

国有股权行使理论并不是天外来客，它应当建立在现有理论的基础之上。具体来说，就是在股权行使理论的基础上融入国有的因素，但是国有因素的融入导致的并不是简单的物理变化，更多的可能是化学反应。

（一）关于国有股权行使的产权理论

1. 现代西方产权理论对国有企业的改革主张

产权是一组包括所有权、使用权、收益权、转让权等权利的权利束，①产权明晰是市场交易有效进行的前提。现代西方产权理论认为，只有产权主体明晰的私有产权才是有效率的，公有产权的产权主体不明晰，是没有效率的。因为公有产权虽然有具体的产权主体，但没明晰到具体的人，在这种看起来"人人都有"的产权制度下，理性的产权主体都等着"搭便车"甚至"白搭车"。②虽然说国家作为国有企业的产权主体不存在争议，但现代西方产权理论建立在个人理性的基础上，产权最终应能明确到具体的个人，否则仍属于产权不明的范畴。国有企业对外在性内在化的激励不足。外在性是指经济当事人之间在利益关系上存在这样的情况：一方对另一方或其他诸方的

---

① 参见何维达、杨仕辉：《现代西方产权理论》，中国财政经济出版社 1998 年版，第 54—55 页。

② 参见王新红等：《国有企业法律制度研究》，中央编译出版社 2015 年版，第 26 页。

利益造成的损害或者提供的便利都不能通过市场加以确定，也难以通过市场价格进行补偿或支付。国有企业改造为股份制企业，股权的行使者是国家所选择的代理人，其与国有股份的损益不具有利害关系，这使得他对经济绩效的关注和对其他成员的监督的激励降低。与之不同的是，在私有股份制企业中，股东会在考虑未来的收益和成本倾向后，选择能使他的私有权利的现期价值最大化的方式来行动。有关国有产权结构不如私有产权结构有效率的观点，德姆塞茨、阿尔钦、张五常等均有阐述。①

正是基于以上认识，现代西方产权理论为转型国家开出的药方便是私有化。苏联、东欧在这种理论指引下，实现了私有化。在中国，私有化的主张也甚嚣尘上，对国有企业股份制改造也多有诘难。

2. 现代西方产权理论的中国化改造

现代西方产权理论诞生于私有制的土壤，虽然解释了资本主义经济文明，也值得其他文明借鉴，但仍存在一定的局限性。以苏联解体后形成的国家以及东欧国家为例，尽管实现了私有化，其经济发展速度却明显不如中国。可见，现代西方产权理论对国有企业股份制改造的诘难有失偏颇。

（1）关于国有产权的主体

在人类文明发展史上，公有制与私有制交替出现，均有其存在和发展的轨迹。国有产权结构并不天然不如私有产权结构有效率，德姆塞茨也承认："需要考察一个共同体对所有制的偏好。有些共同体的私有制没有很好的发展，但它们的国有制却高度发展。不过在一个共同体对这方面的偏好给定的情况下，新的私有产权和国有产权的形成将是对技术和相对价格的回应。"②

---

① 参见［美］哈罗德·德姆塞茨：《关于产权的理论》，阿尔钦：《产权：一个经典注释》，［美］哈罗德·德姆塞茨：《一个研究所有制的框架》，张五常：《私有产权与分成租佃》，均载［美］罗纳德·H.科斯等：《财产权利与制度变迁——产权学派与新制度学派译文集》，刘守英等译，格致出版社、上海三联书店、上海人民出版社2014年版。

② ［美］哈罗德·德姆塞茨：《关于产权的理论》，载［美］罗纳德·H.科斯等：《财产权利与制度变迁——产权学派与新制度学派译文集》，刘守英等译，格致出版社、上海三联书店、上海人民出版社2014年版，第73页。

巴泽尔在考察公有产权结构时也指出，"只要共同财产的利用受到限制，那么就不能得出私人拥有比共同拥有会更好界定权利的结论。"①

就国有股份制企业来说，虽然不能将产权明晰到具体的个人，但有自己的特点，基于其特点进行制度安排，完全有可能实现不低于甚至高于私有股份制企业的效率。

（2）关于国有产权主体的激励问题

虽然没有明确提出，但不言而喻的是，现代西方产权理论得出国有企业对外在性内在化的激励不足的结论是以理性人假设为逻辑起点的。尽管理性人假设的提出极具天才，并成为现代经济学的基石，但学术界对理性人假设也已有诸多的批判，如诺贝尔经济学奖获得者森指出，"这种自利最大化的狭隘理性观不仅仅是武断的，他还将在经济学中造成严重的描述性和预测性问题"。② 针对学界对理性人假设的批判，张维迎指出："只有在理性人假设的基础上我们才能理解制度和文化对人类走出囚徒困境是多么重要。促进社会合作和推动人类进步不能寄希望于否定人是理性的，而只能通过改进制度使得相互合作变成理性人的最好选择。"③ 确实，在理性人的假设下，"如果我们同他人开展合作就能更有效地满足大家的偏好，并因此最终协商达成合作规范从而对社会交往进行规约。"④ 但是，理性人假设仅仅考虑人性中利己的一面，是片面的。利己与利他是人性的两面，我们既要看到人性中利己的一面，也应看到利他的一面。就国有股份制企业的制度设计来说，基于人性中利己的一面进行制度设计无疑是重要的，但仅有此是不够的、不全面的。我们还应当基于人性中利他的一面进行制度设计。可以预期，基于人性

---

① ［美］Y. 巴泽尔：《产权的经济分析》，费方域、段毅才译，上海三联书店、上海人民出版社 1997 年版，第 97 页。

② ［印度］阿玛蒂亚·森：《理性与自由》，李风华译，中国人民大学出版社 2006 年版，第 16 页。

③ 张维迎：《博弈与社会》，北京大学出版社 2013 年版，序言第 3 页。

④ ［美］弗朗西斯·福山：《大断裂：人类本性与社会秩序的重建》，广西师范大学出版社 2015 年版，第 153 页。

中利他的一面进行制度设计从而激起人们的利他之心，许多建立在理性人假设基础上的制度难题或许便能迎刃而解。例如，国有产权主体完全有可能基于对国家的忠诚而认真履行职责。

（二）关于国有股权行使的委托代理理论

1. 国有股权行使中委托代理关系的特点

国有股权行使存在委托代理关系，但在委托代理关系上，国有股权不同于私有股权，具有以下两大典型特征：

（1）初始委托人缺位。国有股权行使主体不是国有资产的终极所有者，只是经多级委托代行国有股权的名义股东，存在实质股东与名义股东的分离，这种分离必然导致股权与股权行使权的两权分离。西方的两权分离只在经营者这个环节上产生"单重代理风险"，而我国国有企业的两权分离则在经营者环节上、所有者环节上产生"双重代理风险"。① 国有企业所有者缺位，对经营者的考核、监督、奖惩、兑现等都缺少了利益相对人。"这种缺乏所有人的终极关怀，几乎可以用来解释国有企业存在的一切问题。"②

（2）代理链条长。国有股权，最终归属全民，从作为初始委托人的全民到最终的代理人——名义股东，之间经过很多代理环节，代理链条长。而在委托代理关系中，委托人对代理人的激励和监督存在逐级弱化的现象，国有股权行使中常常出现对代理人的激励和约束不足的问题。

2. 解决国有股权行使中委托代理问题的中国路径

在一般的委托代理关系中，代理人损害委托人利益的道德风险主要源于信息不对称，代理人掌握了委托人所没有掌握的信息，通过建立持续信息披露制度等来降低双方信息不对称的程度是解决委托代理问题的首要策略；在委托代理关系中，由于代理人的效益函数与委托人的效益函数不一致甚至存

---

① 参见薛旭东：《国企改制过程中企业所有权与经营权分离探析》，《邯郸职业技术学院学报》2010年第2期。

② 王新红：《论企业国有资产的诉讼保护》，《中南大学学报》（社会科学版）2006年第1期。

在冲突，代理人为了追求自身利益才会损害委托人利益，因此通过一定的制度安排，使两者利益趋向一致，是解决委托代理问题的又一基本方法。在国有股权行使的制度安排中，以上两个方面的制度安排仍然是基础性的、必要的、不可或缺的。

但是，基于国有股权行使中委托代理关系的特点，仅有以上制度是不够的，还必须有针对以上特点的特殊的制度安排。

（1）塑造权责明确的国有股权行使主体。在多级委托代理关系中，均必须明确授权主体和被授权主体以及其各自的权利和义务。其中，最为重要的是明确最终代表国家行使国有股权的主体及其权利和义务。

（2）突破"理性人假设"的理论桎梏，寻求更广泛的激励约束资源。如前所述，"理性人假设"只是揭示了人性的一个方面，以其作为基础建立起来的制度具有片面性。我们应当挖掘人性中非利己的动机，从而建立更为全面和有效的激励和约束机制。例如，党组织的激励与约束制度。

（3）减少代理层次。由于在委托代理关系中，存在激励与约束逐级弱化的现象，因此，减少代理层次是提高委托代理关系中激励和约束效率的重要措施。如限制国有企业再投资的层级。

三、国有股权行使的理论创新：国有股权两权分离理论

我国国有股权行使的实践为国有股权的理论研究提供了丰富的素材。研究这些素材，不仅使我们发现了国有股权行使的中国路径，而且为我们突破旧理论创造了条件。在借鉴西方股权行使理论的基础上，基于我国国有股权行使的实践，我们提出自己的国有股权行使理论——国有股权两权分离理论。

（一）国有股权两权分离的含义

在中国国有企业改革的语境下谈两权分离，必须明确"两权"的含义，否则就会坠入"两权不清"的陷阱。在既往的有关国有企业改革的文献中，

两权分离至少有两种不同的含义：一是所有权与经营权相分离，另一是剩余索取权与控制权相分离。正如前文所批判的，许多人混淆了这两种不同性质的两权分离。我们这里说的国有股权的两权分离，其两权既不是所有权与经营权，也不是剩余索取权与控制权，而是国有股权与国有股权行使权。也就是说，国有股权的两权分离是指国有股权与国有股权行使权的分离。

国有股权最终归属国家（全民），但行使国有股权的主体却不是国家，而是多层多级委托代理关系中的代理人。为了更清晰地呈现问题，我们将国有股东分为实质股东、中间层股东和名义股东，国有股权的初始委托人为国家（全民），我们称之为实质股东；最终行使国有股权的主体，我们称之为名义股东；介于实质股东和名义股东之间的主体，我们称之为中间层股东。无论是国家股还是国有法人股，实质股东都是国家（全民），按照《企业国有资产法》第3条的规定，国务院代表国家行使企业国有资产所有权，[①] 也就是说，国务院代表国家行使实质股东权。中间层股东和名义股东，国家股与国有法人股之间存在较大差异。按照《企业国有资产法》的规定，国家股的名义股东是履行出资人职责的机构，中间层股东是政府。国有法人股的名义股东是直接行使国有股权的国有企业，中间层股东包括政府、履行出资人职责的机构、国家出资企业（不包括国有资本参股公司），甚至还可能包括国家出资企业的子企业、孙企业、曾孙企业，等等。

（二）国有股权两权分离对国有股权行使的影响

不同的两权分离，要解决的问题是不同的。所有权与经营权相分离，要解决的核心问题是国家对国有企业的授权问题，人们的有限理性难以保障授权的恰当性，授权不是多了，就是少了，加之没有建立起与授权相适应的监督制约机制，难以逃出"一放就乱、一收就死"的怪圈与轮回。中国国有企

---

① 本书主要作者王新红认为：企业国有资产是国家对企业的出资所形成的权益，企业国有资产的所有者享有的是出资人权，当企业国有资产是国有股份时，享有的就是国有股权，不能称为所有权。参见王新红：《关于总出资人权的法律思考——对〈企业国有资产法〉第3条的检讨》，《江西财经大学学报》2012年第3期。

业改革走上建立现代企业制度之路后，彻底否定了所有权与经营权相分离的逻辑，按照现代企业制度的生成原理，公司制改造后的国有企业不存在所有权与经营权相分离的问题，但需要面临新的问题——剩余索取权与控制权相分离的问题。本来，西方现代企业制度几百年的发展，为解决剩余索取权与控制权相分离问题提供了解决方案，中国大可以采取拿来主义的办法，我们也确实这样做了……，但问题也随之而来，公有制基础上的股份制与私有制基础上的股份制迥然有异。其根本性的差别在于：剩余索取权行使者并不是真正的剩余索取权人，而只是代表而已，缺乏作为真正剩余索取权人对企业利益的真切关怀。由于这种差异的存在，在西方运行良好的现代企业制度，在中国国有企业中运行失效了。中国国有企业改革的目标是建立现代企业制度，现代企业制度的典型表现形式是股份制企业。因此，我们必须直面公有制基础上的股份制与私有制基础上的股份制的差异，进行制度创新。

仔细比对公有制基础上的股份制企业与私有制基础上的股份制企业，不难发现：（1）公有制基础上的股份制企业较之私有制基础上的股份制企业多了实质股东和中间层股东的环节；（2）公有制基础上的股份制企业的名义股东不是真正的股东。这从委托代理理论来看，实际上是增加了代理环节而已。从初始委托人国家（全民）到最终的股权行使主体（名义股东），经过了多级委托，这当中的委托关系形成的依据是不同的，既有公法意义上的委托，也有私法意义上的委托，还有公、私法混合的委托。具体来说，国家（全民）对国务院的委托、对地方政府的委托是公法的委托，直接依公法规定形成；政府对履行出资人职责的机构的委托，是公私法混合的委托，既有依公法直接规定的因素，也有依照私法规则委托授权的因素；履行出资人职责的机构对国家出资企业以及国家出资企业对其子企业及以后逐级的委托，均为私法上的委托，即私法上的投资关系所产生的委托代理关系。通过以上分析，我们可以比较清晰地看到各级各类主体在国有股权行使过程中的角色定位，从而能够更好地确定各自的权能及其行使方式。

国有股权两权分离的特点决定了国有股权行使制度的核心是：规范和保

障名义股东的股权行使权，防治其股权行使行为的道德风险。

（三）实质股东代表（国务院）、中间层股东和名义股东的权利划分

1. 实质股东代表（国务院）的权利

在国有股权行使的委托代理关系中，国家（全民）作为实质股东，不可能行使权利，只能委托代表行使权利。而国务院作为全国人大的执行机构，是当然的国家代表。《企业国有资产法》第3条规定："国有资产属于国家所有即全民所有，国务院代表国家行使企业国有资产所有权。"这里的国家所有权指的是实质股东权。

那么，国务院享有的实质股东权应当包括哪些内容呢？笔者认为，根据实质股东本身所蕴含的权利，实质股东权应包括以下内容：

（1）决定和变更出资人代表权。这具体包括四层含义：其一，国务院有权决定哪些国家出资企业由其自己担任出资人代表；其二，国务院有权将自己担任出资人代表的国家出资企业改由某地方政府担任出资人代表；其三，国务院有权将地方政府担任出资人代表的国家出资企业改由自己担任出资人代表；其四，国务院有权将某地方政府担任出资人代表的国家出资企业改由其他地方政府担任出资人代表。在以上四项内容中，前三项已经为《企业国有资产法》所确定。根据该法第4条第2款的规定可知，国务院有权认定哪些国家出资企业属于"关系国民经济命脉和国家安全的大型国家出资企业，重要基础设施和重要自然资源等领域的国家出资企业"，对于属于该范围的国家出资企业，由其自己代表国家履行出资人职责；如果国务院认为自己担任出资人代表的国家出资企业不属于该范围的，就应当交由地方人民政府代表国家履行出资人职责；如果国务院认为地方政府担任出资人代表的国家出资企业属于该范围的，就应当改由国务院代表国家履行出资人职责。至于第四项内容，虽然在《企业国有资产法》中找不到依据，但从法理上说，它应当是实质股东权所蕴含的。并且，这也是国家调节经济的现实需要：从微观

上说，是实行国有资产优化配置的需要；从宏观上说，则是优化国有资产的地区结构、理顺分配关系、实现小平同志提出的"两个大局"设想的需要。

（2）划转企业国有资产权。国务院有权将企业国有资产在不同出资人代表中进行划转。变更国家出资企业的出资人代表在本质上属于对该企业的企业国有资产的整体划转；既然国务院享有的总出资人权包含变更国家出资企业的出资人代表权，当然也应当包括划转企业国有资产权。《企业国有资产法》对划转企业国有资产权未作规定，国务院国资委制定的《企业国有产权无偿划转管理暂行办法》和《企业国有资产无偿划转工作指引》成为划转企业国有资产权行使的依据。实际上，国务院国资委作为履行出资人职责的机构，无权做出这种规定；国务院也不宜授权其做出规定，因为是否划转以及如何划转不能仅仅从国有资产的保值增值角度思考，它超出了国务院国资委的职能范围。另外，需要指出的是变更国家出资企业的出资人代表和划转企业国有资产都是企业国有资产在上下级政府或不同地区政府之间流通，不包括在国务院或同一地方政府内部代表政府履行出资人职责的机构的变动，后者不属于实质性股东权的行使，而是出资人权的行使。如 2004 年国务院批准铁道部所属中国铁路物资总公司和铁道通信信息有限责任公司与铁道部脱钩，移交国务院国资委，就属于国务院内部代表政府履行出资人职责的机构的变动，不属于实质股东权的行使。

（3）制定出资人代表及其履行出资人职责的机构的出资人权利行使规则的权利。目前，关于出资人权利行使的规则除了《企业国有资产法》的规定外，主要是国务院国资委制定的。对此做法，本文持否定态度，理由有三：其一，出资人权利行使规则的制定权属于实质股东权，国务院国资委只是代表国务院履行出资人职责的机构，不是适格的权利主体，况且，自己为自己立法，难以做到客观、公正；其二，国务院国资委并不是代表国务院履行出资人职责的唯一机构，其制定的规则只能规范其自身的权利行使，不具有普遍适用性；其三，国务院国资委与地方国有资产监督管理机构之间是平等的，不应当存在上下级领导关系或业务指导关系，但当国务院国资委掌握出资人权利行使规则制定权并要求地方国有资产监督管理机构遵照或参照执行时，两者之间就形成了事实上的领导与被领导关系、业务指导关系，这不利于中央所属国家出资企业和地方所属国家出资企业之间进行公平竞争。

（4）对地方政府代表国家行使出资人权利的行为进行监督的权利。按照《企业国有资产法》，地方政府对所属国家出资企业行使出资人权利几乎变成了一种绝对权，不受国务院的制约和监督，形成了事实上的地方所有，与"国家统一所有，政府分级代表"的初衷相距甚远。虽然国务院国资委制定了《地方国有资产监管工作指导监督暂行办法》，并依据该办法对地方国有资产监督管理机构进行指导和监督，但是，这种指导监督于法无据，并且如前所述，不利于中央所属国家出资企业和地方所属国家出资企业之间进行公平竞争。因此，为了体现"国家统一所有"，又不至于造成履行出资人职责机构之间的不平等，应当赋予国务院对地方政府代表国家行使出资人权利的行为进行监督的权利，且这种权利不能授予国务院国资委行使。

2．中间层股东之政府的权力

如前所述，中间层股东在国家股与国有法人股之间存在较大差异，国家股的中间层股东是政府；国有法人股的中间层股东包括政府、履行出资人职责的机构、国家出资企业（不包括国有资本参股公司），甚至还可能包括国家出资企业的子企业、孙企业、曾孙企业，等等。各个中间层股东所处的代理环节不同，代理权限不同，其权利也不同。这里只阐述政府作为中间层股东的权利。至于履行出资人职责的机构、国家出资企业、国家出资企业的子企业、孙企业、曾孙企业等作为中间层股东的权利，均可依照公司法关于投资者与被投资企业之间的关系来确定其权利。

政府分为中央政府和地方政府，根据《企业国有资产法》的规定，中央政府和地方政府分别代表国家对国家出资企业享有出资人权益和履行出资人职责。这里要注意区分中央政府代表国家作为中间层股东和中央政府代表国家作为实质股东的区别。当中央政府作为实质股东代表时，它行使的是实质股东权，针对的是全部国家出资企业；当中央政府作为中间层股东时，它行使的是中间层股东权，针对的是由其享有出资人权益、履行出资人职责的国家出资企业。由于政府并不直接行使国有股权，而是委托履行出资人职责的机构行使国有股权，根据《企业国有资产法》的规定和委托代理关系的法理，政府作为中间层股东的权利包括：

（1）保留部股权由自己行使的权利。根据《企业国有资产法》的规定，重要的国有独资企业、国有独资公司、国有资本控股公司的合并、分立、解散、申请破产以及法律、行政法规和本级人民政府规定应当由履行出资人职责的机构报经本级人民政府批准的重大事项，履行出资人职责的机构在做出决定或者向其委派参加国有资本控股公司股东会会议、股东大会会议的股东代表做出指示前，应当报请本级人民政府批准。（第34条）重要的国有独资企业、国有独资公司、国有资本控股公司的改制，履行出资人职责的机构在做出决定或者向其委派参加国有资本控股公司股东会会议、股东大会会议的股东代表做出指示前，应当将改制方案报请本级人民政府批准。（第40条）

（2）对履行出资人职责的机构的监督权。政府享有的履行出资人职责的权利委托给履行出资人职责的机构行使，作为委托人，政府当然享有对履行出资人职责的机构的履职行为的监督权。《企业国有资产法》第15条也规定："履行出资人职责的机构对本级人民政府负责，向本级人民政府报告履行出资人职责的情况，接受本级人民政府的监督和考核，对国有资产的保值增值负责。（第1款）履行出资人职责的机构应当按照国家有关规定，定期向本级人民政府报告有关国有资产总量、结构、变动、收益等汇总分析的情况。（第2款）"

（3）变更履行出资人职责的机构的权利。作为委托人，当然拥有决定由谁代表自己履行出资人职责的权利。

3. 名义股东的权利

名义股东享有股权行使权，即以股东名义依照公司法规定对国家出资公司行使股权。因为只有名义股东才是公司法意义上的股东，才享有公司法意义上的股权。而实质股东、中间层股东均只能通过影响名义股东的行为来影响股权的行使。因此在论及国有股权的行使主体和权能时，我们都将注意力聚焦在名义股东身上。

第二章　国有股权行使之体制论

国有股权行使制度受制于企业国有资产管理体制（以下简称"国有资产管理体制"），因此，在探讨国有股权行使的具体制度之前，有必要先探讨国有资产管理体制。本章在总结我国国有资产管理体制历史经验教训的基础上，借鉴域外国有资产管理体制的经验，分析现行国有资产管理体制的弊病，对新时代国有资产管理体制进行展望。

第一节　国有资产管理体制的演进

国有资产管理体制，是国家关于国有资产管理的机构设置，职责划分，管理方式、制度与方法等方面的基本制度体系。国有资产管理体制的基本内容包括：国有资产管理机构的性质、机构设置和职能配置；国有资产管理机构与国家经济行政管理机构的关系；中央与地方国有资产管理机构的权责划分及管理机构内部各部分的权责划分及相互关系；国有资产所有者权能的实现方式，即国家实施国有资本运作、对国有企业实行管理监督的制度等。①由于国有资产在国民经济建设中所发挥的巨大作用，如何管理和使用好国有

---

① 参见王新红：《论企业国有资产管理体制的完善——兼论国资委的定位调整》，《政治与法律》2015 年第 10 期。

资产，建立起一整套行之有效的体制，一直是国家和政府最为关心的问题之一。自中华人民共和国成立以来，我国围绕国有资产管理体制进行了大量的探索，本文将这一过程分为四个大的时期。

一、国家国有资产管理局成立前的国有资产管理体制

国家国有资产管理局成立之前，我国并没有独立的国有资产管理，而是在计划经济体制下的行政管理体制中包含了国有资产管理的内容，这一时期又可以分为三个小的阶段。

（一）国家全面集中管理阶段（1949—1969）

在这一时期，我国经济建设刚刚起步，客观上要求对有限的财力物力进行集中规划和管理。同时，受苏联相关经济理论的影响，国家所有权被抬到了至高无上的地位，[①] 国家对国有资产进行全面、直接的统一管理。

资金和生产资料由中央按计划实行集中统一分配。投资千万元以上的大型项目由国务院（1954年前为政务院，下同）审批；投资千万元以下的中型项目由中央主管部门提出审核意见报国务院批准；国有大型企业由中央直接管理。中央各部门管理的工业企业1957年有93000多家，占企业总数的16%，占总产值的49%。其所需生产资料由各主管部门依计划以国家调拨价格供应，产品由商业及物资等部门进行收购或调拨。国家对国有企业进行统收统支，国有企业的利润和折旧基金均应上缴。国有企业的根本任务在于执行国家计划，而国家计划是纯粹的行政命令，因此国有企业的财产权附属于国家行政权力。千头万绪，事无巨细的集中管理超出了政府管理能力的极限，政府各部门、各地区、中央与地方之间因人设事，权限划分和职能范围难以协调的问题十分突出。同时，国家采用行政计划手段管理国有资产，对

---

① 参见信春鹰等：《车之两轮鸟之两翼——改革发展中的经济与法律（1978—1995）》，社会科学文献出版社2004年版，第146—147页。

企业实行高度集中管理，政企合一，完全排斥市场作用，漠视企业权益，导致企业主观能动性丧失，内部一潭死水，竞争机制缺乏，平均主义严重，效益低下。

（二）国家开始下放国有资产管理权限阶段（1970—1983）

"1970 年 3 月 5 日，国务院颁发了《关于国务院工业交通各部直属企业下放地方管理的通知（草案）》，该《通知》要求国务院工交各部的直属企业、事业单位绝大部分下放给地方管理；少数由中央部和地方双重领导，以地方为主；极少数的大型或骨干企业，由中央部和地方双重领导，以中央部为主；正在施工的各直属基本建设项目也按上述精神分别下放地方管理。"[1]1979 年国务院下达《关于扩大国营工业企业经营管理自主权的若干规定》《关于国营企业实行利润留成的规定》，开始"放权让利"，不仅把管理权力从中央下放到地方，而且扩大企业自主权，准许企业保留 3% 的经营利润。

1983 年开始实行"利改税"，将国营企业应该上缴给国家的利润改为上缴税收，同时，将基本建设投资拨款改为贷款，即"拨改贷"。该类贷款的业务办理由中国建设银行负责，贷款资金从当年基本建设预算拨款中进行财政划转，贷款单位必须在规定期限内还本付息。

这些措施给了企业部分经营自主权，但是并没有从根本上改变企业作为政府附属物的地位。在实行公有制和尚未摆脱行政计划经济体制的具体国情下，无法保障企业的行为像一般私人企业那样，自然而然地按照市场的要求而达到合理化，市场关系也不能协调企业的行为和宏观经济[2]。国有资产管理条块分割，投资权由计划委员会行使，生产资料的支配权由经贸委行使，企业主要干部的任命由组织人事部门行使，收益权由财税部门行使等等。多头管理，政出多门，造成国有资产运营效率低下、浪费严重。因为对企业贷

---

① 盛毅、林彬：《地方国有资产管理体制改革与创新》，人民出版社 2004 年版，第12 页。
② 参见史际春：《国有企业法论》，中国法制出版社 1997 年版，第 153 页。

款的使用缺乏必要和有力的监控，"拨改贷"不仅使许多国有企业后来背上了沉重的债务负担，积重难返，而且造成了国有资产的大量流失。从第二步"利改税"开始，出现了信贷、投资和消费基金的严重膨胀，随之而来的是国家财政收支状况的恶化。

（三）开始产权改革探索阶段（1984—1988）

1984 年 10 月，党的十二届三中全会做出了《中共中央关于经济体制改革的决定》，国有企业开始实行承包制，由国有企业的各级负责人与政府部门或者与国有企业的上级管理机关订立一个完成经营任务的合同，双方权利、义务、责任的具体内容由合同明确。从 1986 年起，以第二步利改税为契机，在全国范围内推行承包、租赁等所有权与经营权分离的国有企业改革。

企业在订立承包合同时，可以主张自己的合理利益，政府指导企业行为的任意性得到了一定的限制。这一举措在短期内扭转了经济滑坡的局面，提高了企业经济效益。但由于企业经营指标是由政府事先确定的，承包合同对此无法变更，企业的自主权仍然受到限制。而且，"承包和租赁使企业与政府的关系契约化，由于这种契约得不到司法的保障，反而削弱了企业经营权的法定性质，使企业与政府的关系恢复到'人治'的轨道"[①]，政府仍然是企业命运的主宰者。

企业改革的根本动力还在于利益驱动，20 世纪 80 年代初，自主性和积极性得到提高的部分地方、部门和企业开始了企业兼并这一企业产权有偿转让的改革试点，到 1988 年，这一工作在全国全面铺开。企业兼并对企业资产的有效配置起到了重要的作用，大多数企业通过企业兼并扭转企业亏损状况。

这一时期，政府也开始了将国有资产所有权职能与行政管理职能进行分

---

① 史际春：《国有企业法论》，中国法制出版社 1997 年版，第 154 页。

离的尝试。1988 年初，国务院组建国家国有资产管理局，统一行使国有资产所有者的管理职能，且归口财政部管理，这一尝试开启了我国国有资产管理的新时期。

二、国家国有资产管理局成立至国务院国资委成立前的国有资产管理体制

（一）国家国有资产管理局设定的背景

从中华人民共和国成立到党的十一届三中全会的召开，我国在经济方面实行高度统一的计划经济体制，为了配合这种经济体制，国有资产管理体制也开始实行集中统一的计划体制。在那时的政治经济环境中，计划成为最为有效的资源配置方式。但是在我国计划经济的后期阶段，这种体制的弊端逐渐显现，甚至有进一步阻碍经济发展的趋势，而政资不分、政企不分就是国有资产管理体制改革中首先要解决的难题。1978 年，党的十一届三中全会的胜利召开，确立了"以经济建设为中心，坚持四项基本原则，坚持改革开放"这一党的基本路线，开启了我国经济体制改革的大门，开始把党和国家的工作重心放在经济建设上。首当其冲的便是国有企业改革和国有资产管理体制改革。

把握国有资产管理体制的要义应该分别从宏观体制和微观体制两个方面入手，前者反映的是政府内部所有者的权能关系，解决所有者职能执行主体的构造以及行使方式的问题。而后者从侧面反映了国家与企业两者之间的产权关系，主要解决的是国有资产的经营形式、产权实现方式的问题。简单来说，国有资产管理就是国家所有者依据所有权进行的管理。我们主要研究国有资产管理体制的微观方面，即在市场经济主导的模式下，市场在经济发展过程中发挥着独立的市场主体的作用，这就要求政府赋予企业更多的自主权空间，而且在国有企业经营权的每一次改革中，依据所有权的监督、控制及资本收益都要做出相应的调整。所以在对国有企业进行改革时，必须在坚持

国家所有的同时，充分调动并发挥中央和地方两个积极性，建立由中央政府和地方政府分别享有所有者权益并代表国家履行出资人职责的权责统一，管资产和管人、管事相结合的国有资产管理体制。

党的十一届三中全会之后确立的新的经济体制改革方针使国有资产管理体制改革的序幕缓缓拉开，从此我国开始了国有资产管理体制改革的探索路程。1988 年国家国有资产管理局正式成立，国有资产产权管理体制改革也开始正式进入轨道。总结国有资产管理局到国有资产监督管理委员会的这五年间的改革实践，我们发现国有资产管理机构创新不断，在实践中也做了不少的尝试。例如：国有资产监督管理委员会的设立就是一个战略性的突破，代表国务院履行国有资产出资人职责的改革思路相比于原先的管理体制有了实质性的突破。总结历次国有资产管理体制改革的经验，都对我们社会主义市场经济体制的创新有着深远的意义，我们都能从中有所学习，有所进步。我国国有资产管理体制的变迁过程包括四个阶段：行政化经营阶段，企业式管理阶段，公司化管理探索阶段，以及现行的"三层架构"模式。本文拟从国有资产管理局和五龙治水模式这两个角度进行回顾和研究，并从中总结得失，深入分析国有企业深化改革阶段的关键问题和改革方向。

根据国家体改委和世界银行的建议，国务院于 1988 年年初将国有资产的产权管理职能从政府的行政管理以及一般经济管理职能中分离出来，并决定组建统一行使国有资产所有权管理职能的国家国有资产管理局。1988 年 3 月国家国有资产管理局成功设立，紧接着各省市的国有资产管理局如雨后春笋，也都相继设立。国家国有资产管理局是 1988 年国务院机构改革中唯一新增设的政府部门，是新中国成立后第一个专职从事国有资产管理的政府职能机构。此政府部门的设置归结起来主要有两方面的原因：一方面是为了实现政企分开以及建立与政企分离相配套的国有资产管理体制；另一方面是为了解决国有资产的管理问题，通过国有资产管理局的设立，对国有资产进行有效配置，防止国有资产的流失。

同年 8 月，国家国有资产管理局的"三定"方案顺利通过，该方案对国家国有资产管理局的性质、任务、职能进行了明确的规定，[①] 该方案的顺利通过标志着我国国有资产管理体制改革在政府机构设置层面上将社会经济管理职能与国有资产管理职能分开，也是国有资产多部门管理向职能化管理的根本性转变，具有深远的历史意义，但也存在一定的缺点，就是仍未考虑到国有资产局的地位，它仍属于政府的行政机构。实践中这使国有资产管理局的职能与相关行政部门的职能发生交叉，而国有资产管理局的设立，并没有实现将各行政部门国有资产管理职能集中统一行使的目标。

（二）国家国有资产管理局存续时期国有资产管理体制改革的理论发展

1988 年设立国家国有资产管理局是专门管理国有资产的职能部门，对中华人民共和国境内外的国有资产进行综合管理。1998 年国家国有资产管理局被撤销。回顾这 10 年间，国有资产管理体制改革理论和体制建设都有了很大的进步。总结其改革的基本思路，主要包括以下三个层次：

1. 以"两职分开"为主，完善国有资产监管体系

这部分主要围绕"两职分开"的理论争论、"权责明确"是对"两职分开"的进一步发展以及"两职分开"的模式选择这三个主题进行。党的十四届三中全会首次明确提出了"两职分开"的思想，标志着国有资产管理体制改革又进入了新的阶段。而理论界对于如何实现"两职分开"始终存在着不同的观点：一种观点肯定这种做法，他们认为只有这样做，才能根本上打破政府直接干预国有企业经营的陈旧体制，进一步明晰企业产权和政企职责分开的问题。另一种观点则对这种做法持否定态度，他们认为把国有资产所有权管理独立于政府之外，实质上是另外再建立一个"政府"。我们从历次改革中总结出：在政府之内实现两职分开的观点得到学术界普遍认同。

党的十四届五中全会提出"要建立权责明确的国有资产管理、监督和运

---

① 参见郑小玲：《国有资产管理体制的历史变迁与改革模式研究》，福建师范大学，硕士学位论文，2008 年，第 42 页。

营体系，促进政企分开"，党的十五大报告又重申了这一点。我们可以看出"权责明确"实际上是"两职分开"的发展，也是国有资产管理体制和管理方法的重大突破。对于以建立"权责明确"为主的国有资产所有权监督体系来说，首先应从建立完善的资本运营机制和管理制度入手，并应当在国家对国有经济的控制下，遵循市场经济的规律，增强国有企业与市场之间的联系，用经济的手段管理国有资本。例如：授予经营国有资产的具体部门一定的权力来监督国有资本的运营。通过这种方式，使国有资本从行政性束缚中解脱出来，使其与其他资本相互竞争。一方面我们需要将建立权责明确的国有资产管理体制逐渐渗透到整个政府机构配套的改革举措中，以此增强政府在经济上的宏观调控能力，加大政府对国有资产的掌控能力。另一方面还需要进一步完善国有资产局职能机构的建设，弱化政府部门在国有资产管理体系中的政治作用，强化其经济功能。同时将国有资产管理局的职责与权能统一起来，减少各个部门之间的差异，增强部门之间、地域之间的联系，这就需要对市场上的一些中介组织进行规范：例如将国有资产监管中的部分职能下放给资产评估事务所、律师事务所等社会中介机构。

政府层次上的"两职分开"包括财政管理模式和国资委模式这两种模式，前者是指在财政部下设国有资产管理机构来行使国有资产所有权管理的职能。国资委模式是在政府序列外，成立国有资产管理委员会行使国有资产所有权代表职能，委员会一般由政府主要负责人担任。但随着改革和形势的发展，这种模式的弊端逐渐显露出来。1998年中央政府机构改革撤销国家国有资产管理局，由财政部承担经营性资产管理职能。国有资产管理模式变成财政部领导下的国有资本金管理与国资委领导的国有资产产权管理相并存的形式。10多年的探索实践已充分证明：国有资产管理体系的建设，必须坚持以"两职分开"为原则，这也是市场经济发展的要求。

2. 以"国有资产管理职能与经营职能分开"为主，组建国有资产运营体系

构建国有资产运营体系的重中之重就是组建国有资产运营机构，它对建立适应社会主义市场经济发展的国有资产管理体制具有促进作用，同时也可以促进政府职能的分离，实现政企分开，加快企业内在所有权约束机制的形成。国有资产产权营运机构代表国家行使国有资产所有者权利，是依法定程序设立的，以区别于非依法定程序成立的组织。相较于行使国有资产运营权的一般企业法人以及行使国有资产使用权的一般机关法人而言，其实质在于通过持有和买卖股权或者产权来营运国有资本，以资本经营的方式实现国有资产的优化配置及迅速增值。

3. 以建立现代企业制度为主，实施公司制改组

经过 20 多年的实践，国有企业制度改革的方向逐渐明确，即建立以公司制为主要形式的现代企业制度，而现代公司主要模式是产权多元化的股份公司，所以要把国有企业改革的重心放在如何进行大中型国有企业股份制改造上。

改革的总体框架包括三个层次：政府国有资产管理机构，国有资产运营机构，国家独资、控股、参股的各类企业。但是国有资产管理局的自身缺陷使国有资产运营机构尚未普遍组建，相应的国有企业公司化改制任务也未完成，[①] 尤其是其他政府经济部门职能还没根本转变，国有资产管理机构各项职能的落实势必受到既有权力和利益格局的影响。于是国务院规定：由各级政府授权有关部门和机构对国有企业实行分工监管。"国有资产管理局实际上只起到了一个国有资产会计核算的职能，并没有承担起国有资产所有者的职能。"[②] 这种体制下，国有资产产权不清、权责不明、多头管理、有人行使权利、无人承担义务，致使国有资产流失严重。最终，国家国有资产管理局在 1998 年的政府机构精简改革中被撤销，相关职能并入财政部。然而不管怎样，国家国有资产管理局的多年探索毕竟取得了一些成果。例如：通过清产核资对国有资产的基本情况进行了解；开始运用产权理论来指导实践等。

---

① 参见张璐：《我国新型国有资产管理体制的完善》，陕西师范大学，硕士学位论文，2006 年，第 7 页。
② 绍秉仁主编：《创建国有资产管理新体制》，中国财政经济出版社 2003 年版，第 81 页。

不同时期的国有资产管理体制改革的理论具有不同的特点，总结上述理论，国有企业改革中的总体思路还是要坚持职能分离与现代国有资产运营体系相结合的模式，要将我国的国有企业改革做到专业、效率、精准。

（三）"五龙治水"模式

为了顺应 1998 年政府机构改革的潮流，国家国有资产管理局被撤销了，但其相关职能被并入财政部，造成了多个部门分别行使出资人职责的局面，这种模式被称为"五龙治水"模式。[①] 简单来说，就是国有企业的权利被众多政府部门分割行使。例如：涉及投资和生产的决策权由计划委员会、经济委员会等行政机关行使；企业主要管理人员的任免，考核和监督则主要由党的组织机关和政府的人事机关进行；国有企业的就业、工资、奖励等人力资源方面的政策很大程度上由劳动部门决定。[②] 由于出资人的权利被分割行使，所以各个部门都会从自身部门利益出发来行使权利，这也增加了他们逃避责任的机会，使得国有资产运营效率低下。最终造成了国有资产产权主体缺位、产权不清晰的局面，而且也大大地增加了协商、沟通等代理成本。

从企业的角度去思考，这就说明企业要想完成一件事，就需要同时与多个部门打交道，并须获得一致通过才行，而这也是所有部门都不能保证的，同时也大大增加了企业办事的各项成本和难度。比如当时的山东重汽重组案，就很好地诠释了这种模式，山东重汽是中央直属的国有企业，在该企业重组前，其管理层的一把手是由中央组织部任免的，二把手是由大企业工委任免的，三把手到七把手是由机械工业部任免的，还有一个高管是由山东省任免的，除此之外，企业的基本建设和投资立项是由国家计委批准的，企业的技术改造和日常运营是由国家经贸和机械工业部管理，企业国有资产的所

---

① 参见马海涛、王爱君：《中国国有资产管理体制改革 30 年经验回顾与展望》，《广西财经学院学报》2009 年第 4 期。

② 参见蒋大兴：《废除国资委？——一种理想主义者的"空想"》，《清华法学》2016 年第 6 期。

有者代表和国有股权持有人是国家国有资产管理局，劳动关系和工资归社会保障部门管理。在这种"五龙治水"的模式下，山东重汽面临着多头管理、政企不分、权责不清、相互推诿的问题，最终因经营效率低下、亏损严重，不得不走上重组之路。

虽然国务院在改革中还是保留了所有者代表的形象，但实际问题还是没能解决，譬如国务院的意志只是通过各个政府部门来表达，而不是统一行使。在实践中，行使出资人职能的各部门都有他们要保护的特定的国家利益，都是根据他们在政府中的角色定位来履行职责。在独立的部门利益的驱使下，他们有时不可能从所有者的角度去完整地表达国务院的意志，而只是他们部门利益的守护者。国有企业去行政化阶段的改革，在一定程度上简化了政府与企业的关系，这是改革中进步的地方，但是也忽略了一点，就是国有出资人的人格化问题并没有得到切实解决，这使得在实践中出现了内部人控制关键步骤的局面以及造成了严重的国有资产流失的问题。

党的十五届四中全会提出"积极探索国有资产管理的有效形式"，并允许和鼓励各个地方在改革中进行科学合理的尝试，对国有资产管理的具体方式进行深入探索和研究。深圳、上海、武汉、青岛等地根据中央精神，结合本地实际，进行了积极有益的探索和实践，取得了宝贵的实践经验。

（四）评析

从党的十一届三中全会到党的十八大，经过多年对国有资产管理体制改革的深入探索，取得了巨大的成果，成功构建了具有中国特色的国有资产管理体制框架，这是宏观层面上的进步。然而"五龙治水"模式的利弊变得一目了然。就积极的方面来讲，国家国有资产管理局的设立，确立了国有企业中股权行使的专门机构。但是在改革开放初期，计划式和行政指令式的做法依旧普遍，这就造成了国有资产管理局所享有股权的具体权能被割裂，形成了管人、管事和管资产分散于不同政府部门的状态，以及伴随着这种割裂状态所出现的权能市场化的属性异化为行政命令的状况。从本质上讲，除去国有资产管理局定位的亮点外，国有企业在"五龙治水"的模式下运行效率低下。可以说，国有资产管理体制改革仍存在一些弊病，需要进一步解决。本部分通过对国有资产管理局和"五龙治水"模式的研究，总结出我国国有资产管理制度在运作中具有以下两个方面的问题需要进行革新：

1. 委托代理制度在不同时期应进行不同的改变

从新中国成立到党的十一届三中全会召开的三十年间，我国在经济方面实行高度统一的计划经济体制，在国有企业中亦是如此，所以在国有企业的委托代理中便出现了由政府行政部门控制国有资产大部分产权的局面。实行高度统一的计划经济体制的做法短期内有效避免了国有企业代理人因拥有企业决策权而扰乱政府计划规定的价格，但从长远角度而言，其使国有企业缺乏正常的经济活力，不利于国有企业的发展。在党的十一届三中全会以后，政府与国有企业的委托代理制度发生了新的变化，政府开始授予国有企业代理人一些实质性的权利，例如国有企业代理人可以在一定条件下对国有企业的资产、经营等重大决策进行监督，发表意见等。这种新的委托代理制度既有助于国有企业按市场需求配置资源，激发了市场活力，又大大加强了国有企业与政府两者之间的交流，促进两者之间的合作。但是，政府行政部门与国有企业的代理人对委托代理制度的认识在不同的经济体制下有所不同，而且对国有企业由谁行使委托权的理解程度也不尽相同，所以说国有企业的委托代理制度应该因时而变，否则如果继续延续计划经济体制时期的国有企业管理方式方法和制度框架，国有企业将会受到国有资产管理局管理模式的直接冲击，其进一步发展将会受阻。在国有资产管理局的模式下，由国有资产管理局对国有资产出资人的权利、国有企业委托代理制度的行使负责，而不再由政府的行政部门进行管理，这样会使两者之间的关系不断恶化，这也是国有企业委托代理制度没有考虑到的，因此不能一刀切地将政府与国有企业的权利进行完全分割，他们不是两种完全不能兼容的制度。不同时期我国经济体制改革的进程表明，应该授予国有企业代理人一定的企业国有资产产权，国有企业才可能成为市场竞争的主体，才能进一步活跃中国国有经济的市场，让国有经济健康持续地发展。

2. 理清政府行政部门之间的差异，明确国有资产管理局的职能

我国的国有资产管理体制改革属于渐进式的、倒逼式的改革，渐进式改革是因为此次改革不是一蹴而就的，而是经过了很多年全方位的改革；倒逼式改革是因为这次的改革是由经济带动政治，经济发展到一定程度需要政治进行相应的改革。1988 年的国有资产管理体制改革，使国有资产出资人的权利转移到国有资产管理局的手上，这也反映出政府行政体制改革必须与市场经济体制改革相适应，经济改革与政治改革相辅相成。在计划经济时期，为了保证国家计划的实施，国家的各项资源都是通过各级政府进行分配的。这种模式的弊端在计划经济发展的后期逐渐显现，例如：额外的需求造成各种价格波动、生产与消费之间比例失调，反映到国有企业上的表现就是国有企业效率低下并间接影响政府的财政收入。但是从国有资产管理局的各项职能可以看出，国有资产还是被控制在政府手中，国有的经营自主权还是比较弱的。因为在 1988 年的国有资产管理体制改革中，国资局的各个部门和职能转变并没有整体进行，而且国有企业改制只是在大型国有企业中逐步展开，而国有中小企业的改革收效甚微。我们从当时由政策法规司制定的关于大中小国有企业的改制、重组、转产、破产清算的政策法规就可以看出：这些法规并不明确，而且在实际操作中难度较大。我们再从各个省、自治区、直辖市的国资局改革来看，不同地方的改革力度、程度、内容也有所差异。这次国资局的设立并没有从实质上改变国有企业仍然受控于计划经济体制按行业隶属管理的制度，特别是国有企业的代理人仍然受制于原先政府行政部门，所以有必要理清政府行政部门之间的差异，统一规则，进一步明确国资局的定位，完善国资局模式。

三、国务院国资委设立至十八大前的国有资产管理体制

党的十六大明确提出，在坚持国家所有的前提下，充分发挥中央和地方两个积极性，要求中央政府和省、市（地）两级政府设立国有资产监督管理机构。十六届二中全会通过的《关于深化行政管理体制和机构改革的意见》，进一步提出了建立国有资产监督管理机构的要求。2003 年 3 月，第十届全国人民代表大会（以下简称全国人大）第十届人大一次会议通过了国务院机构改革方案，决定成立国务院国资委。根据同时审议批准的《企业国有资产监督管理暂行条例》的规定，国务院国资委被定位为国务院正部级特设机构。国务院国资委的成立标志着国家建立国有资产管理体制的序幕已经拉开。无可非议，国务院国资委是我国当前国有资产管理体制的最中心环节。

（一）国务院国资委的基本概况

1. 国务院国资委的设立背景

根据第十届全国人大一次会议批准的国务院机构改革方案，以及《国务院关于机构设置的通知》，国务院国资委于 2003 年 3 月 16 日成立，是国务院直属正部级特设机构。国务院国资委由国务院授权，代表国家履行出资人职责，其监管范围是中央所属企业（不含金融类企业）的国有资产。

在国务院国资委成立之前，我国国有资产的监督管理面临来自国有企业的问题和来自国家管理层面两方面的诸多问题。从国有企业层面来看，当时国有企业数量多，但大多数企业规模偏小、资本金不足、运营效率低下，这样既不利于国家监管，又降低了国有经济运营效率，国有经济主导作用的发挥受到限制。从国家管理层面来看，由于实行归口分级管理，出现了"五龙治水"局面。而且，对于由谁来代表国有股东的权益，由谁来进行国有资产的监管和运营以及如何监管和运营等问题均没有明确制度规定。因此，国有资产管理存在诸如多头参与、政企不分、管理混乱、无人负责等弊病。另

外，对企业经营者缺乏基本的激励及约束制度，在经营过程中他们又极易受到各级政府和部门对国有企业的多头直接干预，使得国有企业改革的前进步伐受到一定的阻碍。

为了解决以上问题，突破困境，实现让国有企业焕发新生、做大做强这一目标，党的十六大和十六届三中全会，提出要针对国企改革做出新的战略布局。为了使十六大和十六届三中全会的要求得以全面落实，为了在国有企业的发展能够更上一层楼的同时发展壮大国有经济，改革国有资产管理体制是必然的趋势。整合分散在各部门机构的权力，建立专门的国有资产监督管理机构，既确保国有资本在石油、电力、电信等重要行业、关键领域及大型重点企业中的突出地位，同时也能让国有资本在具有前瞻性的新兴产业进行投资，以实现国有资产的保值增值成为共识。在这种背景下，国务院国资委应运而生。

2. 国务院国资委的职能配置

首先，为实现管人、管事和管资产三合一及权利、职责和义务相统一，将国家经贸委的指导国有企业改革和管理的职能、中央企业工委的职能，以及财政部有关国有资产管理的部分职能相整合，由国务院国资委统一行使；其次，依据国务院的授权，以及《公司法》等法律法规，国务院国资委对除金融类企业外的中央所属国家出资企业履行出资人职责；最后，授予国务院国资委起草涉及国有资产管理的法律、法规草案，制定有关规章，依法对地方国有资产管理工作进行业务指导的权力。

（二）国务院国资委的运行实践

1. 国务院国资委成立以来取得的成效

国务院国资委自成立以来，积极履行其作为国家出资企业出资人和监管者的职责，通过管人、管事、管资产的方式，建立健全国有资产管理体制，有效扭转了国有资产大规模流失的局面、改变了国有企业大面积亏损的窘境。国有企业的经营效率和管理水平有了明显的提升，初步实现了国有企业真正做优做强做大、国有资产保值增值的目标。具体来说，国务院国资委成立以来取得的成效主要包括以下几个方面：

（1）国有资产监管方面。一是构建国有资产监管组织体系框架，已经基本建立了中央和省、市（地）三级国有资产监管体制框架，初步形成了国有资产监管工作指导监督体系。国务院国资委的建立是我国在经济领域的体制改革中一项历史性突破，一方面通过法律、行政法规分离社会公共管理职能与国有资产出资人职能，另一方面使得长期存在的国有资产"五龙治水"、职责缺位等问题得到有效解决。二是建立健全国有资产监督管理法律规范体系。为了保障国有资产监管工作的顺利进行，国务院制定颁布《暂行条例》，国务院国资委制定了相配套的规章制度，包括企业改制、产权转让、资产评估、财务监督、业绩考核等方面的规章和规范性文件，并及时对相关规章、政策进行解读，譬如为配合国有资本预算制度的建立而出台的国有资本收益收缴管理和国有资本预算支出管理等相关制度。

（2）国有企业市场竞争力提高方面。一是加快国有企业体制改革，建立现代企业制度，推进国有企业向股份制公司转变，引入各类投资者向其投资、注资，实现国有企业股权的多元化，推动国有企业改制上市，规范国有股权转让行为；优化国有经济布局结构，确保国有资本继续向石油、电力、电信等关系国家安全、国民经济命脉的重要行业、关键领域及大型重点企业集聚，推动更多的国有资本向朝阳型战略性产业、向具有优势的企业集中，支持有条件的企业做优做大做强，帮助亏损企业做好债务重组、破产重整等工作。二是推动中央企业兼并重组和内部资源整合，调整中央企业规模数量，提升资源配置效率，调整促进产业优化，提升中央企业的市场竞争力和活力。三是敦促中央企业制定并实施投资决策程序的规范标准，以此有效地防范投资风险。

（3）稳固国有企业经营管理方面。一是在中央企业施行企业经营业绩考核制度，先后制定颁布了《中央企业负责人经营业绩考核暂行办法》《中央企业负责人薪酬管理暂行办法》等一系列行政规章，并采取相应措施，与中央企业负责人签订企业经营业绩责任状，将绩效薪金与业绩考核挂钩，形成奖惩机制，激发员工的主动性，同时夯实国有资产保值增值的职责体系。二是加强对中央企业的财务监督，在企业中开展财务预决算管理、会计核算监督、内部审计管理、财务动态监测、经济责任审计及中介财务审计监督等各项工作，形成配套的企业重要财务事项备案监督制度，建立财务稽查长效机制，逐步完善出资人财务监督体系。三是增强对中央企业的风险控制，出台了《中央企业全面风险管理指引》，引导和指引中央企业对委托理财、股票投资等高风险业务进行清理和规范，严格控制中央企业从事高风险的投资业务，对涉足高风险业务的企业实行实时监控，加强风险防控。四是不断完善中央企业监事会制度，依照《关于加强和改进国有企业监事会工作的若干意见》，建立快速反应机制，增强监督的针对性和灵敏性。

2. 国务院国资委模式下国有股权行使的现状

为了实现政企分离，政府就不能够既履行国有资产所有者的出资职能，又承担社会公共管理的职能，应该明确地将二者分离，于是设立了国务院国资委，经国务院授权，代表国家履行出资人职责，专门承担国有资产的管理和监督职能，享有对企业负责人、重大事项、国有资产等事务进行管理的权利，同时不得削弱或侵犯企业的自主经营权。然而，国务院国资委在成立初期对央企采取了严格的监管模式。作为出资人代表，国务院国资委不仅以股东的身份履行出资人职责，还派遣董事进入董事会，直接干预企业日常的经营管理和人事活动，甚至掌握了企业的重大事项决策权；作为监管机构，国务院国资委不仅有权对国有资产进行监督和支配，还制定宏观层面的经济政策、行业政策等，可以说，切切实实做到将"管人管事管资产"相结合。但是，这种模式一度造成了国务院国资委角色混乱的问题。

首先，国务院国资委在实践中难免既做"老板"又当"婆婆"。国务院国资委作为国有资产出资人，即是央企的"老板"。根据《公司法》的规定，出资人具有资产收益、重大决策、选择管理者等职能。而国务院国资委的监管条例又把这三大职责细化了，具体落实到对国有资产的重组合并、对国企的业绩考核和任免，以及组建央企董事会等工作中。除此之外，国务院国资委还会为央企招聘高管人员并决定其薪酬、核定主业及审批战略、审批法人财产的处置及重大项目投资，甚至要求央企将主业收缩到3个左右，管理幅度控制在3层架构内，同时增设法律部和总法律顾问、总会计师等职位。这一系列的行为都表现着国务院国资委在实践中仍会不自觉地往运营者的身份靠拢。事实上作为出资人，关注上述重大问题无可厚非，但是通过央企整合、划分主业等严重干涉企业独立运行的做法来直接参与企业的管理，就显得越俎代庖了，国务院国资委也因此成了"婆婆"。

其次，国务院国资委作为政府部门，还具有履行行政职能的义务，即对国有资产进行监管的职能。但在实际运行中，作为政府部门的公共监管职能与作为所有者的资产监管职能容易被混为一谈。譬如，国务院国资委有权制定国有资产管理法规、国有资产监管和国企改革政策，规范央企党群工作等，这些都属于公共政策领域的范围，算是"政府"的行政职能。而针对国有资产制定财务监督和风险控制方面的规则又属于"老板"的职能。这样，国务院国资委又变成"政府+老板"的角色。①

（三）国务院国资委角色混乱引发的问题及其原因

总的来说，国务院国资委的成立标志着国有资产管理体制改革前进了一大步，具有显著的意义，但是从其对国有资产监管的实际操作来看，国务院国资委在履行职能过程中依然存在不少问题。由于国务院国资委兼具监管者和出资人的双重职能，但却没有明确界定两者的区别，以至于在实际运作中并没有真正实现国有资产出资人职能与社会公共管理职能的分离。究其原因，主要有普遍还不健全的央企法人治理结构，其行为方式仍带有浓厚的行政管理色彩，缺乏创新的出资人管理手段，同时企业法人财产权得不到落

① 参见朱虹波：《国资委的角色冲突》，《中国改革》2007年第5期。

实，责任上交政府等现象还显著存在。

1. 中央企业法人治理结构不完善

当前，国务院国资委是集监管者、所有者和运营者三种身份于一体的，而国有企业的改革成效是建立在这种基础上的，也就意味着，改革后的国有企业并没有真正地摆脱政府的行政干预，政企不分的问题仍然存在，没有得到实质上的解决。国务院国资委经授权成为出资人，即股东，拥有企业所需的资本，也是央企所有权的行使者。但央企数量多，其所包含的经营领域范围广，各个企业管理水平参差不齐，又加上国务院国资委的组成人员缺乏对央企运作的实际经验，对央企的监管运营也显得不够专业，这样就会导致企业的决策质量不高和监管效率低下等问题，从长远来看，不利于企业的壮大发展。

法人治理结构是现代企业制度中最重要的组织架构。而委托代理关系是法人治理结构最本质的内容，其涵盖了股东会、董事会、监事会之间的委托关系，其中，董事会是核心，因此也决定了董事会在法人治理结构中的中心地位，而且在法人治理结构中，"权利分工、相互制衡"是其根基和出发点。然而从目前情况来看，许多国有控股的公司制企业的董事会徒有其表、有等于无，董事会的权能被架空了，董事会应有的决策、制衡和监督作用没办法得到发挥，究其原因就是国务院国资委一边行使出资人权利，一边代行董事会职责。国务院国资委的监管能力有限，加之大多数企业对监管采取消极的态度，造成了企业内控机制薄弱，甚至出现内部人控制现象，在重大事项的决策中出现了某些领导"一言堂"的情形，由此容易产生个人渎职腐败等严重问题。在两权分离的现代企业经营体制下，股东和职业经理人实现了分工与交换，股东的出资在职业经理人的经营下实现了保值增值，而职业经理人实际上掌握着企业的控制权，在公司决策中可以充分地去实现自身的利益。股东出资的保值增值取决于职业经理人对于商业判断的忠实和勤勉，由此便产生了代理问题：一方面，委托人即企业资产所有者，他们对职业经理人的资信和专业能力不可能做到百分之百的了解，就有可能产生"逆向选择"的情形；另一方面，因为信息的不对称性与未来的不可测性，委托人难以在聘用合同中详尽地罗列职业经理人的行为方式及其承担的相应后果。有时候职业经理人出于私心私利，其刻意以对合同打擦边球的方式去规避条款，达到不受合同约束的目的，而委托人也无法一直实时监督，由此便形成了"内部人控制"局面，这样一来就会导致国有资产流失、会计信息失真等严重后果。

为了实现企业国有资产长远的保值增值，我们应该构建一个在公司组织框架下，股东实现出资保值增值的理论模型，也就是前文所述的"双层代理理论"，即政府需要通过选择职业经理人并赋予其履行信义义务的自由裁量权来实现国有资产保值增值。同时，为了避免职业经理人在为央企创造大量财富的同时，利用企业控制权非法侵占国有资产，国务院国资委作为出资人，即企业股东，就要依靠《公司法》《民法典》等法律、法规来约束各层级代理中职业经理人的代理行为。换言之，理论上国有资产监管体制应由三个层级组成。作为国有资产所有者，国务院国资委是不直接参与管理央企运营的，而是委托国有资产投资、运营公司，通过派出职业经理人的方式参与央企的具体经营管理事务，而国务院国资委只要负责监督国有资产投资、运营公司即可。国有资产投资、运营公司的存在能够在一定程度上隔断政府与央企之间的关系，既有利于实现国有股东人格化，也有利于缓解企业内部人控制的现象，在一定程度上解决出资人不到位的问题。另外，国有资本投资、运营公司派出的职业经理人在对国有企业进行管理时采取的是市场化的干预方式而非行政手段，这能更好地提升国有企业的市场竞争力和活力。但是，2003年成立的以国资委为核心的现行国有资产监管体系却舍弃了国有资产投资、运营公司这一层级，由国务院国资委和地方政府国资委直接对所属国有企业履行出资人职责，因此，实践中的国资委体制出现了许多令人诟病的地方。

2. 国务院国资委职能定位模糊

国务院国资委一直注重强调自己的出资人身份，代表国家履行出资人职责，也就是股东代表。但是由于国务院国资委兼具出资人和监管者两种身份，实践中职能定位无法明确，由此产生一种亦官亦商的感觉，自己制定政策，自己执行政策，这种既当"裁判员"又当"运动员"的做法，让国务院国资委在行权时出现"错位""越位""缺位"等状况。

（1）出资人错位。《企业国有资产监督管理暂行条例》（以下简称《暂行条例》）第7条规定："国有资产监督管理机构不行使政府的社会公共管理职能，政府其他机构、部门不履行国有资产出资人职责。"并且，根据《暂行条例》第13条的规定，国有资产监督管理机构的主要职责在于履行出资人职责以及承办本级政府交办的其他事项。凡是与央企有关的事务，如社会维稳这类行政性事务，常常会划归给国资委，由其管理或牵头管理。但是这样就分散了国务院国资委作为出资人的精力，作为唯一一个可以代表国家履行出资人职责的政府机构，国务院国资委不但要扮演好出资人的角色，还要承担起作为行政部门的社会公共管理职能，两头兼顾必然造成职责履行不充分的问题。

（2）出资人越位。国务院国资委作为出资人，拥有股东身份，理应按《公司法》中关于股东的规定行使权利和履行义务。然而在企业实际运行中，国务院国资委却缺乏以股东角色来行使出资人权利的意识，常常直接插手央企的人事管理和运营活动，超越股东权限，甚至连董事会的工作都一起做了。譬如，发布企业高管的招聘公告；对国有企业的副总经理直接任命；对一般投资项目进行行政审批，等等。除此之外，国务院国资委仍习惯由政府向企业以红头文件的形式发出各种通知，要求企业无条件执行。对已经上市的国有企业来说，国有资产虽然占控股地位，但还存在其他股东分享股权，也就意味着国有资产出资人不再单独享有全部的出资人权利。如果央企仍旧是在以政代企的模式下运营，忽视其他股东的出资人权利，是不利于企业长远发展的。①

（3）出资人缺位。目前国务院国资委对中央企业的运作仍旧习惯采取行政手段，能采取的有效的非行政方式却不多，这就使得其在行使出资人权利

---

① 参见徐华南：《试论〈企业国资法〉和国资委的职能定位转型》，复旦大学，硕士学位论文，2010年，第15页。

的时候不够到位。"内部人控制"现象常常伴随着出资人的缺位出现，即出资人在依法行使相关权利的时候，容易出现与经营管理者之间的信息不对称，或是出资人对经营管理者的战略控制能力较弱等情况，由此可能产生经营风险和道德风险等问题，以及造成出资人与经营管理者的权责不相一致。有时候企业在投资谈判中为了迎合不同时期的政策需求，往往会降低交易价格来促成买卖，这不仅导致国有资产的严重流失，也伤害到了企业本身及其他股东的利益。

3. 国务院国资委行政色彩浓厚

国务院国资委作为国务院直属特设机构，其本身就是行政机关，前身是国家经贸委、中央企业工委等党和国家行政机构，即使代表国家行使国有资产所有者的权利，但也与其他股东不同，国务院国资委不是最终剩余索取者，不能占用增值带来的利润，也因此缺乏追求利润的动力。而且，国务院国资委的工作人员基本上是公务员，这使得国务院国资委在管理央企的时候，常常凭借长期在党政机关工作中积累的经验，自然而然地采用行政方式来处理各项事务。另外，国务院国资委的工作人员在事业上更多的是追求政治仕途，那么面对企业的运营，即便是要放弃丰厚的利润，他们也会选择无限降低经营风险，来实现风险和利润二者间效用的最大化，这么做能保证在任期中不会出现大失误。因此，比起作为一个以所有者利益为导向的投资组织，国务院国资委更像是一个以政绩为导向的行政组织。

国务院国资委在履行出资人职责的时候，更习惯把所出资的企业看作下级机构，在管理方式上缺乏创新，习惯于依赖以往的经验和行政管理路径，经常在管人、管事上加强监管力度，反而对管资产这一中心工作缺乏有效的监管方式。而且大多数人也把他们当作政府的行政管理部门，无论日常生产经营或是重大事项，只要一遇到问题，就立刻向上级请示汇报，缺乏应变能力，使得不少企业在面对瞬息万变的市场经济时无所适从。

事实上，作为监管者的国务院国资委，对国有资产的监管可以分为出资人监管和行政性监管。其一，国务院国资委作为股东，享有《公司法》规定的股东监督权，其行使方式主要包括：通过参加股东会行使监督权，对经营活动中的重大事项做出决议，并对央企的董事、监事进行任免；对中央企业的财务会计报表、账簿享有查阅权、知情权和质询权，并可对公司的经营方针提出建议等。其二，国务院国资委在成立之时就集合了多部委对国有企业的管理职能，这些职能本身就带有行政色彩，《暂行条例》《企业国有资产法》明确定位了国资委作为出资人和监管者的身份。国务院国资委履行监管职责包括出资人的监管职能和行政机关的行政性职权，其中行政性的监管职权主要有：负责建章立制；对企业国有资产的产权界定、产权登记、资产评估监管等基础管理工作；协调企业国有资产的产权纠纷；处理国务院交办的工作任务等。尽管如此，不光普通群众，就连国务院国资委的工作人员都不能很好地区分对国有资产的监督行为是属于出资人监督还是行政性监督，以至于在实际工作中，国务院国资委过多地承担行政性的职能，不能恰当地履行出资人的职责。①

4. 央企法人财产权难以落实

国有企业改革至今，绝大多数国企离现代企业还存在一定的差距，一方面除了前面所述的不健全的企业法人治理结构问题，还存在落实不够到位的企业法人财产权问题。所谓企业法人财产权，就是法人对自己的法定财产享有的法定的占有权、使用权、收益权和处分权等。这些权利是企业在自主经营活动中自负盈亏、独立承担民事责任的基础。法人财产权是企业法人区别于出资人所有权的权利。从公司法角度来说，出资人将自己所有投资资本注入公司之后，这部分资本便和其他出资人投入的资本形成一个整体资本，这个整体资本就是保证企业存续以及扩大生产规模的企业法人财产，是只属于公司法人所有的，从法律层面上来说股东是无权干预公司法人对自己法定财产行使各项法定权利的。然而在实际工作中，由于未能准确看待出资人所有权和企业法人财产权，

---

① 参见丁传斌：《国资委出资人监管职责与行政监管职责的厘定》，《企业经济》2012年第5期。

一些国有企业在投资决策中常常会放弃行使法人财产权，反而由国务院国资委以出资人的身份来行使权利，这种极不明智的做法会导致权责不一致，不利于国有企业独立承担民事责任。另外，国务院国资委还是国有资产的监管部门，在本应属于企业法人财产权行使和管理的问题上，若企业管理不规范，则会通过采取行政审批等方式来代行一部分法人财产权，这种做法在实现国有资产保值增值的同时，是可以制约企业内部人控制的行为，但这样一来并不利于国务院国资委集中精力履行出资人职责。[①]

（四）小结

我国国有资产管理体制演进的实质是从行政权向股权的转变。从中华人民共和国成立初到现在，国有资产管理制度的演进是在我国不断深化的政治、经济体制改革的大背景下进行的，不断推进的政企分开、政资分开，逐渐建立的社会主义市场经济体制成为实现国有资产管理体制演进的基础和保障。国有资产管理体制的实质性转变主要体现在如下几个方面：

1. 管理方式：从直接到间接

以行政权为特征的国有资产的管理是直接管理，管理权限分属各部门。资金和生产资料由中央按计划实行集中统一分配，指令性计划通过行政命令直接到达企业，管得细而具体。而以出资人为特征的国有资产管理是间接管理，权限集中于"正部级特设机构国资委"，这一机构不行使行政管理职能，除通过《公司法》等法律法规规定的属于股东的权利范围的方式获取投资收益外，不得干涉企业正常的经营活动。

2. 管理范围：从全面到股权权能

以行政权为特征的国资管理涉及从资源分配到定价、销售等企业经营活动的方方面面，企业完全是被动接受的，严重制约了企业的积极性，同时，

---

① 参见徐华南：《试论〈企业国资法〉和国资委的职能定位转型》，复旦大学，硕士学位论文，2010年，第18页。

计划经常与实际情况脱钩，且计划一经下达无法更改，资源遭到了极大的浪费。以出资人为特征的国有资产管理，是管人、管事、管资产相结合的管理体制，经营性国有资产股权代表通过选派的国有董事和国有监事等行使人事任免权、重大事项决策权和资产收益权。

3. 管理主要目的：从社会公益到股东权益最大化

以行政权为特征的国资管理虽然也关注企业的生产效益，但其指定指令性计划的依据更多是考虑社会的整体需要，国有企业承担了太多的社会功能，积重难返。而以出资人为特征的国有资产管理，则基本摆脱了这些限制。尽管作为国有企业，依然要承担一定的公共职能，但作为股东，国家出资人的主要目的就是营利。

四、党的十八大以来的国有资产管理体制

（一）新时代对国有资产管理体制的新要求

2012 年 11 月，党的十八大召开，开启了中国特色社会主义建设的新时代，国有资产管理体制也开始悄然发生一些变化。2013 年，党的十八届三中全会通过的《决定》（2013）和 2015 年中共中央、国务院联合发布的《指导意见》，为国有资产管理体制的完善提出了新的要求：（1）大力发展混合所有制经济；（2）以"管资本为主"完善国有资产管理体制；（3）划转部分国有资本充实社会保障基金；（4）对国有企业进行分类管理。其中，以"管资本为主"完善国有资产管理体制，是国有资产管理体制今后改革和发展的主要方向。

（二）党的十八大以来国有资产管理体制的发展

党的十八届三中全会的主旨在于"全面深化改革"。改革开放以来，在党的领导下，国家的各个方面都在寻求变化、革新。目前改革已经进入深水区，各个层面所遇到的问题、困难也都逐渐浮现出来。究竟是延续原来的方

针，克服遇到的困难，迎难而上，还是在新情势、新机遇下寻求改变，这是目前摆在改革层面上最重要的问题，在国有资产管理方面更是如此。在党的十八届三中全会之前，在国有资产管理方面，党和国家也经历了诸多的尝试，但效果都不是太理想。从最初国家国有资产管理局和"五龙治水"，到"大一统"的国务院国资委"管人、管事、管资产"，这些都被证明在体制设计上有诸多内在的逻辑矛盾，在实践中并没有达到设置该制度所期待的理想状态，无法最大程度上实现国有资产的保值、增值。国有资产管理长期以来面临着诸多问题，例如：管理混乱、人事职能混同、运营效率低下、政企不分等。因此如何避免此类现象的出现就成了解决国有资产管理难题的关键，而其中最突出的问题就是要明确政府在经营国有资产中所起到的作用。

党的十八届三中全会很好地解答了这个问题，就是全面深化改革，行得通的路就继续走，争取走好、走通；对于不太适合的路就及时刹车，做出改变，在制度上和结构上实行改革。在十八届三中全会之前，在国有资产管理方面，党和国家也经历了诸多的尝试，但效果都不是太理想。其中"五龙治水"的问题在于监管过于分散，流程较为复杂，运营效率低下。"五龙治水"模式下计委管立项，经贸委管日常运营，劳动与社会保障部门管劳动与工资，财政部门管资产登记和处置，组织人事部门和大型企业工委管经营者任免。① 这种模式看似很合理，各个机构分工明确，彼此间相互制约，似乎是达到了分权的效果，但是正由于这种职能分散的模式给国有资产的经营带来了许多困难，机构冗杂、决策效率低下、办事流程复杂且缺乏有效地监督和控制，而其中最主要的问题在于政府职能与企业职能的混同导致政企不分的现象频频出现，企业的自主经营权小，这些都导致在"五龙治水"模式下国有资产的流失，增值率低，无法很好地实现国有资产的保值、增值目的。当时的山东重汽重组，就很好地诠释了这种模式所存在的问题。

---

① 参见谢志斌、郑江淮：《控制权的分割与整合——国有产权"五龙治水"体制变迁效率的博弈分析》，《产业经济学》2005 年第 6 期。

在党的十六大精神的指导下，国务院在 2003 年成立了国务院国资委。与"五龙治水"模式相比，国务院国资委的职能更加集中，"管人、管事、管资产"，将所有资源的管理都归于一个机构，管理效率和决策效率都有所提高。但是国资委虽然是政府特设机构，但本质上仍是一个行政机构，其运行必然和其他行政机关的运作相类似。国资委"管人、管事、管资产"的模式，与"五龙治水"模式相比无非是将原来各个机构的权力集中在一起，并没有实际解决国有资产管理的核心问题，即如何平衡国有资产的所有权与经营权的问题，换个思路也就是国家在国有资产运营中扮演什么样的角色。在"管人、管事、管资产"的模式下，国务院国资委既是出资人又是经营者，而且国务院国资委还具有浓厚的行政色彩，在这些因素的共同作用下依然导致政企不分现象的出现，这些都与现代公司的理念不太相符。公司的最终目的是获取利润，公司采用经营权与股权相分离的形式，在这种设计下股东具有资本，但未必会经营，职业经理人没有资本，但懂得经营，两者一拍即合，各司其职，各自追求自身的理想，实现价值，最大化的实现公司追求利润的设想。而国务院国资委集经营与所有于一体，虽然便于管理，但这很容易形成职务和能力交叉错位的现象，最合适的人未必在最适合的岗位上，极其影响国有资产的运营效率。因此怎么避免这种现象的出现就成了解决国有资产管理难题的钥匙，明确政府在经营国有资产中所起到的作用就显得十分关键。

国务院国资委的成立在国有资产管理方面做出了巨大贡献这点毋庸置疑。十八大以后党中央和国务院都意识到在国有资产管理上需要进行变革，对于国务院国资委的定位必须明确，因此提出了以管资本为主和组建国有资产投资、运营公司的设想。从这设想可以得出，国务院国资委的职能从"大一统"的管人、管事、管资产，限定为只管资产，这就类似于法人企业中股东的角色，具体的经营则交由专门公司管理，这是一个巨大的改变，也是一个巨大的进步，但是如何改革平稳过渡则是面临的最大问题。

第二节　新加坡淡马锡模式的经验及其启示

一、新加坡的淡马锡模式

（一）淡马锡模式的由来

"淡马锡"三个字是马来语"Temasek"的音译，其全称为淡马锡控股（私人）有限公司［Temask Holding（private）Limited］（以下简称淡马锡公司）。淡马锡公司于1974年诞生，是新加坡政府以私人名义注册的公司，由财政部监管。"淡马锡"模式是新加坡在国有资产管理方面做出的从"0"到"1"的巨大飞跃，为全世界其他国家在管理国有资产方面提供了新的思路，也取得了巨大的成功。

淡马锡控股公司从外观上与普通的股份有限公司并没有太大的区别，有股东会、董事会、有监督机制，唯一的区别在于其股东不是普通的个人、组织，而是政府。政府会对企业的重大事项进行监管，这种权力的收放得当不至于拴死公司，也不至于过于放任。淡马锡模式很好的贯通了现代公司管理理念，在经营权与所有权之间进行了很好的平衡，新加坡财政部负责出资，具体的经营由专业的经理人去运作，只要能使公司有收益就不多加干预。在这种组织架构下，公司的董事会拥有相当大的自主决定权，董事会对内有权决定公司经营的大方向、红利分配等，而且在一定权限内对外投资、并购等也享有完全自主权，这些都不受财政部也就是公司出资人的干预。从淡马锡模式明显可以看出新加坡财政部关于国有资产的管理理念，即把专业的事情交给专业的人士去操作，只要投资回报率高就不多加干预，对淡马锡公司的管理，新加坡财政部采取的是一种"放养"的方式。淡马锡公司成立短短40余年的时间，其发展却取得了巨大成功，是一个国有资产管理的成功典范。新加坡对于国有资产的投资、管理模式也称"淡马锡模式"。

（二）"淡马锡模式"中的政府角色

在"淡马锡模式"中，代表政府的是财政部。在整个淡马锡公司及其子公司中，新加坡财政部的角色仅仅是出资人，也就是股东，完全不干预企业的自主经营。淡马锡宪章明确规定"财政部作为公司的唯一股东，只负责任命淡马锡董事会的主席和董事，审阅淡马锡每年提交的财务报告，除此之外，财政部只在影响淡马锡在某个关联公司股份的并购和出售的问题出现时才能参与进来。"① 政府的不干预避免了政府的公共管理职能与公司管理职能的混同，杜绝了"政企不分"的现象，但会对企业的重大事项进行监管。这种权力的收放得当不至于拴死公司，也不至于过于放任。政府这种"无为而治"的控股方式给公司的发展提供了肥沃的土壤。因而淡马锡公司才可能会有今天的成就。

（三）淡马锡董事会的结构与职能

淡马锡公司虽然是按《新加坡公司法》的规定注册成立的私有公司，但由于出资人的特殊，其公司的机构与其他普通公司相比还是有些不同，尤其是治理架构（详见图2-1）。

公司董事会由10个成员构成，其中政府人员占到4成，其余则为商界人士。淡马锡董事会成员又分成三个类别具体包括股东董事、独立董事和执行董事。其中股东董事是新加坡政府的高级公务员，由政府委派，代表出资方的利益。为了体现公平和中立，股东董事的工资由政府直接发放，而不从淡马锡公司领取。独立董事则是由具有丰富经商经验的企业家、精英担任，这些确保了淡马锡公司在全球范围内资本运作和战略投资组合的正确性和高效性，独立董事严格遵守"回避"原则，这确保了董事会可以客观公正和独

---

① 张锐：《何晶：驰骋资本王国的新加坡"第一夫人"》，《经济导刊》2006年第11期。

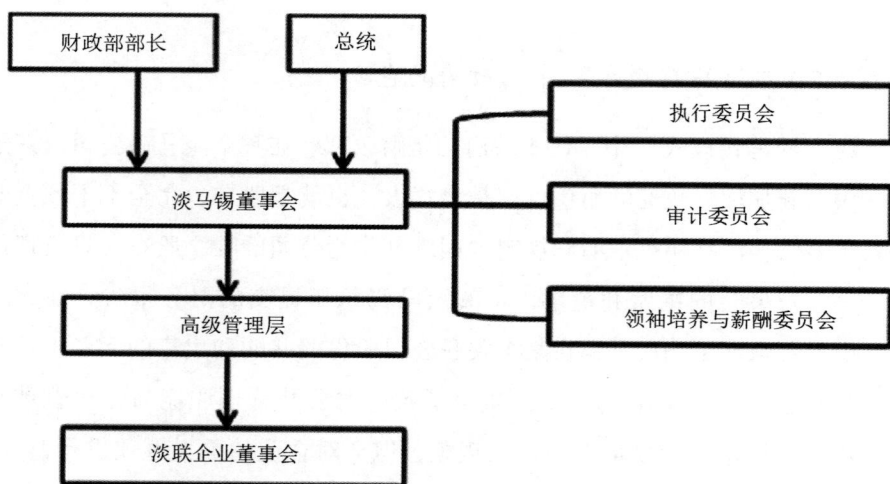

图 2-1　淡马锡内部治理结构①

立判断的能力。执行董事也称内部董事，由公司的高级管理层组成。这种董事会结构的设计，充分保障了淡马锡公司运营的机动性和效率性。

淡马锡董事会不仅对董事会成员有严格的要求，为了提高企业运行效率更好地实现企业使命，还专门在董事会内设执行委员会、审计委员会和领袖培育与薪酬委员会，分别负责董事会决策和具体事务的执行。执行委员会（EXCO）在董事会授权下，在财政权限内检查、审核、批准相关融资、收购、合并、股东变化、股息分派政策、重大经营决策以及投资、撤资（超过限定的交易须由董事会审批）等事项。审计委员会（AC），通过各种制度和程序，严格把控企业内部的财务状况以及检查淡马锡控股在股票市场和证券市场的投资活动。领袖培育与薪酬委员会（LDCC）的作用在于制定人才引进政策和人才培育激励政策。从淡马锡的董事会组成可以看出它包含了决策和监督的双重职能，体现了权力制约的原理。此外公司章程严格规定了董事的退休年龄，董事的任职期满必须退休，董事资格被取消。这种一张一弛的

---

① 参见莫少昆、余继业：《问道淡马锡》，中国经济出版社 2015 年版，第 61 页。

机构设置不仅保证了决策的效率，也避免了公司资源的浪费，使公司得以高速、平稳地运转。

（四）淡马锡公司的监督机制

淡马锡模式的成功除了与其特殊的公司构成有关，也离不开其独特的监督方法。历史证明了"权力不受监督的结果是可怕的"这一事实，一个制度的构建不论多么完美，如果失去监督和制约，必然走向毁灭。新加坡政府在组建淡马锡时除了给予极大的权限外也考量到如何对其进行制约和监督，不至于失控。淡马锡模式的监督包括外部监督和内部监督两个方面。

1. 外部监督

即新加坡政府和新加坡公众对淡马锡的监督，其监督方式和监督内容列表如下：

表 2-1　对淡马锡的外部监督

监督方式	监督内容
直接派人参加董事会	通过政府人员在董事会的活动，对公司的重大决策予以监督，保证公司经营活动符合政府赋予的宗旨
通过财务监督和重大项目审批相结合	公司章程规定必须定期上交财政部经过国际审计机构审计过的财务报表，方便政府了解公司的经营情况。并且只要涉及公司及其子公司的重大决策均需上报财政部审批或者备案
政府不定期检查	政府不定期派相关人员在不影响公司正常经营活动的前提下到公司调查了解情况，因此政府对公司动态十分清楚
舆论监督	新加坡十分重视反腐介廉，除了有严厉的法律，政府还鼓励新闻媒体和民众对侵占、侵吞国有资产和贪污行为进行公开曝光

2. 内部监督

淡马锡公司并没有设立监事会，而是由董事会直接承担监督职责。董事会内部设立审计委员会，专司公司的财务审计。除此之外，公司在业务运营和程序上，制定了严格的政策和规定，以确保公司运营的公开、公正。

二、淡马锡模式的成功经验

任何尝试的成功必然会经历许多挫折，淡马锡也不例外。1997 年亚洲金融危机，让淡马锡的发展陷入谷底，虽然没有大规模的亏损，但发展明显处于停滞阶段。①在这种困境下淡马锡公司不是一味守成，而是开始寻求改变，从内部机构到投资战略都进行了调整，以适于当时的全球经济发展环境。淡马锡公司自成立起就明确了自身的使命是"作为成功企业的积极投资者与股东共同创造利益，并实现股东利益长期回报。"从中可以看出淡马锡公司的两种角色扮演，首先是作为投资者的角色，帮助下属公司建立核心优势，稳步发展；其次是作为被投资者的角色，这要求淡马锡尽可能地为其股东创造投资回报。在这种思想的指导下，淡马锡公司吸收了现代企业经营的理念，并且能够在时代的变迁中及时调整公司结构和公司发展战略，与时俱进。

淡马锡公司作为政府控股的企业能成功的真正原因在于政府的"无为而治"，政府敢于放权才是淡马锡公司成功的核心所在，否则即使采用现代公司的治理模式，那也只是流于形式。淡马锡公司在发展过程中有意识地与政府划清界限，从最初《淡马锡宪章》（2002 年）规定"淡马锡控股（私人）有限公司负责持有并管理新加坡政府在各大企业之投资，目的是保护新加坡长远利益。为了协助进一步扩大、强化和深化新加坡的经济结构，淡马锡致力于不断培育旗下的公司和企业，让它们茁壮成长，进而成为蓬勃、出色的跨国企业。"到 2009 年宪章规定"淡马锡控股是按商业原则管理的投资公司，其目的是为各利益相关者创造和提供可持续的长期价值"。从用语上可以明显看出，少了政府的字眼，放弃了保护新加坡长远利益的说法。这说明尽管淡马锡公司是一家由政府出资的企业，但除了政府必要监管外，公司的运行完全依照法人制企业来运作。

① 详情参见淡马锡官方网址 https://www.temasek.com.sg/zh/our-financials/portfolio-per-formance.html，2018 年 2 月 14 日访问。

政府故意的无为经营是淡马锡公司的健康发展的前提；而淡马锡公司自身的机构设置、职能分工以及监督机制则成为淡马锡公司发展的基础；此外淡马锡公司独特的员工引进、考核、评价制度则保证了淡马锡公司人才的质量。

三、正确对待淡马锡的成功经验

（一）淡马锡模式对我国国有资产管理体制改革的启示

淡马锡模式是新加坡人天才般的设想，在新加坡扎根，并取得巨大的成就，受到全球的关注。其国有资本运作的模式被称为"淡马锡模式"，成为各国学习和仿效的蓝本。我国国有资产管理体制改革也不可避免地需要从淡马锡模式中吸收养分。但是，学习淡马锡模式，不能简单照搬淡马锡模式的形式，而必须把握其精髓。不了解淡马锡模式的精髓而照搬淡马锡模式的形式或某些具体作法。必然是形似而神不似，落得画虎不成反类犬的效果。

那么，淡马锡模式的精髓究竟是什么呢？我们试着从经济学的基础理论进行分析。经济学理论揭示了分工与交换会使得所有参与者的结果变得更好，最终实现多方面的共赢。这一原理在企业领域最好的体现就是公司股东与职业经理人之间的关系。股东拥有公司所需的资本，但他们往往缺乏在公司框架下对其出资运营的能力。与之相比，职业经理人拥有运营公司资产的专业技能，但他们自身又缺少创立公司并使其开展持续性经营的资本。基于这种状况，在公司组织框架之下，股东和职业经理人实现了分工与交换。股东对于公司的出资在职业经理人的经营下实现了保值增值；在这一过程中，职业经理人也实现了个人对于财富、声誉和事业的追求。在股东与职业经理人分工与交换的模式之下，股东所享有的股权作为剩余索取权的性质，造成了他们出资保值增值的追求取决于职业经理人对公司商业判断的忠实和勤勉。在人类有限理性的局限下，公司无法在职业经理人的聘用合同中详尽规定他们每时每刻应该如何表现的问题，这样就导致了该类合同的不完备性。合同的不完备性转而赋予了职业经理人对于信义义务履行的自由裁量权。在理性人的假设下，职业经理人会滥用该自由裁量权，从事利己的机会主义行为，从而损害股东的正当利益。鉴于这种状况，在合同机制之外，以公司法为主的一系列法律为股东提供了包括治理机制在内的多元化对策，以应对职业经理人的代理行为。

基于上述分析，我们可以总结出在公司组织框架下股东实现出资保值增值的一种模式，该模式包含两个要点：第一点是股东对于其出资保值增值的追求要依靠对职业经理人的选任和对他们独立商业判断的尊重；第二点是股东要依靠公司法等法律供给的多元化对策，控制不完备合同所造成的职业经理人的代理行为。淡马锡模式就是该模式的充分体现和实践样本。此外，淡马锡模式的成功还有一个关键的因素是政府公权力的自我克制，给企业管理者极大的权限，不干预企业的决策，从而充分发挥管理者的能力。新加坡政府提供了淡马锡这个平台，但不过多干预这个平台的事务，任由管理者在制度约束下自由发挥。

淡马锡模式为我国国有资产管理制度的设计提供了重要参考。国有资产管理所关注的国有资产的保值增值，在本质上是为了解决政府这一类特殊的机构投资者对公司出资的保值增值问题。要解决这一问题，关键在于两个层面的商业判断，或者说构建两个层面的代理关系：第一个层面涉及政府对出资行业的判断，即要解决国有资本的有效布局问题；第二个层面涉及国有资本投到所选定行业的公司中后，如何被有效运营的问题。对于这两个层面的商业判断，政府一方面要通过选任职业经理人并赋予其判断的独立性来实现；另一方面，政府作为出资人，要利用公司法等法律供给的多元化机制，控制各层代理结构中职业经理人的代理行为。落实到制度，可以做如下设计：在国资委下设决策委员会、执行委员和监督委员会。决策委员会的功能在于决定投资方向也即第一层代理，解决国有资产的布局问题，执行委员会的功能在于根据决策委员会的决定，按公司法的规定，组建法人制公司，并选定第二层代理的代理人，让其独立的经营公司，实现国有资产的保值与增值目的，监督委员会的目的在于监督，对决策过程的公平性与合理性、对组建的国有企业进行监督。

　　在上述设计中，在国资委内部完成第一阶段的代理，也就是仍保持国资委决定国有资产布局的职能，只是在改革后由专业人士代为进行。实现国有资产的保值、增值的前提是如何组合、投资现有的资产，因而解决资产布局就尤为重要。决策委员会既要保证投资方向的选择正确性，又不至于让国资委无法掌控，因此决策委员会的组成十分重要，其可以由国资委人员、专业投资精英以及行业专家组成。国资委人员的主要作用在于监督、了解；专业投资精英的作用则是选定投资方向，出具投资方案；专家顾问是指经选择的投资领域的专家，由他们来对初步投资方案的可行性进行更进一步的论证。决策委员会的作用是帮助国资委解决如何出资问题。在第二层代理中，国资委对国家出资企业只拥有出资人权利。对于企业的经营，则放手让管理者去运作，为了便于监督不至于失控，可以效仿淡马锡公司董事会，在投资公司的董事会中安排政府公务人员，这类董事的作用在于让政府能随时了解公司的发展情况，因此在公司中只有监督权利没有决策权，并且工资由政府发放不从企业领取。如果说第一层代理人，在决定投资行业时，要符合国家相关的政策方针，自主性相对而言比较差，那么第二层代理人则需要绝对的独立，国家除行使必要的监督外，不应该过多干预企业的自主运行。

　　现代企业经营中，股东让渡企业的经营权并不意味股东失去了监督企业的权利，股东的目的是追求利润，两权分离理论也正是建立在此基础之上。对于股东而言，对职业经理人的要求就是能否把公司运营好，能否替股东实现追求利润的目的。在政府把经营权剥离出去的情况下，如何确保资本的增值是一个十分重要的问题。政府自主经营企业的能力欠缺，转而寻求职业经理人代理经营，前文也提及这种代理是基于放权，不干涉经理人的决策权。而放权意味着，对企业的经营失去话语权，这种情况下，要保证资本的增值，必须建立一套科学、合理的评价、监督机制来制约代理人的行为，以保证资本的增值。对职业经理人的外部约束可以依据《公司法》等法律、法规，更主要的问题在于如何实现有效的内部监督，除了前文所提及的在公司董事中安排公务员董事监督外，还应该建立其他机制来约束。对于公司经营而言，公司财务尤为重要，只要把握住这一环节，就可以有效地避免公司资产的流失。此外还应该制定绩效评价标准，以业绩为核心来考察代理人代理行为的有效性，在代理人不能胜任所代理的行为时，及时撤换，保证"能者居其位"。

（二）借鉴淡马锡模式应注意的问题

如前所述，我国国有资产管理体制改革应当借鉴淡马锡模式，但不能照搬照抄淡马锡模式。这除了前述原因外，还需要注意以下两点：（1）两国的基本经济制度不同，新加坡是资本主义私有制国家，淡马锡企业的定位与普通企业相似，淡化了助力国家经济发展的使命；我国经济制度以公有制为基础，国有资产的发展必须以促进国家经济发展为前提，以带动其他行业共同发展。（2）新加坡国土面积小，国有资产相对集中，这给淡马锡公司的经营提供了先天优势，反观我国，幅员辽阔，除了直属中央的国有资产，还包括各省（自治区、直辖市）、市、县所属的国有资产，十分分散。

第三节　新时代国有资产管理体制之展望

一、《指导意见》关于国有资产管理体制的规定

进入新时代，我国的国有资产管理体制将会发生哪些变化？又应当发生哪些变化？应当说，2015 年中共中央国务院发布的《指导意见》已经给出了答案：以管资本为主完善国有资产管理体制，具体而言：一是推进国有资产监管机构职能转变；二是改革国有资本授权经营体制；三是推动国有资本合理流动优化配置；四是推进经营性国有资产集中统一监督。

二、国有资产管理体制将有新变化

以管资本为主构建国有资产管理新体制，这种新体制的新变化主要体现在以下几个方面：

（一）国家对国有企业的管理，以行使出资人权为主要形式

国家与国有企业存在"两个层面，四种关系"，所谓两个层面，是指公法层面和私法层面；四种关系，分别是指：（1）在公法层面，国有企业作为普通市场主体与其他市场主体一样，都要受到国家的管理、监督与保护等，如作为纳税人与税务机关发生关系，作为企业与市场监督管理部门发生关系等。（2）在公法层面，国有企业因其国有性质而受到国家的特别管理、特殊限制或者特别优惠，如产业政策的特别要求、财政补贴等等。（3）在私法层面，国务院代表国家作为总出资人与国有企业的关系。（4）在私法层面，国家投资的代理链条中，各层次委托代理关系中委托人与代理人的关系，其中核心是履行出资人职责的机构与国有企业之间的关系。[1] 长期以来，在国有资产管理体制中，过于突出其公法层面，忽视了私法层面。在以管资本为主的新型国有资产管理体制中，这一状况将会发生根本性的转变。国家与国有企业的关系中，最根本的乃是出资人与被出资企业之间的关系，这是一种私法上的关系，一方面，应当遵循私法关于出资人与被出资企业关系的一般原理，即国家对国有企业的管理，以行使出资人权为主要形式，当被出资企业是公司时，两者的关系便是股东与所出资公司之间的关系。另一方面，由于国家作为出资人的特殊性，私法对国家与国有企业关系的调整必须针对国家作为出资人这一特殊性做特别规定。

长期以来，国家对国有企业的管理始终存在"管多"与"管少"之争。

---

[1]　参见王新红等：《国有企业法律制度研究》，中央编译出版社 2015 年版，第 49—104 页。

实际上，由于缺乏对两者关系本质的认识，"管多""管少"现象是并存的。国家对国有企业的管理，存在越位、缺位和错位的现象，即该管的没有管好，导致企业国有资产大量流失；不该管的，又被管死了，导致企业失去活力。在实行以管资本为主的新体制后，按照出资人与被出资企业这一关系来设计国家对国有企业的管理权限，以上情况必然会发生根本性的扭转。

（二）国有资本投资、运营公司成为代表国家运营国有资本的主要平台

当前，我国的国有资产管理体制中，居于核心地位的是国有资产监督管理机构，由其代表政府履行出资人职责。但是，国有资产监督管理机构是政府特设机构，具有比较浓厚的公权力机构色彩，不是适格的履行出资人职责的机构。国有资本投资、运营公司将取代国务院国资委，成为最主要的代表国家履行出资人职责的机构，今后，国务院国资委将不再直接运营资本，而是主要从事监督管理工作。

（三）国有资本的布局持续优化

从"管资产"到"管资本"，不仅是概念上的重大改变，也意味着完成了对国有资产的认识从实务形态向价值形态的转变，这种转变，有利于增强国有资本的流动性，便于国有资本布局的优化。国有资产条块分割的局面，在新时代必将出现根本的改观。

（四）国有资产统一监管的格局逐步形成

国务院国资委自成立伊始，就致力于实现国有资产的集中统一监管，即所谓的"大国资、大监管、全覆盖"。然而，在现行国有资产管理体制下，将所有国有资产集中由国有资产监督管理机构集中统一监管是不科学、不妥当的，在其实施过程中也面临着重重阻碍。"国资委有这个能力吗？""谁来监督国资委"等质疑之声也不绝于耳。但是，在国有资本投资、运营公司成

为国有资本的运营平台后，由国有资本投资、运营公司代表政府履行出资人
职责，国有资产监督管理机构不再履行出资人职责，而是专事监管职能，国
有资产集中统一监管的格局将逐步形成。

三、从国有股权行使角度看国有资产管理体制建设需要解决的问题

资产管理体制对国有股权的行使影响巨大，国有资产管理体制应当有利
于国有股权的行使。从国有股权行使的角度反过来观察国有资产管理体制，
不难发现，我国国有资产管理体制虽然已经趋于完善，为国有股权的行使创
造了良好的制度环境。但仍然存在问题，需要我们深入地研究和解决。

（一）国家统一所有缺少制度保障

我国《企业国有资产法》虽然明确规定企业国有资产属于国家所有，但
是却没有保障其国家所有的制度安排。由于国务院和地方人民政府分别代表
国家对国家出资企业享有出资人权益，履行出资人职责。这样，由地方政府
享有出资人权益和履行出资人职责的国有出资企业，其收益就归属地方政
府，没有体现全民所有。国家统一所有沦为了地方分级所有。从国有股权行
使来看，其弊害表现为：（1）当地方政府代表国家行使国有股权时，收益归
地方政府，国家统一所有未能体现；（2）初始委托人缺位现象非常明显，由
于初始委托人的缺位，导致委托代理关系的约束机制受到严重影响。

（二）党组织参与国有股权行使缺乏制度保障

2016 年 10 月，习近平同志在全国国有企业党的建设工作会议上指出：
"把党的领导融入公司治理各环节，把企业党组织内嵌到公司治理结构之中，
明确和落实党组织在公司法人治理结构中的法定地位。"在公司中，股东
（大）会是公司的权力机构，决定公司的重大事项、决定公司管理者的任免、
决定公司的收益分配等。股东（大）会是由全体股东组成的。在现有制度

中，党组织不是国有股权的代表，不享有股东的权利，被排除在股东（大）会之外，这使习近平提出的"把党的领导融入公司治理各环节"难以落到实处，不利于党对国有公司的领导。

（三）从"管企业"到"管资本"转变的理论前提不够清晰

党的十八届三中全会提出以"管资本"为主加强对企业国有资产的管理。但是，对于"管资本"的理解并不充分，尤其是对从"管企业"到"管资本"的转变的理论前提不够清晰，《指导意见》固守所有权与经营权相分离这一陈旧、过时的原则，难以真正做到"管资本"。

四、有利于国有股权行使视角下国有资产管理体制的完善

从有利于国有股权行使的视角看，国有资产管理体制的完善需要在以下三个方面做出相应的调整。

（一）为"国家统一所有"提供制度支持

企业国有资产国家所有不能是一句口号，必须通过国家统一行使国有股权来体现。必须明确国务院作为实质股东代表的权限；必须取消地方政府代表国家直接享有国有公司的全部收益的权利，保障国务院代表国家对国有公司的收益的支配权，避免"国家统一所有"沦为"地方分级所有"。为了调动地方的积极性，可以对地方代表国家行使国有股权的收益在中央和地方之间划分分享比例。

（二）为党组织参与国有股权行使提供制度支持

有关党组织参与国有股权行使的制度支持详见第七章。

（三）按现代企业制度的逻辑构建"管资本"的制度

"管企业"是建立在所有权与经营权相分离理论基础之上的，之所以要"管企业"，乃是因为企业财产是国家所有的，国家将企业财产授予企业经营，国家根据授权的多少对企业进行或多或少的管理。其结果是企业难以走出"一放就乱，一收就死"的怪圈。"管资本"是建立在现代企业制度的理论基础之上，在现代企业制度中，投资者因投资行为而取得股权，被投资的企业取得法人财产权。投资者只能行使股东权利，包括资产收益权和通过股东（大）会行使公司重大事项决策权、选择管理者的权利等。可见，"管资本"是现代企业制度的内在要求，现代企业制度也限定了"管资本"的范围和方式。在"管资本"的实践中，必须避免打着"管资本"的旗号行"管企业"之实，有必要按现代企业制度的逻辑构建"管资本"的制度。

第三章　国有股权行使之主体论

国有股权行使的主体制度是国有股权行使制度的主要内容之一。本章在系统阐述我国现行国有股权行使的主体制度的基础上，重点阐述国有资产监督管理机构、国有资本投资、运营公司作为国有股权行使主体的法律问题。

第一节　国有股权行使主体的基本问题

一、国有股权行使主体的特殊性

股权是股东基于其所持有的股份对公司所享有的权利，股权的行使主体就是股东。股东是指依照公司法的规定，通过向公司出资或者受让他人向公司的出资份额所取得的作为公司成员的身份，股东依法对公司享有股权。国有股东，顾名思义，是国家通过向公司出资或者受让他人向公司的出资份额所取得的作为公司成员的身份。但是，第一，国家往往并不以自己的名义直接出资或受让他人的出资，而是通过授权的方式委托机构来出资或受让他人的出资份额，并且，这种委托授权是多级的委托授权；第二，国家不亲自行使股权。按照我国的法律，国有资产属于全民所有，但人民人数众多且分散，让每个人都亲自管理国有资产、行使国有股权并不可行，国家只能通过授权某些主体作为其代表来行使股权。

如前所述，国有股东包括实质股东、中间层股东和名义股东。实质股东是股权的最终所有者，是国家或者全民，而以股东名义直接对公司行使股东权利的是名义股东。名义股东是公司法意义上的股东，实质股东在公司法上与公司没有出资关系，不能直接对公司行使权利。实质股东要影响公司，必须通过授权影响、控制名义股东来实现。我国现行国有资产管理体制中，作为持有国家股的名义股东主要是国有资产监督管理机构、其他履行出资人职责的机构；作为持有国有法人股的名义股东主要是国家出资企业（不含国有资本参股公司）及其控制的企业，其他依法持有国有法人股的单位。我国的国有资产从实质股东到名义股东，中间存在多层次的委托代理关系，具体来说，有以下层次：第一个层次为人民委托。国有资产的最终所有者为全民，全国人大代表全民将这些资产委托给政府；第二个层次是政府委托，即由政府将其享有的国有资产出资人权利经委托转给国有资产监督管理机构或其他依法履行出资人职责的机构；第三个层次为国有资产监督管理机构或者其他履行出资人职责的机构委托，国有资产监督管理机构或者其他履行出资人职责的机构对国家出资企业享有出资人权利、履行出资人职责；第四层次是国家出资企业（不含国有资本参股公司）对其所控股的公司行使国有股权。国家出资企业（不含国有资本参股公司）所控股的公司再投资的，则还有第五层次，依次类推，还可能有第六、第七层次，甚至更多。介于实质股东与名义股东之间的主体，我们称之为中间层股东。这些中间层股东在国有股权行使中的作用也是相当大的，在研究国有股权行使时不得忽视。

不过，需要指出的是，实质股东、中间层股东都不是公司法意义上的股东。因为他们既不以自己的名义持有公司的股份，也不以自己的名义行使股权。中间层股东通过影响名义股东的意志来实现其意志，实质股东通过影响中间层股东继而通过中间层股东的层层传导，最终影响名义股东的意志。

简言之，国有股权的行使主体有广义与狭义之分，狭义的国有股权行使主体指名义股东，即公司法意义上的股东；广义的国有股权行使主体包括名义股东、实质股东和中间层股东。本章接下来所述国有股权行使主体是指国有股权的名义股东，不包括国有股权的实质股东。因为只有名义股东才是公司法上意义的股东，才有权行使股权。实质股东、中间层股东只能通过影响名义股东的意思来影响股权的行使。

二、国有股权行使主体的演进

随着国有资产管理体制和国有企业改革的推进，我国国有股权行使主体不断变化，不同历史阶段的国有股权行使主体存在差别。国有企业公司制改革后，政府以不同的方式投资形成不同形式的国有独资、国有控股、国有参股公司等，并通过授权特定机构等方式行使股东权，实现国有资产的保值增值。但国有股权与其他股权应该是平等的，由于国家不能直接作为公司股东，国有股权的行使最终要由一些具体的组织来完成。

（一）试行股份制时期的国有股权行使主体

从 20 世纪 80 年代末股份制改革试点到党的十六届三中全会确定股份制是公有制的主要实现形式前，是我国试行股份制的时期。我国从 20 世纪 80 年代末开始试行股份制，1992 年党的十四大提出建立中国特色社会主义市场经济体制，1993 年党的十四届三中全会确立了国有企业建立现代企业制度的目标，国有企业公司制改革提速。当时的国有股权行使主体是国务院通过《全民所有制工业企业转换经营机制条例》确认的，其规定国务院为国有资产的所有权代表，并进一步自上而下层层授权，确认国有股权行使主体包括：国务院、地方人民政府、国家授权投资机构、国家授权投资的部门、国有法人单位。

这种国有股权行使主体体系存在以下问题：（1）所谓"国家授权持有"并非通过国家法律、法令"授权"，于是"在法理上构成越权行政，从而使国有股权的转让失去法律依据的统一性和连续性"。①（2）部分国有股权行使主体是行政主体，或者具有行政性质，这必然导致政企不分的后果，影响国有资本的保值增值。

（二）社会主义市场经济体制逐步完善时期的国有股权行使主体

从党的十六届三中全会到十八大召开之前，是社会主义市场经济体制逐步完善时期。2003 年，党的十六届三中全会做出的《中共中央关于完善社会主义市场经济体制若干问题的决定》［以下简称《决定》（2003）］提出，要使股份制成为公有制的主要实现形式，而越来越多的国有企业改组为公司，国有股权行使主体的制度建设变得迫切。同年，国务院机构改革，设立代表其履行出资人职责的国务院国资委，并出台《企业国有资产监督管理暂行条例》（以下简称《暂行条例》），依据《暂行条例》，国务院和地方人民政府，分别代表国家对所出资企业（2008 年企业国有资产法将"所出资企业"更名为"国家出资企业"，以下均使用"国家出资企业"）履行出资人职责，享有出资人权益；国务院和地方人民政府分别授权国务院国有资产监督管理机构和地方人民政府国有资产监督管理机构或其他部门、机构代表其对国家出资企业履行出资人职责。国务院和地方政府作为国家行政机关，直接行使股权会出现政资不分的问题，而实现政资分开是国有企业改革应当遵循的原则之一，因此，政府不宜亲自行使国有股权，设立国有资产监督管理机构这一特设机构来行使国有股权，是对政资分开原则的具体制度安排。2008 年出台的《企业国有资产法》确立了这一体制，在这一体制下，国有股权行使主体包括：国有资产监督管理机构、其他代表政府履行出资人职责的部门、其他代表政府履行出资人职责的机构、国有资本控股公司等。

《暂行条例》《企业国有资产法》以国有资产监督管理机构行使国有股

---

① 萧延高：《国有股权转让的制度障碍与对策》，《四川师范大学学报》（社会科学版）2000 年第 2 期。

权为核心规范国有股权的行使，减少了管理层级；规定国有资产监督管理机构为出资人，并设定其权利义务范围，企图更清晰地划清政企界限。但令人遗憾的是，并没有将政资分开进行到底。这具体表现在两个方面：（1）《企业国有资产法》在规定国有资产监督管理机构代表政府对国家出资企业履行出资人职责的同时，还规定国务院和地方政府可以授权其他部门、机构代表其履行出资人职责；（2）国有资产监督管理机构也承担部分公共职能。① 而且，该法还缺少对国有控股公司等其他主体行使国有股权的规范和约束。未划清不同国有股权行使主体间的界限，也会导致不同主体之间的权利义务关系混乱。总之，《企业国有资产法》由于缺少对部分现有的国有股权行使主体的规定，不利于规范国有股权行使主体的行为。

（三）新时代的国有股权行使主体

2012 年，党的十八大召开，标志着中国进入新时代。2013 年，党的十八届三中全会做出的《决定》（2013）提出以管资本为主加强国有资产监管的新思路，提出组建国有资本投资、运营公司的新要求；2015 年，中共中央、国务院联合发布的《指导意见》对《决定》（2013）的规定做了更具体的规定。为我们构建更加有利于政企分开、更加有利于国有资产保值增值、

① 2003 年国务院制定的《国务院国有资产监督管理委员会主要职责内设机构和人员编制规定》［以下简称《国务院国资委"三定"规定》（2003）］对国务院国资委的主要职责做了如下规定："（一）根据国务院授权，依照《中华人民共和国公司法》等法律和行政法规履行出资人职责，指导推进国有企业改革和重组；对所监管企业国有资产的保值增值进行监督，加强国有资产的管理工作；推进国有企业的现代企业制度建设，完善公司治理结构；推动国有经济结构和布局的战略性调整。（二）代表国家向部分大型企业派出监事会；负责监事会的日常管理工作。（三）通过法定程序对企业负责人进行任免、考核并根据其经营业绩进行奖惩；建立符合社会主义市场经济体制和现代企业制度要求的选人、用人机制，完善经营者激励和约束制度。（四）通过统计、稽核对所监管国有资产的保值增值情况进行监管；建立和完善国有资产保值增值指标体系，拟订考核标准；维护国有资产出资人的权益。（五）起草国有资产管理的法律、行政法规，制定有关规章制度；依法对地方国有资产管理进行指导和监督。（六）承办国务院交办的其他事项。"从这些规定不难看出，国有资产监督管理机构享有公权力，承担公共职能。2008 年国务院对《国务院国资委"三定"规定》（2003）做了修订，但对国务院国资委主要职责的规定没有重要改变。

更加有利于国有股权运作效率提高的国有股权行使主体体系提供了方向。

新时代国有股权行使主体在类型上没有什么变化，但是国有资本投资、运营公司将成为最重要的国有股权行使主体。

三、我国国有股权行使主体体系的构成

国有股权行使主体的体系是一个纵横交错的复杂体系。纵向观之，根据《企业国有资产法》第 3 条、第 4 条、第 6 条、第 11 条、第 21 条之规定，广义的国有股权行使主体大体上可以分为以下层次：第一层次是全民（国家），第二层次是作为国有资产所有人代表国务院（作为国有资产所有人代表）；第三层次是国务院（作为中央企业出资人代表）和地方政府；第四层次是履行出资人职责的机构；第五层次是国家出资企业；第六层次是国家出资企业（不含国有资本参股公司）所出资企业；第七层次是国家出资企业（不含国有资本参股公司）全资或控股企业所出资企业……根据《决定》（2013）和《指导意见》，设立国有资本投资、运营公司，这两类公司是国有股权行使主体。国有资本投资、运营公司有两种设立方式：一是在履行出资人职责的机构之下设立该两类公司，二是在政府之下设立该两类公司，目前我国采用的是第一种方式。

横向观之，在《企业国有资产法》出台之前，国有股被区分为国家股和国有法人股：国家股是指国家授权的部门或国家授权投资的机构向公司出资或依法定程序取得的股份，这种国有股权由各级国有资产监督管理部门或有权代表国家投资的机构行使；而国有法人股是指具有法人资格的国有企业、事业单位以其依法占有的法人资产投资设立或向其他公司出资或依法定程序取得的股份，这种国有股权由出资的国有企业、事业单位行使。由于国有企业、事业单位的财产权具有国有属性，其所用于投资的资产是国有资产，行使的股权是国有股权。《企业国有资产法》并未对国有股权做国家股与国有法人股的区分。作为名义股东的国有股权行使主体包括：国有资产监督管理

机构、其他履行出资人职责的机构、国家出资企业（不含国有资本参股公司）等。接下来分别阐述国有资产监督管理机构、其他履行出资人职责的机构和国有资本投资运营公司作为国有股权的名义股东的制度及其得失，试图构建科学的国有股权行使主体制度。

第二节 国有资产监督管理机构的定位调整

我国在国家出资人代表方面采取授权代表的体制，其中国有资产监督管理机构是最主要、最直接的国家出资人代表，也是最主要的国有股权行使主体。国有资产监督管理机构是我国特有的，世界上其他国家并无相类似的机构，是中国特色的国有股权行使主体。

一、国有资产监督管理机构的由来、职能及其价值

（一）国有资产监督管理机构的由来

国有资产监督管理机构是指国务院国资委和地方人民政府国有资产监督管理委员会（局）（以下简称地方国资委），统称国资委。党的十六大提出："国家要制定法律法规，建立中央政府和地方政府分别代表国家履行出资人职责，享有所有者权益，权利、义务和责任相统一，管资产和管人、管事相结合的国有资产管理体制。"作为落实党的十六大提出的国有资产管理体制改革思路的具体措施，2003 年，我国成立了国务院特设机构——国务院国资委，作为代表国家依法对国有资产进行监管、对国家出资企业依法履行出资人职责的机构。国务院国资委设立后，2004 年省、市两级政府也先后依法成立了相应的地方国资委。国务院国资委代表国务院负责履行中央企业出资人职责，地方的国家出资企业分别由地方省、市两级地方国资委代表本级政府履行出资人职责。

（二）国有资产监督管理机构的职能

关于国有资产监督管理机构的职能设置问题，国务院在 2003 年 4 月 25 日发布的《国务院国资委"三定"规定》（2003）中做了规范。《企业国有资产法》施行后，2008 年 7 月 23 日国务院修订并重新发布了《国务院国有资产监督管理委员会主要职责内设机构和人员编制规定》［以下简称《国务院国资委"三定"规定》（2008）］。从《国务院国资委"三定"规定》（2008）关于国务院国资委的主要职责的规定可以看出，国有资产监督管理机构的职能相当广泛，包括承担监督所监管企业国有资产保值增值的责任、指导推进国有企业改革重组、负责组织所监管企业上缴国有资本收益等职能，而行使出资人权只是其中之一。

（三）改变国有资产监督管理机构的价值

1. 有利于实现政资分离

国有资产监督管理机构的设立，在一定程度上实现了社会经济管理职能与国有资产所有者职能的分离。国有资产所有者职能包括行使出资人权利、履行出资人职责，由国有资产监督管理机构履行，政府及其各职能部门一般不再履行国有资产所有者职能，即不再行使出资人权利。

2. 有利于调动地方政府有效管理国有资产的积极性

十六届三中全会以前的国有资产管理体制是：国有资产归国家统一所有，实行分级管理。党的十六大提出了关于中央政府和地方政府分别代表国家对国有资产行使出资人权利的国有资产管理体制，为此，国务院地方政府分别设立国有资产监督管理机构，形成了"国家统一所有，政府分级代表"的国有资产管理体制。按照该体制，地方政府有了支配其享有出资人权益的国家出资企业的资产收益的权利，从而调动了地方政府对国有资产进行有效管理的积极性。

3. 有利于实现对国有资产进行有效监管的目标

国有资产监督管理机构的设立，为国家出资企业拟制了出资人，初步解决了出资人缺位的问题。有利于实现对国有资产进行有效监管，防止国有资产流失，实现国有资产的保值增值的目标。

二、国有资产监督管理机构的性质

（一）法律法规的规定

《暂行条例》和《企业国有资产法》都明确规定，国有资产监督管理机构是根据授权依法履行出资人职责的机构，不履行政府的社会公共管理职能。

（二）学术争鸣

自国有资产监督管理机构诞生之日起，有关其性质的学术争论就没有停止过。虽然法律法规的规定是明确的，但学者们的观点却是见仁见智、莫衷一是。如归纳起来，大体有以下几种观点：

观点1：国有资产监督管理机构以出资人身份对国有资产进行监督管理；①

观点2：国有资产监督管理机构具有行政事业性与经营性的二重属性；②

观点3：国有资产监督管理机构是特殊政府机构和国有资产所有者职能机构，主要代表国家相对集中地履行国有资产所有者职能，同时具有一定的公共管理职能；③

观点4：剥离国有资产监督管理机构制定政策、规章的行政职能，将之

---

① 参见胡瑞生、陈浩：《关于国资委若干法律问题思考》，《南方经济》2003年第12期。

② 参见郭复初：《论国有资产监督管理委员会的性质、管理范围与职责》，《国有资产管理》2003年第8期。

③ 参见王全兴、傅雷、徐承云：《国资委与国资运营主体法律关系的定性探讨》，《法商研究》2003年第5期。

变成一个单纯的国有资产管理公司；①

　　观点5：国有资产监督管理机构是受广大人民与政府委托管理国有资产的一个董事会或者企业主；②

　　观点6：国有资产监督管理机构的应然性质是纯粹的出资人；③

　　观点7：国有资产监督管理机构应当是独立于国务院的直接依国有资产管理法成立的法定机构；④

　　观点8：国有资产监督管理机构应当设在全国人大，在法律上明确全国人大代表全体人民和国家行使国有资产出资人权利。⑤

（三）评析

　　以上观点虽然见仁见智，但却有一个共同点，就是对国有资产监督管理机构性质或者职能认定并不是只从现实或者现有规定出发，而是描述各自心目中一个应然的国有资产监督管理机构。其原因在于现有国有资产监督管理机构的定性定位并未与已有法律法规同步，或者说是现有法律法规对国有资产监督管理机构的定位不当，学者们要么将国有资产监督管理机构视为纯粹的监管者，要么将国有资产监督管理机构定位为纯粹的出资人来构建国有资产监督管理机构体系。至于有些学者认为应当使国有资产监督管理机构同时履行多种职能，这不仅是回到了政企不分的老路（事实证明是存在诸多弊端的），也和现有的法律法规对国有资产监督管理机构的界定不符，这些观点在学界逐渐丧失了市场，相关学者们也逐渐息声。

---

　　① 参见《国企老总们矛头指向国资委称其管的事情太多》，《中国青年报》2005年3月7日。

　　② 参见平新乔：《功能错位的国资委》，《中国企业家》2005第2期。

　　③ 参见王新红、谈琳、周俊桦：《论国资委的性质——兼评〈企业国有资产监督管理暂行条例〉之不足》，《当代财经》2005年第5期。

　　④ 参见郭为伟：《深化国有资产管理体制改革的思考》，《理论界》2006年第1期。

　　⑤ 参见纪宝成、刘元春：《论全国人大参与国有资产监管的合理性与必然性》，《经济学动态》2006年第10期。

（四）本项目组对国有资产监督管理机构性质的认识

对国有资产监督管理机构的性质认定，我们认为应当以现有的法律为依据，结合国有资产监督管理机构的设定目的和在现实中的运行情况来进行认定。在《企业国有资产法》制定的过程中，国有资产监督管理机构的定位一直是焦点问题。2003 年 4 月 25 日国务院发布的《国务院国资委"三定"规定》（2003）将国务院国资委的性质界定为"国务院直属正部级特设机构"。有人认为："所谓特设机构，就是指它是为完成特定目标经过特殊立法形式形成的既不是政府行政机构，也不是一般的企事业单位的特殊机构，类似于国外的特殊法定机构。国有资产监督管理机构不行使政府部门的社会管理和公共服务职能，与下属企业的关系不是行政上的上下级关系，而是出资人代表与所出资企业，出资人的所有者权益（股东权）与企业法人财产权之间的关系。"① 一般情况下，根据其性质的不同，国民经济中各种机构可以划分为经营性机构和行政事业机构（或非经营性机构）两类。但现实生活中，并不是所有机构都是非此即彼，也存在着既具有经营性，又具有行政事业性的二重性机构，目前的国有资产监督管理机构就是这种二重性机构的典型代表：国有资产监督管理机构履行出资人职责，具有经营性；而作为政府"特设机构"，国有资产监督管理机构又享有制定企业国有资产监督管理的规范性文件的权力，具有国家公权力机构性质，这种公权力机构的性质，在国有资产监督管理机构的内部机构设置及其职权规定也可以得到充分的体现。② 但国有资产监督管理机构现在履行的这些所谓的行政职能都不是其本身固有的，而是属于政府的职能，我们不能因为国有资产监督管理机构代行这些行

---

① 彭勇、朱海波：《国资委如何履行出资人职责——访省国资委党委副书记、副主任陈敏》，《当代贵州》2004 年第 14 期。

② 关于国有资产监督管理机构内部机构的设置及其职权规定的具体内容，可参见《国务院国资委"三定"规定》（2008）的规定；地方国资委内部机构的设置及其职权规定，基本上是对照《国务院国资委"三定"规定》（2008）依葫芦画瓢。

政职能，就认为国有资产监督管理机构仍然是一个国家行政机关，更不能以此认为国有资产监督管理机构对国有企业的管理是一种行政管理。

《企业国有资产法》出台之前，国家的有关文件中已反复强调，国有资产监督管理机构是代表政府履行出资人职责的机构。《企业国有资产法》在第二章"履行出资人职责的机构"中对国有资产监督管理机构作为出资人的职责进行了相对系统的规定；在第七章"国有资产的监督"对国有资产的监督主体的规定中，并没有国有资产监督管理机构。之所以如此规定，不是国有资产监督管理机构不履行监督职能，而是其监督职能是包含在出资人职能之中的，而《企业国有资产法》第七章对国有资产的监督主体的规定，是独立的外部监督主体。首任国务院国资委主任李荣融指出，与政府行政部门相比，作为依法履行出资人职责特设机构的国有资产监管机构在管理身份、管理对象、管理方式和管理目标等方面都发生了根本性变化。①

无论是从国有资产监督管理机构设立的目的来看，还是从《企业国有资产法》的规定来看，国有资产监督管理机构作为政府直属的特设机构，其性质应定位于代表政府履行出资人职责的机构，不具有行政管理和其他公权力职能。依据这一性质定位，可以做以下推论：（1）其对国家出资企业的监督管理不是一种行政管理，而是在行使出资人权利和履行出资人职责；（2）其对国家出资企业的管理职权限于出资人的权利；（3）其与国家出资企业之间的纠纷属于企业与出资人之间的纠纷，性质上为民商事纠纷。

但是，根据《国务院国资委"三定"规定》（2008）和国资委行使职权的实践，国有资产监督管理机构显然不是一个纯粹的履行出资人职责的机构。以国务院国资委为例，其行政色彩相当浓厚：（1）《国务院国资委"三定"规定》（2008）确定国务院国资委为国务院直属的正部级特设机构，确认了行政级别。（2）从《国务院国资委"三定"规定》（2008）对国务院国

---

① 参见冯立新、孙勇：《牢牢把握出资人的职责定位——访国务院国资委主任李荣融》，《企业改革与管理》2004 年第 7 期。

资委的主要职责的规定来看，国务院国资委还履行诸如"推进国有企业改制和重组""起草国有资产管理的法律、行政法规，制定有关规章制度""依法对地方国有资产管理进行指导和监督"等职能，这些职能显然不属于出资人职能。同样的问题也存在于地方国有资产监督管理机构，地方政府对其所属的国有资产监督管理机构的职权规定中一般有"指导推进本省（市、区）国家出资企业的改革和重组""根据国家法律法规，起草本省（市、区）国有资产管理的地方性法规、规章草案和政策，制定有关国有资产管理的规范性文件"及"依法对市（区、县）国有资产监督管理工作进行指导和监督"等行政职权。其不仅行使行政管理权，而且行使规章制定权。（3）《国务院国资委"三定"规定》（2008）规定的国务院国资委的内部机构设置包括政策法规局、规划发展局等带有行政管理色彩的部门。显而易见，这些职责包含了大量应该由政府来履行的职责，与出资人职责相距甚远。（4）在国务院国资委的官方网站上我们可以看到其发布的公务员招考公告，这直接说明了国有资产监督管理机构现在内部人员的构成至少有一部分是具有公务员编制的。根据法律规定，国有资产监督管理机构是代表政府履行出资人职责的机构，非国家行政机关，不享有公共权力；但在实践中，国有资产监督管理机构也行使公共权力，即存在法律规定与客观现实的背离。

三、国有资产监督管理机构的改革与发展方向

（一）"大小国资委"之争

伴随着关于国有资产监督管理机构性质的争论，学界对国有资产监督管理机构改革和发展方向展开了热烈的讨论，理论界和实务界的研究主要是围绕国资委的性质、由国资委履行出资人职责的国家出资企业范围、国资委的权利与权力等问题展开，从产生分歧的各种观点看，我们可以将这场争论称为"大小国资委之争"。从大的方面说，可以区分为两种针锋相对的观点：大国资委说和小国资委说。分述如下：

1. 大国资委说

大国资委说，就是国务院国资委提出的"大国资、大监管、大资源、大配置"，其核心内容就是：政府应该将其所属的包括金融企业在内的国家出资企业，全部授权国资委履行出资人职责。有学者支持这种观点时说："国有资产的监督管理需要做好顶层设计，……'顶层设计'主要任务是实现'国资委全覆盖''大国资'统一监管则是'与时俱进'的必然发展趋势。以中央企业管理为例，即不仅要包括目前分散在其他中央部委管理的企业，也要包括一部分公益性国有企业和正在由事业单位改制而来的国有企业，如出版、影视和网络传媒等文化类国有企业；还应该包括金融、证券行业的国有企业。"①

国有资产监督管理机构自成立以来，就一直为扩展其"疆土"而努力，国务院国资委提出了"大国资、大监管、大资源、大配置"的目标，地方国资委也纷纷争取同级地方政府将更多的国有企业授权其履行出资人职责。从实践来看，被政府授权给国资委履行出资人职责的国有企业的数量也一直在增加。2009年9月，国务院国资委出台的《关于进一步加强地方国有资产监管工作的若干意见》明确表示，要对各类经营性国有资产实行集中统一监管。其中规定，地方国有资产监督管理机构可根据本级人民政府授权，逐步将地方金融企业国有资产、事业单位投资形成的经营性国有资产、非经营性转经营性国有资产纳入监管范围。2011年1月7日，在全国国有资产监督管理工作会议上，国务院国资委提出："鼓励有条件的地方将地方金融资产、投融资业、文化类改制企业的资产也纳入地方国资委的监管范围。"时任国务院副总理张德江在此次会议上提出，要"拓宽监管范围，逐步做到全过程、全方位监管，不留死角，不留遗漏，不出现重大失责"。这被国资委解读为中央政府层面对构建"大国资"监管格局的明确指示。

2009年8月，上海市政府发布了《关于进一步推进上海金融国资和市属

---

① 卫祥云：《国企改革新思路——如何把正确的事做对》，电子工业出版社2013年版，第142—143页。

金融企业改革发展的若干意见》，该意见明确规定："按照本市国资委委托监管有关办法，由市国资委委托市金融办对国家出资的市属金融企业履行出资人职责""市金融办根据相关法规和委托监管职责，负责研究制定金融国资监管的具体办法，实施对金融国资的具体监管"。在坚持国资委对国有资产统一监管的前提下，对现实中分别监管做出让步：将金融资产纳入国资委监管范围，使得国资委获得出资人身份并承担监管权责，然后通过"委托监管"的方式将其委托给原金融业主管机构。

2011 年 7 月 12 日，湖南省长沙市召开的"长沙市国资工作会议"指出："按照市委、市政府的安排部署，统一授权市国资委对全市企业国有资产实施全面监管。今年，要按照直接监管和委托监管的要求，分批分类完成市属93 户国有企业资产、人事、党务关系等管理职能划转工作。第一批监管企业80 家，其中直接监管的企业在今年 10 月底实现监管到位，委托监管的企业要按照要求逐一签订委托监管协议，明确监管责任和要求，确保在今年年底监管到位；第二批监管的 13 家企业根据工作进度适时监管到位，实现我市企业国有资产的全面监管。"①

2011 年，湖北省人大常委会审议通过了《湖北省企业国有资产监督管理条例》，该"条例"将国有资产的范围，从传统意义上企业中的国有资产扩展到了包括行政单位、财政全额拨款的事业单位投资的企业或者经济实体的国有资产，以及各级人民政府授权履行出资人职责的机构管理的其他国有资产。湖北省国资委主任、十二届人大代表杨泽柱在两会期间提交了一份关于修改《企业国有资产法》的议案。他建议，删除该法中"国务院和地方人民政府根据需要，可以授权其他部门、机构代表本级人民政府对国家出资企业履行出资人职责"的规定，以避免多头授权，实现政企分开、政资分开、所有权与经营权分离。他同时建议，制定出台全覆盖的《国有资产法》，

---

① 《长沙市国资工作会议召开》，长沙市政府门户网站，http://www.changsha.gov.cn/xxgk/szfgbmxxgkml/szfzstsjgxxgkml/sgzw/gzdt_ 8515/201107/t20110718_ 112386.html，2011 年 7 月 18 日发布，2013 年 9 月 3 日访问。

对包括企业国有资产，以及资源性国有资产、金融国有资产、行政事业国有资产、文化遗产国有资产的监管进行具体规范。①

另外，根据在各地国有资产监督管理机构门户网站检索了解的情况看，扩大国有资产监督管理机构监管②国有企业范围一直是一项重要工作任务。从 2013 年起，广西、内蒙古、昆明、沈阳等地国资委已经将地方金融国有企业纳入监管范围，而深圳市国资委则将文化国有企业纳入监管范围③。

2. 小国资委说

国务院国资委成立之初，就有人对由其代表国务院对近 200 户中央企业履行出资人职责的可行性提出了质疑：国资委有这个能力？谁来监管国资委？小国资委说正是在这种担心中产生的。小国资委说认为：目前国资委履行出资人职责的企业太多了，需要对国资委"减负"；国资委履行的职责太多了，需要分解。详述如下：

（1）应当有更多的代表政府履行出资人职责的机构。顾功耘教授认为："我国的经营性国有资产数量巨大，集中由国资监管机构管理，实际上管不了也管不好。依相关法律，国务院国资委要做到管人、管事、管资产相统一。目前 150 家央企（由国务院国资委履行出资人职责的中央企业户数不断因兼并重组、移交地方及国务院对履行出资人职责的机构的调整等原因发生变化，根据 2021 年 6 月 24 日国务院国资委发布的最新版央企名录目前由国务院国资委代表国务院履行出资人职责的中央企业户数为 96 户。——引者

---

① 《媒体称十年内银行等金融机构或将纳入国资委监管范围》，财富赢家网，http://bank. cf8. com. cn/news/20130423/13585. shtml，2013 年 4 月 23 日发布，2013 年 9 月 5 日访问。

② 从各级各地国有资产监督管理机构的官方门户网站上查阅的材料可知，国有资产监督管理机构对其履职行为归结于"监管"二字，如对由其履行出资人职责的国家出资企业称为"所监管企业"。

③ 郭芳、李凤桃：《大国资突围：十年内金融机构或纳入国资委监管》，《中国经济周刊》，转引自 http://www. prcfe. com/web/meyw/2013-04/23/content_ 972618. htm，2019 年 10 月 2 日访问。

注）的人、事和资产都要管，它能有这样的能量吗?!"① "我们主张由国有资产经营公司履行出资人职责……国有资产经营公司可以根据需要设立若干个。"②

（2）国资委的职能存在冲突，应做分解。从国务院成立国资委的初衷来看，是为了解决政企分开、政资分开及国有企业出资人缺位问题，国务院国资委是作为代表国务院履行出资人职责的机构而被创设的，但事实上，国务院国资委从成立之日起，就不是一个纯粹的出资人，其既行使出资人权利，也行使与企业国有资产相关的公权力。许多学者赞成回归设立国有资产监督管理机构的初衷——做"干净的出资人"。③ 本书主要作者王新红在 2005 年曾经提出，国有资产监督管理机构作为代表政府履行出资人职责的机构，从应然状态看，应是纯粹的出资人，不行使公权力。④ 也有学者认为，国有资产监督管理机构更适合做一个监管者，故应将国有资产监督管理机构的出资人职责剥离，另设代表政府履行出资人职责的机构，国有资产监督管理机构应当仅仅承担监管职能。如顾功耘教授认为，"国有资产监督管理机构不宜直接作为履行出资人职责的机构，而应依法另行特设国有资产经营机构来履行出资人职责。"⑤

（3）应成立"行业国资委"。财政部作为中央所属金融企业履行出资人职责的机构，曾经试图将财政部金融司与中央汇金公司共同组建"金融国资委"，负责管理所有国有金融资产；在文化产业，建立"文化国资委"的观点逐渐盛行；教育行业也出现了"教育产业国资委"的提法，教育部也在试

---

① 顾功耘：《国有资产立法的宗旨及基本制度选择（代序）》，载顾功耘等：《国有资产法论》，北京大学出版社 2010 年版，序言第 3 页。

② 顾功耘：《国有资产立法的宗旨及基本制度选择（代序）》，序言第 5 页。

③ 参见卫祥云：《国企改革新思路——如何把正确的事做对》，电子工业出版社 2013 年版，第 145 页。

④ 参见王新红、谈琳、周俊桦：《论国资委的性质——兼评〈企业国有资产监督管理暂行条例〉之不足》，《当代财经》2005 年第 5 期。

⑤ 顾功耘：《国有资产立法的宗旨及基本制度选择（代序）》，序言第 3 页。

图组建履行教育产业的国有资产出资人职责相应机构。这样，逐渐造成国资管理的多头监管，形成事实上的"行业国资委"。①

（二）对"大小国资委之争"诸观点的法理评析

1. 对企业国有资产进行监管的法律制度必须统一

从法律法规的规定来看，2003 年国务院颁布的《暂行条例》将金融企业排除在国有资产监督管理机构履行出资人职责的国有出资企业范围之外；而 2008 年颁布的《企业国有资产法》第 11 条第 2 款规定："国务院和地方人民政府根据需要，可以授权其他部门、机构代表本级人民政府对国家出资企业履行出资人职责。"明确规定了政府可以授权其他部门、机构履行出资人职责。对这一规定，国资委系统表示出遗憾和批判。在本项目组到数家国有资产监督管理机构进行调研过程中，在谈及《企业国有资产法》的立法得失时，受访问的国有资产监督管理机构官员一致表示：《企业国有资产法》第 11 条第 2 款的规定与《暂行条例》的规定和 2007 年颁布的《物权法》、2005 年修订的《公司法》的相关规定相比，是一种退步；该规定违背了国务院机构改革设置国有资产监督管理机构的初衷，不仅未能实现企业国有资产的统一监管，还回到了政企不分、政资不分的老路。

从统一监管法律制度、避免政出多门的角度来看，"大国资委"显然是有优势的。国有资产监督管理机构不遗余力地开疆拓土，尽管其动机尽可猜忌，但企业国有资产多头监管的弊病是显而易见的：首先，多头监管导致国有资产监督法度不统一，中国政法大学资本研究中心主任刘纪鹏认为："分类监管会使国资监管既缺乏统筹，又政出多门，不利于全国国有资本的整体保值增值。"② 其次，一些部门所属国有企业成为谋取部门不正当利益的工

---

① 参见卫祥云：《国企改革新思路——如何把正确的事做对》，电子工业出版社 2013 年版，第 145 页。

② 邓瑶：《国资委"全覆盖"热身：地方金融国资可望纳入监管》，《21 世纪经济报道》，转引自 http://jingji.cntv.cn/20110111/104936.shtml，2019 年 10 月 2 日访问。

具，国有资产流失现象会更加严重；第三，行政部门履行出资人职责，导致政企不分，不符合国有企业改革的方向。显然，分头监管的弊害严重，一直是我国国有资产监督管理体制改革要致力解决的痼疾，成立"行业国资委"的做法是不可行的。

2．"大国资委"不可行

支撑"大国资委"的核心理由是有利于国有企业监管法律制度的统一，由于目前国务院国资委掌握着制定有关企业国有资产的规章和规范性文件的权力，但作为仅对部分中央企业履行出资人职责的机构，其制定的规章和规范性文件难以约束不由其履行出资人职责的国家出资企业，从这个角度看，大国资委确有正当性。但问题是：制定有关企业国有资产的规章和规范性文件显然不属于出资人权利，因为出资人权利是基于出资而对所出资的企业享有的私权利，而制定规章是公权力的行使，国务院国资委之所以有这种权力，是国务院授予的，且不说这种授权妥当与否①，但既然可以通过授权赋予国务院国资委制定对由其履行出资人职责的企业产生约束力的规章和规范性文件，也就可以通过授权扩展其制定的规章和规范性文件，实行规则的"国资委全覆盖"，不一定要所有国家出资企业均由国有资产监督管理机构履行出资人职责。

从履行出资人职责的角度看，"国资委全覆盖"不可行，而目前由国有资产监督管理机构履行出资人职责的国家出资企业的数量也太多了。其理由除了前述国有资产监督管理机构因人力、物力所限，管不过来以外，更主要的是：这种制度设计存在难以化解的关联关系问题。按照关联关系理论，由同一个投资者所投资的企业，相互之间构成关联关系。国有资产监督管理机构代表政府行使国家出资企业的出资人权，这些企业之间是否构成关联企业关系呢？如国务院国资委，目前代表国家行使 96 户中央企业的出资人权，

---

① 事实上，这种授权是很不妥当的。无论是从国务院机构改革设立国资委的初衷来看，还是从《暂行条例》和《企业国有资产法》的规定来看，国有资产监督管理机构都是一个代表政府履行出资人职责的机构，不行使公权力。

那么，这 96 户国有企业是否都是关联企业呢？按照《公司法》第 216 条第 4 项的规定，"国家控股的企业之间不仅因为同受国家控股而具有关联关系"，也即并不能以这些企业同属于国务院国资委就认定他们相互之间构成关联关系。但是，《公司法》的这一规定是与关联企业理论相违背的，在国际经贸交往中，不一定能获得外国司法机关的认可。而且，国务院国资委在行使出资人权利或其他权力时，难免会出现一些可能被视为使其所属企业之间形成关联关系的行为，如董事兼任、国务院国资委对所属国家出资企业之间法律争议的协调等，可能被认定为关联关系存在的事实。另外，国务院国资委党委积极推行中央企业之间、中央企业与地方企业之间的党组织共建活动，基于党组织在国有企业中的地位，这种共建关系，很有可能导致企业间的关联关系，且这种关联关系还可能被利用来形成垄断等。另外，存在难以化解的关联问题这一理由也同样可以用于解释为什么设立代表政府履行出资人职责的"行业国资委"之不可行。

（三）国有资产监督管理机构履行出资人职责之不足

1. 出资人职能与监管者职能没有分开

最初成立国有资产监督管理机构的目的在于，由其履行出资人职责，既能够代表全民利益，又能与政府脱钩。但现在它却拥有双重身份：对于企业来说，它是出资人代表，与企业的其他出资人是平等的民事主体，履行同样的出资人职责；同时它是政府的一个经济管理机构，行使一定的行政职权，具有行政色彩。这必定会影响"政资分开""政企分开"的实现。国有资产监督管理机构作为国有资产所有者代表，只能以"出资人"身份而非社会经济管理者身份对国家出资企业行使权利。政府社会经济管理职能与国有资产所有者职能不分开，国有资产监督管理机构不将其行政职权剥离出其职权范围，国有资产监督管理机构就没办法做一个真正的出资人。简言之，国有资产监督管理机构在履行出资人职责的同时行使公共权力，会导致政资不分，背离了设立国有资产监督管理机构实现"政资分离"的初衷。许多学者对之提出了批判，如顾功耘教授认为："从某种意义上讲，国有资产监督管理机构同时具备监管者和出资者两大身份，可以称得上是现行体制最大的问题所在。"[①]《企业国有资产法》起草工作小组专家成员李曙光教授表示："国资委目前法律定位不清，我个人认为还是没有解决出资人与监督者、管理人这三者之间的关系，目前同时扮演了这三个角色。"[②] 以上批评均出现于《企业国有资产法》出台之前，但在《企业国有资产法》出台后，国有资产监督管理机构同时作为出资人、监督管理者的角色的情况，在现实中也并未发生根本的变化。

2. 国有资产监督管理机构的名称是不合适的

2003 年国务院机构改革设立国务院国资委，是作为代表国务院履行出资人职责的机构，但却起了一个奇怪的名字——国务院国有资产监督管理委员会；《暂行条例》和《企业国有资产法》也称之为国有资产监督管理机构。从机构名称上看，国有资产监督管理机构履行的是对国有资产的监督管理职能，而不是出资人职能。出资人职能主要是对国家出资企业履行出资义务，行使重大事项决策权、选择管理者的权利和收益权等权利，这些职能虽然会涉及监督管理，但用监督管理来表述出资人职能显然不合适。以国有资本控股公司为例，代表国家履行出资人职责的人在公司中的身份就是股东，行使的就是股权，将股东称为监督管理机构，将行使股权称为监督管理，明显不适当。

当然，如果仅仅是名称不当，还不是大问题。从前述国有资产监督管理机构的职能来看，该机构的确行使着监督管理的职能。这就令人疑惑了：机构设置者究竟是要设立一个纯粹的代表政府履行出资人职责的机构，还是要设立一个拥有双重职能的机构？可能的解释是：国务院机构改革设立国务院

[①] 顾功耘等：《国有经济法论》，北京大学出版社 2006 年版，第 24 页。
[②] 张馨月：《国资法草案有待突破国资委定位等瓶颈》，http://finance1.people.com.cn/GB/1037/5559925.html，2011 年 4 月 20 日访问。

国资委的初衷是要设立一个纯粹的履行出资人职责的机构，但是，由于：（1）对出资人职能认识不清，将出资人职能简单理解成监督管理，这从《国务院国资委"三定"规定》（2003）中可以看出。《国务院国资委"三定"规定》（2003）规定"国务院授权国有资产监督管理委员会代表国家履行出资人职责"，"国有资产监督管理委员会的监管范围是中央所属企业（不含金融类企业）的国有资产"。很明显，这里的"监管范围"就是国务院国资委履行出资人职责对象的范围。（2）忽视职能转变，将其他部门行使的政府职能简单划入组合成国有资产监督管理机构的职能。《国务院国资委"三定"规定》（2003）明确规定，国务院国资委的职责主要是从原国家经济贸易委员会、财政部、劳动与社会保障部的部分职责和中共中央原企业工作委员会的职责划入的。① 国务院国资委就自然地承受了这些行政职能，按照帕金森定律，国务院国资委成立后，只可能强化其权力，并不会自觉放弃其已

---

① 从国务院其他部门具体划入国务院国资委的职责包括：

（一）原国家经济贸易委员会的指导国有企业改革和管理的职责。

1. 研究拟订国有企业改革的方针、政策和企业体制改革方案，推进现代企业制度的建立；研究发展大型企业和企业集团的政策、措施，指导国有企业实施战略性改组；指导国有企业的管理工作；指导企业法律顾问工作。

2. 研究拟订企业国有资产监管的政策、法规；提出需由国务院派出监事会的国有企业名单，审核监事会报告。

3. 组织实施兼并破产工作，配合有关部门实施再就业工程；全国企业兼并破产和职工再就业工作领导小组办公室的工作。

（二）中共中央原企业工作委员会的职责。

（三）财政部有关国有资产管理的部分职责。

1. 拟订国有资本金基础管理的法律法规草案和规章制度。

2. 负责监缴所监管企业国有资本金收益。

3. 调查研究国有资本金基础管理的重大问题以及国有资本金的分布状况；拟订国有资本金保值增值的考核指标体系；研究提出国有资本金预决算编制和执行方案；组织实施国有资本金权属的界定、登记、划转、转让、纠纷调处等。

4. 负责国有资本金的统计分析，提供有关信息；拟订国有企业清产核资的方针政策以及有关制度和办法；组织实施所监管企业清产核资工作；组织建立国有资本金统计信息网络。

（四）劳动和社会保障部的拟订中央直属企业经营者收入分配政策、审核中央直属企业的工资总额和主要负责人的工资标准的职责。由于这些机构属于行政机关，其职能也主要是行政职能。中共中央原企业工作委员会属于党的机构，不是行政机关，依照"党管干部"的原则，对中央企业行使干部任免、考核、监督的权力，其实质也是一种行政管理权。

经获得的权力。（3）正如前文所述，对国有企业，政府除了要履行出资人职能外，也确实还需要进行特别的公共管理，在机构改革时，国务院并没有将这些公共管理事项全部保留给原来的职能部门，而是将其中大部分转给了国务院国资委。

3. 缺少监督

曾有人担心：国务院国资委要对拥有海量国有资产的中央企业行使"管人、管事、管资产"的权力，那么谁来监督他呢？当然，尽管国有资产监督管理机构是特设机构，既不是行政机关，也不是事业单位，但还是政府机构之一，作为公共机构，它会受到人大的监督、政府的监督、司法的监督以及社会公众的监督。但是，行使出资人权益是一项专业性的活动，国有资产监督管理机构有极大的自由裁量权，仅有这些监督是不够的。以产权交易为例，转让中，国有产权的价格被低估的情况很是普遍，并成为国有资产流失的主要原因之一。实践中，企业职工发现企业国有产权被贱卖的情况并将之反映给国有资产监督管理机构，国有资产监督管理机构并非积极地维护国家利益，反而采用各种手段压制企业职工控告和申诉的情况并不鲜见。

4. 存在难以解决的关联问题

如前所述，按照关联理论，同属于一个投资者的企业，相互之间构成关联关系。国有资产监督管理机构所属的企业之间存在难以解决的关联问题。有关这一点，前文在阐述"大小国资委之争"时已有阐述。

四、国有资产监督管理机构的重新定位

（一）国家作为出资人要解决的两大问题

国家出资企业的真正出资人是国家，国家这一特殊主体作为企业的出资人，需要解决两大问题：

1. 政企分开的问题

国家拥有公权力，代表国家作为出资人的政府拥有行政权，如果由政府

直接行使出资人权，会导致政企不分。关于政企不分的弊端已经是共识，实行政企分开，一直是我国国有企业改革的目标和必须遵守的原则。在政府内部设立代表政府专门履行出资人职责的机构，是解决政企分开的有效制度安排。根据《暂行条例》和《企业国有资产法》的规定，国有资产监督管理机构是代表政府履行出资人职责的机构，不是行政机关，不行使公权力。无论是《国务院国资委"三定"规定》（2003），还是在《企业国有资产法》颁布后重新制定的《国务院国资委"三定"规定》（2008），对国务院国资委职权的规定均包括了行使一定的公权力，超出了出资人职责范围。显然，先后发布的《国务院国资委"三定"规定》均不符合法律规定，国务院国资委行使公权力既没有法律依据，也违背了国家设立国有资产监督管理机构的初衷。本书主要作者王新红曾经认为：从应然状态看，国有资产监督管理机构应当是纯粹的出资人，其行使公权力只是一种过渡期的制度安排，随着国有资产监督管理制度的完善，国有资产监督管理机构的公权力必将被逐渐剔除。① 许多学者认为，国有资产监督管理机构不应该只是简单地定性为特设机构，应明确其出资人代表的性质和地位，明确规定其不享有公共权力，否则极易造成社会管理者职能和出资人职能主体混同、政资不分的问题。国有资产监督管理机构性质重构的核心就是要去除其职能的行政性，使国有资产监督管理机构成为彻底的市场意义上的出资人。

2. 委托代理问题

如果国有资产监督管理机构严格依照《企业国有资产法》的规定，做一个纯粹的出资人代表，不再行使公权力，那么政企不分问题是不是就解决了呢？确实，如果国有资产监督管理机构仅仅行使出资人权，不再行使公权力，则政企不分的问题得到了解决，但并未完全体现国家出资人的特殊性。国家出资人的第二大特殊性是，最终代表国家对国家出资企业履行出资人职

---

① 参见王新红、谈琳：《论"国资委"的性质、权利范围与监督机制》，《湖南社会科学》2005 年第 4 期。

责的机构并不是真正的出资人，而是经多级委托产生的代理人，存在代理人的道德风险问题。防治代理人的道德风险，是现代企业治理制度的目标和核心任务。国有企业，无论采取哪种运作形式，都不可能实现所有者亲自经营，即使所谓的国有国营，也是所有者与经营者相分离的。因此，国有企业普遍存在委托代理现象，我国国有企业改革中，将建立和完善公司治理机制作为核心制度建设正是基于这一原因。企业治理制度针对的是企业所有者和企业管理者的分离产生的代理问题。如前所述，国有公司中仍然存在出资人与行使出资人权的人相分离的情况，这种情况同样存在委托代理问题。国有资产监督管理机构作为履行出资人职责的机构代表政府履行出资人职责，其与企业管理者形成委托代理关系，建立和完善企业治理机制，用以防范企业管理者的道德风险。但是，国有资产监督管理机构也与其所代表的政府形成委托代理关系，政府是委托人，国有资产监督管理机构是代理人，国有资产监督管理机构作为代理人，也存在损害委托人利益的道德风险，而如何防治这种道德风险，法律没有提供相应的制度安排。

（二）对国有资产监督管理机构重新定位的设想

从以上分析可知，即使国有资产监督管理机构做一个纯粹的出资人代表，如果没有对它作为代理人建立制约机制，它就可能不是一个好的出资人代表，可能不积极履行出资人职责、甚至可能会为了其自身利益与企业管理者勾结，侵占国有资产。为了解决政府与履行出资人职责的机构之间因委托代理关系导致的履行出资人职责机构的道德风险问题，需要对履行出资人职责的机构的履行职责行为进行监督和制约。这就要求既要设立代表政府履行出资人职责的机构，还要设立对该机构的履行职责行为进行监督的机构。有学者认为，国有资产监督管理机构要么作为监督机构，要么作为履行出资人职责的机构，不能既是监督机构，又是履行出资人职责的机构。

从表面上看，是将其定位于履行出资人职责的机构还是定位于监督机构是两可的，但定位于履行出资人职责的机构更符合法律的规定。然而从实际情况来看，应当将其定位于对代表政府履行出资人职责的机构的履职行为进行监督的机构。理由如下：

（1）国有资产监督管理机构作为监督者更能做到名实相符。如前所述，出资人职责与监督管理是两种不同的职能。如果国有资产监督管理机构不行使出资人权利，而是行使对出资人权利行使的监督权，则能做到名实相符。

（2）国有资产监督管理机构更习惯行使监督管理权，而不是出资人权。国有资产监督管理机构的职能由其他政府部门的职能转移而来，习惯行使行政管理权，对出资人权的行使相对陌生。国务院国资委一位高层说，"国有资产监督管理机构管理人员来自党政机关，不知道怎么做出资人"。① 首任国务院国资委主任李荣融在凤凰卫视《问答神州》的访谈中被主持人问及为什么国有资产监督管理机构没有派其内部人员到国企担任董事就做出如下解释："因为国资委我们现在人呢，我坦率跟你讲，有企业经历的人不多，我担心的就是到企业去，不要太抽象，因为了解企业少，然后提出的要求不切实际。"② 国有资产监督管理机构管辖众多国有企业，掌控着国民经济的命脉，其每个决定都可能对国家经济建设造成重大影响，如果缺乏对企业市场运作的了解，其做出的决定质量可能会较低，很难真正符合市场需求、符合企业需要。

（3）国有资产监督管理机构作为出资人无法解决关联问题。如前所述，国务院国资委代表国务院对多家国家出资企业履行出资人职责，这些企业可能因同属于一个国有资产监督管理机构而存在关联性的风险。为了消除这种关联性风险，政府需要多设一些代表政府履行出资人职责的机构。与其将国有资产监督管理机构改造成仅履行出资人职责的机构，不如重新设立若干履行出资人职责的机构。

---

① 汪生科：《国资委再定位》，《21 世纪经济报道》2005 年 1 月 6 日。

② 李荣融：《垄断行业已形成基本竞争格局》，http://www. china. com. cn/economic/txt/2007-11/01/content_ 9157664. htm，2011 年 4 月 20 日访问。

（三） 重构履行出资人职责的机构

重构履行出资人职责的机构，其内容包括：（1） 国有资产监督管理机构回归监督管理职能；（2） 剥离财政部门和其他政府部门的履行出资人职责职能；（3） 设若干国有资本投资、运营公司代表政府履行出资人职责。第 1 点本节已作阐述；第 2、第 3 点将分别在第 3、第 4 节进行阐述。重构履行出资人职责的机构，对深化企业国有资产管理体制和国有企业改革具有重要的意义。

1. 从根本上解决政企分开、政资分开问题

中国现行企业国有资产监督管理体制并没有解决好政企分开和政资分开问题。（1） 国务院国资委代表国务院履行出资人职责，但却行使部分公权力，这是政资不分。（2） 财政部代表国务院对中央所属金融企业、中国烟草总公司、中国铁路总公司等履行出资人职责，是政企不分。按项目组提出的方案重构履行出资人职责的机构，从根本上解决了政企分开、政资分开问题，使我国国有企业改革三十年来一直努力解决的根本性问题得到了彻底的解决，仅此一点，其价值和意义足以彪炳史册！当然，项目组并不认为这一彪炳史册的成绩归属于项目组，因为：（1） 这一重构方案是建立在中国三十多年来国有企业改革的理论研究和实践探索的基础上的，是理论研究和实践探索水到渠成时的顺势而为，没有这三十多年的理论研究和实践探索做铺垫，提出这种重构方案是不可想象的；（2） 除本项目组之外，还有很多学者（如华东政法大学的顾功耘教授），发表过类似的观点。

2. 有利于打破利益集团对国有企业改革的阻挠，保障国有企业改革沿着正确的道路前进

在现行企业国有资产监督管理体制中，国有资产监督管理机构既作为履行出资人职责的机构，对政府承担企业国有资产保值增值的责任，又作为监管者和规则制定者，与国家出资企业有千丝万缕的联系。很容易与国家出资

企业结成利益集团，采取各种措施固化国有企业的特权和不正当利益，并从中渔利。例如一味地做大做强国有企业、维护国有企业的垄断地位、国有企业利润上缴少、国有资产监督管理机构的官员轮换交流到国有企业任高级管理人员享受管理者的丰厚薪酬等等。可以不夸张地说，国有资产监督管理机构与国有企业结成了利益集团，其共同的追求是把国有企业"做大做强"，为此，可以维持不必要的垄断地位，可以滥用市场支配地位，可以盘剥消费者……这将成为国有企业进一步改革的重大阻力。让国有资产监督管理机构作为监管者而不是履行出资人职责的机构，放下其不能承受的"国有企业保值增值"之重，国有企业改革才能不被利益集团所左右，沿着正确的道路前进。

第三节　其他履行出资人职责机构的国有股权行使主体问题

根据《企业国有资产法》第 11 条第 2 款的规定，除了授权国有资产监督管理机构履行出资人职责外，政府还可以授权给其他部门、机构履行出资人职责，这里的其他部门和机构主要包括：

一、政府部门

（一）我国政府部门代表政府履行出资人职责的现状

代表政府履行出资人职责的，除国有资产监督管理机构外，主要还有财政部门。① 由于对计划经济时期政企不分弊病深有体会，1984 年的《关于严禁党政机关和党政干部经商办企业的决定》、2003 年的《暂行条例》、2008

---

① 如中国人民保险集团股份有限公司、中国邮政集团公司、中国铁路总公司都是由财政部代表国务院履行出资人职责。

年的《企业国有资产法》等一系列的规定，都体现了我国国有企业改革一直致力于实现政企分开。① 财政部门作为政府重要的行政管理部门，也是代表国务院履行出资人职责的机构。由财政部代为履行出资人职责的企业主要有三类：（1）部属企业，是指中央部委下属事业单位所办或行政单位后勤服务中心成立的企业；（2）金融类企业，在中央国有金融企业国资管理方面，财政部代表国家对国有控股或参股的金融企业履行出资人权利和行使涉及资产评估、产权登记、转让审批等监管权力。财政部通过中央汇金公司以控股方式对包括工、农、中、建四大银行在内的 12 家银行以及其他非银行类金融机构行使股东权利。（3）财务关系在财政部单列的国有企业。例如中国烟草总公司、中国出版集团公司。

（二）政府部门不宜作为履行出资人职责的机构

由政府部门代表政府履行出资人职责，在国外也是存在的，其中最典型的是法国和新加坡。在法国，代表国家对国有资产进行管理和运营的是财政经济和预算部，其职能包括：制定和实施有关经济立法和宏观经济政策；提名董事长人选或者任免董事长；派员参与董事会，并参与制定公司相关政策等。在新加坡，财政部对淡马锡拥有 100% 的股权，财政部拥有的出资人权

---

① 1984 年中共中央、国务院《关于严禁党政机关和党政干部经商、办企业的决定》规定，各级党政机关特别是经济部门及其领导干部要正确发挥领导和组织经济建设的职能，坚持政企职责分开、官商分离的原则。党政机关不得使用公款、贷款以及在职干部自筹资金，自办企业或与群众合办企业。并规定，在决定下达以前就已经成立的企业，也应当依照上述决定的精神予以妥善处理，对于其中于国于民有利，且能够继续发展的企业，可以转交民办单位或者个人进行经营，并予以积极扶持，但要求做到与有关机关及干部脱钩，实现企业独立经营。2003 年国务院发布的《暂行条例》第 7 条规定："国有资产监督管理机构不行使政府的社会公共管理职能，政府其他机构、部门不履行企业国有资产出资人职责"。但在现实中，国有资产数目巨大，且主要集中与涉及国民经济命脉以及国家安全的行业和领域，而建立能够适应市场经济要求的国有资产监督管理体制不是一蹴而就的，而是一个渐进的过程，因此，国务院及各级政府在少数领域还授权了其他机构、部门来履行出资人职责。2008 年颁布的《企业国有资产法》第 11 条第 2 款规定："国务院和地方人民政府根据需要，可以授权其他部门、机构代表本级人民政府对国家出资企业履行出资人职责。"其他受政府委托行使出资人职责的机构作为国家出资人代表，必须得到国家法律、行政法规的正式认可，必须经过政府的明确授权。

利包括：（1）选择管理者的权利，财政部部长牵头各政府部长级专家组成提名委员会对淡马锡董事会成员和总裁人选进行推荐，且这类人员的任免须经总统同意；（2）重大事项决策权，财政部对涉及淡马锡及其子公司的重大投资和经营事项的决策进行备案和审批；（3）收益权，淡马锡每年从下属企业取得的红利必须将利润的 15% 上缴财政部。[1]

虽然西方发达国家存在由政府行使出资人权利的先例，但这不能成为我国政府部门履行出资人职责的机构的理由。（1）西方发达国家的经济基础是私有制，有限的国有企业担负的职能是经济调节性的；（2）除个别例外情况，西方发达国家的国有企业普遍存在官僚主义盛行、经营成本高、效率低的现象。

政企分开、政资分开，是国有企业改革 30 多年得出的"中国经验"。政府部门作为履行出资人职责的机构应当尽快退出历史舞台，这不仅有利于政府部门集中精力做好经济管理协调的工作，还有利于避免政府部门过多地干预国有企业的经营，防止"政资不分""政企不分"。政府应适时地将分散在其他政府部门、机构的出资人职责划转到专门设立的履行出资人职责的机构，逐渐形成相对清晰的履行出资人职责的机构体系。

二、其他机构

（一）社会保障基金理事会

全国社会保障基金理事会作为中央政府授权的事业单位管理中央社会保障基金，在管理基金的过程中对其投资、控股的企业行使出资人权。有关社保基金理事会作为国有股权行使主体的相关问题，拟在第六章"国有股权行使之划转论"中做专门阐述。

2001 年，国务院发布的《减持国有股筹集社会保障基金暂行办法》第 5

---

① 参见韩国信：《新加坡"淡马锡控股"公司治理模式对我国金融控股公司的启示》，《北方经济》2009 年第 22 期。

条对国有股减持的方式、国有股存量出售收入上缴全国社会保障基金做出相关规定。2009 年国务院发布的《境内证券市场转持部分国有股充实全国社会保障基金实施办法》对部分国有股如何充实全国保障基金做出具体的规定。党的十八届三中全会提出："划转部分国有资本充实社会保障基金"，2017 年国务院发布的《划转部分国有资本充实社会保障基金实施方案》对"划转部分国有资本充实社会保障基金"做出具体安排。

社会保障基金理事会独立于社会保障行政部门，二者的关系应当由社会保障立法加以规定，社会保障基金理事会主要从事基金的积累与经营活动，而社会保障行政部门则主要负责日常费用的缴纳工作。根据《国务院成立全国社会保障基金理事会的决定》《全国社会保障基金投资管理暂行办法》的规定，全国社会保障基金理事会是受国务院委托管理全国社会保障基金的直属事业单位，履行法定管理人的职责。理事会的主要任务是：第一，资金管理，包括对财政拨入的资金、将部分国有资产变现所得资金和其他方式筹集的资金进行管理；第二，资金拨出，根据财政部和劳动保障部门共同下达的指令，以该指令确定的方式将资金拨出；第三，委托专门公司运作基金，对资产管理公司进行挑选，对所选公司进行委托，由其运作基金资产，以实现该资产的保值增值；第四，信息公开，向社会公开社会保障基金的资产状况等。因此，在法律层面上，社会保障基金理事会是社保基金的管理人，是特殊的民事主体，而非行政主体，其法律地位类似于一般民事主体。

（二）事业单位法人和社会团体法人

类似于社保基金理事会这类国家全部投资设立的事业单位法人和社会团体法人，如学校、协会等，以法人财产出资形成的出资人权益，属于国有资产，因此这样的事业单位和社会团体自然也是代表政府履行出资人职责的主体。从有利于科研成果转化的角度，允许高校、科研院所投资设立国有公司，并代表国家对所出资公司行使国有股权是必要的。

（三）其他受政府委托履行出资人职责机构

为了贯彻 2003 年颁布的《暂行条例》第 7 条关于政府其他机构、部门不履行企业国有资产出资人职责的相关规定，2005 年《公司法》第 65 条第 2 款明确规定，国有独资公司由国有资产监督管理机构履行出资人职责。即对国有独资公司履行出资人职责的机构只能是国务院、地方人民政府授权的国有资产监督管理机构，"其他部门、机构"不能作为代表政府对国有独资公司履行出资人职责的机构。

但是，现实中仍有一些部门经营管理着部分国有资产，对部分国家出资企业履行出资人职责，并不是由国有资产监督管理机构集中统一行使出资人职责，这也导致各部门出资下的国有企业管理体制存在大量政企不分、政资不分的现象。作为一种妥协，《企业国有资产法》第 11 条第 2 款的规定："国务院和地方人民政府根据需要，可以授权其他部门、机构代表本级人民政府对国家出资企业履行出资人职责。"该规定是对由"其他部门、机构"代表政府履行出资人职责的确认。

项目组认为，任何政府部门均不能作为履行出资人职责的机构行使国有股权。事业单位和社会团体，一般也不能成为履行出资人职责的机构，但社保基金理事会等国有性质的基金管理者就基金投资事项可以成为国有股权的行使主体；高等院校、科研院所等就科技成果转化事项可以成为国有股权的行使主体。

第四节　国有资本投资、运营公司作为 国有股权行使主体的法律问题

自 2003 年国务院国资委成立以来，国有资产监督管理机构履行出资人职责问题一直是学术界研究国资国企改革关注的焦点。在对国有股权行使主

体进行的研究中，国有资产监督管理机构受到最多的关注。由于国有资产监督管理机构隶属于政府，又行使部分公共管理职能，其作为国有股权行使主体，存在许多问题。对此，我们在上一节已有详细阐述。因此，2013 年党的十八届三中全会在《决定》（2013）中提出，作为国有资本市场化运作的专业平台，国有资本投资、运营公司依法自主开展国有资本运作，对所出资企业行使股东权利，依据责权对应原则承担国有资产保值增值责任，并开展政府直接授权其履行出资人职责的试点工作。也就是说，国有资本投资、运营公司将逐渐成为最主要的国有股权行使主体。

一、国有资本投资、 运营公司的界定

（一） 国有资本投资、运营公司的含义

国有资本投资、运营公司是对国有资本投资公司和国有资本运营公司两类公司的统称。所谓国有资本投资公司，是指以国务院或地方人民政府出资设立的专门从事投资业务的国有控股公司。所谓国有资本运营公司，是指以国务院或地方人民政府出资设立的专门从事国有资本运营的国有控股公司。准确理解国有资本投资、运营公司的含义，有以下几个要点：

1. 国有资本投资、运营公司是国有资本投资公司和国有资本运营公司两类公司的统称

并不存在一种叫作国有资本投资、运营公司的公司，而是分别存在国有资本投资公司和国有资本运营公司。并且，国有资本投资、运营公司也不是公司法上的公司类别，也不同于国家出资企业的类型。不能将之与有限责任公司、股份有限公司并列；也不能与国有资本控股公司、国有资本参股公司等并列。

2. 国有资本投资、运营公司是新型的国有控股公司

从性质上说，国有资本投资、运营公司具有国有控股公司的全部法律特征。但是，它又与传统的国有控股公司有本质的区别。可以说，它是脱胎于

国有控股公司，是一个新兴事物。

3. 国有资本投资、运营公司的出资人是政府

包括中央政府和地方政府在内的政府是国有资本投资、运营公司的出资人。在我国现行国有资产管理体制中，中央政府与地方政府分别代表国家享有出资人权益、履行出资人职责。为了实行政企分开、政资分开，政府授权某些机构代表政府履行出资人职责。

4. 国有资本投资、运营公司是经国家授权经营国有资本的公司制企业

首先，国有资本投资、运营公司经国家授权代表国有资产的直接出资人持有国有企业的股份，并履行出资人职责；同时它们是国有资本战略及其经营预算的实施主体，并以实现国有资本的保值增值为目标。其次，国有资本投资、运营公司的运作过程体现着其作为市场主体的特点，是一种公司制企业。其与所出资企业之间存在着一种以资本为纽带的投资关系，突出了市场化改革与管理措施；在投资、公司管理、人事管理等方面，也充分体现市场化的特点，也充分强调国有经济的控制力与影响力。

（二）国有资本投资公司与国有资本运营公司的区别

尽管国有资本投资公司与国有资本运营公司具有诸多共同点，但两者仍然是有区别的，这种区别主要体现在以下几个方面：（1）对象不同。国有资本投资公司专注于产业资本投资，主要是进行以融资和项目建设为主的实业投资；而国有资本运营公司则以资本运营为主，主要对其所持有的包括国有企业的产权以及公司制企业的国有股权在内的国有资本（股本）进行运营。（2）目标不同。在公司经营目标上，国有资本投资公司通过资本投资培育产业竞争力并保持对某些企业的控制力，从而调整国民经济布局结构以及实现政府的特定目标。而国有资本运营公司则旨在通过资本运营，实现运营架构的合理化、科学化，并保持资金的周转循环，即提高资金的配置效益。（3）经营方式不同。国有资本投资公司通过产业资本与金融资本的融合，开展资

本运作、进行企业重组、兼并与收购等，提高国有资本流动性。国有资本运营公司的经营方式包括兼并或分立、成立合资公司、公司制改建、培育上市公司、产权转让置换等。（4）功能作用不同。国有资本投资公司的功能和作用是促进企业技术、管理、商业模式等的创新，更好地发挥国有资本的带动作用，将若干支柱产业和高科技产业打造成为优强民族产业。国有资本运营公司的功能则是重塑有效的行业结构和企业运营架构，避免重复建设、恶性竞争，切实提高资源配置效率，促进国家安全、国民经济命脉等混合所有制企业的发展壮大。国有资本投资公司侧重于对市场不完善、市场失灵的纠正与弥补。国有资本运营公司着眼于国资整体和全局，发挥对经济的引领作用，实施对经济的引导，政策类的资本运营公司还肩负着实现政府特殊公共目标的重任。①

二、国有控股公司的经验与教训

如前所述，国有资本投资、运营公司并非天外来客，在我国国有企业改革的过程中，曾经出现且仍然存在类似的机构——国有控股公司，国有资本投资、运营公司是新型的国有控股公司。回顾国有控股公司的发展历程，总结国有控股公司的成功经验与失败的教训，是避免"穿新鞋、走老路"的关键。

（一）国有控股公司的含义、特点和分类

1. 国有控股公司的含义

根据原国家国有资产管理局《关于组建国有控股公司中加强国有资产管理的指导意见》的规定，国有控股公司是国家授权对一部分国有资产具体行使资产受益、重大决策、选择管理者等出资者权利的特殊企业法人。国有控

---

① 参见何小钢：《国有资本投资、运营公司改革试点成效与启示》，《经济纵横》2017年第11期。

股公司主要是国有独资公司，也有部分国家拥有大部分股份的国有资本控股公司。

2. 国有控股公司的特点

同一般公司相比较而言，国有控股公司呈现以下特点：

（1）公司的资本性质特殊，国有控股公司的资本主要来源国家授权的资产。

（2）代表国家行使国有资产所有者权利。国有控股公司受政府授权，代表国家行使资产所有者的职能。例如，中国诚通控股集团有限公司业务包括资产经营管理以及综合物流服务、生产资料贸易等实际经营业务。作为国有资产的经营管理者，对国有寰岛集团、中唱公司、中企国际、中包公司、中商集团等企业进行股权管理，代表国家依法对这些国有企业行使出资人权利和履行出资人义务。

（3）受国家特别法律调整。除了受《公司法》调整外，国有控股公司还要受《企业国有资产法》等专门的法律法规的调整。

（4）接受相关部门的指导和监督，对受托管理的国有资本保值增值负责。

（5）依据国家授权和产业政策，进行控股和参股经营。

3. 国有控股公司的种类

以是否直接从事商品或者劳务经营活动为区分标准，可以将国有控股公司分为不直接从事生产经营活动的纯粹型控股公司和既以所持有的股份对子公司进行控制，又直接参与一部分生产、经营活动的混合型控股公司两种类型。混合型控股公司在与子公司的关系中，它既是出资人，享有出资人权益；又直接参与生产经营活动，享有法人财产权益。

（二）国有控股公司运行的经验

与此前各种国有企业经营管理体制相比，利用国有控股公司对国有资产进行运营的优势是十分明显的。

1. 缓冲政府对企业的干预

国有控股公司是国家授权行使出资人权利的重要运营机构，是政企分开的重要实施载体，可以缓冲政府对企业的干预。经济合作与发展组织（OECD）2002 年发布的《OECD 国有企业公司治理指引》向所有成员国建议："国家应通过一个集中化的所有权（行政）实体或有效的协调主体来行使其所有权职能。使国家所有权与政府监管职能严格分开。以更好地确保国家所有权能够以一种专业化和问责的方式进行"。我国学者徐晓松指出："在普遍对国有企业进行股份制改造的基础上，许多国家往往产生一个单独的集中行使国有股权的机构作为政府与企业间的缓冲地带。"①

2. 在政府和企业之间起衔接作用

国有控股公司在国有资产运营中起衔接的作用：一方面接受国有资产管理部门的委托，保证国有资产的保值增值；另一方面对其参股或控股企业的国有股权行使出资人代表责任，扮演股权行使主体的角色。

3. 提升国有资本的经营效率

国有控股公司从事专业的股权运营工作，造就了并将继续造就一大批了解市场、懂得经营的高素质管理人才，这有利于提高企业管理水平，提高国有资产营运效益，提高国有企业参与全球大市场的竞争力。

（三）国有控股公司运行的教训

国家出资企业，除了未改制的国有独资企业和极少量的国有资本控股公司外，基本上为国有独资公司，这些国有独资公司，即国有控股公司。也就是说，政府——履行出资人职责的机构——国有控股公司——国有企业或国有资本参股公司是我国当前国有资本管理和运营的基本状态。然而，党的十

---

① 徐晓松：《论国有资产监督管理机构在国有资本经营预算中的职责》，《政治与法律》2009 年第 4 期。

八届三中全会提出"组建若干国有资本运营公司，支持有条件的国有企业改组为国有资本投资公司"，作为深化国有企业改革重要抓手。显而易见，现行的国有资本管理和运行体制是存在问题的。但是，从前文关于国有资本投资、运营公司的定义和特征来看，它们都属于国有控股公司，如在2005年6月被国务院国资委确定为国有资产运营公司试点单位的中国诚通控股集团有限公司就是典型的国有控股公司。因此，总结国有投资公司运行中存在的问题，对改组成立或者重新组建的国有资本投资、运营公司避免重蹈覆辙而言，意义重大。

1. 国有控股公司存在先天不足。国有控股公司大部分由原来的行业主管部门翻牌而来，带有天然的行政管理色彩，而且不具有资本运作和管理的经验和能力。因此，难以奢求其跳出行政管理的窠臼。

2. 国资委管人、管事、管资产的旧体制，难以实现政企分开、政资分开。

3. 国有资本的公共性职能和营利性职能没有分开，但这两者从本质上又是难以兼容的，因此会导致出现顾此失彼，难以两全的局面。

4. 国有控股公司数量多，规模不大，资本运作的空间有限。

三、国有资本投资、 运营公司的法律形式和性质

（一）法律形式

学界普遍认为，国有资本投资、运营公司唯一法律表现形式为国有独资公司。但也有学者认为，"一些市场化程度高的，可以发展成混合所有制经济。"① 笔者认为，作为国有资本运作的平台公司，由其使命所决定，国有资本投资、运营公司必须是由纯粹的国有资本构成；实行混合所有制可以在下一层次中实现，即平台公司与民营资本、集体资本、外国资本共同投资设

---

① 国务院发展研究中心"国有资本管理体制改革研究"课题组：《开展国有资本投资、运营公司试点的建议》，《发展研究》2015年第5期。

立公司来实现。

（二）法律性质

国有资本投资、运营公司作为依照《公司法》设立的国有独资公司，是一个商事主体，不是行政机关，没有行政职能，"既不是行政化的婆婆，也不是行政化的老板。"①

四、国有资本投资、运营公司的分类和目标定位

（一）分类

从类型上看，国有资本投资、运营公司可以分为商业类与政策类。前者主要以资本收益为目标，而后者则具有一定的政策性目标，虽然可以追求一定的资本收益，但是有严格的财务监管约束。

（二）目标定位

不同类型的国有资本投资、运营公司的目标定位有着极大的差别：

商业类国有资本投资、运营公司所运营的资本是竞争性领域内中性的"无差别资本"，政策类国有资本投资运营公司则主要对战略性、垄断性领域的国有资产进行运营，包括公共服务、生态环境保护、国家安全等领域，其依据国家相关产业战略和政治目标的要求控制对这些领域的投资持股比率。

五、国有资本投资、运营公司与政府关系

国有资本投资、运营公司与政府的关系，包括以下两个层面：一是政府作为公共管理者与国有资本投资、运营公司是作为管理相对人的关系，两者

---

① 国务院发展研究中心"国有资本管理体制改革研究"课题组：《开展国有资本投资、运营公司试点的建议》，《发展研究》2015 年第 5 期。

的关系是一种管理与被管理的公法关系，由相关公法调整；二是政府作为出资人与国有资本投资、运营公司的投资关系，在这种关系中，国有资本投资、运营公司是国有资本委托代理链条中的关键环节，政府通过履行出资人职责的机构以股东身份依照法律、公司章程参与其治理。依据投资关系，履行出资人职责的机构不得向国有资本投资、运营公司所投资的实体公司延伸管理，不与实体公司保留行政关系、出资人关系。

六、国有资本投资、 运营公司的组建和治理机制

（一） 组建

国有资本投资、运营公司的组建有两种形式：一是新设组建，二是改组组建。所谓新设组建，是指设立新的国有资本投资、运营公司，将原来的多家国家出资企业的部分或者全部国有资本划入该新公司。所谓改组设立，是指将现有的某家国家出资企业改组为国有资本投资、运营公司，然后将其他国家出资企业的国有资本划入该国有资本投资、运营公司。无论何种组建形式，都必须做到以下四点：

1. 符合国有资本投资、运营公司的要求

按照国有资本投资、运营公司的要求重新进行功能定位，按新机制运作，不能是将现有企业装入资产后再简单翻牌，换汤不换药。

2. 妥善解决资本划转所带来的相关问题

无论新设组建还是改组组建，都不可避免地带来资本的重组，这种重组会影响债权人利益、企业员工利益以及国家税收等。对于这些问题的解决，应当以不损害债权人利益、员工利益为原则，不能将改革成本不公平地由员工或者债权人承担，要避免因此引起或者激化社会矛盾。

3. 不得有损公平竞争

组建国有资本投资、运营公司，它们比现有的企业集团规模更大、市场支配力也会更强，这就可能形成新的垄断。因此，对组建国有资本投资、运

营公司要进行反垄断审查，不能因为成立国有资本投资、运营公司而助长垄断。

4. 妥善解决关联交易与同业竞争问题

组建国有资本投资、运营公司，其可能同时持有多个上市公司股份，甚至都是大股东，因此其在股权管理、市值管理、关联交易、同业竞争、信息披露等方面要充分考虑国内和国外资本市场的相关要求。

（二）治理机制

国有资本投资、运营公司都是国有独资公司，没有股东会，根据《公司法》关于国有独资公司的规定，属于股东会的职权是分别划归股东（名义股东）和公司董事会。毫无疑问，《公司法》做这种处理是应该的。但是，具体来说，哪些权利应当归属董事会、哪些权利应当归属股东，却是值得认真思考的，这关系到国有资本投资、运营公司的目标能否实现，关系到通过以组建国有资本投资、运营公司为主要内容的改革能否成功。

我们认为，应当以董事会为中心来建构国有资本投资、运营公司的治理机制。将董事会作为公司的决策中心，一切重大决策都应当由董事会来做出。作为股东的履行出资人职责的机构的权利应当限于收取股息和红利、对董事会和董事的行为进行监督、依照规定任免董事和监事。其理由很简单：坚持政企分开、政资分开，让企业在市场上按照市场规律去运作，始终是国有企业改革孜孜以求的目标。如前所述，国有资本投资、运营公司是商事主体，不是也不应当是行政化的主体。因此，国有资本投资、运营公司的行为应当是一个商事主体的行为。这就要求其所作的决策是商事主体的决策，而不是政府或者政府性组织的决策。如果国有资本投资、运营公司的决策中心是履行出资人职责的机构，那么就会直接导致决策的行政化，有违去行政化的初衷。

第四章　国有股权行使之权能论

《公司法》第 4 条规定："公司股东依法享有资产收益、参与重大决策和选择管理者等权利。"即股权主要包括三项基本权能：资产收益权、重大事项决策权和选择管理者的权利，除此之外，还有诸如股东诉讼权、异议股东回购请求权、查阅公司相关资料的权利等。国有股权因其股权的性质决定其也享有以上的权能。本章围绕股权的三项基本权能对国有股权的权能进行阐述，重点揭示国有股权这三项基本权能的特殊之处。

第一节　国有股权之资产收益权的行使

一、国有股权之资产收益权的含义、特征与意义

（一）国有股权之资产收益权的含义

资产收益权是股权的基本权能，是指股东依法享有的从其出资的公司中获得股息和红利的权利。国有股权之资产收益权是指国有股权的股东代表（名义股东）依法享有的依其所持有的国有股权从公司获得股息和红利的权利。

（二）国有股权之资产收益权的特征

1. 国有股权之资产收益权是国有股东与公司之间在利益分配关系上的体现

国有股东代表行使资产收益权，体现了国家作为出资人与公司之间的财产分配关系。在各类含有国有资本的公司中，国有股东与公司之间的关系，就是公司法中股东与公司的关系，除适用《企业国有资产法》等特别法之外，也应当受到《公司法》的一般调整。按照公司法理论，出资人将作为出资的财产转移给公司后，就失去了对财产的控制权，而该部分出资将作为公司独立的财产由公司实际占有和使用，出资人无权直接干涉；出资人通过出资行为取得股东身份，依法享有包括资产收益权在内的股权。我国国有公司和含有国有股份的非国有公司的出资人是通过多级委托代理产生的，虽然国家（全民）是国有资产的真正所有者，但却不是国有企业的直接出资人，直接出资人是履行出资人职责的机构、国家出资企业及其所属企业。我们称这些实际履行出资人职责的机构或企业为名义股东，名义股东是其所出资企业在公司法律意义上的股东。虽然我们说国有资产是国家所有，但其作为出资进入公司后就转化为公司的财产，公司对其享有法人财产权。法人财产权是一项完整的支配权，国家及其代表均不得干预；国有股权是用国有资产投资转化而来，但国家由于其性质也不能直接行使该股权，股权只能由名义股东去行使。

2. 国有股权之资产收益权的行使与国家财政预算管理密切相连

随着国有企业改革的不断深入，现代企业产权制度的建立和不断完善，明确了国有资产监督管理机构等履行出资人职责的机构代表国家行使产权的主体地位，解决了所谓的产权主体缺位的问题。通过国有资产监督管理机构等履行出资人职责的机构，顺其自然地把国家和其所出资企业的关系理顺为股东和公司之间的关系，使国有资本经营增值部分在国家和企业之间进行合理分配有了法理基础。从国有股权来源、国有公司设立的目的以及国有股权行使的方式上看，国有股权在性质上是对国家所有权的公共权利属性的一种继承，这就决定了国有资本经营增值部分的行使不是简单的企业内部利润分配问题，必须纳入国家财政预算管理之中去。国有资本经营预算制度涉及国家的财政管理权，国有股权收益的行使主体除了国有资产监督管理机构，还涉及各级政府的财政部门及同级人大，这使得国有股权收益的分配与国家财政预算管理体系紧密地联系在一起。

3. 名义股东不能完全地行使资产收益权

公司是出资人设立的经济组织，按照"谁出资，谁所有"的原则，公司的产权归属于股东，股东对其出资份额所得的收益可以进行完全自由的处分，不受干涉，享有收益分配的全部权能，这对于私人股东来说，是完全没有任何问题的。有学者认为："国有资本收益权是出资人理应享有的三大基本权能之一，因而，（对于由国资委履行出资人职责的国有公司来说——引者注）该权利应归属于国资委。"[①] 但是，由于国有股权行使的特殊性，根据《企业国有资产法》的规定，一方面，名义股东行使资产收益权要受到其委托人（中间层股东）的制约；另一方面，国有资本经营利润的收支是国家财政预算管理体系的一部分，名义股东不是收益权行使的唯一主体，不能完全地行使出资人的权利，其资产收益权的行使还会受到政府财政部门和同级人大的制约。

（三）国有股权之资产收益权行使的意义

1. 有利于完善国有公司的治理结构

在《公司法》的框架下建立和完善资产收益权行使制度，是国有公司治理结构得以完善的重要方面。经过三十多年的改革，国有股权的行使主体发生了根本性的变化，在国有独资公司及国有控股公司中形成了"国家——国

---

① 顾功耘、徐菲：《国资委履行出资人职责模式研究》，《科学发展》2012 年第 9 期。

务院及地方各级人民政府——履行出资人职责的机构"的基本框架。"在以公司制为平台运作国有资本的模式下，如何控制经营者就成为国家股东权利行使和权益保护的最关键环节"。① 因此，必须找到一个合适的经营者业绩考核和薪酬机制等来加强对经营者的约束和激励。基于国有公司中国有股权的特殊性，一些可以用于普通股份公司的一些业绩考核标准和激励机制到了国有资本中却不适用。国有资本经营预算制度的建立，"不仅适应了现行体制下政企财产关系调整的需求，而且更重要的是，它利用预算对公共财产管理和监督的功能，从国有资本收益与支出监管的角度为国家股东提供了对国有企业经营者行为控制和约束的手段。"②

2. 有利于完善我国预算体系，促进我国财政体制的转型

我国的预算体系由一般公共预算、政府性基金预算、国有资本经营预算、社会保险基金预算构成。国有资本经营预算是我国预算体系的重要组成部分。国有资本经营预算制度的完善对于国有公司资产收益权行使制度的完善意义重大。计划经济时代高度集中的资源配置方式，在财政预算制度方面体现为，国家通过行政手段全方位介入到国民经济中去，形成了统收统支的财政体制模式。并从 1978 年至 1994 年，进行的利改税、利税分流，从 1994 年至 2007 年的利润留存制度以及从 2007 年至今的国有资本经营预算制度，国家所进行的这一系列财政体制改革，导致了这样一个结果：伴随着国有企业公司制改革的不断深入，改革后的国有企业的治理必须用公司法的规则来运行，使得国有企业与国家之间的直接的财政联系越来越模糊，甚至被完全切断。至此，中国的财政体制实现了从统收统支的"苏联模式"向现代公共财政的转变。

---

① 徐晓松：《论国有资本经营预算的生存环境及其对法律调整的影响》，《中国法学》2009 年第 4 期。

② 徐晓松：《论国有资本经营预算的生存环境及其对法律调整的影响》，《中国法学》2009 年第 4 期。

二、有关国有股权之资产收益权行使的规定及实践

根据《公司法》第 4 条、第 37 条、第 66 条、第 99 条的规定，公司股东依法享有资产收益的权利；股东享有的该权利通过股东会、股东大会行使；国有独资公司股东的资产收益权授权董事会行使。根据《企业国有资产法》第 18 条、第 21 条的规定，国家出资企业应当依照法律、行政法规以及企业章程的规定，向出资人分配利润。国家出资企业对其所出资企业依法享有资产收益的权利。《企业国有资产法》第 6 章专章规定了国有资本经营预算，对取得的国有资本收入及其支出实行预算管理。可见，按照法律的规定，国有股权与其他股权一样，包括资产收益权，国有股权行使主体可以行使资产收益权。那么，国有股权之资产收益权行使的实践如何呢？在计划经济时期，国有企业的利润全额上缴，收支两条线。在利润全额上缴的同时，如果企业需要用钱，则由政府拨款补贴。

但从 1994 年起，我国停止国有企业利润上缴，国家开始实施分税制改革，考虑到当时国有企业固定资产投资由拨款改为向银行贷款、还本付息由企业负担，再加上国企承担了大量的社会职能，作为阶段性措施，国家暂停向企业收缴利润。2007 年，国有企业恢复上缴利润。2007 年 9 月，国务院颁布了《关于试行国有资本经营预算的意见》，明确提出要试行国有资本经营预算制度，3 个月后，财政部会同国务院国资委发布了《中央企业国有资本收益收取管理暂行办法》，对中央企业国有资本收益收取管理做了详细的规定。① 2010 年国务院决定，从 2011 年起将 5 个中央部门（单位）和 2 个

---

① 《中央企业国有资本收益收取管理暂行办法》第 9 条规定："国有独资企业上缴年度净利润的比例，区别不同行业，分以下三类执行（企业分类名单详见附表 5）：（一）第一类 10%；（二）第二类 5%；（三）第三类暂缓 3 年上缴或者免缴。"第 10 条规定："国有控股、参股企业应付国有投资者的股利、股息，按照股东会或者股东大会决议通过的利润分配方案执行。国有控股、参股企业应当依法分配年度净利润。当年不予分配的，应当说明暂不分配的理由和依据，并出具股东会或者股东大会的决议。"

企业集团所属共 1631 户企业纳入中央国有资本经营预算实施范围，同时适当提高中央企业国有资本收益收取比例。2014 年 4 月，财政部发布《关于进一步提高中央企业国有资本收益收取比例的通知》对国有独资企业应缴利润收取、国有资本收益、事业单位出资企业国有资本收益收取政策等相关内容做出了要求。

三、国有股权之资产收益权行使中存在的问题

（一）利益冲突问题

国有股权本质上是通过国家让渡国有资产的方式而取得的，国有公司中，通过让渡国有资产方式所取得的这部分国有股权，属全民所有。而国有公司在向国家缴纳利润时，希望尽可能地少缴，试图占有更多的经营利润。名义股东在这一点上，与国有公司的立场是一致的。以国有资产监督管理机构作为国有公司的名义股东为例，根据《企业国有资产法》的规定，国有资产监督管理机构承担着国有资产保值增值的任务，为了实现这个目标，作为出资人，其同样也会支持公司少缴利润的做法。在《公司法》的框架下，资产收益权的权利主体是股东，但是，向股东分配股息和红利并不符合国有公司名义股东的利益，其不仅不会自觉主张分配股息和红利的权利，而且，可能利用其股东的身份阻挠国有公司向股东分配股息和红利。

（二）市场失灵问题

在市场经济条件下，必须发挥市场在资源配置中的决定性作用。"市场之神奇作用，不仅在于（在必要的条件下）它能发出明确的信号，而且在于它具有形成并保持强激励机制的能力。"① 但是，市场发挥作用是有条件的。就公司利润分配来说，公司的利润分配表面上是由股东（大）会决定，实质

---

① ［美］威廉姆森：《资本主义经济制度——论企业签约与市场签约》，段毅才、王伟译，商务印书馆 2003 年版，第 240 页。

上，是由市场决定的。按照传统的公司治理理论，公司被认为是股东的公司，是以股东利益最大化为目标的。股东通过股东（大）会行使资产收益权，在决定公司的利润分配时，并不是利润分配越多越好，而是根据市场状况、公司发展等多方面考虑，做出决策。尽管现代公司治理理论中，引入了利益相关者理论、公司社会责任理论等，但并没有从根本上改变公司治理中资产收益权的行使规则。但是，国有公司的资产收益权行使却难以依靠市场机制来调节。由于履行出资人职责的机构承担着国有资本保值增值的任务，为了实现这个目标，不排除履行出资人职责的机构可能会为了满足其所辖企业的资金需求而懈怠协助财政部门按期足额上缴利润的可能性。当国有公司因发展需要，应当保有更多利润用于公司发展时，名义股东在行使资产收益权时会不遗余力地促进其实现，这毫无疑问。但是，当公司发展不需要公司保有更多利润、分配股息和红利更符合股东利益时，名义股东在行使其资产收益权时，仍然会不遗余力促使公司不分配利润或者少分配利润。

（三）道德风险问题

资产收益权的行使，至少包含了两个方面的内容：收益的确定和收益的分配。行使资产收益权不仅仅是为了分配股息和红利，也与公司治理的其他方面密切相关，如公司的经营方针和经营计划的确定、对管理者的考核与奖惩等。通过行使资产收益权，也可以对管理者进行监督。但是，在国有公司中，由于名义股东并不是真正的产权主体，而仅仅是代理人，因此，在其行使资产收益权时不可避免地存在道德风险。这种道德风险包括但不限于在行使资产收益权时实施或者与管理者合谋实施损害国家利益、国有公司利益的行为。

（四）国家干预问题

由于市场失灵的存在，国家干预国有股权的行使成为必要。为了防治国有企业的管理者和国有企业的出资人代表合谋，不分配或者少分配利润，直接规定利润上缴比例是一个简单有效的办法。我国从 2007 年国有企业恢复上缴利润以来，一直采用此办法以防止国有企业的管理者和国有企业的出资人代表合谋造成对国家利益、国有公司利益的损害。虽然固定上缴比例的做法，可以保障利润的上缴，但是，却完全忽视了市场的调节作用，不仅仍然存在企业留利过多，超过企业经营所需资金的问题，而且还可能导致企业留利不够，造成企业发展乏力的问题。

四、国有股权之资产收益权行使法律制度的完善

国有股权之资产收益权行使存在的问题，主要通过完善国有资本经营预算的方式来解决。根据我国《预算法》第 25 条的规定，在我国现行的国有资本经营预算体系内，财政部门是相关预算编制、执行的主体。随着经济社会的发展及预算制度的不断完善，相关政府机构职能的转变，财政部是预算编制、执行的主体的地位必须要有所改变。在现行的国有资产管理体制下，国有资本经营预算与公共财政预算存在着体制上的冲突，财政部门与履行出资人职责机构的关系没有很好地协调。我国国有资本经营预算的编制程序可归纳为"两下两上"。"两下两上"程序并非完美无瑕，其漏洞在于：财政部在"两下"过程中存在着随意否决的可能；而预算单位也可能为了占用预算资金，利用信息的不对称，在"两上"的过程中滥用信息优势，巧立名目。同时，相关法律并没有一个相对完整的制度对国有资本经营预算进行监督，很多规定都只是停留在框架性的规定上，实际操作意义不大。有学者指出："基于公司法的原理，对国有资本收益的管理应属国资委而非财政部的职权，目前法律将国有资本收益的收缴交由财政部负责侵害了出资人的基本权利。"[①] 但是，由于国有股权的特殊性，如果将之交给履行出资人职责的机构也是不合适的。因此，妥善处理财政部与履行出资人职责的机构之间的关系，是解决问题的根本。

---

① 顾功耘、徐菲：《国资委履行出资人职责模式研究》，《科学发展》2012 年第 9 期。

（一）完善相关部门在国有资本经营预算中的职责划分

1. 在预算收入环节的职责划分

国资委与财政部门在预算环节中不同的职责划分是由我国当前经营性国有资产管理体制所决定的，这涉及两方面的法律关系：一方面是企业与出资人之间的利润分配关系；另一方面是企业与政府财政部门之间的预算监管关系。[1]

国有公司的国有股份收益是国有资本收益的一个重要组成部分。国资委作为履行出资人职责的机构，享有出资人权益，在企业与出资人之间的利润分配关系中，国资委应当占据主导地位。相对于政府财政部门而言，国资委对企业有着更深刻的认识，对企业的未来走向也有着更专业的规划。国资委在国有资本收益数额的具体确定方面占据主导地位，一方面，可以较为灵活地为公司的发展及规划的资金需求进行灵活安排，从而实现国有资产保值增值的目标。另一方面，财政部门对收益的收取进行审核，并处于监督地位，可以有效地提高效率。在企业与政府财政部门之间的预算监管关系上，收益收缴的监管在性质上属于政府的公共行政行为，应当由财政部门负责。[2] 因此，必须强化财政部门和国资委对欠缴国有资本收益的企业的监管力度，并在法律上予以明确，从而把监管落到实处。

2. 在预算草案编制环节的职责划分

财政部是国有资本经营预算的主管部门，并负责编制中央国有资本经营预算草案。笔者认为，这一规定的科学性还有待论证。在具体的预算编制问题上，首先应该考虑的是出资人的权利，然后才是各种预算之间的协调及衔接问题。国有资本经营预算的编制机构及相互之间的职权划分，应当根据国

---

[1]　参见徐晓松：《论国有资产监督管理机构在国有资本经营预算中的职责》，《政治与法律》2009 年第 2 期。

[2]　参见徐晓松等：《国有股权行使和监管法律制度研究》，北京大学出版社 2016 年版，第 240 页。

有资本所肩负的各种使命综合考量。国有企业从设立之初，就承担着各种各样的特殊功能，而每一种功能的实现，都需要以预算为支持。因此，为实现不同的功能，其预算的决策机构也应当进行具体分析。如为了满足企业扩大生产和规模的资金需求，作为出资人的国资委比政府财政部门更能做出准确的判断；将国有资本投入哪个方向，发改委作为预算决策机构更能符合客观情况；国有资本经营预算与其他预算的衔接和协调，由财政部门决定不失为一种合适的选择。

"两下两上"的编制程序一方面能够使国家的预算具有统一性，另一方面也能够调动国有企业在国有资本经营预算中的积极性。在国资委与财政部的预算编制职责的划分上，首先应明确财政部对国资委针对中央企业编制的国有资本经营预算草案经审核、汇编后形成的正式草案享有否决及最终决定的权利。在程序上，为了对财政部行使否决预算草案的权利进行监督，杜绝否决的随意性，其对正式草案的否决或者重大修改，必须附上有力的理由。"同时，积极引入国家发改委、人民银行、证监会、政协组织等部门参与国有资本收益政策的制订。这些部门的参与在一定程度上制约了财政部在国有资本经营预算制订过程中的任意性，也便于民众对国有资本收益收缴的监督。"① 在实体上，分别在国资委层面和财政部层面设立相应的机构，分别对企业上报的建议和国资委上报的预算草案进行审核、协调。

3. 在预算执行环节的职责划分

国有资本经营预算目标的实现，关键在于预算的顺利执行，假使执行不到位，其目标也只是空谈。在预算执行的过程中，不仅要完善执行的评价、约束和激励机制，更为重要的是，要正确地把握各职能部门在国有资本经营预算执行过程中的职责划分。

我国预算法明确规定，公共财政的预算和调整必须经过权力机关批准。国有资本经营预算作为公共财政的附带，其决算和调整也必须由权力机关批

---

① 王新红等：《国有企业法律制度研究》，中央编译出版社 2015 年版，第 468 页。

准。在执行环节过程中，仅由国务院的审批就决定国有资本经营预算的收支和调整是不符合规定的，权力机关必须认真履行相应的职责，把人民交给的权力落到实处。

国有资本在本质上属于全体性资产，人民作为资产的所有者，对国有资本经营预算执行过程中的相关信息享有知情权和监督权。建立国有资本经营预算的信息披露制度，不仅有利于人民全方位了解国有资本经营预算执行、国有资本收益收缴等相关情况，还有利于其他部门诸如财政部、发改委、社保等部门的信息共享，为相关部门制定政策提供有价值的信息。国资委作为履行出资人职责的机构，享有出资人权利，与国有企业之间的关系最为密切，对企业相关信息的获取最为便利，赋予国资委收集与预算执行、产权经营相关的信息，且其作为行使信息披露的职能部门，能够有效地实现人民对国有资产的监管。同时，还应当从出资人的角度出发，把出资人权落到实处，赋予国资委面对企业具体情况发生改变而享有相应的请求调整预算的权力，做到具体问题具体分析，灵活地面对企业所出现的各种新情况，规定特殊情况下的预算调整享有相应的处置权。但是，为了保证预算调整的审慎性，什么是特殊情况，在法律上必须要有明确的"列举式规定"。

（二）完善国有资本经营预算监督制度

《企业国有资产法》《预算法》等对国有资本经营预算监督的规定并没有形成一个相对完整的制度，只是做了原则性的规定，缺乏实际操作性。完善国有资本经营预算监督制度，可以从以下几个方面着手：

1. 完善人大对国有资本经营预算的监督制度

人大对国有资本经营预算的审批权和监督权要落到实处，必须细化其职能，在批准、执行以及决算监督过程要层层把关。设立专门的监督机构，并在法律上明确其监督的职责，同时该监督机构可要求政府相关部门和单位提供有关国有资本经营预算的情况及相关说明，并从国有资本经营预算执行的主要环节、相关政策的制定及其他重点领域与预算执行相关的地方进行重点监督。在必要的情况下，该负责监督的机构也可以自行组织专门的审计部门或委托具有相关资质的第三方社会审计机构对相关情况进行审计，在审计过程中，若是发现相关部门在预算执行过程中存在违反法律、行政法规及相关政策等行为时，人大有权强制纠正其行为。"从本质上来说，国有资本收益既然属于全民所有，那么就应当经由全体国民通过民主的程序讨论决定，提交人民选举产生的代议机关审批，"① 因此，在立法上，必须把人大的预算决策权落到实处，发挥其监督制约作用。

2. 完善国有资本经营预算的审计监督制度

审计部门享有预算监督权，在我国当前的法律制度下，审计机关隶属于行政机关，其能否对财政部、发改委、预算单位等相关部门实施真正的监督以及其独立性让人持怀疑的态度。有人建议："把各级审计机关划入各级人大序列，使各级审计机关协助同级人大对预算的合法性、真实性、效益性进行监督。"② 我们认为，人大监督和政府监督属于不同序列的监督，审计监督属于政府监督，有存在的必要，将我国审计机关从行政机关中独立出来，固然可以摆脱行政机关对审计机关的行政干扰，但实际上是取消了作为行政监督必要组成部分的审计监督，故不足取。但是，确实必须有更强有力的制度安排来保持审计部门应有的独立性，使其成为一个真正独立的监督机构。

3. 完善报告制度

2018 年 1 月 13 日，中共中央发布了《关于建立国务院向全国人大常委会报告国有资产管理情况制度的意见》，明确要求国务院向全国人大常委会采取综合报告和专项报告相结合的方式来报告各类国有资产的基本情况。笔者认为，报告制度应当扩展到地方各级人民政府向地方各级人大常委会报告国有资产管理情况。并且各级政府可以委托履行出资人职责的机构代为向同

---

① 华国庆：《我国国有资本收益若干法律问题研究》，《法学论坛》2012 年第 1 期。
② 国资委"建立国有资本经营预算制度研究"课题组：《论国有资本经营预算监管体系的构建》，《经济参考研究》2006 年第 54 期。

级人大常委会报告，这是因为履行出资人职责的机构对其履行出资人职责的企业的基本情况有着更全面、更深入的了解，由其向同级人大常委会报告国有资产基本情况更能够反映出真实情况。

4. 完善企业职工对国有资本经营预算的监督制度

国有企业职工和企业的生存发展紧密地联系在一起，"一荣俱荣，一损俱损"，企业内部发生的一切损害企业利益的行为都将影响着他们自身的利益。国有资本经营预算中企业的一些违法行为将严重影响着企业的发展。职工作为与企业联系最为密切的人，企业内部发生的众多事情他们能够在第一时间发现，对企业在国有资本经营预算中的舞弊行为具有很大的警示作用。为此，有必要在企业内部建立职工反映意见的通道，把侵害企业利益的行为暴露在阳光下，并对积极反映相关情况的职工予以加薪、晋级等奖励，充分调动他们监督的积极性，把职工的民主监督作为增加国有资本经营预算透明度的"透明催化剂"。

（三）完善国有资本经营预算与公共财政预算相衔接的制度

鉴于国有资本经营预算与公共财政预算既相互独立，又紧密地联系在一起，为了实现国家财政的使用效率达到帕累托最优，在编制国有资本经营预算过程中必须做好二者的衔接，而不能一味地强调两者的独立而将他们割裂开来。实现两者的衔接，首先要做的就是"要使国有资本经营预算支持并服从于公共财政职能的发挥，即将国有资本经营预算收入的一部分用于弥补公共财政预算的缺口。"①

1. 对国有资本经营预算和公共财政预算收支科目进行调整

对国有资本经营预算和公共财政预算的相关科目进行调整是实现两者衔接的技术性要求。在资本性支出科目方面，公共预算支出在科目的设置上没有涉及与国有企业相关的资本性支出科目，即不考虑企业所有制形式，对企

---

① 文宗瑜、刘微：《国有资本经营预算如何与公共收支预算对接》，《财会研究》2008 年第 1 期。

业在科技创新、出口退税等方面实施无差别的财政支持。笔者认为，只要在不违反相关国际法及国际规则的前提下，这本身是没什么问题的，但应当侧重于对科技创新、中小企业等方面支出。在费用性支出方面，公共预算为国有企业提供了"国有企业改制成本支出"的科目设置，对于这部分的支出，应当做出相应的调整，调整之后，主要以国有资本经营预算支出为主。考虑到国有企业在改制初期，改制难度较大、成本较高，若这部分费用性支出全部由国有资本经营预算支出承担，可能压力会过大，对此，可以通过设定一个过渡期，慢慢地减少公共财政预算支出在该部分支出中所占的比重，直至取消此类科目。① 另外，需要注意的是，《试行意见》中将国有资本经营预算支出分为资本性支出和费用性支出。公共财政预算支出也包含了这两个方面的内容，它们之间存在着交叉的关系。对于交叉的部分，应当通过科目的技术调整来实现相应科目的重置，从而做到公共财政预算支出惠及所有企业，国有资本经营预算支出主要支持重点行业、重点企业。

2. 搭建互补与衔接平台

将国有资本经营预算和公共财政预算一同纳入政府预算中去，通过政府预算这个统一的大平台完成这两大预算的衔接。既然国有资本经营预算被纳入政府预算，那么其必须接受我国现行的行政预算编制、审批、执行和监督等。通过两者的衔接，最终实现资金互通、预算科目对接。一方面，在资金互通上，应当以公共财政预算为主，国有资本经营预算应当服从于公共财政预算收支，弥补公共财政预算的缺口。当然，在过渡期，公共财政预算也要支持国有企业的改制；另一方面，在科目收支上，虽然国有资本经营预算被纳入政府预算中，但其也要建立自己相应的科目体系，最终使得与公共财政预算科目各有侧重。

---

① 参见杜坤：《国有资本经营预算衔接法律机制的构建——以功能定位再思考为主线》，《武汉大学学报》（哲学社会科学版）2017 年第 1 期。

第二节　国有股权之重大事项决策权的行使

一、国有股权之重大事项决策权的含义及其特点

（一）国有股权之重大事项决策权的含义

公司的重大事项决策，是依据公司法的规定由股东通过股东大会做出的，或者是依据公司章程规定由董事会做出的。国有股权之重大事项决策权，是指国有股权行使主体依法行使或者参与行使的关于公司重大事项①决策的权利。

（二）国有股权之重大事项决策权的特点

国有股权之重大事项决策权的行使，因打上了国有的烙印，与非国有股权的行使明显不同。其突出特点表现在：

1. 国有股权之重大事项决策权行使主体的代理人属性

无论是股东大会（股东会）还是董事会决策，参与决策的股东或者董事都是国有公司多重委托代理链条中的一环，都具有代理人属性。有关这一点，在接下来阐述重大事项决策权行使存在的主要问题时，会做比较详细的阐述。

2. 国有股权之重大事项决策权行使存在非经济因素的考量

一般来说，营利性是公司最本质的属性。但是，国有公司的情况显然是

---

① 所谓重大事项，根据《企业国有资产法》第30条的规定，是指国家出资企业合并、分立、改制、上市，增加或者减少注册资本，发行债券，进行重大投资，为他人提供大额担保，转让重大财产，进行大额捐赠，分配利润，以及解散、申请破产等。根据《企业国有资产法》第31条、第32条、第33条的规定，国有独资公司合并、分立，增加或者减少注册资本，发行债券，分配利润，以及解散、申请破产，由履行出资人职责的机构决定；其他重大事项除有关法律、行政法规以及企业章程的规定，由履行出资人职责的机构决定的以外，由董事会决定。国有资本控股公司、国有资本参股公司的重大事项，依照法律、行政法规以及公司章程的规定，由公司股东会、股东大会或者董事会决定。

要特殊一些，除了营利外，还因其财产来源的公共性而被打上公共性的烙印。在进行重大事项决策时，国有公司不以营利为唯一考量因素，有时甚至不是主要考量因素。

3. 国有股权之重大事项决策权行使的市场约束相对较弱

任何权利或者权力的行使，都不能是行使者的任性而为，而应受到各种有形和无形的约束。对股权之重大事项决策权的行使，最主要的约束力量来自市场，即只有符合市场规律、顺应市场潮流的重大决策，才能使公司在市场竞争中胜出。国有股权之重大决策权的行使自然也不能例外。但是，与其他股权行使主体相比，国有股权行使主体在行使重大事项决策权时，所受市场约束要小很多，也就是说，他们往往会受一些市场以外的因素的影响。

4. 国有股权之重大事项决策权行使受到更多的约束

《公司法》对重大事项决策权做了一般规定，国有股权之重大事项决策权的行使必须遵守这些规则。但除此之外，《企业国有资产法》对国家出资企业的重大事项决策权行使又做了许多特别的规定，国有股权行使主体在行使重大事项决策权时，还必须遵守这些特别的规定。

二、重大事项决策权行使存在的主要问题

随着国有企业混合所有制改革的不断推进，在国有公司中，国有资产的规模、利润及竞争力都有了很大的提升，与此同时，在国有公司重大事项的决策方面，也出现了诸多的问题，如委托代理过程中的道德风险、关联交易、管理层收购等等。针对本文所讨论的重点，本章仅对上文所述的国有公司国有股权行使的特殊性，并由此衍生的国有股权在行使重大事项决策权过程中出现的部分问题进行讨论。

（一）道德风险问题

经过 40 年的探索和实践，针对国有企业在改制为公司制后，国家（政

府）如何行使股东权利的问题，我们已经形成了一整套行使国有股权的委托代理理论，并对委托代理链上各主体的权利和义务都做了相应的安排。

在国有股权的行使过程中，存在以下主体：全民、国家、国务院及地方政府、各级国资监管机构、国有企业经营者等。国有股权从本质上讲，其股东是全民，但全民不可能也无法作为一个股东出现，无法行使股东的各项权利。因此，在以上各主体间就形成了一个委托代理链条，国家代表全民、国务院和地方各级人民政府代表国家、国务院和各级人民政府委托履行出资人职责的机构行使股权，但履行出资人职责的机构毕竟是一个机构，它必须通过委派相关股东代表参与到股东（大）会中，方可行使提案、表决、发表意见等权利。在这个冗长的代理链中，由于信息不对称以及代理人和委托人的效用函数不一致等，履行出资人职责的机构即代理人与委托人之间可能存在利益冲突，这就使得代理人具有偏离委托人利益的冲动，代理人做出损害委托人利益行为的道德风险不可避免。

（二）过度控制及控制不到位问题

在国有资本控股公司中国有控股股东对公司控制的特殊性及国有控股股东地位的特殊性，这也使得国资监管或其他国有股东把国有资本控股公司当作国有独资公司来看待，国资监管或其他国有股东的强势介入造成过度控制或者其消极对待造成控制不到位的情况时有发生。

在国有资本控股公司中，国家股占公司总股本的多数，处于强势控股地位。一方面，国有股权极易造成对公司的过度控制。前文我们已经论述过了，与其他资本控股公司相比，国有公司中国有控股股东往往具有超越控股股东的特权地位，在国有股"一股独大"的股权结构下，形成"强势大股东，弱势小股东"的局面，国有股东为了实现自己的目标，或者说政府为了凭借在国有公司中的绝对控股地位，依据资本多数决的规则来实现其特殊的政治、经济目标，具体表现为国有股东的"独断"，通过滥用其控股股东的地位，使公司董事会、监事会的分权制衡机制作用大大降低；另一方面，国有股权的控制不到位也时有发生。通常情况下，国有股所带来的收益并不归于履行出资人职责的机构，而是须上缴国库。如果履行出资人职责的机构仅以实现国有资产的保值增值为目标，在其达到该目标后，理论上不排除其消极行使国有股权的可能，做一个实实在在的搭便车者，把实际的经营权让渡给非国有股东或公司的管理层，对该部分股东占有公司资金、发生关联交易等行为听之任之，形成事实上的国有股权"失控"。更有甚者，国有股东代表或公司管理层、内部人在取得公司实际控制权之后，共谋侵害股东、公司利益的情形，现实中也不乏这样的案例，如洞庭水殖 MBO 案。① 无论是国有股权的过度控制，还是国有股权的控制不到位，在最终的"受害者"中，都可以找到国有股东的身影。

（三）行政干预问题

当前我国国有控股公司都是以国有独资公司的形式存在的，国有控股公司中只有一个股东——国家，因此不存在股东会，公司中的决策主要由董事会决定。《企业国有资产法》第 34 条规定了国资委在做出重要国有独资公司分立、合并、解散等重大事项决策时，应当报本级人民政府批准，这就意味着国资委作为履行出资人职责的机构，在对企业的重大事项进行决策时，必须要考虑政府的想法，只有保持与政府的利益目标一致，其决策获批的可能性才会更大。我们知道，企业的目标与政府的目标大多数情况下是不一致的，作为"强势"的政府，极有可能、也有动机同时也有能力为了实现自己的目标而对企业的经营活动进行干预，企业最终将无法独立做出相应的决策。在国有资本控股公司中，这种问题同样存在国有股东作为国有资本控股公司的第一大股东，有着影响公司决策的巨大能量。虽然政府对国有资本控

① 参见张培尧：《论国有股权行使制度——以国有公司为研究对象》，中国政法大学，博士学位论文，2011 年，第 52—54 页。

股公司的干预不像对国有独资公司的干预那样直接，但其通过对国资委施压进而实现对国有股东的间接影响是客观存在的。政府并不具备管理企业的能力，或者说其管理企业的能力大大不如企业家、职业经理人等。在很多情况下，政府的目标与公司的目标是不一致的，往往政府为实现其目标而对国有企业进行过度干预，其决策往往依据政治、民生等因素做出，具有很强的目的性；而企业的决策更多地要依赖于市场、发展目标等。因此，政府过多的干预企业的经营不利于企业自身的发展，政府应当赋予企业更大的自主经营决策权。就在本结项成果准备提交验收之际，本书主要作者王新红受邀参加某国有企业集团法律风险与廉政风险防控项目，在调研中，本书主要作者王新红发现一个令人担忧的现象：企业家们在所谓"廉政风险"的压力下喘不过气来，不敢、不愿行使经营自主权，不求有功但求无过。

三、重大事项决策权行使的完善

（一）建立及健全国有股东代表人制度[1]

根据《企业国有资产法》的规定，当前履行出资人职责的主体是机构，但机构本身不会做出意思表示，机构的意思最终必须通过特定的自然人来做出表示，而这个特定的自然人就是股东代表。所谓国有股权代表，是指由国有出资人向其所投资公司委派或推荐出任的股东代表、董事、监事。这一定义有三层含义：首先，国有股权代表是国有股权人格化的自然人；其次，国有股权代表是维系国有出资人和国家出资企业的纽带；最后，国有股权代表通过在国家出资企业中担任相应职务（董事、监事等）来发挥其国有资产的"维护者"和"代言人"的角色作用，并承担起国有资产保值增值的个人责任。[2] 股东代表作为连接国有股东和公司之间的桥梁，是维系国有出资人和国家投资企业的

---

[1]　参见徐晓松等：《国有股权行使和监管法律制度研究》，北京大学出版社2016年版，第86页。

[2]　参见赵继新、肖秀梅：《国有股权代表相关研究综述》，《管理观察》2016年第1期。

纽带，国有股东代表制度的建立和健全直接影响着国有股权的行使。

建立国有股东代表人制度，使国有股东代表在代表国有股东参与国有公司股东（大）会时，能够严格按照所建立的国有股东代表人制度的规定，在国有股东授权的范围内行使对公司的重大事项决策权，并发表意见、行使表决权。一个好的国有股东代表人制度的建立，能够有效地解决上文提到的道德风险、"过控"与"失控"等国有股权行使过程中的相关问题。

根据我国法律的规定，在国有独资公司中，股东代表由国有资产监督管理机构直接任免的董事、监事及高级管理人员担任。国有资本控股公司区别于国有独资公司特殊的人事任免关系，也决定了国有资本控股公司中国有股东代表的选任不能简单地复制国有独资公司的模式，而是应当根据国有资本控股公司所区别于国有独资公司或其他控股公司的道德风险、过控与控制不到位等问题进行制度设计。而国有股东代表人制度的建立，可以但不限于从以下几个方面考虑：

1. 建立国有股东代表资格制度

国有股东代表的产生，应当打破国有股权代表人在现有国有企业内部打圈子的怪象，建立国有股东代表资格制度。具体做法可以借鉴当前我国实施的法律职业资格考试、独立董事资格考试等制度，由国务院国资委出面，在全国范围内实行国有股东代表人资格考试或者考核的制度，从而筛选出符合条件并能够胜任国有股东资格的合适人选。具体的考试条件、考试内容、考试方式等由专家组成的考试委员会另行规定。

2. 明确股东代表的权利和义务

股东代表的权利范围应当严格限制在国有股东的权利范围之内，在国有资本控股公司中，国有股东享有的权利与非国有股东的权利应当一致，当然，若国有股采取优先股等特别股的形式则另当别论。为了使国有股权更好地被行使，除了对股东代表人行使权利做出严格的程序规定之外，更为重要的是明确国有股东代表的义务。国有股东代表人行使国有股权的过程中，作为代理人的道德风险问题无法回避，一个有效控制道德风险的途径就是严格规范代理人即国有股东代表人的义务，并在法律上明确违反义务的责任，从而降低委托代理所带来的道德风险。

3. 建立相应的责任制度

前文所谈到的"过控"与"失控"问题，很大程度上是责任机制的不完善所造成的。因此构建国有股权在行使过程中的问责机制非常关键。从《企业国有资产法》《暂行条例》《中央企业资产损失责任追究暂行办法》等可以看出，当前对股东代表人的处罚大多是基于其行政身份，采取诸如谈话、警告、降级等行政处分，或者追究相关行政责任，而往往忽略了民事责任。因此，在构建相关责任制度时，民事责任也是不能忽视的重要内容，只有建立完善的责任体系，才能构建科学的责任追究机制。

（二）减少政府干预

法律赋予政府对国资委的管理具有很大的灵活性，但我国国有企业改革的方向是建立政企分开的现代企业制度。虽然各级政府作为所有者代表，可以根据发展的需要对国有企业进行大方向的指导，但为了保证公司机制的有效发挥，应尽可能确保国有公司独立自主地经营。为了确保政府不滥用对国有公司的管理权限，各级政府可以制定相关的规范，规定政府对国有公司的具体权限。其权限应控制在对政府能够有效掌握的公司相关信息，且其行使不会对国有资产产生重大影响的方面。

第三节　国有股权之选择管理者权利的行使

一、国有股权之选择管理者权利的含义与特征

（一）国有股权之选择管理者权利的含义

现代公司发展的方向是出资人权与控制权相互分离，作为公司投资者的

股东不必亲自参与到公司的经营中去，而是聘用职业经理人替其打理和经营公司。因此，选择自己公司的管理者是股东天然的权利。所谓选择管理者，是指股东以法律或公司章程规定的方式，诸如直接或者通过股东会、股东大会、董事会等方式，参与公司对管理者的选举、任用的行为。依据公司法原理，公司的权力机关是股东会或者股东大会，股东并没有直接决定公司事务的权利，股东意志的实现，需借助于股东会或者股东大会。因此，股东选择管理者权利的实现，是其投资权益得到实现的重要保障之一。

国有股权之选择管理者的权利，是国有股权行使主体依法任免、考核管理者或者依法参与任免、考核管理者的权利。

（二）国有股权之选择管理者权利的特征

国有股权之选择管理者的权利与其他股权之选择管理者的权利相比较，呈现出的最大特点是"党管干部"原则在国有企业的体现——党管国有企业的管理者。1997 年 1 月 24 日，中共中央发布的《关于进一步加强和改进国有企业党的建设工作的通知》（以下简称《国有企业党建通知》），规定了党对国有企业的领导是政治领导。2004 年 10 月 31 日，中共中央办公厅转发的《中央组织部、国务院国有资产监督管理委员会常委会关于加强和改进中央企业党建工作的意见》（以下简称《中央企业党建意见》）同样强调，要坚持党的领导、发挥国有企业党组织的政治核心作用，要坚持党管干部和党管人才的原则，建立健全企业党组织参与企业重大问题决策的体制和机制，发挥其政治核心作用，保证、监督党和国家方针政策在中央企业的贯彻执行。

二、国有股权行使之董事的选任及激励

（一）国有公司董事选任存在的问题

董事会是一个公司的中枢机构，董事会的组织结构是董事会发挥作用的

关键，而董事的构成直接影响着公司董事会的组织结构。在国有公司中，董事会的成员一般由执行董事、独立董事、政府董事、职工董事等构成，董事会的构成决定了董事会在公司中的作用的发挥，同时也是公司治理机制是否完善的一个标准。"国有独资及国有控股的企业董事会之所以形同虚设，根本问题在于董事会的构成。"① 在世界大多数国家里，政府或者国家相关部门的工作人员是国有公司董事会的董事，并且在董事会席位中占了相当的比例。同时政府或者国家相关部门的工作人员并非专业的经理人，他们大多缺乏相应的商业能力，这往往使得董事会的权利被架空，成了"虚位"董事会，失去了董事会应有的作用。

在许多公司中，执行董事同时兼任公司高级管理人员的现象较为普遍，这种现象带来最大的问题就是导致"内部人控制"现象，诱发"内部人"侵害公司及公司股东利益的道德风险。同时，在国有公司中，执行董事的担任条件及任职资格也不够明确，这就导致了一些没有专业知识或专业知识有限的政府领导或相关部门工作人员被任命为执行董事，使得董事会的独立性受到了干扰。因此，在执行董事的选任程序上，必须要着重关注执行董事人员来源经理层或政府层面的数量，这样一方面有利于减少"内部人"控制，另一方面也有利于保持董事会的独立性。

独立董事，应当是由公司聘任，股东大会表决任命。鉴于国有控股股东的控股地位，其对独立董事的选任往往具有决定性的作用，这就导致了独立董事的选任易受到国有控股股东的影响，最终造成独立董事不独立的尴尬局面。

政府董事的选任，一个最大的问题就是未能根据国有企业不同的功能和定位，区分政府董事选任的来源及担任条件。目前，国有企业分为商业类国有企业和公益类国有企业，这两种类型的国有企业所承担的职能、所追求的目标不尽相同，因此，代表政府的政府董事也应当根据这两类国有企业不同

---

① 周放生：《从内部人董事会到出资人董事会》，《上海国资》2005 年第 6 期。

的职能和目标，差异化地选择政府董事的来源，以此来更好地实现不同类型国有企业的不同职能和不同目标。

当前国有公司中董事会结构不够完善，很大一部分源于董事的选任机制不够科学。因此，只有规范不同类型董事的选任机制，才能使董事会的结构更为合理。

（二）董事选任制度的完善

在国有公司中，要想发挥出董事会的作用，必须对董事会的结构进行改革，对政府所派的董事进行合理的选择，并实现"市场化"选择。根据《指导意见》的规定，国有企业去进行分类改革，国有公司董事的产生，应当根据公益类和商业类做出适当的区别。

1. 执行董事的选任

执行董事是连接董事会和经理层的桥梁，在公司治理结构中，既是公司战略实施运营的主体，又是公司战略决策监督的主体，因此，执行董事往往兼任公司的高级管理人。在已有的文献中，对执行董事的研究往往与内部人控制联系在一起。[1] 这也从一个侧面说明执行董事是内部人控制发生的重灾区，必须合理地配置其在董事会中所占的比例。

在执行董事的选任上，其最重要的条件就是必须具备相应的专业知识，拥有做出正确经营判断的能力。因此，执行董事既可来源市场选择，也可以从经营管理层选择。执行董事从经营管理层中产生有这样一个好处：来自经营管理层的人员掌握着公司较多的内部信息，对公司情况非常熟悉，让经营管理层的人进入董事会，能够使董事会在决策时与经营管理层进行有效的信息沟通，提高决策的科学性，从而使决策能够顺利地执行。基于董事会的重要职能之一就是对经理层进行监督的考虑，为了维护董事会的独立性，避免

---

① 参见薛有志、彭华伟、李国栋：《执行董事、多元化程度与公司绩效的研究》，《经济问题探索》2010 年第 4 期。

内部人控制的大概率发生，必须对经理层的人进入董事会的数量进行严格的限制。"从减少董事会规模以及较好地监督管理层的角度考虑，董事会中只有一个内部董事（执行董事）"①，也正是基于这样的考虑。笔者认为，从经理层中进入董事会担任执行董事的人数应限定为一人，避免董事会和经理层的人员之间出现过多的交叉，影响董事会的独立性。执行董事的总数在董事会中所占的比例也不宜过多，经理层进入董事会担任执行董事与从市场选聘的执行董事之和不得超过董事会席位的三分之一。

国有公司执行董事的产生，应当由股东大会投票决定（政府董事同时担任执行董事的除外，其具体产生程序详见下文分析）。但在法律层面，必须严格规定担任国有公司执行董事所应满足的条件，并明确执行董事在董事会中所占的席位不得超过三分之一。

2. 独立董事的选任

既独立于控股股东，又独立于经理层，既不在公司任职，也与公司没有其他的利害关系，这是担任独立董事最基本的要求，否则，就不能称之为独立董事。"我国公司治理中有两个显著的特点，一是内部人控制严重；二是经理层缺乏商业经验。"② 为了解决这两个问题，一个有效的做法就是设立独立董事。独立董事一方面能够对经营权的行使进行有效监督，另一方面又能够对行使决策权和经营权的不当合谋行为进行实质性的监控。③ 在英美国家公司治理过程中，独立董事在对经营管理层的监督中扮演着不可替代的作用，而我国，众多上市公司中独立董事在董事会中所占的比例相对较低。国有公司中独立董事的设置，对于维护公司的利益，保证董事会的决策不受控股大股东的左右，摆脱内部人的控制，弥补经理层商业经验不足等问题上发挥着不可估量的作用，并且，设置独立董事还可以有效防止腐败。独立董事在国有公司董事会中的规模，应当具体问题具体分析，对商业类和公益类国

---

① 徐振东：《论在银行公司治理中实现三权有效制衡》，《国际金融研究》2003 年第9 期。
② 胡改蓉：《国有公司董事会法律制度研究》，北京大学出版社 2010 年版，第 111 页。
③ 参见谢朝斌：《独立董事法律制度研究》，法律出版社 2004 年版，第 354 页。

有企业的独立董事在董事会中所占的比例有所区别。具体而言，商业类国有公司侧重于国有资产的保值增值，因此其董事会构建的重点在于防止内部人控制，发挥独立董事专业知识的优势，实现公司的经营战略目标。因此，商业类国有公司中具有专业知识和经营才能的独立董事应当占据董事会席位的多数，至少二分之一以上。而公益类国有公司中，由于其特殊的职能定位，独立董事应当控制在三分之一左右。独立董事，必须从社会上引入，向社会公开招聘，禁止由政府或者经理层提名推荐，以防止独立董事丧失独立性，成为政府或经理层的代言人。与此同时，应当在法律上明确规定独立董事在国有公司中最低的履职时间要求，对担任（兼职）其他公司独立董事的，严格地限制其任职其他公司的数量，以保障独立董事有充足的时间和精力投入到公司的事务中去。同时，为了防止独立董事变相成为政府的代言人，应当赋予单独或合计持有公司股份占到一定数额的中小股东否决权，以此保证独立董事的独立性。

3. 政府董事的选任

关于政府董事的概念，目前学术界还未形成统一的定义，不同的学者有不同的看法。"经国务院国资委及地方各级国有资产管理部门及组织部门提名并由股东大会选举通过进入国有企业（独资和控股）董事会的人员"[1]；"是指国务院国资委及地方各级国资委派到国有独资企业或国有控股企业董事会的董事"[2]；"在国家直接投资情形下，作为具体履行国家出资人职责的政府及其所设立或授权的履行国家出资人职责的机构，依照法律、行政法规、公司章程和其他特别授权，委任特定的自然人代表到国家股所在公司董事会担任董事、并行使公司经营管理决策权或执行公司具体营业事务的国家

---

[1] 王树文：《完善我国大型国有企业政府董事制度建设的途径》，《中国行政管理》2008年第11期。

[2] 温丛岭、董昭江：《完善国有企业政府董事制度的思考》，《商场现代化》2008年第18期。

股董事代表。"① 通过对比以上不同的观点，我们可以得出：政府董事是国有股权的代表，属于股东董事，不属于外部董事。国家与国有公司的关系，是股东和公司之间的关系。但国家是抽象的，它不能亲自参与公司的经营管理，因此，必须要有人代表国家行使股东的相关权利。政府董事作为国家的代表，公司的决策者之一，其双重的地位决定了其既要维护了国家股权的利益，也要作为公司代理人对公司的相应事务进行决策。

政府董事的产生必须满足相应的条件，经过一定的程序之后，其才能成为董事会的一员。笔者认为，在政府董事的具体选任程序上，应当根据国有公司的不同类型及不同类型国有公司所承担的不同职能、所追求的不同目标等而做如下区分：

（1）商业类国有公司政府董事的选任

商业类国有公司，其最主要的目的是实现国有资本增值和保值，追求利润的最大化。因此，此类公司董事会中应当有更多具有投资眼光、掌握专业技能、经验丰富的经营管理人员，而不是政府的主要官员，避免国有公司演变为"行政性公司"，只有这样，才能应对风云多变的市场环境，做出正确的经营判断。

在商业类国有公司政府董事人员的选任上，其候选人不一定非得是政府官员，可以是政府从社会上引进的具有专业能力的聘任制公务员，也可以是政府内部具有专业能力的政府官员，但一定不能是毫无相关经营能力的政府官员，这一点必须在法律上予以明确，同时还应在法律上明确担任政府董事的积极条件和消极条件，符合以上所设定条件的人，方可成为政府董事的候选人。在政府董事的选任程序上，应由政府或相应部门分级提名候选人至股东大会进行表决任用，而不是由政府或相关部门直接委任。具体做法是：如果是由国务院国资委作为履行出资人职责机构的中央级别国有公司，其政府

---

① 肖海军：《政府董事：国有企业内部治理结构重建的切入点》，《政法论坛》2017年第1期。

董事应当由国务院国资委、财政部或者及其他授权的部门提名候选人至股东大会进行表决，在表决通过后进行公示；如果是由地方国资委（一般是省级）作为履行出资人职责机构的地方级别国有公司，其政府董事应当由地方国资委、财政部门或者其他授权的部门提名候选人至股东大会进行表决，在表决通过后进行公示。若所提名的政府董事候选人未通过股东大会的表决，则由提名候选人的部门重新选定符合条件的新候选人，直至在股东大会通过为止。

（2）公益类国有公司政府董事的选任

公益类国有公司存在的主要目的不是为了实现国有资本的保值增值，其社会效益功能要优先于国有资产的保值增值功能。在此类型国有公司董事会中，董事会的作用除了具有一般公司董事会的作用之外，还有以下这一特殊作用：即政府通过公益类国有公司董事会实现在特定领域的社会管理职能，实现政府和公司之间的紧密联系；同时，董事会又是公司实现独立地位，避免政府过度干预公司日常经营的有效机构，实现公司与外界的紧密联系。由于公益类国有公司特殊的职能定位，其董事会的构成不能完全按市场化进行操作，不可避免地受到一定的行政干预。

公益类国有公司在实现特殊社会职能的基础上，也要根据企业所处的不同行业、所具有的不同特点，采取相应的措施实现国有资产保值增值。因此，在公益类国有公司董事会中可以既设立执行政府董事又设立非执行政府董事。在具体的选任上，执行政府董事的选任可以参照商业类国有公司政府董事的选任条件和程序。非执行政府董事的选任，则实行委任制，并参照商业类国有公司的二级提名至股东大会表决类似的方式，实行"二级委任制"。即如果是由国务院国资委作为履行出资人职责机构的中央级别国有公司，其政府董事应当由国务院国资委、财政部或者及其他授权的部门提名候选人至国务院常务会议以表决的方式决定任命或委任并公示；如果是由地方国资委（一般是省级）作为履行出资人职责机构的地方级别国有公司，其政府董事应当由地方国资委、财政部门或者其他授权的部门提名候选人至地方政府

（一般为省级）决定任命或委任并公示。① 若所提名的政府董事候选人未获得国务院或地方政府认可的，则由提名候选人的部门重新选定符合条件的新候选人，直至获得国务院或地方政府的认可为止。

（三）国有公司董事激励机制

1. 当前董事激励机制的不足

公司对董事采取哪些激励措施，这些激励措施具体应该如何设计，这是公司、公司股东与董事之间的问题，法律不应当过度干预，而是应交由公司自主选择。如果干预过多，将面临正当性、科学性、有效性的挑战，法律应当将重点放在如何确保这些自主权利的实现。② 我国当前的法律对国有公司董事的激励机制并没有一个详细的、体系的规定，即使有些零散的规定，也主要集中在国有独资公司中。在现行规定中，履行出资人职责的机构掌握着国有独资公司的董事激励机制的决策权，而国有资本控股公司则没有专门的规定，基本上是以《公司法》为依据，由股东大会或者董事会决定。关于我国已有的国有公司董事激励机制决策权的行使存在以下两方面的问题：一是没有针对执行董事、独立董事、政府董事这些不同类型的董事采取不同的激励机制；二是未明确不同董事的激励机制决策权应当由谁行使。这些问题是完善国有公司董事激励机制必须面对并解决的问题。

2. 董事激励机制的完善

（1）执行董事

作为连接董事会和经理层的桥梁，在公司治理结构中，既是公司战略实施运营的主体，又是公司战略决策监督主体的执行董事是国有公司董事激励机制设计的重点。为了使执行董事能够全心全意地实现国有公司的利益，把对公司利益的用心程度提高到和私人合伙公司成员对公司利益用心程度一

---

① 参见肖海军：《国有股权代表人制度研究》，中国检察出版社 2015 年版，第 253 页。

② 参见胡改蓉：《国有公司董事会法律制度研究》，北京大学出版社 2010 年版，第 153 页。

样，我们可以用市场化机制来确定其激励措施以吸引优秀的人才加盟公司。"国有企业应由职代会和监事会一同考核董事和高管的工作业绩并共同决定他们的薪酬水平。"① 笔者认为，执行董事薪酬的决定权可以采取该种模式，但是，执行董事激励措施的拟定权则不应当交给职工大会和监事会，而是交由董事会下的以独立董事为主要成员的薪酬与考核委员会，这是基于对该种模式以下几方面作用的考虑：

第一，有利于激励机制更加市场化和合理化。若由履行出资人职责的机构来拟定不同类型公司执行董事的薪酬，必将耗费大量的时间和精力，并且，履行出资人职责的机构也不是这方面的行家，他们往往采取"一刀切"的方法，采用适合所有国有企业的统一标准。这种"一刀切"的做法没有充分考虑到各个企业所处的行业及其特点，会存在诸多不科学的地方。同时，基于政治考量，为了降低董事与职工之间的收入差距，在确定董事薪酬时，常常以低标准定，而不是以市场为导向。只有把管理者的激励制度的设计权移交给企业组织，才能制定出适合各企业自身特点的报酬激励规则。②

第二，有利于缓解内部人控制问题。执行董事的薪酬若交由董事会决定，就有董事为自己决定薪酬之嫌疑，必将导致公司利益与自我利益的冲突，董事极有可能为了自身利益而侵害公司的利益。将薪酬拟定权交由董事会下面的薪酬与考核委员会，不失为一种相对合理的平衡机制。

在薪酬与考核委员会拟定激励措施后，由职代会和监事会联合行使最终决定权，与国有企业的社会性质相契合，同时，监事会中的股东代表可以替代股东会发挥股东薪酬决定监督权的作用，并没有完全剥夺股东会及股东对其代理人董事或经理人员的薪酬决定控制权。③

---

① 孙光焰：《国企董事薪酬激励控制权的公司治理配置进路》，《中南民族大学学报》（人文社会科学版）2014年第4期。

② 参见漆多俊主编：《国有企业股份公司改组法律问题研究》，中国方正出版社2002年版，第261页。

③ 参见孙光焰：《国企董事薪酬激励控制权的公司治理配置进路》，《中南民族大学学报》（人文社会科学版）2014年第4期。

（2）独立董事

对于是否支付独立董事相应的报酬，学术界主要有三种不同观点：一是无报酬理论。独立董事必须依法履行其受托责任；二是声誉保证理论。独立董事必须努力维护其企业经营监督卫士的声誉；三是经济激励理论。这种激励包括独立董事可拥有企业的股票和获得自己应得的劳务报酬。[①] 如果为了保持独立董事的独立性，而不给予其相应的报酬，想必这种独立性也是值得让人思考的，并不是真正意义上的独立，换句话说即独立董事虽然"独立"了，但无法激发他们的积极性，发挥不了其本应当发挥的作用。独立董事应当获取相应的报酬，并辅之以必要的声誉激励，从而使独立董事能够发挥专长，为公司事务尽心尽力。一旦独立董事从公司获取报酬，其独立性就可能受到影响。在给予独立董事报酬和不给予独立董事报酬的情况下都会产生相应的负面效果，明智的选择应该是选对公司最有利的情况。不给独立董事相应的报酬，却要其承担相应的责任，必然会导致独立董事选择回避风险，消极地行使权利。因此，为了发挥独立董事的作用，我们必须选择一种合理的激励机制，并努力降低因给予独立董事报酬而造成独立董事不独立的风险。

对于独立董事的激励机制应当如何设计，最终决定权掌握在谁手里，这是接下来我们要考虑的问题。首先可以明确的是，薪酬与考核委员会的成员基本由独立董事构成，所以一定不能由薪酬与考核委员会拟定独立董事的相关报酬，这和任何人都不能成为自己案件的法官是一个道理。独立董事是通过向社会公开招聘任用的，因此对于其薪酬的拟定权和最终决策权由职代会和监事会行使。在薪酬数额的具体确定方面，可以由职代会和监事会参考同行业其他公司独立董事的报酬，并根据独立董事投入到公司的时间和精力，由职代会和监事会酌情确定，同时给予对公司做出贡献的独立董事必要的声誉激励。

[①] 参见陈晓红、黄勇：《独立董事报酬水平和薪酬结构设计分析》，《证券市场导报》2006年第5期。

（3）政府董事

对于政府董事激励机制的构建，笔者认为应根据不同类型的公司（商业类或公益类）、作为政府董事是执行政府董事还是非执行政府董事、担任政府董事之前的身份（政府官员或市场聘任的具有专业知识的高管人员）而采取不同的激励机制。前文已经分析过，商业类国有公司政府董事一般通过市场公开招聘，并主要以执行董事的身份存在。而公益类国有公司的政府董事一般是以非执行政府董事的形式存在，并由国务院常务会议或者地方政府常务会议委任。按照马斯洛的需求层次理论，企业管理者在满足了低层次的物质需要之后，还期望得到高度评价和社会尊重，通过企业的发展证实自己的经营才能和价值，实现自我价值。因此，对政府董事给予必要的声誉激励能够获得意想不到的收获。在政府董事具体激励机制的设计上，除了必要的声誉激励，还需要根据政府董事的不同类型，给予薪酬或者政治激励，具体做法是：从市场上以通过公开招聘方式选任，主要担任执行董事的政府董事，以声誉激励和薪酬激励为主，但薪酬必须由财政部门或履行出资人职责的机构发放，以切断其与公司之间的利害关系；通过国务院常务会议或者地方政府常务会议委任的非执行政府董事，考虑到其公务员的身份，笔者认为最适合的莫过于政治激励。正如淡马锡模式中，董事会中的官员是不从公司领取相应的物质报酬的，为激发他们的积极性，而采用"经营优，则升迁"的模式。

三、国有股权行使之监事的选任

（一）国有股权行使之监事选任制度存在的问题

1. 人员选任问题

"混合所有制企业都有依法设立的内设监事会，若继续实行外派监事会制度，不仅原有的体制优势很难发挥，而且也难以回避舆论争议。"① 我国现行有效的《国有企业监事会暂行条例》第 14 条、第 15 条规定了国有独资企业专职监事来源途径仅仅限于国家工作人员和企业职工。在国有独资企业通过混合所有制改革后形成的国有公司，不管其在改革前是否属于国有重点大型企业，只要改革后是以国有公司为组织形式的，其专职监事成员的选择应当突破只能从国家工作人员和企业职工之中选择的限制，广泛开辟监事的来源渠道，并不再实行外派监事会制度。由于政府官员在经过多年的政治工作之后，其在理论知识储备等方面可能有着丰富的经验，但未必能够了解企业的情况、未必了解企业所在行业的情况，不了解企业及企业所处的行业的监事，必然不能发挥出应有的作用，这样的监事有和没有并无实质性的区别。并且，政府官员的利益与国家的利益经常是不一致的，这就容易滋生腐败。我国现行的法律中，没有规定债权人可以成为债务人所在公司的监事，这也使得公司监事成员少了一个很好的来源渠道。

2. 监事的监督职能未能完全发挥

国有公司监事监督职能不能完全发挥作用体现在以下几个方面：一方面是监事的独立性不足。我国《暂行条例》明确规定国资委可以向国有公司提出监事人选，但现实中大多数国有控股公司监事会成员以公司内部人为主，其很难发挥对经理层的监督作用。另一方面是监事专业性不足。监事来自工会、党团组织使得其缺乏业务监督和财务监督的专业知识，加之很多监事身兼多家公司的监事，其投入国有公司的精力有限，也使得监督职能大打折扣。②

（二）国有股权行使之监事选任制度的完善

1. 监事选任的条件

我国《国有企业监事会暂行条例》第 3 条明确规定了国有独资公司监事

①　国务院国资委监事会课题组：《现行外派监事会制度面临的难题》，《经济研究参考》2011 年第 36 期。

②　参见李明辉：《论国有企业监事会制度》，《山西财经大学学报》2005 年第 12 期。

会以财务监督为核心，第 5 条规定的监事会职责、第 7 条规定的监事会开展监督检查的方式等都集中在企业财务方面。笔者认为，在国有公司国有监事的选任条件上，可以参考《国有企业监事会暂行条例》的相关规定，并主要以财务监督为核心，以保证国家对国有资产能够进行一个相对准确的监控，防止国有资产被其他股东肆意侵蚀，维护国有资产安全。德国《股份法》明确规定了监事会的成员只能是具有业务能力的自然人，这是德国公司监事会的先决条件，并把业务能力放在了第一位。因此，担任国有股监事的首要的、必不可少的条件就是具备相应的财务、审计及会计方面的知识，能够看懂会计凭证、会计账簿等会计资料。

2. 监事产生的途径

设置国有股监事，最主要的目的就是维护国有资产的安全，对侵害国有资产及国有公司利益的行为进行监督，而不是为了选拔政府官员，对于国有股监事的选任应当将业务能力摆在首位。虽然笔者不反对国有股监事从国家工作人员中选出，但对我国《国有企业监事会暂行条例》第 15 条规定的国有独资公司中专职监事必须由司（局）、处级国家工作人员担任持保留态度。国有公司国有股监事的先决条件前文已经明确过了，就是具备相应的财务、审计及会计方面的知识，司（局）、处级国家工作人员可能具备非常深厚的理论知识，若其不是长期在财政审计等部门工作，必然不能胜任以财务监督为核心的国有股监事的重任。因此，国有公司国有股监事可以通过以下几种途径产生：

（1）财政审计等专门部门的国家工作人员

国有股监事可以是国家工作人员，不管是专职监事还是兼职监事，都没必要必须是司（局）、处级国家工作人员，只要具备相应的能力，能够履行监督的职责，国家工作人员可以不分级别地担任国有公司中国有股的监事。但是为了保持国有股监事的专业性，必须从财政审计等专门部门中产生。

（2）从市场上聘任

国有股监事除了可以从财政审计等专门部门中产生，还可以从市场上公开聘任，在会计师事务所、审计师事务所等社会机构中选聘符合条件的会计师、审计师担任国有股监事。另外，也可以通过设立中介公司或者机构，专门从事国有股监事的猎头工作，并建立相应的专家库。当国有公司需要监事时，再由该中介公司或机构根据公司所处的行业、性质等向其推荐专家。

3. 国有股监事选任的程序

按照《公司法》的基本原理，公司的监事应当由股东大会选举产生。鉴于国有公司的特殊性，一方面要受到《公司法》的调整，另一方面，还要受到《企业国有资产法》等特别法的调整。国有公司国有股监事的选任，可以参照政府董事的选任程序，但基于监事和董事不同的职能定位，无论是以保值增值为主要目标的商业类国有公司还是以社会公益职能为主要目标的公益类国有公司，监事的选任都不必像选任董事一样需要根据国有公司不同的目标而有所区别，只要所选任的监事能够发挥监督的作用，具备相应的能力，约束高级管理人员的违法行为，保护国有资产不被侵蚀即可。因此，在国有股监事选任的机关和程序上可以做如下规定：如果是由国务院国资委作为履行出资人职责机构的中央级别的国有公司，其国有股监事应当由国务院国资委、财政部或者及其他授权的部门提名候选人至股东大会进行表决，在表决通过后进行公示；如果是由地方国资委（一般是省级）作为履行出资人职责机构的地方级别国有公司，其国有股监事应当由地方国资委、财政部门或者其他授权的部门提名候选人至股东大会进行表决，在表决通过后进行公示。若所提名的国有股监事候选人未通过股东大会的表决，则由提名候选人的部门重新选定符合条件的新候选人，直至在股东大会通过为止。

四、国有股权行使之高级管理人员的选任

在国有企业高级管理人员的选拔上，也还存在着许多需要解决的问题。随着国有企业混合所有制改革的不断深入和发展，以往国有独资公司中高级管理人员由国资委或者组织部门直接进行任命的方式必将不适应快速发展的

经济社会。国有企业经过三十几年的改革，国有企业领导人的经营自主权不断扩大，但仅仅只是企业领导人的自主经营权扩大是不够的，国有企业想要变成真正的商业化实体，除了生产经营方面要面向市场之外，国有企业领导人产生方式、激励方式等实现市场化也是无法回避的问题。[①]

（一）现阶段高级管理人员选任存在的问题

当前，我国国有公司高级管理人员在选任机关、范围和程序上，都存在着不足之处。

1. 选任机关错位

《暂行条例》规定针对国有独资公司，国资委可以向董事会提出总经理、副总经理等的任免意见，而《企业国有资产法》则仅规定了国资委对董事、监事的任免，在立法上的这种变化体现了法律对国有企业高管人员选任的权利呈下放趋势。按照《公司法》的基本原理，董事会具有选择和聘任公司高级管理人员的权利。而现实中却并非如此，高管人员的任免权往往掌握在国资委或组织部门手中，这就使得董事会对高管们的监督被严重弱化，形成事实上的经理层不对董事会负责，而是对任免他们的上级主管部门负责的情形。上级主管部门越权聘任经理层的这种选任机制，极易造成经理层与企业目标的不一致。聘任高管人员是为了实现企业利润的最大化，而"经理若产生于上级指派，他的行为就必然会受到上级的各种干预和控制，"[②] 在很多时候，政府的目标与企业的目标是不一致的，在这种情况下，就容易产生高管人员的道德风险，为了维护他们自己的利益，去迎合掌握着他们任免权的上级主管部门的利益，从而导致公司的利益受损。

[①] 参见张文魁、袁东明主编：《中国经济改革30年·国有企业卷》，重庆大学出版社2008年版，第98页。

[②] 董辅礽、唐宗琨、杜海燕主编：《中国国有企业制度变革研究》，人民出版社1995年版，第187页。

2. 市场选任比例过低

表 4-1　企业经营者职位获得的途径（%）①

职位来源	组织任命		市场双向选择		组织选拔与市场选择相结合		自己创业		职工选举		其他	
年份	2002	2000	2002	2000	2002	2000	2002	2000	2002	2000	2002	2000
总体	45.9	56.4	3.3	2.3	11.1	12.9	24.5	16.1	13.2	10.5	2.0	1.8
东北地区企业	41.6	53.1	3.9	2.9	11.5	13.5	28.4	0.2	12.4	8.2	2.2	2.1
中部地区企业	49.7	60.4	2.3	1.2	10.1	13.0	21.7	10.8	14.3	13.2	1.9	1.4
西部地区企业	50.5	59.6	3.3	1.8	11.3	11.5	19.1	12.3	14.1	13.1	1.7	1.7
大型企业	66.2	74.0	3.3	2.1	13.5	13.1	9.1	5.9	6.0	3.1	1.9	1.8
中型企业	44.4	55.6	3.7	2.2	11.3	13.5	24.0	15.9	13.9	11.0	2.7	1.8
小型企业	36.2	40.7	2.8	2.5	9.6	11.8	33.6	26.2	16.7	17.0	1.1	1.8
国有企业	90.0	88.1	0.3	0.5	6.3	7.5	0.7	0.9	2.5	2.7	0.2	0.3

从上表我们可以看出，在 2002 年，相较于其他类型的企业，国有企业经营者通过组织任命的比例高达 90%，并且大部分来自企业内部，通过市场双向选择的比例只有区区的 0.3%。有调查表明：企业经营者期望的选拔任用方式依次为组织选拔与市场选择相结合、市场双向选择、职工选举、组织任命。组织任命这种方式有它的优势，但弊端也是明显的。通过这些年的改革，国有企业高管人员的来源渠道有所优化，但总体来说通过市场选择的方式来选任高管人员还存在进一步改善的空间。

3. 选任程序不科学

国有公司在选任高管人员的程序上，存在以下几方面的问题：首先，选任的程序、职位、条件等不够公开透明；其次，职位与行政级别挂钩，对高管人员的选任不以能力为第一条件；最后，在决定所选任的高管人员环节，

---

① 参见彭洒清等：《中国企业家队伍成长现状与环境评价》，《管理世界》2003 年第7 期。

一般由组织部门与上级主管部门协商、讨论决定，没有经过对候选人的严格测试，最后所选拔出来的高管人员不一定是企业需要的人才。

（二）国有公司高级管理人员选任的完善

在世界上大多数国家，国有企业的高级管理人员都是通过传统的行政性方式选任的，都带有着浓厚的行政色彩。西方国家国有企业经理层的选任同样难逃政府的干预，这是因为：政党掌握政权之后，都希望实现其政治目标，巩固其政治统治，而这些都以实现对国家经济的控制权为基础。国有企业是国家调节经济的重要手段，掌握国有企业就等于掌握了国家的经济命脉，实现了对国家的经济控制权。为此，世界各国都不约而同地采取通过对国有企业高管人员的任免来实现对国有企业的控制。国家对企业的介入过多，必然导致企业效率的低下，西方国家也认识到了介入企业的经营管理过多所带来的负面影响，并在最近的几十年对国有企业进行了较多的改革。一方面，通过改革不断提高国有企业的市场化程度，使其成为真正的市场化主体，充分参与到市场的竞争中去；另一方面就是进行私有化，降低国有企业的比例。国有企业高级管理人员的选任也由原来的政府主导向市场选择逐渐转变。

随着国有企业改革的不断深入，必然对传统的用人机制进行改革以适应市场化程度的不断提高。西方国家对国有企业高管人员选任的介入越来越少值得我们学习，尤其是在国有资本控股公司中。国有公司高管人员的选任，应当从以下几个方面进行完善：

1. 在法律上明确高管人员的选任机关

按照《公司法》的基本原理，经理层是董事会的辅助机关，经理层应当由董事会产生并对董事会负责。如果董事会失去对总经理等高管人员的任命权，有可能导致经理层不对董事会负责，而是对选任他们的国资委或组织部门负责，并在政府中找到支持，那么董事会对经理层的监督权将被大大地削弱，甚至丧失对经理层的监督权。在国有资本控股公司中，虽然国家股占据着多数的表决权，可以通过股东大会等间接影响到公司高管人员的选任，但不宜将选任的权利直接交由国资委或者组织部门，否则，我们又将回到"政企不分"的年代了。因此，应当将高管人员的任命权回归董事会，并在相关法律中予以明确，还原经理层作为董事会辅助机构的本质。

2. 坚持高管选任市场化运作

取消国有公司高管人员的行政级别，是高管人员实现市场化选任的第一步。在行政级别制的国有企业中，当某一级别高管职位空缺时，该职位的继任者往往被要求具备相应的级别，这不仅使一些不具备经理人相关能力的体制内的人成为该职位的继任者，而一些有能力的体制外的人却因其不具有相应的级别而不能被选任，从而大大地限制了高管人员的选任范围。为此，取消国有公司相关人员的行政级别，截断高管人员进入仕途的渠道是非常有必要的。社会主义市场经济的不断发展和完善，为国有公司高管人员市场化选拔奠定了制度基础。"从职业经理人产生的本来逻辑，企业的真正经营者一个显著的特征就是非行政化，该理念是建立在经济运行系统独立于政治运行系统这一公私分离的制度分野的基础之上的。"[1] 国有公司中高管人员作为从事公司经营活动的专门人才，其选任或者解聘都应当以市场机制为依托，实施市场化管理，优胜劣汰。

3. 选任程序的矫正

根据《公司法》规定，公司经理由董事会聘任或解聘，而《企业国有资产法》第22、23条的规定，可以理解为我国国有公司高管人员是由履行出资人职责的机构任命或者建议任命的。国有公司高管人员的行政化选拔方式不符合《公司法》的规定，并且容易造成出资人、出资人代表与高管人员在身份上的混淆。[2] 因此，必须改变国有公司高管人员由国资委或组织部门直接任命的行政选拔方式，将国资委或组织部门的直接任命权改为建议任命

---

[1]　胡海涛：《国有资产管理法律实现机制若干理论问题研究》，中国检察出版社2006年版，第201页。

[2]　参见肖海军：《国有股权代表人制度研究》，中国检察出版社2015年版，第342页。

权，并在法律上明确，建立市场化、程序化的选任机制。一方面，国资委将所空缺的岗位及相关信息向社会公布，公开招聘信息，做到公开透明；另一方面，通过设置专门的专家人才库，当有职位空缺时从中挑选出合适的人才并予以推荐任命。在具体的选任程序设计上，与国有股董事一样，都可参照政府董事的选任程序。即如果是由国务院国资委作为履行出资人职责机构的中央级别国有公司，其高管人员由国务院国资委或其他授权的部门在通过市场公开招聘或从人才库中选定合适的候选人提名至股东大会或董事会进行表决，在表决通过后进行公示；如果是由地方国资委（一般是省级）作为履行出资人职责机构的地方级别国有公司，其高管人员由省级国资委或其他授权的部门在通过市场公开招聘或从人才库中选定合适的候选人提名至股东大会或董事会进行表决，在表决通过后进行公示。若所提名的高管候选人员未通过股东大会或董事会的表决，则由提名候选人的部门重新选定符合条件的新候选人，直至在股东大会或董事会通过为止。

第四节　国有股的特殊形式和国有股权的特殊行使方式

一、本节问题的提出

本章前三节探讨了国有股权的三大权能及其行使，但都是针对普通股而言的，并且是对国有股权代表亲自行使股权制度所做的探讨。而本节要探讨的是国有股的特殊形式和国有股权的特殊行使方式。

国有股权之重大事项决策权、选择管理者的权利的行使主要是通过国有股东代表出席股东（大）会来实现的。在做出重大事项决策或选任董事和监事时，被委派的股东代表依据国有股东所持有的表决份额，在股东大会上行使表决权，从而实现相关重大事项决策权、选择管理者权利的行使。股东大会的表决是以资本多数决为原则，而资本多数决的原则又是以一股一权为基础，表决权的大小取决于表决股份所占的大小。从我国公司法诞生的那一刻起，一股一权的表决规则就在公司法中以强制性规范的形式存在。虽然有学者提出了一股一权结构的制度会带来诸如公司控制权集中的成本过高、剥夺公司自治应有的空间、使公司治理效率受损及股东的投资选择与公司融资方式受限等弊端，[①] 但不可否认，一股一权的表决方式有其存在的制度价值，"无论从股东民主的正义性还是从公司治理效率的角度，一股一权的合理性都获得过充分论证"，[②] 因此，在股东大会表决过程中，以资本多数决为基本原则是没有问题的。随着社会的不断发展，一股一权已经无法满足公司实践的制度需求。在我国国有企业混合所有制改革的过程中，资本多数决的表决规则在股东大会中仍然应当以默认的规则继承下来，但我们应当扩展新的表决方式，以不断满足公司实践的制度需要，通过设立特别股，能够根据各股东对控制利益、经济利益的不同追求，予以其充分的自主选择权，完善公司的自治空间，充分发挥公司的创造性。特别股有多种形式，本节只探讨可资国有股份采用的两种形式——优先股和黄金股。

国有股权存在两权分离，这种两权分离所带来的委托代理问题始终是困扰国有股权行使的核心问题。前三节关于国有股权各项权能及其行使的探讨，也始终是围绕解决这一核心问题展开的。但是，除了国有股权代表直接行使股权之外，还有没有其他的股权行使方式呢？回答是肯定的。我国学术界早有学者提出了国有股权的信托行使方式，本节将对此做粗浅探讨。

二、优先股制度

（一）优先股的含义和特征

1. 优先股的含义

根据《国务院关于开展优先股试点的指导意见》的规定，优先股是指依

---

① 参见冯果：《股东异质化视角下的双层股权结构》，《政法论坛》2016 年第 4 期。
② 张舫：《一股一票原则与不同投票权股的发行》，《重庆大学学报》（社会科学版）2013 年第 1 期。

照公司法，在一般规定的普通种类股份之外，另行规定的其股份持有人优先于普通股股东分配公司利润和剩余财产，但参与公司决策管理等权利受到限制的股份。优先股是特别股的一种，是相对普通股而言的。

2. 优先股的特征

（1）利润分配优先。优先股股东的利润分配优先于普通股股东，在向优先股股东支付股息前，不得向普通股股东支付股息或红利。

（2）剩余财产分配优先。在公司因经营不善破产、解散而进行清算时，优先股股东享有优先于普通股股东索取企业剩余财产的权利。

（3）优先股的表决权受到限制。除法律或者公司章程规定优先股股东享有表决权的事项外，优先股股东不出席股东大会，其所持股份没有表决权。必须指出的是：第一，优先股的表决权受到限制的情形并非没有。"在公司章程中约定优先股股东享有表决权时，只要该公司所属国立法并未明确规定优先股一律无表决权，那么，没有任何理由不尊重公司与优先股股东之间的协议，而否定其效力。"① 第二，对于涉及优先股股东重大利益的事项，不能通过公司章程来否定优先股股东的表决权。

（二）优先股可以作为国有股的存在形式

优先股的以上特点，尤其是利润分配优先及剩余财产分配优先，对于那些以国有资产的保值增值为主要目标、相较于控制利益而言更在乎经济利益的国有公司来说，优先股不失为一种很好的国有股存在形式。在国有公司治理过程中，冗长的委托代理链使其面临着更大的委托代理风险，同时"在当前的国企改革中，政府'出资人'身份和'监管者'身份的双重性以及国有企业'经济人'身份和'准政治人'身份的复合性，使得政府与国有企业之间关系的厘定非常困难"②。基于优先股的特点，引入优先股制度能够

---

① 张志坡：《优先股之无表决权质疑》，《法学杂志》2012 年第 12 期。
② 顾功耘、胡改蓉：《国企改革的政府定位及制度重构》，《现代法学》2014 年第 3 期。

较好地解决以上两个问题，一方面，国有股东可以获得稳定的股权收益，实现国有资产保值增值的目标；另一方面，"把国有控股作为优先股，政府官员的'廉价投票权'自然解除，国有股一股独大不再成为完善公司治理结构的障碍，"① 优先股有限的表决权，能够大大减少政府对企业的干预，实现政企分离，赋予国有公司更大的自主经营权，使得国有公司向实现市场化运作更进一步。当然，我们说优先股可以作为国有股的存在形式，并不意味着国有股都应当采取优先股形式。优先股是以放弃公司重大事项决策权（与优先股股东利益直接相关的事项除外）和选择管理者的权利为代价，换取股息的优先分配和剩余财产的优先受偿。因此，以下几种情况下的国有股可以采用优先股的形式：

1. 国有资本参股公司中的国有股

按照资本多数决规则，公司是由控股股东控制的。表决权对处于控制地位的股东来说，是重要的。而对处于非控制地位的股东来说，行使表决权，意义不大。国有资本参股公司的国有股东不处于控制地位，采用优先股是比较理想的模式。因为，与持有普通股相比，持有优先股失去的是表决权，换取的是收益分配的优先权。

2. 国有资本意欲退出的公司中的国有股

对于当前国有股处于控股地位，但是，国有股权代表按照国有经济布局要求，计划逐渐退出的，也可以采用优先股的形式，这有利于国有资本的有序退出。一方面保证了国有资本退出时的收益；另一方面，便于非国有资本接管公司控制权。

3. 国有股"一股独大"的国有资本控股公司中的部分国有股

对于国家仍然需要保持控股地位的公司，一般来说，不宜采用优先股的持股形式。但是，如果国有股"一股独大"，不利于建立现代企业治理机制

---

① 孙红玲、刘长庚：《论国有大型企业"两股制"产权改革》，《经济体制改革》2006年第5期。

的，可以在保证国有股处于绝对控制地位的前提下，对部分国有股采用优先股的形式，从而使其他股份的股东也能在公司治理中发挥作用。

（三）国有优先股的权利保障

1. 表决权的保障

优先股股东之所以能够优先于普通股股东优先享有相关财产上的权益，是以其牺牲对公司的表决权为代价的。为了保障国有资产的安全，应当赋予国有优先股股东必要的控制力，以对抗公司实际控制方对国有优先股股东实施的机会主义行为。否则，极有可能因为某一次股东大会做出的具有倾向性的股东会决议，国有资产就会处于极大的不安全之中。国有优先股股东大会的建立，可以在一定程度上牵制普通股股东，达到维护国有资产安全的目的。所谓的国有优先股股东大会，具体是指由国有优先股股东组成的对其享有或恢复享有表决权的事项做出表决、并做出决定的权力机构。在具体制度的设计上，笔者认为可以通过"单独召开、分类表决"的方式进行制度上的安排，即国有优先股股东在针对享有或恢复享有公司表决权的事项上，国有优先股股东大会与普通股股东大会分别召开，优先股股东不列席普通股股东大会，对涉及的相关事项分别做出表决。在普通股股东大会做出相关决议之后，必须要有三分之二以上优先股股东出席优先股股东大会并经出席优先股股东过半数表决通过后，对该等事项的决议才能生效，否则不发生效力。

2. 知情权的保障

虽然在权利和义务上，优先股股东和普通股股东表现不尽相同，但终归而言，他们都是公司的股东，都享有对公司事务的知情权，同时，股东也应当对公司的事务尽到应有的关心，以维护公司和股东自己的利益，而关心的基础就是对公司事务的了解。对国有优先股股东知情权的保障可以从以下几个方面进行：第一，优先股股东列席股东大会。在召开股东大会时应当通知优先股股东，虽然其在股东大会上一般不具有表决权，但是通过赋予优先股股东列席普通股股东大会，发表言论、质询等权利，一方面有利于优先股股东了解公司的事务、决策等基本情况，另一方面也有利于优先股股东发挥对普通股股东监督的作用。第二，优先股股东的查阅权。查阅权的有效行使是保障知情权最有效的途径之一，通过允许并保障其查阅、复印公司会计账簿、会计凭证等资料，优先股股东能够较为准确地掌握公司的财务资料及经营状况等。当然，为了保障查阅权不被滥用，优先股股东在行使查阅权时应当具有正当的理由。

三、黄金股制度

（一）黄金股的含义和特征

1. 黄金股的含义

黄金股（golden share），亦称金股、特权优先股或特权偿还股，是政府持有的、享有特殊否决权的股份。该种股份起源于英国，是 20 世纪 80 年代，英国政府实施企业民营化时推行的，以确保社会公共利益、保护消费者、完善竞争条件及防止外国企业的敌对性企业兼并为目的而发行的一种特别股份。黄金股，通常为象征性的一股，对股东（大）会决议享有否决权。

2. 黄金股的特征

（1）黄金股在权益上表现为否决权。黄金股只有一股，没有实际的经济价值，黄金股持有者不参与公司剩余分配、没有选择管理者的权利和参与公司重大事项决策权，但黄金股持有者却享有对股东会决议的重大事项的否决权。

（2）黄金股是国家股。黄金股的持有者是政府或者政府部门，因此，在中国法律语境下，是国家股。不过，我国迄今还没有黄金股制度。

（3）黄金股的设立，需要法律特别授权，且必须是基于公共利益的需要。从黄金股产生的历史看，设立黄金股的目的是为了公共利益，并且，黄金股的设立完全违背了股权平等的原则，只有为了维护公共利益，才能使其存在获得正当性。同时，黄金股是一种特权股，故只能通过法律授权才能设立。

（二）黄金股制度对我国国有企业改革的借鉴意义

我国早就有学者建议引进黄金股制度，如王保树指出："在那些涉及国计民生的少数企业中保留国家股少数股份，并以法律的形式赋予国家股特别股的绝对表决权股的地位，即所谓黄金股的地位。在公司决策损及公众利益时，行使'一票否决权'。"[1] 顾功耘、胡改蓉认为，在公益类国有企业中，公共性是其提供的产品区别于其他普通商事企业的显著特征，在对西方的考察中也不难发现，对这类国有企业的治理，政府也有着某些特殊的权利，其中之一就是黄金股制度，也称为"特殊权利"（special rights）制度。[2]

确实，它山之石，可以攻玉。黄金股作为国有股持股方式，对国有企业改革有重要价值。其一，有利于推进国有企业的改革。根据相关的文献研究表明，国有企业改革过程中，政府是不会愿意轻易放弃其对企业的控制权的，只有在政府所代表的公共利益得到满足的前提下，政府才会考虑减少国有股在企业中所占有的比例，从而推进国有企业的改革。"黄金股制度解决了政府的顾虑，使政府得以把所有权让渡给社会资本，从长远看，也促进了公司业绩的提高。"[3] 在国有企业改革过程中，对于公益类国有企业，政府既想引入战略投资者，又不想失去对企业的最终控制权，黄金股制度就是一种很好的模式。其二，黄金股的引入，有利于引导企业的发展方向。国有企业从其设立之初，就担负着特有的历史使命，国有企业既要实现国有资产保值增值，又要实现特殊的宏观政策目标。国有企业改革后，在一方面，如何使政府继续保持对企业的控制力，使得企业的战略发展方向与国家宏观经济战略布局相适应，另一方面这种控制力又不至于形成对企业运营的过度干预，造成政企不分的格局，黄金股的配置就是一个很好的模式。政府可以通

---

[1] 王保树：《完善国有企业改革措施的法理念》，《中国法学》2000年第2期。
[2] 参见顾功耘、胡改蓉：《国企改革的政府定位及制度重构》2014年第3期。
[3] 张立省：《黄金股研究综述》，《首都师范大学学报》2012年第1期。

过持有黄金股所享有的特权对企业的发展方向进行重要的引导，使其适应国家经济发展的需要，从而发挥国有企业应有的特殊价值。其三，在特定情况下，黄金股有利于打消民营企业的顾虑，参与到国有企业的改革中去。在一些特许经营行业或一些民营资本中，民营企业往往希望自己和"国字"有着联系，不希望国有资本完全退出，以使得自己在某些政策或政府扶持等方面不受歧视，黄金股有利于吸引民营资本积极参与到国有企业的改革中去。

（三）黄金股制度的建立

1. 明确设立黄金股的目的

设立黄金股，最重要的目的就是为了减少政府对企业自主经营的干预，提高企业的经营效率。但并不是所有的国有企业都需要或都可以适用黄金股制度。笔者认为，黄金股制度可以主要用在不以追求国有资产的增值，而主要是为了实现社会公共利益方面的公共事业、特殊行业等。《国务院关于开展优先股试点的指导意见》规定："公益类国有企业可以采取国有独资形式，具备条件的也可以推行投资主体多元化，还可以通过购买服务、特许经营、委托代理等方式，鼓励非国有企业参与经营。"根据该意见，公益类国有企业通过改革成为多元投资主体的国有公司是完全没问题的，而根据黄金股的特性，将黄金股制度用在公益类国有公司中既能够保证国家对公司的控制权，又能够有效地控制行政干预，保证公司经营的独立性，何乐而不为。

2. 黄金股的配置模式

政府可以通过根据企业所处的不同行业、发展规模、发展目标等等，按照"不同比例的优先股+黄金股""不同比例的普通股+黄金股"等模式进行控股，从而提高股权行使的效率。具体来说：针对更倾向于经济利益的国有公司来说，可以采用"优先股+黄金股"的模式进行试点研究。该种模式下，一方面优先股能够较好地实现国有资产增值目标，另一方面黄金股又能保证政府在关键时候对公司的控制权；针对更倾向于公共利益的国有公司来说，可以采用"不同比例的普通股+优先股"的模式进行试点研究。该种模式下，普通股的份额能够保证国有股东参与公司的股东大会，并辅之以黄金股为兜底，从而更好地实现其所追求社会公共利益的目标。

四、国有股权信托制度

如前文所述，现行的国有企业股权行使的制度中存在"一股独大"、行政干预过多及内部治理结构不完善等问题，这些问题极大困扰着企业的自主运作及市场化经营。虽然我国是以公有制为主体、多种所有制经济共同发展的社会主义国家，但这并不影响我国建立国有股权的信托行使制度。在现代社会，信托制度的利用已经从民事领域进入了商事领域，我国信托法对营业性的商事信托做了专门的规定，足以见得我国对商事信托的重视。区分民事信托与商事信托的关键在于：受托人接受信托之行为是否具有营业性或者说是否以营业为目的，若受托人接受信托是以营业为目的，则为商事信托，否则即为民事信托。本文所指的国有公司股权的信托行使当然是商事信托。

（一）国有股权信托行使的意义

1. 破产隔离

所谓的破产隔离（bankruptcy-remote）是指："在委托人或受托人支付不能或破产时，受益人仍然能够就信托财产保持其受益，可以对抗委托人和受托人的普通债权人。"[①] 信托之所以有这样的功能，是基于信托财产的独立性。其不仅独立于委托人未设立信托的其他财产、受托人自身固有的财产，还独立于受益人的财产，从而使得信托财产可以对抗委托人或者受托人的债权人。"在信托关系中，信托财产的所有权发生分离，受托人对信托财产享有控制权（管理权和处分权），是名义上的所有权人，"[②] 国有股权信托一旦

---

① 施天涛、周勤：《商事信托：制度特性、功能实现与立法调整》，《清华法学》2008 年第 2 期。

② 陈雪萍：《信托财产权的法理学研究》，《社会科学》2006 年第 9 期。

设立，委托人即退出信托关系，这对防止国资监管机构对受资公司的不当干预起到了非常大的作用。信托的破产隔离功能，对于维护金融领域的安全有着不可估量的作用。金融类国有公司国有股权设立信托行使时，委托人及受托人的债权人不得对信托的财产主张权利，这使得委托人和投资者的利益得到充分保障。若受托人破产，受托人本人及其债权人均无权对该设立信托的财产主张权利，以此保护委托人和投资者的利益；若委托人破产，基于同样的道理，委托人的债权人不得追及至该信托财产，以此保护受托人和投资者的利益。

2. 改善治理机制

信托法律关系中，受托人作为专业的理财机构，汇聚了来自金融、管理、投资等各个方面的专家，这些作为独立的市场私法主体的委托人，对市场的灵敏度远远高于相应的政府部门。并且在信托关系中，各主体的权利义务和责任关系都被法定化，受托人管理受托财产的报酬也与其经营业绩有关，业绩越好，报酬越多。受托人为了使自己的利益最大化，必将会尽其最大的努力把业绩提上去，并积极履行受托人的信义义务。"理论界几乎一致认为：国有股'一股独大'妨碍了公司治理机制的完善，"[1] 通过"采用信托方式行使国有股权不仅能解决国有企业政企不分、市场主体缺位的问题，而且在采用适当的信托构造，将国有股权分散信托给不同的利益主体时，还能有效地解决我国改制国企中令人头痛的国有股'一股独大'的问题，实现股权的多元化。"[2] 国有企业进行公司制改革，一个重要的目的就是要实现国有企业股权的多元化，引入社会资本，改善国有企业的内部治理结构，改变国有企业的行政性管理方式。实践表明，股权的多元化能够促进公司治理结构趋于良好。将国有股一股分成多股信托给多个受托人，并由这多个受托人以自己的名义行使表决权，达到表决权重置、去除国有股行政性表决的目

---

①　王新红：《论现代企业经营者的信托责任——中国经验、反思与建议》，《福建师范大学学报》（哲学社会科学版）2012 年第 1 期。

②　丁国民、漆丹：《国有股权的信托行使》，《中南大学学报》（社会科学版）2004 年第 6 期。

的，也有利于各个受托人之间的相互监督，发挥制衡与约束的机制。换一个角度，国有股权的信托行使，也为其他中小股东表决权的行使提供了机会。在国有股未分成多股信托给多个受托人之前，国有股一股独大，中小股东的意见极有可能被忽略，而国有股权信托给多个受托人后，其表决权也相应地被分成多份，这样一来，分散的小股东联合起来成立一个表决权信托，能在一定程度上实现对国有资本的约束。股权结构的改变，促成国有企业治理结构的优化。①

3. 促使受托人"恪尽职守"

在当前阶段，我国国有股权的行使方式主要是在层层授权的基础上通过委托代理方式实现的，国有股权的实际行使主体，只不过是国有资产所有者的代理人。根据代理理论，代理行为所产生的一切结果由被代理人承担，这就导致这样一种怪象：在国有公司，高管人员干好了，是自己的，干不好，是国家的。没有一个实实在在的责任承担主体，使得国有股权在行使股权过程中风险与责任意识淡薄，对国有股权利益的受损也缺乏足够的"主人翁"意识。而国有股权的信托行使就不一样了，为了保障处于劣势地位的受益人的利益，其规范受托人所享有的更为宽泛的财产管理权，限制受托人不断扩张的权力，要求其恪守信义义务（fiduciary duty），即忠实义务与谨慎义务。② 虽然学界对信义义务是来源信托关系还是委托关系争执不下，但已经不是很重要了，学界对于受托人对委托人承担信义义务这一点已经形成了共识，无须借助代理关系或信托关系来解说，③ 一旦受托人违反信托义务，将承担严厉的信托责任。考虑到受托人的地位是市场私法主体，该责任的内容应当以民事赔偿责任为主，这除了对国有股权行使不当行为具有震慑作用，还能尽可能地挽回国有股权的利益损失。毋庸置疑，这是国有公司股权信托

---

① 参见王荣：《国有股权信托行使研究》，《理论月刊》2014 年第 12 期。
② 参见陈雪萍：《论我国商事信托之制度创新》，《法商研究》2006 年第 3 期。
③ 参见施天涛：《公司法论》，法律出版社 2014 年版，第 393 页。

行使责任制度构建的一个方向。①

（二）国有股权信托行使制度的构建

根据信托的基本原理，国有股权信托一经设立，信托财产的所有权将转移到受托人手中。但受托人对信托财产的所有权只是"暂时"的，一旦信托终止，信托财产将归属于信托文件所规定的人，其最终的性质还是国有的。因此，委托人的确定及受益人的明确是国有股权信托行使不可回避的问题。同时，基于受托人宽泛的财产管理权以及不断扩张的权力，受托人制度也应当是考虑的重点，尤其是受托人的条件及其选任程序。

1. 委托人的确定

我国当前的经营性国有资产的管理体制由国资监管部门主导，一部分由财政部门管理，还有一部分由其他相关部门管理，如烟草、科教文卫等，并存在中央、省市及县区多级的管理体制。这种管理体制，必然带来效率的低下，法制的不统一。"按照我国国有股权委托代理链，国有股权的信托行使委托人应当是国有股的持有者，即国有资产运营机构。而在国有股权信托制度的设计中，也可以减少国有资产运营机构这一环节，直接由具体实施投资行为的机构或部门持有股份，并作为国有股权信托的委托人。"② 同时，为了排除委托人对受托人管理信托财产的行为过多的干涉，应当严格限制委托人的权利，明确其职责范围，确保受托人能够独立地行使管理信托财产的权利。

2. 受托人的选任

国有股权信托行使受托人的选任，首先，应当规定的就是受托人应符合的条件。我国《信托投资公司管理办法》第8条规定了设立信托投资公司应

---

① 参见张培尧：《论国有股权的信托行使》，《理论月刊》2012年第12期。
② 丁国民、漆丹：《国有股权的信托行使》，《中南大学学报》（社会科学版）2004年第6期。

当具备的七个条件。笔者认为，国有股权在选择受托人时，受托人除了具备《信托投资公司管理办法》第 8 条规定的条件之外，还应当具备市场私法主体身份。从我国当前的实践看，从事信托业务的公司基本上都是国有公司（国有独资或控股），若再将国有股权托付给另一个国有公司信托行使，能否保证其不受到行政干预，笔者对此持保留态度。而具备市场私法主体身份的受托人，在行使国有股权时能够较好地排除行政干预，保障国有股权信托行使的市场拥有充分竞争力。商事信托的私法运作是商事信托的发展方向，也是未来的主流，应当引入私人资本或外资，进行彻底的股份制改造等。据此，大力鼓励、发展非国有资本占据多数比例或者私有性质的公司参与到信托市场的竞争中去，提高信托市场市场化竞争的程度，驱动受托人尽力行使好国有股权并实现排除行政干预的目标。[1] 受托人的选任，除了选任条件之外，还有一个重要问题就是选任的程序。国有股权信托行使以公开招标的方式选任受托人，[2] 笔者认为这是比较客观、合理的。通过公开招标这种竞争机制，一方面，设置相应的门槛，把有较低诚信记录和财产管理能力的不合格的受托人排除在国有股权信托行使的大门之外；另一方面，有竞争，就会有进步，在竞争机制面前，各个受托人为了成为合格的受托人，必定不断提升自己的实力，并努力保持其在相关行业中的优势地位，使自己在竞争中处于不败之地。

3. 受益人的明确

我国信托法规定了自然人、法人或依法成立的组织可以成为受益人。国有股权的信托行使，受益人的明确直接关乎着国有股权行使的最终目的能否实现。国家所有权的终极所有权主体是全体人民，因此，在选择国有股权信托行使的受益人时，其受益对象应当是全体人民。有学者认为，社保基金应

---

① 参见丁国民、漆丹：《国有股权的信托行使》，《中南大学学报》（社会科学版）2004年第 6 期。

② 参见顾功耘等：《国有经济法论》，北京大学出版社 2006 年版，第 172 页。

作为国有股权信托行使的唯一受益人。① 笔者认为其具有一定的合理性，这种设置既方便管理，又有利于监督，但这种做法忽视了投资形成国有股权的机构或部门等之间的利益协调问题，在实际操作中极有可能遇到相关机构或部门的抵触。因此，将国家和具体形成国有股的机构或部门等作为共同的受益人，在操作上更具现实性。而国家作为受益人的收益将用作国家财政及社保基金来源，最终使全民受益。共同受益人的优势在于其不仅能够解决投资形成国有股的不同机构或部门之间的利益冲突，同时有利于相互监督，排除行政干预，实现全民受益。

---

① 参见王荣：《国有股权信托行使研究》，《理论月刊》2014 年第 12 期。

第五章　国有股权行使之监督论

　　国有股权行使的监督主体繁多，监督制度庞杂，监督结果却不尽如人意，呈现出"稻草人"现象。近年来，国有企业中出现了一系列的严重贪腐问题，如中石油系塌方式腐败窝案，就从一个侧面反映出了我国现行制度对国有股权行使监督的乏力。本章主要针对国有股权行使过程中的法律监督问题进行探讨，试图在分析现行监督法律制度及其运行机制的基础上，构建更加有序高效的国有股权行使监督制度体系。

第一节　国有股权行使监督的基本问题

一、国有股权行使监督的含义与特征

（一）国有股权行使监督的含义

　　公司是多种利益相关者组成的契约共同体，不同的利益主体在公司中既拥有共同的利益，也拥有各自不同的利益。设利益相关者为追求自身利益最大化者，则防止其为了自己的利益而损害其他利益主体的利益成为必要。为此，公司法律制度不仅规定了公司中不同主体的权利义务，而且也设定了各种各样的监督和制约机制。例如：为了防止股东滥用公司人格损害债权人利

益，公司法规定了法人人格否认制度；为了防止大股东滥用权利损害小股东的利益，公司法设置了少数股东权和单独股东权；为了防止管理者损害股东和公司利益，公司法规定了分权制衡的公司治理结构，等等。股权的行使，特别是控股股东的股权行使行为会影响到其他股东、债权人、公司员工等利益相关者的利益，故公司法对股权行使行为设定了多种监督和制约机制。这些监督和制约机制无疑也适用于国有股权的行使。

但是，以上这些监督均不是本书所说的股权行使监督。本书所说的股权行使监督，是指在股权主体和股权行使主体相分离的情况下，为了维护股权主体的利益，防止股权行使主体为了自己利益而不正当地行使股权损害股权主体利益而对其股权行使行为进行监督的一项法律制度。从维护股东自身利益的角度来看，股东的股权行使行为是无需监督的。每个人都是自身利益的最佳判断者，都会选择自认为最理性的方式行使权利。股东是股权的享有者，股东会选择自认为最好的方式去行使股权。尽管由于个人理性的局限，股东的行为不一定是最佳的股权行使行为，但这并不意味着股权的行使需要他人代为决策。当然，如果股东基于自己的自由意志，也可以选择由其他人代为行使股权。当股权不是由股东自己亲自行使，而是由代理人代为行使时，就产生了对实际的股权行使者也就是代理人进行监督的需要。这是委托代理理论的一般原理。

国有股权，天然存在股权所有者和股权行使者的分离。如前所述，国有股东有实质股东、中间层股东和名义股东之分，名义股东是公司法意义上的股东，直接对国有公司行使股权，中间层股东虽然不直接行使股权，但是，通过影响名义股东，实际上对国有公司的股权行使发挥作用，我们称这种情况为国有股权的间接行使。在有些时候，中间层股东的作用较之于名义股东可能对国有公司产生更大的影响。基于以上分析，本文所称之国有股权行使监督，是指为了防止国有股权行使主体的权利滥用行为损害国有实质股东的利益，而对各类国有股权行使主体直接或者间接行使国有股权的行为所进行的监督。准确理解国有股权行使监督的含义，需要把握三个要点：

1. 监督的目的是维护国有实质股东的利益

国有股权的实质股东是国家，是全民。国有股权行使监督是为了维护国家利益、全民利益。当然，这种国家利益、全民利益在不同的层级中有不同的代表，因而也有不同的表现形式。在实践中，必须注意区分国有股权行使主体的利益和其所代表的国家利益、全民利益，不可将两者混同，此其一。其二，也不能将国家利益、全民利益虚化，应当看到，在每一份国有股权中，国家利益、全民利益都是具体的。

2. 监督对象是国有股权行使行为

国有股权行使行为既包括名义股东直接行使国有股权的行为，也包括中间层股东影响名义股东的股权行使行为的国有股权间接行使行为。

3. 监督的必要性在于国有股权存在所有者和行使者的分离

国有股权的所有者是国家、全民，在实际的运行过程中国家通过多级委托的方式对国有股权进行管理，最后我们所看到的国有股权行使者仅仅是名义股东，在此之上还存在着许多的中间层股东，他们分别通过各自不同的方式和途径影响着国有股权的行使。无论是国有股权的直接行使行为，还是间接行使行为，都可能因为行使者自己的利益与国家利益、全民利益不一致而产生国有股权被不正当行使的可能性，因此，需要对其进行监督。例如，OECD 在一份研究报告中指出："与私人投资者相比，国有企业投资者带来了特殊的风险和挑战，因此需要更为紧密的监管。"[1]

（二）国有股权行使监督的特征

国有股权行使监督源于股权与股权行使权的分离而产生的委托代理关系。但是，与一般的股权委托行使所产生的监督相比较，国有股权行使监督具有鲜明的特点：

---

[1] 经济合作与发展组织（OECD）编著：《国家发展进程中的国企角色》，贾涛译，中信出版集团股份有限公司 2016 年版，第 28 页。

1. 监督依据法定性

在一般的股权委托行使中，委托人是通过委托代理合同的方式授权代理人行使股权，委托人可以依据委托代理合同对代理人实施监督、追究其代理不善的法律责任，或者终止代理关系。在国有股权的委托行使中，由于国有股权的实质股东是全民，可以推断出国有股权的初始委托人是全民，而实际上全民是不可能作为初始委托人行使委托权的，也即初始委托人是缺位的。因此，国有股权行使的委托是由法律直接规定的。各级各类委托人和代理人依照法律规定履行职责。根据《企业国有资产法》的规定，国务院和地方各级人民政府依照法律、行政法规的规定，分别代表国家行使股权；政府由履行出资人职责的机构代表政府行使国有股权。与国有股权委托行使的依据来源于法律和行政法规的直接规定相一致，对国有股权行使的监督也是依照法律和行政法规的规定来进行。

2. 监督关系的多层次性

以两权分离为特征的现代公司制度在发挥其经济优势的同时伴随着制度成本，国有公司也不例外。但是，由于产权性质的差异，国有股权行使的委托代理问题与一般的企业相比存在一定的差别。私有产权与国有产权存在着一个本质上的区别：私有产权存在着明确的、真正的所有权人，而国有产权在名义上归全体人民所有，实际上所有者是缺位的，这使得其不能像一般民营公司那样直接由所有者来选择代理人，也就是管理者，并对其进行监督。因此，在"一股独大"的国有企业中，股东和实际管理者的委托代理关系要比一般企业复杂得多。Shaprio 和 Willig 在其著作中曾经指出，相对于私人企业，政府所有的企业中存在更加复杂的委托代理关系。①

依据委托代理理论，代理效率会随代理层级的增加而不断降低。相较于其他公司从所有者到经营者的委托代理关系，国有股权行使中的委托代理链

---

① See Shaprio, R. Willig. Econimics Rational for the Scope of Privatization. Westview Press, London, 1990: 55-87.

条冗长层级复杂，按宪法和有关法律规定，国有资本由全民抽象性地委托给人大，再由人大委托给政府，所以国有资产的所有者代表实际上是以国务院为中心的各级政府。从现有体制的框架构成来看，最终这项权利会通过政府再委托给国有资产监督管理机构等履行出资人职责的机构，国有资产监督管理机构等履行出资人职责的机构作为出资人代表对国家出资企业行使出资人权。国家出资企业（不含国有资本参股公司）通过投资行为成为其所出资企业的出资人，对其所出资企业行使出资人权。国家出资企业所出资企业再投资的，则国家出资企业所出资企业又成为出资人，对其所出资企业享有出资人权，……。多层级委托代理关系，必然导致代理成本高、代理效率低。首先，委托代理关系链条越长，信息不对称就越严重，代理人损害初始委托人利益的行为就越难被发现，导致道德风险增大；其次，委托代理关系链条越长，信息的失真程度也越高，决策者依据失真的信息很难做出正确可行的决策。最后，委托代理关系链条越长，处于中间层的主体就越多，中间层主体既是委托人又是代理人，他们不会像所有者那样重视所有者的利益。各个代理层次的代理人权利与义务会在多层代理中被稀释，委托人监督的积极性和最终代理人的工作努力水平也会受此影响不断降低，代理成本和经营风险会逐级增大，导致最初委托人的目标不能实现。

3. 监督权源的复杂性

国有股权行使监督，既有公权力的监督，也有私权利的监督，还有社会权的监督。公权力监督、私权利监督和社会权监督交织在一起。公权力遵循法无授权皆不可为的规则，是受到严格限制的，这种严格限制，使得它难以有针对性地采取监督措施。私权利的监督主要是基于委托代理关系，委托人有权对代理人进行监督，这种监督权利是委托代理关系所固有的。当然，依据委托代理合同，这种权利可能受到限制。我国对国有股权行使监督的法律

规定中，有关公权力的监督已经形成了一个完整的体系（但并不完善），①
而有关私权利的监督主要适用公司法的规定，专门针对国有股权行使监督的
立法几乎为空白。

二、国有股权行使监督机制和监督体系

（一）国有股权行使监督机制

所谓监督机制，是指监督系统内部各构成要素相互作用的关系及其运行
过程和方式。② 国有股权行使的监督机制，是指国有股权行使监督系统内部
各构成要素围绕享有国有股权行使监督权的主体，依法对国有股权各项权能
的行使行为进行审核、监察与督导，并做出具有肯定或否定意义的评价相互
作用的关系及其运行过程和方式的总和。其构成要素应包括：（1）监督主
体，即有权对国有股权行使实施监督的主体；（2）监督客体，即国有股权行
使行为；（3）监督体制，即各监督主体的组织结构及他们之间的相互关系；
（4）监督制度，包括监督主体的权力（权利）、义务、责任，监督对象的义
务、权利，监督的程序、方式、手段等；（5）监督动力，即促使监督主体行
使监督权利、履行监督义务的动力。国有股权行使的监督机制不是这些要素
的简单叠加，而是这些要素相互发生作用所产生的动态过程及其所呈现的具
有某种客观规律性的运行方式。由于其公共产权属性，国有股权的行使主体
都不是真正的产权主体，真正的产权主体是缺位的。这也是其较之私有股权
行使更容易滋生腐败现象，更需要一个完善的监督机制的深层原因。国有公
司要承担经济责任、政治责任和较之一般公司更大的社会责任，市场调节的
优胜劣汰机制无法反映管理者的业绩。亏损，不一定表明管理者管理无方；

---

① 参见王新红：《论企业国有资产管理体制的完善——兼论国资委的定位调整》，《政治
与法律》2015 年第 10 期。

② 参见那述宇：《监督机制的概念解析与模式选择》，《南通大学学报》（社会科学版）
2002 年第 12 期。

反之，盈利也不一定代表管理者管理得很好。这便为管理者消极管理、滥用职权、贪污腐化提供了更多的屏障。基于以上分析，对国有股权行使的监督需要公权力监督、私权利监督和社会权监督相互配合，共同担负起对国有股权行使的监督职责。

根据前文关于国有股的分类，国有股包括国家股和国有法人股，这两类股权行使主体有很大的不同，其监督机制也有很大的差别。国家股的国有股权行使主体是国有资产监督管理机构、其他履行出资人职责的机构。而国有法人股的国有股权行使主体本身就是企业法人或者其他营利性机构。对于履行出资人职责的机构的监督，更主要的是依靠公权力监督；对于国有法人股持有者的监督，主要通过私权利监督机制来实现。

（二）国有股权行使监督的体系构成

国有股权行使监督涉及的主体多，体系复杂，各种监督形式差异很大，为了能够比较清晰地理清各种监督形式、各种监督形式的性质及其对法律制度的诉求，有必要深入了解国有股权行使监督的体系。按照不同的分类标准，国有股权行使监督可以做多种分类，本项目组根据研究的需要，按照监督力量来源的不同，将其分为三大类：国有股权行使的私权利监督、国有股权行使的公权力监督和国有股权行使的社会监督。本章第三、四节将分别阐述国有股权行使的私权利监督、国有股权行使的公权力监督中所面临的法律问题，这里仅对国有股权行使的社会监督做简要说明。

所谓社会监督，是指来自公权力系统以外的社会公众、社会团体的监督。以监督主体为标准，社会监督可以分为公民监督和社会组织监督。公民监督是指来自公民个人的监督，是社会监督中最广泛、最直接的监督方式；社会组织监督是指社会组织为了实现其成员的共同利益或者组织的目的所实施的监督。社会监督的监督对象非常广泛，一切影响社会的行为都是其监督对象。国有股权行使的社会监督，是指社会公众、社会团体和新闻媒体等对

国有股权行使主体及其工作人员的履职行为的监督。《企业国有资产法》第
66 条对国有股权行使的社会监督做了规定。国有股权行使的社会监督作为针
对国有股权行使的一种具体化社会监督，与国有股权行使的私权利监督和公
权力监督相比，社会监督具有监督主体广泛、监督方式多样和监督过程灵活
的特性，是对国有股权行使私权利监督和公权力监督的有益补充。在实践
中，国有股权行使的社会监督发挥着重要作用，也存在一些问题。如何更好
地发挥国有股权行使社会监督的作用，是有待深入研究的课题。

三、影响国有股权行使监督的环境因素

任何问题的存在，都有其时空背景，离开了特定的时空背景去进行研
究，试图寻找具有普世价值的万能钥匙，可能于事无补。布罗姆利指出：
"不存在单一有效率的政策选择，只存在对应于每一种可能的既定制度条件
下的某种有效率的政策选择。"① 国有股权行使监督存在的问题，是在我国
转型时期的特定历史背景下，是在经济全球化和电子信息技术高度发展的新
形势下，是在"四个全面"战略布局的格局下，国有企业改革进入"深水
区"时期存在或新出现的问题，既有历史的积淀，也有时代的烙印。

（一）转型时期的影响

转型作为描述社会发展过程的概念，是指社会制度的重大变迁。那么什
么样的制度变迁称得上重大变迁呢？我们赞同这样的观点：转型不是仅仅通
过改进运行方式来完善原有制度，而是实质性的改变和引入全新的制度安
排，即以新制度取代旧制度。② 所谓转型时期，是指社会制度从一个时期向
另一个时期过渡的阶段。在当代，人们通常将其理解为从计划经济向市场经

---

① ［美］丹尼尔·W. 布罗姆利：《经济利益与经济制度——公共政策的理论基础》，陈
郁等译，上海三联书店、上海人民出版社 2006 年版，第 5 页。
② 参见［荷兰］格泽戈尔兹·W. 柯勒德克：《从休克到疗法：后社会主义转轨的政治
经济》，上海远东出版社 2000 年版，第 2 页。

济过渡的时期，这固然没有问题，但与此同时，也是从人治向法治转型的时期，从集权经济向分权经济转型的时期，从传统意识形态向现代意识形态转型的时期。① 这是一个计划与市场、人治与法治、集权与分权、传统意识形态与现代意识形态并存、角逐的时期。就国有股权行使监督来说，一方面，现代企业制度的治理机制在改制后的国有企业中已经基本确立；另一方面，旧的制度、旧的观念仍然支配着企业及其管理者。一方面，《公司法》《企业国有资产法》等法律已经颁行；另一方面，国有企业运行的实际更多地仍然是依据政策和上级命令。转型时期的各种制度往往带有"试错"的性质，无论是废除旧制度，还是建立新制度，都需要保持谨慎，避免错废或者错立。

（二）经济全球化的影响

经济全球化对国有股权行使监督制度的影响是深远的，至少包括两个方面：一是国有企业走出去，如何有效监督域外国有股权行使成为新的课题；二是既要坚持我国国有股权行使监督制度中不容放弃的一些基本制度，如党组织的监督。又适应国际规则，不至于因规则本身的差异使国有企业在国际竞争中处于不利地位，甚至陷入法律风险。能否设计出合理有效的监督制度，这考验我们的智慧。

（三）大数据的影响

随着信息技术的蓬勃发展，大数据时代已经来临。国有股权行使信息化水平越来越高，面对海量数据，国有股权行使监督工作面临着前所未有的机遇和挑战。通过网络采集数据，实时快速获得信息，可以对企业的数据进行实时、全面监控。与此同时，大规模的数据扩张也带来了大量无用的信息，

---

① 参见王新红：《宏观调控法治化建设环境之"转型时期"的界定》，《北京工业大学学报》（社会科学版）2012 年第 4 期。

数据质量随之下降。信息的精准性降低，发生非系统性错误或造假的可能性上升，这给国有股权行使监督带来了新的挑战。另外，被监督者的违章违法行为变得更为隐蔽。绝大部分经营、管理信息均以电子数据的形式存储，各类不正当行为的蛛丝马迹往往隐藏在海量电子信息中，这同样对监管者的信息的搜集整理、管理能力、技术能力等提出了新的挑战。

（四）传统文化的影响

国有股权行使监督方面的问题往往被归咎于制度机制的不完善。事实上，监督文化也是问题之一。中国历经两千多年的封建社会所形成的专制主义、伦理主义、官本位的政治文化根深蒂固，导致反映人民主权、多数人对少数人监督的社会主义监督文化成长较为缓慢。可见，从监督文化的视角来反思国有股权行使监督方面的问题，是需要深入研究的。

除了以上四个方面的影响因素以外，影响国有股权行使的环境因素还有很多，不一一列举。但即使是以上四个方面的影响因素，如何具体影响国有股权行使监督以及需要采取哪些针对性措施，仍然是不明确的，有待今后做更深入的研究。

第二节　国有股权行使的私权利监督

一、国有股权行使私权利监督的含义、地位和形式

（一）国有股权行使私权利监督的含义

国有股权行使的私权利监督，是指履行出资人职责的机构或者国有企业对代表其行使股东权利的被投资公司董事和监事的履职行为和被投资公司的经营行为所进行的监督。准确理解国有股权行使私权利监督的含义，需要把握以下三个要点：

1. 国有股权行使私权利监督的监督主体

根据前文的阐述可知，由国有性质的资本形成的股份，是国有股；代表国家直接持有国有股的单位是国有股东（名义股东）。名义股东有两类，一类是履行出资人职责的机构，其持有的国有股被称为国家股，国家股所在的公司被称为国家出资企业；另一类是国有企业，其持有的国有股被称为国有法人股，国有法人股所在的公司是国家出资企业的子公司、孙公司、曾孙公司……履行出资人职责的机构不是其持有的国有股的所有者，它是受政府委托持有该国有股的；政府也不是该国有股的所有者，它是受国家（全民）委托持有该国有股；国有股的实质股东是国家（全民）。

从实质股东（国家）到名义股东——履行出资人职责的机构的多级委托，是依据公法授权进行的委托，各级委托人和代理人的职权均由法律直接规定，是公法关系。而履行出资人职责的机构与国家出资企业、国家出资企业与其子企业、孙企业等的委托代理关系，是基于出资行为产生的，相互之间的关系主要受公司法的调整，是私法关系。

由于公法委托中没有私权利监督存在的空间，因此，国有股权行使的私权利监督只存在于履行出资人职责的机构作为委托人以后的委托代理环节中。因此，国有股权行使私权利监督的监督主体只可能是履行出资人职责的机构、国家出资企业及其子公司、孙公司等。

2. 国有股权行使私权利监督的被监督主体

国有股权行使之所以需要监督，乃是缘于委托代理关系的存在。在委托代理关系中，委托人是监督主体，代理人是被监督主体。在监督主体确定为履行出资人职责的机构、国家出资企业及其子公司、孙公司等之后，通过找寻委托代理关系，我们不难发现被监督主体包括：（1）代表履行出资人职责的机构行使股东权利的董事、监事；（2）国家出资企业及其子公司、孙公司、曾孙公司等；（3）代表国家出资企业或其子公司、孙公司、曾孙公司等行使股东权利的董事和监事。

3. 国有股权行使私权利监督的内容

股权行使制度是现代企业制度的重要组成部分，股权行使是在现代企业制度的框架下进行的，是融入公司治理结构的，国有股权行使私权利监督是公司制国家出资企业的治理机制所蕴含的。

（二）　国有股权行使私权利监督的形式

以监督主体为标准，国有股权行使的私权利监督包括两大类：一是履行出资人职责的机构的监督；二是国家出资企业及其子公司、孙公司、曾孙公司……的监督。

二、履行出资人职责的机构对国有股权行使的监督

（一）　履行出资人职责的机构的监督寓于履行出资人职责中

履行出资人职责机构包括国有资产监督管理机构（国资委）、财政部门和其他履行出资人职责的机构。其中，国有资产监督管理机构是最主要的履行出资人职责的机构，其对国有股权行使的监督，是通过行使出资人权利来实现的，这种监督权是一种私权利，属于私权利监督的范畴。[①]

近年来，研究对以国资委为代表的履行出资人职责的机构进行监督的文献很多，多数学者将其视为一种国有企业的外部监督形式。从我国国资委监督的实践看，它也确实是游离于国有公司的治理机制之外的。国资委对国有资本控股公司、国有独资公司的监管范围远远超出作为股东的监管范围，监管方式有审批，有备案，还有通报批评，等等。国务院的行政法规、国务院国资委颁行的相关规章或规范性文件、地方人大与地方政府制定的相关法规

[①]　国有资产监督管理机构虽然使用了"监督管理"这样的具有浓厚公权力色彩的词，但它对国家出资的公司享有的权利是基于国有资产权而产生的，以国有资本控股公司为例，履行出资人职责的国有资产监督管理机构代表政府享有股东地位，行使股权，与国有资本控股公司的其他股东享有的股权并无二致，其对所投资公司管理者的"监督管理"，只能通过行使股权来实现。

与规章以及地方国资委制定的规范性文件的内容从基本的股东权责覆盖到了公司内部制度等广泛的领域。例如，《暂行条例》规定了国资委有"指导和促进国有及国有控股企业建立现代企业制度，完善法人结构，推进管理现代化"的义务。

我们认为，按照现代企业制度的基本逻辑，对履行出资人职责的机构的监督应当内部化，即应当融入国有公司的治理机制当中，在公司治理制度之外不存在任何形式的出资人监督，超越公司治理制度的边界谈出资人监督毫无意义。在现代企业制度的话语体系中，出资人基于出资行为取得股东身份，享有股东权利，此即股权。股权包括资产收益权、参与重大事项决策权和选择管理者的权利等。股东出资的财产经出资行为转化成公司的财产，公司享有支配公司财产的经营自主权。公司的行为是通过公司机关来完成的。按照《公司法》的规定，股东（大）会是公司的权力机构，董事会是公司的业务执行机构，经理是公司的辅助业务执行机构，监事会是公司的监督机构，各机构均有各自的职权范围。履行出资人职责的机构作为国有公司的名义股东，是国有公司公司法意义上的股东，其对国有公司享有的权利，应当依照《公司法》关于股东权利的规定行使，不能突破《公司法》关于股东权利的规定去行使股东权利。

那么，依照《公司法》的规定，履行出资人职责的机构是否享有监督权？享有哪些监督权？又如何行使这些监督权呢？这涉及国有股权的权能问题，有关国有股权的权能，本书已经在第三章国有股权行使之权能论中详述。这里仅对事关监督的内容做一简要归纳：股权权能包括资产收益权、选择管理者的权利和参与重大事项决策权等，虽然没有专门的监督权能，但每项权能的行使都包含监督或者能产生监督的效果，如选择管理者的权利，即股东（大）会对董事、监事的任免，就涵盖了对董事、监事的监督；再如参与重大事项决策权，即股东（大）会对董事会、监事会提出的有关公司的重大事项做出决定，这也体现了对董事会决策事项、监事会有关监督事项的监督。

（二）外派监事会应当内部化

外派监事会制度是我国国有企业改革实践中发展起来的中国特有的国有股权行使监督制度。肇始于 20 世纪 80 年代的国有企业改革，初期以放权让利为典型特征。放权之后，出现了管理混乱、经济效益下滑和国有资产严重流失的问题。为了解决这些问题，国家采取了收回部分已经下放给国有企业的经营自主权的措施，而收权抑制了国有企业的活力。这样，国有企业改革陷入了"一放就乱，一收就死"的怪圈。显然，收权不是解决国有资产流失问题的良策，要想从根本上解决这个问题就必须加强对国有企业的监督。1998 年，国务院颁布《国务院稽查特派员条例》，并依据条例向国有重点大型企业派出稽查特派员，负责监督企业资产运营和营运情况。稽查特派员制度建立后，开展了卓有成效的工作，有效遏制了国有企业管理混乱的状况，说明了外派式国有企业监督模式的有效性。但是，该制度也存在诸如机构不稳定、派出范围不确定、工作性质不明确等问题。作为外派式国有企业监督模式的升级版，外派监事会监督模式应运而生。2000 年，国务院通过《国有企业监事会暂行条例》，建立了外派监事会制度。① 外派监事会制度在一定程度上加强了政府对国有股权行使的监督。外派监事会是独立于国有公司的，不属于国有公司治理结构的组成部分。

我们认为，外派监事会应当内部化，即外部监事应依法定程序进入国有公司内部，如国有资产监督管理机构向国有公司派出的代表，经国有公司股东（大）会选举（国有独资公司由履行出资人职责的机构直接任命）进入公司监事会担任监事，按照《公司法》的相关规定，成为国有公司治理结构的组成部分。理由有二：（1）秉承出资人监督应当融入公司治理结构、在公司治理机制之外不存在出资人权利的同一逻辑，外派监事会的存在，缺乏法

---

① 参见国务院国有资产监督管理委员会研究局：《探索与研究——国有资产监管和国有企业改革研究报告（2014—2015）》，中国经济出版社 2017 年版，第 476 页。

理基础和法律依据。（2）外派监事会外在于国有公司，较之于内部监事会，获取信息更加困难，存在更严重的信息不对称的问题。①

三、国家出资企业或国有公司对国有股权行使的监督

国家出资企业或国有公司投资设立公司，成为国有股东，对所出资公司享有国有股权，其委派代表行使国有股权，同时也要对国有股权行使行为进行监督。一般来说，其会委派董事作为股权代表，因此，对国有股权行使的监督，也就是对其委派的董事的履职行为的监督。这种监督应当可以融入公司治理机制。通过公司治理机制来实现对国有股权行使的监督，主要在于对监事会制度的完善。

国有企业公司制改造之后，国有企业内部存在"两个系统"，一个是由股东大会、董事会、经营班子形成的经营决策系统，另一个是由党组织、监事会、职代会、工会构成的监控系统。这两大系统本应是相互配合、相互制约的关系，但在实际中，企业的各项活动往往只按照经营决策系统的意志进行，监控系统的监督显得软弱无力。再则，由于监督体制的混乱，重复监督、监督不到位的现象也同时存在。

从表面上看，我国现行《公司法》关于监事会制度的规定是全面的，完善的。但是，从实践来看，国有公司监事会的作用却并没有有效发挥。监事会不愿意监督或者不敢监督的情况普遍存在。导致这种现象的原因并不复杂，无非是：（1）监事会成员缺乏监督的动力；（2）监事会行使权利缺乏保障机制；（3）监事会的监督能力不够。因此，对症下药，加强国有公司监事会制度建设，也必须从这几个方面入手：

---

① 2018年国务院机构改革将国资委的国有企业领导干部经济责任审计和国有重点大型企业监事会的职责划入审计署，不再设立国有重点大型企业监事会。从中央到地方都撤销外派监事会建制，外派监事会已经在我国体制中不复存在。这本应当成为国有企业建立和完善监事会制度的契机，但令人遗憾的是，外派监事会撤销后，除个别地方的国家出资企业成立了监事会之外，其他中央和地方的国家出资企业均没有设立监事会。

（一）国有公司监事监督动力的激发制度建设

监事的监督动力无非受两个方面因素的影响。一是利益关系，二是职业精神和荣誉。从利益角度看，当依法行使监督权符合其利益时，监事就会主动积极地按照法律的规定行使其监督权。而国有公司的监事与国有公司并无利益关系，依法行使监督权并不能为其带来利益。解决的办法无非是通过建立"胡萝卜加大棒"的激励和约束制度，使依法行使监督权成为其占优策略。其中，对怠于行使监督权、错误行使监督权和滥用监督权的情况规定严格的法律责任应当是制度完善的主要内容。从职业精神和荣誉的角度看，一是要委派或选举有担当的人担任监事；二是要培育对监事职务的荣誉感。

（二）国有公司监事会行使权利保障机制的完善

《国有企业监事会暂行条例》是国务院于 2000 年制定的，至今已经 20 多年了，该条例没有进行过任何修改，并且适用范围局限在国有重点大型企业中，未扩大到所有的国有企业。随着时间的推移，在不断探索的新实践及所出现的前所未有的新情况的考验之下，加之国有股权行使这些年不断地改革，形成了越来越完整的治理和监督制度，《国有企业监事会暂行条例》的不足之处也越来越明显，必须对该条例进行必要的修改。

国有企业的监事会不敢监督董事和经理是监事会监督难以发挥作用的根本原因，外派监事会制度的诞生大概是为了解决这一问题。但是，外派监事会制度的缺陷是明显的，也与现代企业制度是不相容的。因此，外派监事会并不是合适的解决监事会不敢监督董事和经理问题的制度安排。这里的根本问题在于，必须保证监事不存在受到董事和经理打击报复的可能性。只有这样，监事才可能依法行使监督权。那么，怎样才能消除董事和经理打击报复的可能性呢？就职工监事来说，由于其作为职工，是受董事和经理管理的，作为下属，如何敢监督上级呢？必须针对这种情况做出一定的制度安排，以保障职工监事行使监督权不至于遭受董事和经理的打击报复。如法律可以规定：职工监事在任职期间和离任后 3 年内，未经职工（代表）大会（或工会）同意，不得解聘、调整其工作岗位，等等。①

（三）国有公司监事会监督权配备制度的完善

在解决了国有公司监事会不愿意监督或者不敢监督的问题之后，接下来要解决的问题是，国有公司监事会的监督能力问题。应当赋予监事会与其责任相当的权利，使监事有权采取必要措施及时纠正董事会、经理的违法行为或其他可能造成公司损害的行为。

第三节　国有股权行使的公权力监督

一、国有股权行使公权力监督的依据

国有股权行使的公权力监督是与国有股权行使的私权利监督相对应的一个概念，是指国家权力机关、行政机关、监察机关对国有股权行使的监督。

（一）国有股权行使的公权力监督是国有企业改革历史发展的必然逻辑

国有股权行使的公权力监督，是由国家对国有企业的直接管理转化而来的，是在政企分开、确认和保护国有企业经营自主权的基础上，对国家直接管理国有企业的做法进行修正中逐渐建立起来的。在国有企业建立现代企业制度的过程中，一方面，通过采用现代企业制度建立起了国有股权行使的私权利监督机制；另一方面，通过重新定位政府与国有企业的关系，将政府对

---

① 参见王新红：《论建立和完善国有独资公司的监督机制》，《中南工业大学学报》（社会科学版）2000 年第 4 期。

国有企业的直接管理转化成对国有股权行使和国有企业经营管理的公权力监督。

（二）国有股权行使中的权力与权利需要来自公权力的制约

国有股权行使的中间层主体包括政府、政府所属部门等行政机关，代表其行使权力的是公职人员。对于这些公权力机构行使公权力的行为，按照孟德斯鸠的经典阐述，必须以权力制约权力。国有股权行使行为，主要是私权利行为，对私权行为的公权约束，主要是公共管理，至于国有股权的行使行为必须以公权力来制约，更主要的是因为国有股权本身具有特殊性。①

（三）国有股权背负的公共职能对公权力监督的诉求

国有公司担负着一定的公共职能：在我国，国有公司要承担政治责任、经济责任和社会责任。党的十八届三中全会提出国有股权行使的类型化管理的新思路，国有股权行使类型化改革后，虽然商业类国有股权行使在名义上将不再承担公共职能，但实际上，由于其产权打上了"国有"的烙印，不可能像私有企业一样"惟利是图"。无论其是否愿意，都必不可少地要承担一定的公共职能。国有股权的行使要实现国有公司的公共职能，仅仅依靠私权利监督是不够的，必须对国有股权行使进行公权力监督。由于职能的多元化，国有股权行使者的自由裁量权增大，很多损公肥私的行为可以打着履行政治责任、社会责任的幌子，这增加了监督的困难。公权力监督可以在一定程度上缓解这种监督困难。

---

①　国有股权的初始主体是"全民"，经由政府、国有资产监督管理机构或其他代表政府履行出资人职责的机构、国家出资企业及其子企业等多重委托，到达最终的国有股权行使主体手中，最初的委托人和最终的代理人经过多重委托代理关系之后，委托人的监督积极性逐渐减弱，委托人的监督职责履行无法到位。企业内部治理机制难以充分发挥其应有的监督作用，需要强有力的外部监督机制。政府作为公共管理者，负有运用公权力保护一切合法财产和利益的义务，在国有企业内部治理机制不足以保护国有企业所有人的利益时，运用公权力对其合法财产和利益予以保护是必要的。

二、国有股权行使的行政监督

（一）行政监督的含义和种类

国有股权行使行政监督有广义和狭义之分。从广义上说，是指政府及其所属部门依法行使行政权力的其他组织对国有股权行使的监督。包括两种情况：（1）政府及其所属部门、依法行使行政权力的其他组织对包括国有股权行使在内的所有市场主体给予的无差别的行政监督。① （2）政府及其所属部门、依法行使行政权力的其他组织对国有股权行使进行特别的行政监督。第一种情况，不是本书研究的重点，国有股权行使作为被监督主体，与其他企业一样，没有任何的特殊性。第二种情况，基于国有股权行使的特殊性对行政监督的特殊诉求，作为一种回应，行政监督主体对国有股权行使的特殊监督，也即本文所称的狭义的国有股权行使行政监督。本书仅研究狭义的国有股权行使行政监督法律制度。我国现行的行政监督制度中，有两种监督制度是针对国有股权行使，而不针对其他所有制企业的股权行使。这两种监督制度分别是政府本身对国有股权行使的监督和审计机关对国有股权行使的审计监督。

国有股权行使的行政监督，是政府通过行使公权力的方式对国有股权行使的监督，是公法意义上的监督。明确国有企业行政监督的公法性质是有意义的，它可以帮助我们厘清国有企业行政监督的边界，消除一些对国有股权行使行政监督的模糊观念。

---

① 例如，财政部门作为财政主管部门对企业执行财务会计制度的监督、工商行政部门对企业在市场上提供产品或服务的行为的监督、技术监督部门对企业产品质量的监督、劳动行政主管部门对企业劳动用工行为的监督，等等。

（二）政府对履行出资人职责的机构的监督

1. 监督的依据和性质

《企业国有资产法》第64条规定："国务院和地方人民政府应当对其授权履行出资人职责的机构履行职责的情况进行监督。"这是政府对履行出资人职责机构监督的法律依据。根据委托代理理论，为了防止作为代理人的履行出资人职责的机构背离委托人利益的道德风险，政府作为委托人有必要对其进行监督。从监督的权源来说，同样是基于委托代理关系，当委托人将某种权利授予代理人后，代理人应当在授权范围内进行活动，并对委托人承担信托责任。我国企业国有资产监督管理体制是一种分级代表体制，① 政府对履行出资人职责的机构的监督权是一种公权力，由公法调整。

2. 政府对履行出资人职责的机构的监督存在的主要问题

其一，政府将国有资产委托给履行出资人职责的机构，这是委托代理关系，履行出资人职责的行为必定存在着道德风险，需要专门监督，但现行国有资产管理缺少对履行出资人职责的机构的履职行为的专门监督机构和监督制度安排；② 其二，审计监督虽然包括对代表政府对履行出资人职责的机构及其公务人员的监督，也发挥了监督的作用，但是这种监督方式是以行政权力的行使为主要对象设计的，对履行出资人职责行为的监督，具有某种程度

---

① 中央政府与地方政府分别代表国家对国家出资企业享有出资人权利、履行出资人职责。政府与代表政府履行出资人职责的机构的职权划分制度，是公共机构内部之间的一种权责配置制度，是典型的公法，与授予的职权是公权力还是私权利无关。

② 《企业国有资产法》关于政府对代表政府履行出资人职责的机构的监督的规定相当简单，仅仅规定了政府有权对履行出资人职责的机构就其履职情况进行监督，没有规定监督权的具体内容、行使方式、程序以及法律责任等。从我国目前的情况来看，代表政府履行出资人职责的机构主要是国有资产监督管理机构和财政主管部门。国有资产监督管理机构是政府特设机构，财政主管部门是政府组成部门，都隶属政府。政府的各项职能主要是由政府部门来完成的，就政府的监督职能来说，主要是由审计机关和行政复议机关来完成的。行政复议是针对具体行政行为的一种监督方式，不适合对履行出资人职责的机构的监督。因为履行出资人职责行为不属于具体行政行为。

的不适应性；其三，仅有审计监督是不够的。

3. 完善政府对履行出资人职责的机构的履职行为监督制度的建议

根据履行出资人职责的行为的特点来建立专门监督履行出资人职责机构的监督机关及构建相关具体的监督制度是十分必要的。唯有如此，才能够对履行出资人职责的机构履职行为进行有效的监督，保证其尽职尽责地履行出资人职责。

（1）国资委应定位为对履行出资人职责的机构进行监督的机构

作为连接政府和国家出资企业最主要的中间主体的国资委的定位，是完善有关国资委的制度，乃至整个国有资产管理体制都必须要明确的问题。[①]当前，国资委被定位为履行出资人职责的机构，但是，它实际的职权和职责又远远超出了一个履行出资人职责的机构应有的职权和职责范围。对于国资委是否是一个合适的出资人代表，早有学者提出质疑："国资委作为国务院或地方政府的特设机构，作为出资人代表，具有国有控股公司的股东'资格'应该没有争议。但是国资委能否成为'合格'股东，则是一个值得讨论的问题。"[②]

如前所述，为了防止履行出资人职责的机构作为代理人的道德风险，政府有权对其进行监督。政府作为公共权力机构，担任对履行出资人职责的机构的履职行为的监督者显然是不合适的，因此，该监督职责必须委托给不行使公共权力的特设机构来行使。综合考虑，国资委是不行使公共权力的特设机构，拥有监督的经验和能力，是最适合承担对履行出资人职责的机构的履职行为进行监督的机构。即国资委应定位为对履行出资人职责的机构的履职行为进行监督的机构，依法履行对履行出资人职责的机构的履职行为的监督职责。定位调整后的国资委，仅代表同级政府对履行出资人职责的机构的履职行为进行监督。根据委托代理理论，为防止代理人的道德风险，委托人对

---

① 参见王新红：《论企业国有资产管理体制的完善——兼论国资委的定位调整》，《政治与法律》2015 年第 10 期。

② 张多中：《国有控股公司控制体系研究》，中国经济出版社 2006 年版，第 58 页。

代理人的监督是必要的。委托人对代理人的监督权是一种契约性权利，是委托代理关系中委托人的固有权。国资委的定位作上述调整，一方面弥补了现行国有资产管理体制对履行出资人职责的机构监督不足的缺陷，另一方面使政府、国资委及履行出资人职责的机构的相互关系得以理顺。

（2）由国有资本投资、运营公司作为履行出资人职责的机构

国资委定位调整后，我们认为，履行出资人职责交由国有资本投资、运营公司承担最为简单可行，国有资本投资、运营公司可以由国家出资企业改组而来。这样还能够减少委托代理的层级，降低代理成本。从国资委方面来看，职责转变前，它是出资人，但主要履行监督者的职责；职责转变后，它卸下出资人的重担，成为名副其实的监督者，国资委驾轻就熟。

在前文已经论述了国有资产监督管理机构作为履行出资人职责的机构的制度设计存在不合理之处，按照其名字和自身所具有的优势、特点，国有资产监督管理机构更适合来当一个监督者，行使对履行出资人职责的机构的监督权。对于立法缺乏具体可行的规定的情况，在机构职责进行必要的调整后也可以及时弥补空白，对监督履行出资人职责的监督权做出具体可行的规定。

（三）国有股权行使的审计监督

1. 国有股权行使的审计监督的依据

与国有股权行使有关的审计监督的法律法规有：《企业国有资产法》《审计法》《审计法实施条例》。根据《审计法》第 2 条的规定，审计监督的监督对象包括国务院各部门和地方各级人民政府及其各部门，国有金融机构和企业事业组织以及其他依法应当接受审计监督的单位。这就涵盖了所有的国有股权行使主体。审计的内容是财政收支或者财务收支的真实性、合法性和效益性。

2. 政府审计监督与社会审计、企业内部审计的关系

有关国有股权行使的审计监督，这里仅指政府审计监督，不包括国有企

业内部审计和社会审计。但是，这两类审计在监督被审计主体财务收支的真实性和合法性方面，发挥更为重要的作用。这两类审计与政府审计的配合与联动，构成了中国特色的审计监督体系。政府审计与企业内部审计、社会审计的关系，是政府审计监督的现状中不容忽视的内容。

伴随着我国国有企业改革的推进，股份制企业成为国有企业的主要形式，国有股权分布在多种形式的企业中，政府审计机构显然也没有能力对国有股权行使进行全面的监督，国有企业内部审计机构便应运而生。国有企业的内部审计机构是对政府审计的一种补充，其受政府审计机关的指导和监督，配合政府审计机构对国有企业进行审计监督工作。① 不过，国有企业的内部审计部门不仅要监督企业，也要服务并服从于企业，当二者目标不一致时，内部审计部门经常做出与其审计目标相背离的行为。② 清晰界定国有企业内部审计与政府审计之间的关系，明确国有企业内部审计并非政府审计，更不能替代政府审计。社会审计是指由会计师事务所及其注册会计师接受客户委托，对其会计报表及其他有关经济资料所实施的审计，与政府审计不同的是，它具有双向独立性、有偿性、委托性、民间性等特点，③ 一般受到政府审计机关的指导和监督。④

3. 审计监督存在的主要问题

（1）政府审计机关的审计力量严重不足

国有股权行使的审计监督，涉及的审计范围广，审计内容多，政府审计

---

① 参见刘伟平：《国有股权行使内部审计初探》，首都经济贸易大学，硕士学位论文，2005年，第22页。
② 参见王妍妍：《中国国有股权行使内部审计制度研究》，首都经济贸易大学，硕士学位论文，2010年，第19页。
③ 参见吴秋生：《政府审计职责研究》，中国财政经济出版社2007年版，第243页。
④ 根据我国《审计法》和《审计法实施条例》的相关法律规定，社会审计机构审计的单位依法属于审计机关审计监督对象的，审计机关按照国务院的规定，有权对该社会审计机构出具的相关审计报告进行核查。审计机关进行审计或者专项审计调查时，有权对社会审计机构出具的相关审计报告进行核查。审计机关核查社会审计机构出具的相关审计报告时，发现社会审计机构存在违犯法律、法规或者执业准则等情况的，应当移送有关主管机关依法追究责任。

人员的配备有限，远远不能满足政府审计监督的需要。其后果是：审计人员为了能够完成既定的审计目标而可能放弃对审计质量的追求，一些本应当受到审计监督的单位及其主要管理者未能受到审计监督。

（2）审计责任没有规定或规定不明确

《审计法》和《审计法实施条例》只对审计机关和审计人员的职责和权限有较为具体的规定，但是对于审计机关的审计责任却很少提及，对审计人员违法行为所应当承担的法律责任也没有做出相应的明确规定。[①] 由于审计责任规定不到位，放纵了审计机关和审计人员的违法行为，无法保证政府审计结果的权威性。

（3）对国有企业管理者的经济责任审计流于形式

经过多层次的委托之后，最终的国有股权行为主体往往是国有企业。因此，作为国有股权行为主体的国有企业是国有企业审计监督的重要对象。作为直接管理国有企业资产的人员，其自身的勤政性、廉洁性势必会影响该企业的国有企业行为。我国对国有企业管理者的经济责任审计包含任期经济责任审计和离任经济责任审计两个方面，从制度设计上并无不足。但对国有企业管理者的经济责任审计仍然流于形式，究其原因，主要包括三个方面：其一，由于国有企业"内部人控制"所带来的信息不对称，审计机关和审计人员具体执行审计工作的信息主要来源于管理者，而管理者作为经济责任审计的对象，一般不会积极配合。为了寻求管理者的配合，完成审计工作，审计人员不得不对管理者让步，最终被管理者"俘获"。其二，国有企业的管理者一般是政府委派到企业的公务人员，利用自身的高职位欺压比自己职务级别低的审计人员，迫使其做出虚假的经济责任审计报告。其三，经济责任审

---

① 《审计法》仅规定，审计人员滥用职权、徇私舞弊、玩忽职守或者泄露所知悉的国家秘密、商业秘密的，依法给予处分；构成犯罪的，依法追究刑事责任。《审计法实施条例》则在《审计法》的基础上又规定了，审计人员违法违纪取得的财物，依法予以追缴、没收或者责令退赔。由此看来，我国的法律法规对于政府审计机关所应承担的违法审计责任几乎没有提及；虽然对审计人员在审计过程中的违法行为所应承担的责任有所规定，但也十分空洞，缺乏可操作性。

计活动的时间跨度大、内容繁多，审计力量不足以应对烦琐复杂的经济责任审计工作，从而导致经济责任审计结果失真，最终流于形式。

（4）缺少针对企业经营性的规定

政府审计主要是针对国家公权力机关使用财政性资金情况的审计，虽然将国有企业及国有企业的管理者纳入其监督范围，但《审计法》和《审计法实施条例》主要是针对政府机关及其工作人员制定的，没有根据企业经营行为的特殊性做出有针对性的规定，导致对国有企业的审计监督具有某种程度的不适应性。根据收集的资料显示，我国除1999年国务院发布过《国有企业及国有控股企业领导人员任期经济责任审计暂行规定》外，并没有其他专门针对国有企业的审计法律法规。现有法律规定对国有企业进行监督具有一定程度的不适应性。

4. 完善审计监督制度

（1）增强审计监督的独立性

审计机关隶属于政府，其能否对财政部门、国有资产监督管理机构等机构实施真正的监督以及如何保持其独立性让人持怀疑的态度。如前所述，有人建议："把各级审计机关划入各级人大序列，使各级审计机关协助同级人大对预算的合法性、真实性、效益性进行监督。"① 我们认为，审计监督作为政府内的监督机制是有存在的必要性的。如果把我国审计机关从行政机关中独立出来，那就不是政府监督，这就等于否定了政府内的审计监督。毫无疑问，保持审计机关的独立性，使其成为一个真正独立的监督机构是重要的。这应当通过建立保持审计独立性的机制来实现。

（2）增强政府审计力量，利用公司内部审计、社会审计资源

在数量和规模庞大的国情下，要确保政府审计工作能够高质高量地完成离不开充足的审计人员配备。政府虽然可以投入更多的财力、物力、人力，

---

① 国资委"建立国有资本经营预算制度研究"课题组：《论国有资本经营预算监管体系的构建》，《经济参考研究》2006年第54期。

但毕竟是有限的，可以考虑充分发挥各方的资源，通过建立政府审计与内部审计、社会审计有效衔接的制度来降低政府审计工作的成本，并提高其效率。

（3）审计责任应适应现实需要，具备实际操作性

对相关法律制度中政府审计机构的审计人员在审计过程中的违法行为所应承担责任的规定应当具有实际可操作性，而非空洞得难以得到执行。根据政府审计的现实需要，理应在相关法律制度上做一些特别的规定，例如明确对国有企业管理者进行审计的具体事项，并根据其经营的特点来确定该具体事项等。保证审计机关和审计人员在审计活动中恪守。

（4）根据企业审计的特点对国有企业的审计做特别规定

应针对国有股权行使政府审计的实际需要，做一些特别的规定。这些特别规定主要包括：（1）审计事项和审计职权的特别规定；[1]（2）审计监督不能侵犯到企业的经营自主权；[2]（3）审计报告使用的特殊性规定，因为审计报告往往涉及企业的重要信息，这种信息的泄漏可能导致巨大的风险，所以对审计报告的使用需要进行特别规定。

三、国有股权行使的监察监督

（一）国有股权行使的监察监督的依据

2017 年成立的监察委员会，是我国专事监察职能的机构。根据《监察法》第 3 条的规定，各级监察委员会是行使国家监察职能的专责机关。根据《监察法》第 15 条的规定，监察监督的对象包括公职人员和履行公职的人

---

① 明确对国有企业及其管理者进行审计的具体事项，该具体事项的确定，要根据企业经营的特点确定。也就是要找准关键点，如重点审查关联交易的情况、重大资产处置情况等。由于审计机关与国有企业存在严重的信息不对称，审计机关在获取企业经营信息方面，应当拥有更大的职权。

② 例如，对企业资金的使用，管理者有权根据企业发展的需要做灵活处理，而这种灵活处理常常会在审计中视作违规使用资金。

员，国有股权行使行为是公职行为，受托行使国有股权的人员属于监察监督的对象。国有股权从全民到最终直接行使国有股权的人，有很多中间环节，这些中间环节的参与者主要是政府公职人员，其公务行为的廉洁性需要受到监察监督毋庸置疑。但是，受托行使国有股权的，还有国有公司的董事和监事，将他们也纳入监察监督的范围，是中国国有股权行使监督制度的特色之一，为国有股权行使者履行忠实义务和注意义务、防范其道德风险增加了一道屏障。

（二）国有股权行使监察监督制度存在的主要问题

监察监督是以公务人员的公权力行使行为作为监督对象的，重点关注公务行为的廉洁性。而国有公司中国有股权代表的履职行为是一种企业经营行为，这与公权力的行使行为有很大的差异。《监察法》没有针对国有公司中国有股权代表的履职行为区别于公权力机构公务人员职权行为的特殊性做任何特别规定，完全依照对公权力机构公务人员的监察规则来监督国有股权代表。由于企业经营行为和权力行使行为有很大差异，适合对机关公务人员的职权行为进行监察的制度，不一定适合于对国有股权代表履职行为进行监察监督，用对公权力机构公务人员的职权行为的规范来要求国有股权代表的企业经营行为，一方面，可能会不恰当地捆住了国有股权代表的手脚，使其面对风险决策时，瞻前顾后，过于谨小慎微，难以创新。另一方面，监察监督制度主要针对公权力行使，用于监督国有股权代表可能存在不适应性，同时也给国有股权代表留下了规避监察监督的可能。

（三）国有股权行使监察监督制度的完善

1. 建立容错机制

监察监督必须针对国有企业的特殊性专门进行制度设计，使其适合对国有股权代表的监督，其核心是建立容错机制。2017 年 5 月《国务院办公厅关于进一步完善国有企业法人治理结构的指导意见》提出，按照"三个区分开来"的要求，建立必要的改革容错纠错机制，激励企业领导人员干事创业。2017 年 9 月，《中共中央国务院关于营造企业家健康成长环境弘扬优秀企业家精神更好发挥企业家作用的意见》再次提出，树立对企业家的正向激励导向，对企业家合法经营中大胆探索、锐意改革所出现的失误予以容错，为担当者担当、为负责者负责、为干事者撑腰。所谓容错机制，对国有股权代表来说，是允许其在国有股权行使过程中大胆探索，对其一定范围内的失误不予追责的机制。

　　建立容错机制，法律制度是其核心。在公司法律制度中，其实是有容错制度的。英美法中的"商业判断规则"就是典型的容错制度。商业判断规则首创于美国，是由判例发展而来的一项司法审查原则，作为司法审查标准，它是法院用来审查公司董事是否违反注意义务的重要准则。根据 1984 年 aronson v. lewis 案中法官的解释，商业判断规则建立在这样一种假定之上，即董事在行使决策之职时，会在知悉的基础上，本着善意，为公司的最佳利益行事。如果缺乏董事滥用裁量权的证据，董事的判断受法院的保护。指证董事违反职责的一方应负举证责任，即找到证据推翻前述假设。商业判断规则的核心在于：（1）在事后评价董事行为的是非曲直时所持的谨慎态度——假定董事在行使决策之职时，会在知悉的基础上，本着善意，为公司的最佳利益行事，如果缺乏董事滥用裁量权的证据，董事的行为不受追究;[1]（2）审查者并不具有进行商事活动所必需的技能、信息和商业判断能力，审查者不能证明自己比公司董事在经营方面更高明，故审查不对董事决策的实质内容进行审查，而只是在程序上对董事的行为方式和过程进行审查。虽然商业判断规则是英美法的一项司法审查规则，但该规则不仅可资我国公司法借鉴，也值得将其作为监察监督中对国有公司董事、经理的经营行为出现失误时是否容错的重要标准。鉴于国内对商业判断规则的研究已经相当充分，这

---

　　[1]　参见刘迎霜：《股东对董事诉讼中的商业判断规则》，《法学》2009 年第 5 期。

里不再赘述。

对于错误，追责是常态，容错是例外。只有符合一定条件，错误才可以得到宽恕。那么，什么是可容之错呢？根据建立容错机制的目的，借鉴商业判断规则，可以梳理出可容之错的构成要件。

（1）行为人没有谋取私利的动机和目的。从行为人的犯错动机看，错误可以分为为公益所犯之错和为私利所犯之错。前者指行为人为了推动企业发展，实现企业利益最大化，履行本身应尽的职责，结果出现了意料之外的错误。后者是行为人为自己或特定关系人牟取私利，损害企业或社会公共利益，对决策错误产生的后果是在其意料之中的。不为私利是可容之错的首要条件，对于为了私利所犯的错误，显然不存在任何可以宽容的理由。

（2）行为人对所犯错误不存在故意和重大过失。从错误产生的原因来看，错误可分为客观错误与主观错误。客观错误是指在改革创新过程中大胆突破，但因缺乏经验、市场条件不充分、时机不成熟、不可抗力等因素导致经营决策失败，是行为人在充分注意的情况下也难以避免的错误。主观错误是由于行为人的故意或者过失导致的错误。对于客观错误可以容错，对于主观错误，特别是行为人对所犯错误存在故意或重大过失时，则应予以追究。

（3）行为人没有违反法律法规、党内法规的禁止性规定和公共道德。从错误的性质来看，错误可分为探索性错误与确定性错误。探索性错误是法律及政策尚未规定明确的情况下，创造性地采取创新策略，在企业改革创新中造成的失误。① 探索性错误，行为人在行为时不知道、在其认知能力范围内也不可能知道其行为是错误的，故可以容错。确定性错误是违反法律法规、党内法规的禁止性规定或者公共道德所犯的错误。确定性错误是行为人在行为之初就知道或者应当知道其行为是错误的，却有令不行、有禁不止，明知故犯、胡乱作为，故不能宽恕。

（4）行为人的行为符合法定程序。从错误行为是否依据法定程序做出，

---

① 参见蒋来用：《以务实精神合理创设容错机制》，《人民论坛》2016 年第 11 期。

错误可以分为没有违反法定程序所犯的错误和违反法定程序所犯的错误。决策程序是正确决策、避免错误的重要方式。依照法定程序行为仍然出现错误，或可原谅。而违反法定程序，如独断专行、草率决策，行为人难辞其咎，必须追究。

2. 建立纠错机制

"容错机制不是简单地宽容错误，它还隐含着少犯错误、纠正错误的功能"[1]，因此，在建立容错机制的同时，还必须有纠错机制。

四、国有股权行使的人大监督

（一）国有股权行使人大监督的含义和特征

1. 国有股权行使人大监督的含义

所谓国有股权行使的人大监督，是指全国人大及其常委会和地方各级人大及其常委会对国有股权行使活动的监督。

2. 国有股权行使人大监督的特征

国有股权行使的人大监督与其他公权力监督方式相比较，具有以下两大特点：（1）人大对国有股权行使的监督主要是通过监督政府这一国有股权行使的中间层主体与国有股权行使相关的行为来实现的，它不对国有股的名义股东进行监督；（2）人大及其常委会对国有资本的经营预算和决算进行监督并听取政府关于国有资产管理情况的汇报，是人大对国有股权行使监督的主要方式，[2] 是宏观监督，不涉及具体的股权行使。

（二）国有股权行使人大监督的理据

人大是国家权力机关，行政机关、司法机关和监察机关均由其产生，对其负责，受其监督。其中，全国人大是我国最高的国家权力机关，也是我国

---

[1]　贺海峰：《构建容错纠错机制 激励干部干事创业》，《光明日报》2016 年 11 月 14 日。

[2]　参见王新红等：《国有企业法律制度研究》，中央编译出版社 2015 年版，第 340 页。

监督体系中最高级别的监督机关。人大行使对国有股权监督权的理论依据在于全民是国有股权的实质股东，国有股权由全民委托政府行使，全民作为国有股权的终极所有者，决定了政府对国有股权所做的一切都必须以全民的利益为考量。人大是由人民选举产生的代表组成，对人民负责，受人民监督，人大理应出于对全民利益的考虑，对国有股权行使活动进行监督。[①]《企业国有资产法》第 63 条就人大对国有股权行使进行监督做了规定。2017 年 12 月 30 日，《中共中央关于建立国务院向全国人大常委会报告国有资产管理情况制度的意见》[以下简称《意见》（2017）]对建立国务院向全国人大常委会报告国有资产管理情况的制度做出了规定。

（三）关于国有股权行使人大监督的两个争议问题

关于国有股权行使人大监督，学术界给予了高度的关注，学者们对人大进行国有股权行使的监督寄予厚望，特别是在涉及政府监管存在问题时，往往寄托于通过加强人大监督来解决问题。具体来说，有以下两个问题需要讨论与澄清。

1. 履行出资人职责的机构是否应当设在人大

21 世纪以来，陆续有学者提出，国有资产监督管理机构应当设在全国人大之下，在法律上明确全国人大代表全体人民和国家履行国有资产出资人的权利。[②]我们认为，人大作为国家权力机关，依照宪法和法律行使权力。从《全国人民代表大会组织法》和《地方各级人民代表大会和地方各级人民政府组织法》的规定来看，人大并没有此项职能。而《企业国有资产法》则是明确规定将履行出资人职责授予政府。从法理上讲，政府作为人大的执行机构，将全民所有的资产授予政府履行出资人职能，也符合权力机关与行政机关的职能分工。

---

① 参见石明磊：《论人大对国有资产的监管》，《人大研究》2003 年第 10 期。

② 参见纪宝成、刘元春：《论全国人大参与国有资产监管的合理性与必然性》，《经济学动态》2006 年第 10 期。

2. 人大是否能对国有股权行使的个案进行监督

我们在阐述人大监督的特点时强调，国有股权行使人大监督的对象是政府，只涉及国有股权行使的宏观方面，不涉及国有股权的具体行使。那么，人大能否对国有股权行使的个案进行监督呢？我们认为，国有股权行使监督，人大与其他监督部门的监督是有分工的，人大监督的方式是：（1）审议和批准国有资本经营预算和决算；（2）审议和批准政府的国有资产经营管理报告。至于国有股权行使的个案，人大不能越俎代庖。但是，人大代表依法享有质询权，人大代表可以就国有股权行使问题提出质询，此时，会涉及个案，人大代表就国有股权行使个案提出的质询，客观上会起到监督的作用。但这并不能成为人大可以对国有股权行使的个案进行监督的依据。

完善国有股权行使的人大监督制度，应当找准人大监督的定位，即对国有资产的总体运行情况进行监督，通过完善国有资本经营预算制度中人大的职权及其行使制度、建立和完善政府定期向人大报告国有资产总体运行情况制度来实现。

第六章　国有股权行使之划转论

本章探讨"划转部分国有资本充实社会保障基金"带给国有股权行使的新问题。

第一节　"划转部分国有资本充实社会保障基金"概述

一、"划转部分国有资本充实社会保障基金"制度的流变

"划转部分国有资本充实社会保障基金"制度源自股权分置改革中的"国有股减持"政策，并经过"转持部分国有股充实全国社会保障基金"的制度改良，在吸取经验和教训的基础上确立下来的。

（一）"减持国有股筹集社会保障基金"的提出及实践

1998 年下半年到 1999 年上半年，为解决推进国有企业改革发展的资金需求和完善社会保障机制，开始进行国有股减持的探索性尝试。① 与之相对应，1999 年党的十五届四中全会在《关于国有企业改革和发展若干重大问

① 参见张喜亮：《缜密谋划国企改革》，《中国经济报告》2015 年第 7 期。

题的决定》中颇具探索性地提出"要采取多种措施，包括变现部分国有资产、合理调整财政支出结构等，开拓社会保障基金的筹资渠道，充实社会保障基金"，但因实施方案与市场预期之间存在巨大差距，试点很快被叫停，历时不满一年。2001 年 6 月，国务院制定了《减持国有股筹集社会保障资金管理暂行办法》（以下简称《减持办法》），正式启动了国有股减持工作。由于此次国有股减持没有考虑到市场的承受力和股权分置下非流通股股东和流通股股东之间的利益对立，减持采取的是存量发行和市场定价方式，因而对证券市场造成了巨大的冲击，当年 10 月即被紧急叫停。

（二）"转持部分国有股充实全国社会保障基金"的改革和实践

2003 年党的十六届三中全会《关于完善社会主义市场经济体制若干问题的决定》中再次提出"采取多种方式包括依法划转部分国有资产充实社会保障基金"，但一直没有付诸实施。直至 2009 年 6 月，国务院发布《境内证券市场转持部分国有股充实全国社会保障基金实施办法》（以下简称《转持办法》），再次决定在境内证券市场实施国有股转持，明确国有股是指国有股东持有的上市公司的股份。这两次政策的目的都是为充实社会保障基金，"减持"和"转持"虽只有一字之差，但"减持"是出售国有股后将收入上缴社会保障基金，而"转持"是先把国有股股权划转给社会保障基金，实现收益权和处置权的转移，再通过锁定三年的方式，减轻转持期间对市场造成的冲击和引发的市场疑虑。然而，从实际效果来看转持的收效并不明显。但是，国家通过国企上市首发股票转持 10% 充实社会保障基金，并由社会保障基金理事会对转持股份进行管理运营，还是取得了一定的成果，积累了一定的经验。①

（三）"划转部分国有资本充实社会保障基金"的创新

党的十八届三中全会提出："划转部分国有资本充实社会保障基金，完

---

① 参见陈怡璇：《山东三成国资划转社保》，《上海国资》2015 年第 5 期。

善国有资本经营预算制度，提高国有资本收益上缴公共财政比例，2020 年提高到百分之三十，更多用于保障和改善民生。"党的十八届五中全会再次提出："建立更加公平更可持续的社会保障制度，实施全民参保计划，实现职工基础养老金全国统筹，划转部分国有资本充实社会保障基金，全面实施城乡居民大病保险制度。"毫无疑问，"划转部分国有资本充实社会保障基金"是党中央对新时期提高社保储备资金、完善社保体系所做出的重大部署。为了落实党中央的这项部署，2015 年 10 月，国务院《关于改革和完善国有资产管理体制的若干意见》明确提出："在改组组建国有资本投资、运营公司以及实施国有企业重组的过程中，国家根据需要将部分国有股权划转社会保障基金管理机构持有，分红和转让收益用于弥补养老等社会保障资金缺口"，使得该项决定开始步入实操期。从党的中央委员会全体会议做出的决定转化为国务院出台的文件内容，标志着这一改革内容由理想逐渐转化为制度，实现了质的转变。可以看到，从党的十八届三中全会做出《决定》（2013）中提出"划转部分国有资本充实社会保障基金"到写入国务院文件并作为国有企业改革与国有资产管理体制完善的一项重要内容，是一个具有连续性与贯通性的改革过程。

二、划转的含义和特征

（一）划转的法律含义

划转原本不是一个法律名词，我们要理解其法律含义，必须从包含"划转"一词的文件的上下文语境中去体会文件制定者意欲表达的意思，然后运用法学的知识对其进行分析。"划转部分国有资本充实社会保障基金"这一提法，先后出现在《决定》（2013）、党的十八届五中全会公报、《指导意见》《国务院关于改革和完善国有资产管理体制的若干意见》和 2017 年国务院发布的《划转部分国有资本充实社会保障基金实施方案》（以下简称《划转方案》）中。从这些文件中，我们不难发现，这里的"划转"是指依据国家法律、法规规定所进行的国有资本在国有产权主体之间的无偿转让。

（二）划转的特征

准确理解其含义，要注意其以下几个特点：

1. 划转是国有资本变动的一种形式，虽然说国有资本都属于国家所有，但实际控制人和实际受益人是不同的。国有资本的变动，有多种形式，划转是其中之一。

2. 划转的依据是法律和法规，任何单位和个人均无权在没有法律法规规定的情况下，对国有资本进行划转。

3. 划转是无偿的。

（三）划转与划拨的区别

划转与划拨，两者类似，都是无偿的。但两者区别是很明显的。根据《城市房地产管理法》第 23 条的规定，划拨是政府将国有土地使用权无偿拨给使用者，使用者可以是国有的单位，也可以是其他性质的单位或个人；划转的划出主体是国有股权的持有者，划入的主体只能是国有性质的主体。划拨是政府根据国有土地无偿使用的申请人的申请做出的，而划转直接依据法律、法规做出。

三、划转部分国有资本充实社会保障基金的意义

（一）弥补社会保障基金之不足

我国存在比较大的社会保障资金缺口，随着人口老龄化的加剧，寻找弥补养老金缺口的方式日显重要。全国社会保障基金的资金来源，目前主要来自国家财政拨款。

一方面，国家财政无力大规模扩充全国社会保障基金以应对日益迫近的人口老龄化高峰；另一方面，劳动者在获得工资前已被扣除了隐性的社会保

障基金，那些本应该用于医疗保障和职工养老的资金被国家先用来投资，以致社会保障基金出现巨大缺口。划转部分国有资本补充社会保障基金，是一个负责任的政府对于社会保障隐性债务进行弥补的必然选择。

（二）改善国有公司治理结构

国有企业改革目标是建立现代企业制度。在国有企业进行现代企业制度改制的过程中，国有股一股独大的问题显得异常突出，通过划转部分国有资本到社会保障基金，可以缓解国家股一股独大的问题，改善国有公司的治理结构。

（三）缓和国有企业改革中的社会矛盾

"社会保障在经济中具有社会稳定器、减震器、调节器，激励、推动社会发展和经济补偿的功能。建立社会保障基金是国家实现社会保障政策和实行国民收入分配和再分配的物质条件，也是国家调节个人收入分配的一种经济手段。"[①] 社会保障不足是国有企业改革中矛盾产生的重要原因。纵观我国国有企业改革 30 多年的实践，许许多多的、各式各样的矛盾与冲突，多数都与无法为改革中利益受损群体提供充分的社会保障有关。而社会保障不足的根源在于用于社会保障的资金不足。划转部分国有资本充实社会保障基金，对于缓和社会矛盾具有关键性的意义。

（四）解决社会保障制度的转轨成本

我国社会保障制度从现收现付制向部分基金制的转轨，存在转轨成本问题。转轨成本数额巨大，在一定时期内，需要偿还旧体系中"老人"的养老金和"中人"在转轨前的积累，这些不足都需要从其他来源获取资金进行弥

---

① "部分国有资产划转全国社保基金问题研究"课题组：《部分国有资产划转全国社保基金问题研究》，《经济研究参考》2006 年第 59 期。

补。在这种情况下，单独依靠财政弥补基金缺口几乎不可能。然而，这些转轨成本主要是国有企业在旧体制中的欠账转化而来，因此，完全有必要从国有资本中划转一部分充实社会保障基金。[①]

四、国有资本划转至社会保障基金与国有股权行使的关系

（一）划转国有资本的方式是划转国有股权

国有资本是国家对企业各种形式的出资所形成的权益。这种权益，除了国有独资企业外，在其他国家出资企业中，均是以股权的形式存在。《划转方案》规定："中央和地方企业集团已完成公司制改革的，直接划转企业集团股权；中央和地方企业集团未完成公司制改革的，抓紧推进改革，改制后按要求划转企业集团股权；同时，探索划转未完成公司制改革的企业集团所属一级子公司股权。"根据该规定，国有独资企业的资本不在划转的范围内，可见，划转国有资本就是划转国有股权。

（二）承接主体成为国有股权的重要行使主体

划转部分国有资本充实社会保障基金，代表社会保障基金承接所划转的国有资本的承接主体成为极其重要的国有股权行使主体。其作为国有股权的行使主体与其他股权行使主体既有共性，也有个性，需要做深入的探讨。

五、"划转部分国有资本充实社会保障基金"法律规制的必要性和可行性

（一）"划转部分国有资本充实社会保障基金"法律规制的必要性

在法治社会，每一个社会意义上的理想欲成为现实，都必须有制度与技

[①]　参见"部分国有资产划转全国社保基金问题研究"课题组：《部分国有资产划转全国社保基金问题研究》，《经济研究参考》2006 年第 59 期。

术来支撑。而制度要付诸实施又必须制定与之相对应的、能够统领全局的、具有可操作性的以及可贯彻始终的法律规则。"划转部分国有资本充实社会保障基金"这一战略决策的提出和实施，实质上就是一个由社会理想逐渐转化为制度的过程，欲使其在社会经济运转中成为现实的、具有可行性、被人们所接受的东西必须制定一套具有可操作性的法律规则。可见，制定一套具可操作性的法律规则是为了实现社会理想，而这个社会理想究竟是什么，就是一个不得不回答的问题了。对此，《划转方案》对划转国有资本充实社会保障基金的基本原则做了"四坚持，四结合"的规定。从《划转方案》所确定的以上基本原则不难看出，划转国有资本充实社会保障基金这一社会理想由两大主要目标构成：首要目标就是扩大我国社会保障战略储备、完善社会保障体系、填补我国社保资金的亏空，与此同时进一步深化国有企业改革、发展混合所有制经济。

我国在近十余年间所进行的多次以上述内容为核心的改革尝试，与我国职工养老保险收支压力增大，国家财政负担加重有着密切的关系。2015年全国社会保障基金预算显示，剔除财政补贴因素后基金仍收不抵支，且相比此前几年的预算执行情况，"亏空"进一步加大。随着经济下行压力增大，财政收入增速也出现严重下滑，与此伴随的却是财政支出特别是社保方面支出的逐年增加。由此可以看出，面对我国人口老龄化，社会保障体系建设日趋严峻的形势，通过以国有资产充实社会保障基金的方式来增加国家社保资金的储备具有相当的紧迫性。

如前所述，我国曾经多次尝试"划转部分国有资本充实社会保障基金"，但未能有效地贯彻实施，且两度被叫停。其中的原因很值得思考。下面以2001年国务院出台的《减持办法》被叫停为例进行分析。这一方案被叫停的根本原因在于其不具有可持续性、不可能真正实现最初的社会理想。这从国务院决定停止从证券市场减持国有股当天中国证监会答记者问中可以窥探出一二，其核心内容是"从国内外养老金的特性来看，它需要的是可产生收益的资产而不是大量现金。从其自身的利益出发，社保基金也需要将其手中的各类证券资产长期持有，而不是抛售变现。因此与国外的退休基金一样，社保基金一定会成为证券市场上最重要的长期投资者之一"。① 这是理念上的重大转变，即社会保障基金理事会的角色从"抛售者"向"投资者"转变，其获得资金补充社会保障基金的手段从"划转—抛售—变现"换取社保资金，转变为"划转—继续持有—获得股利"这样一个能够获得相对稳定的且具有持续性收益的过程。与此同时，财政部和中国证监会发言人也提到，基于该方案颇具探索性的性质以及系统工程的复杂性，故并未制定出系统性的、为市场广泛接受的实施方案；加之近期社会保障资金基本平衡，每年需补充的现金量不大，并无必要通过国内证券市场减持套现来筹集资金。以上两个原因与前述的原因综合在一起即是《减持办法》被叫停的原因。

通过对这一案例背景原因的分析不难看出，《减持办法》被叫停除了通过减持国有股充实社会保障基金的方案不被市场所接受因而不能实现预期目标外，另外两个重要原因即是在相当长的时间内其运作缺乏具有可操作性的规则以及缺乏国资充抵社会保障基金的紧迫性有关（社会保障基金在当时几乎不存在缺口）。显然，难以制定可操作性的法律规则在任何时候都会成为目标难以达成的原因，而社会背景的变化则会成为规则是否具有制定必要性的主要原因。通过对比本次改革的主要目标与之前的若干次尝试的主要目标即可以发现，之前的尝试仅将划转国有资本充实社会保障基金作为国有资本结构调整（股权分置改革中的国有股减持政策）的副产品，而非改革的主要目标，本次改革完全以划转国有资本充实社会保障基金作为改革的主要目标，不再作为任何一项制度改革的副产品。改革的主要目标的不同必然引申出与实施附属目标相关的规则制定的必要性问题，故可以说之前的尝试并未仔细考虑相关制度的建设问题，尤其是规则的制定。改革的主要目标不同的深层次原因即是社会背景的不同所致。笔者并不期望能够通过对上述案例的

---

① 《中国证监会就停止国有股减持相关问题答记者问》，http://finance. stockstar.com/SS2002062400532723.shtml，2018 年 11 月 12 日访问。

分析得出长时间缺乏一套适当规则的更深层原因，但正如证监会发言人所说的规则制定本身就是复杂的系统工程，加之没有紧迫的社会需要，必然导致规则的难产。而今社会保障基金缺口日益扩大且扩大的速度日渐加快，与财政收入的增速日益减缓呈现鲜明对比，两者之间的严重失衡必然要求国有资本充抵社会保障基金的战略规划在短时期内形成一套制度，这也突显了对法律规则的需求。再来看全国社会保障基金的资金来源，其在成立之初主要依靠中央财政拨款、国有股减转持、彩票公益金及投资收益等作为其主要资金来源，但随着国有企业改制接近尾声以及国有股减转持这一渠道本身因股权分置的制度本身存在缺陷所导致的难为市场所接受以致枯竭，社会保障基金需要拓展新的筹资渠道。在此社会背景下，亟须制定一套适当的规则来规范"划转部分国有资本充实社会保障基金"这一政策。

（二）"划转部分国有资本充实社会保障基金"法律规制的可行性

笔者对可行性的理解是将其分为行为意义上的可行性与结果意义上的可行性两类。前者是从一套规则能否得以有效实施而不是仅停留于纸面的角度来定义的，而后者则是从规则的实施效果来定义的。笔者在此处论证的主要是行为意义上的可行性，毕竟结果意义上的可行性只有当规则真正运行后才可以从其实施效果上加以观察，这本身就需要时间来检验。笔者认为，对于一套规则制定的可行性问题，首先可以从社会理想与制度本身的可行性角度入手进行分析，应当认为自首次进行"以国有资本充实社会保障基金"的尝试以来的几十年间进行的多次努力和探索，无论是成功（几乎没有）还是失败，都为本轮改革的顺利进行积累了丰富的经验，可作为本轮改革的知识储备与经验储备。并且由于这一概念并非首次提出，故本轮改革的提法并不会显得突兀，能够为更多的社会群体所接受。更为重要的是，2015 年山东省率先出台《省属企业国有资本划转充实社会保障基金方案》，并划拨省属企业

30%的国有资本至省社会保障基金理事会持有管理。之后，在 2016 年，上海、辽宁等地也开始了国有资本划拨社会保障金的实践摸索。虽然不同的地区会因本地区实际情况的不同制定出不同的规则，但规则确实必须要制定的，规则制定后也必然会在实践中接受检验，从而为制定统一的法律规则打下基础。

2017 年 11 月，在总结中央和地方划转部分国有资本充实社会保障基金经验的基础上，国务院出台了规范划转部分国有资本充实社会保障基金的法律性文件——《划转方案》。《划转方案》的出台，充分说明了法律规制"划转部分国有资本充实社会保障基金"的可行性，而以其为研究对象，可以探索建立更加科学、更加可行的"划转部分国有资本充实社会保障基金"的法律规则。

第二节　《划转方案》存在的主要问题

2017 年 11 月国务院发布的《划转方案》是指导划转部分国有资本充实社会保障基金的操作规范，其基本内容包括指导思想、基本原则、划转范围、划转对象、划转比例、承接主体、划转程序、承接主体对国有资本的管理、划转步骤、配套措施和组织实施这几大方面，为我国进行划转部分国有资本充实社会保障基金计划的实施提供了较为全面、具体的指引。

相对于《转持办法》而言，《划转方案》有所进步。2009 年的《转持办法》存在两个方面的问题：（1）社会保障基金理事会直接转持上市公司股份，虽然较之于"减持"对股市的冲击变小，但影响仍然较大；（2）仅在首次公开发行时转持，数量有限，相对于社会保障基金的缺口来说，杯水车薪。正是基于对《转持办法》以上不足的认识，《划转方案》相较于《转持办法》有了明显的改进：一是划转范围得以扩展，划转规模增大。根据《划转方案》的规定，划转范围不局限于国有股东持有的上市公司股份，大大拓展了划转范围，按照上述范围国资总量的 10% 进行划转，规模空前。二是以划转集团国有股权为主，避免对股市的冲击。《划转方案》将划转对象界定为改制后的集团公司的国有股权，在集团公司的层面进行股权划转，不直接涉及上市公司股权，降低了对股市的冲击。三是主要以股权分红补充社会保障基金，不会导致国有股大量减持变现。对于划转的国有资本，人们最担心的还是国有资本划转后，会被大量减持变现。对此，《划转方案》明确指出，要建立国有资本划转和企业职工基本养老保险基金缺口逐步弥补相结合的运行机制，并配备了三项措施保证在《划转方案》实施的过程中，不会出现大量变现国有资本的情况。四是试点先行，稳步推进。虽然《划转方案》相较于《转持办法》有了巨大的进步，但其仍然存在诸多问题。

一、关于基本原则

如前所述，"划转部分国有资本充实社会保障基金"最初源自股权分置改革中的"国有股减持"政策，自始至终都肩负国有企业改革和弥补社会保障基金不足的两大使命。不过，从当年的"减持国有股筹集社会保障资金"到今天的"划转部分国有资本充实社会保障基金"，虽然两大使命看似没有变，但主辅关系却发生了根本性变化。减持国有股筹集社会保障资金，"减持"是直接目的，通过"减持"解决国有股的流通问题。至于筹集社会保障基金，主要是为减持的国有股找一个去处，为减持找一个正当化的依据。而"划转部分国有资本充实社会保障基金"的主要目的是充实社会保障基金，国有企业改革是其兼顾的目标。《划转方案》确立的"四坚持、四结合"原则体现了这一点。限于本项目研究国有股权行使的法律问题的主旨，重点关注"坚持系统规划，与深化国有企业改革目标紧密结合"这一原则，对于《划转方案》提出的另外三项原则不作为考察的重点。

原则是指导规则的，规则必须体现原则。《划转方案》提出了"坚持系统规划，与深化国有企业改革目标紧密结合。"这一原则，但是，令人遗憾

的是，《划转方案》的具体制度规划中并没有体现出这一原则。对于深化国
有企业改革的目标，《指导意见》做了专门规定。那么，划转部分国有资本
充实社会保障基金应当与深化国有企业改革的哪些目标紧密结合呢？从国有
资本划转至社会保障基金的划转对象来看，要求被划转的国有资本必须是完
成公司制改造的国有企业集团——集团公司，或者划转未完成公司制改革的
企业集团所属一级子公司股权；从国有资本划转至社会保障基金带来的后果
来看，主要是增加了一个新的国有股权行使主体。划转部分国有资本充实社
会保障基金实现国有企业股权结构改革，通过股权结构的优化，有利于国有
企业的长期发展。由此，可以认为，划转部分国有资本充实社会保障基金应
当是与"国有企业公司制改革基本完成，发展混合所有制经济取得积极进
展，法人治理结构更加健全，优胜劣汰、经营自主灵活、内部管理人员能上
能下、员工能进能出、收入能增能减的市场化机制更加完善。"这一目标紧
密结合的。具体来说，就是助推国有企业公司制尽快完成，实现国有股权多
元化持有，推动完善公司治理结构，建立现代企业制度，促进国有资本做强
做优做大。

　　《划转方案》要求"中央和地方企业集团未完成公司制改革的，抓紧推
进改革，改制后按要求划转企业集团股权"，这是"与深化国有企业改革的
目标紧密结合"的体现，但仅有此是不够的，我国国有企业公司制改革的目
的是什么呢？是为了实现现代企业制度，公司是现代企业制度的载体或者说
表现形式。进一步追问，国有企业为什么要建立现代企业制度呢？乃是因为
公司治理机制"是历史发展进程中企业各方利益主体相互博弈的产物，是迄
今为止人类社会找到的最好的解决'两权分离'下管理者道德风险问题的方
法。"① 如果仅仅是采用公司的组织形式，而治理机制没有随之发生转变，
那是没有意义的。《划转方案》虽然要求未改制的企业集团加快进行公司制
改革，但没有对实现公司制的治理机制提出要求。实践中，集团公司进行公

---

① 王新红：《国企改革：股份制企业治理机制的中国式探索》，《法学》2018 年第 1 期。

司制改革，主要是改组为国有独资公司。国有独资公司作为一种特殊的有限责任公司，由于其只有一个股东，没有股东会，也不存在股东之间的利益制衡问题，所以在防止管理者的道德风险方面，效果并不明显，带有国有独资企业的一些痼疾。划转部分国有资本充实社会保障基金，承接机构成为股东，使国有企业集团由国有独资公司变成了拥有两个股东的有限责任公司，这本来可以成为改善国有企业集团治理机制的一个契机。但是《划转方案》的规定，却是与之南辕北辙的。

二、关于划转范围

按照党的十八届三中全会做出的《决定》（2013），要"准确界定不同国有企业功能"，《指导意见》把国有企业分为商业类与公益类两类。社会保障基金理事会持有国资的目的是为了使社保资金能够增值以提高社会保障能力，显然在同样持有国有企业股份的情况下持有商业类企业的股份显然比持有公益类企业的股份更能实现其目的。因此，划转范围限定为商业类国有企业。《划转方案》将公益类企业、政策性和开发性金融机构排除在划转范围外是正确的，但同时将文化类企业排除在外却令人费解。国有企业分类改革的目的之一是，具有普遍性的国有企业政策需要对不同类型的国有企业进行区分和识别，应当以国有企业的功能为标准进行区分，即可以对公益类国有企业和商业类国有企业分别适用不同的政策，对于同一类国有企业，无论处于什么行业，均应适用同样的政策。文化类国有企业，公益类居多，但也有商业类，将商业类文化企业排除在外，缺乏正当性依据，此其一。其二，将文化类国有企业排除在划转的范围之外，也导致划转缺少统一的标准，表现出一种极大的随意性，使划转国有资本充实社会保障基金这一重大改革措施缺少了应有的严肃性。其三，由于划转对象为改制后的企业集团，而企业集团的营业范围是广泛的、跨领域的，其中很有可能涉及文化类产业。那么，对于企业集团的文化类资产在划转时，是否应当扣除呢？这无疑增加了划转的复杂性、不确定性，并为寻租留下了空间。

三、关于划转对象和划转比例

《划转方案》将划转对象规定为企业集团的国有股权和未改制的企业集团一级公司的国有股权；划转比例为国有股权的10%。此前的党的十八届五中全会公报、《国务院关于改革和完善国有资产管理体制的若干意见》都没有对国有资本充实社会保障基金的划转对象和比例进行划定。而山东省出台的《省属企业国有资本划转充实社会保障基金方案》将全省471户省属企业，包括国有控股参股企业中30%的国有资本一次性转由省社会保障基金理事会持有。

对划转对象和划转比例的确定，根据《划转方案》确立的指导思想和基本原则，应当综合考虑两个方面的因素：一是满足补充社会保障基金不足的需要；二是满足深化国有企业改革的需要。分述如下：

（一）满足补充社会保障基金不足的需要

《划转方案》指出，以弥补企业职工基本养老保险制度转轨时期因企业职工享受视同缴费年限政策形成的企业职工基本养老保险基金缺口为基本目标。划转对象和划转比例的确定，应当能够满足这一基本目标。

由于中央及各省、自治区、直辖市转轨时期因企业职工享受视同缴费年限政策形成的企业职工基本养老保险基金缺口情况不同、商业类国有资本的总量不同，基于弥补缺口所需要划转的国有资本量以及商业类国有企业的国有资本总量，不难测算出中央和各省、自治区、直辖市为保障满足补充社会保障基金不足的需要所需的划转比例。不考虑各地实际一刀切的方式，不利于实现补充社会保障基金的目标。我们认为，中央政府确认中央企业的划转比例是应当的，但是，各省、自治区、直辖市国有资本的划转比例，由各地根据本地实际情况决定更为适当。

（二）满足深化国有企业改革的需要

如前所述，划转部分国有资本充实社会保障基金要"坚持系统规划，与深化国有企业改革目标紧密结合"，划转部分国有资本充实社会保障基金可能与深化国有企业改革紧密结合的方面在于："实现国有股权多元化持有，推动完善公司治理结构，建立现代企业制度，促进国有资本做强做优做大。"划转对象和划转比例的确定，应以此作为重要出发点。

将划转对象限定为公司制改造后企业集团的国有股权，有利于实现深化国有企业改革的目标——实现国有股权的多元化持有。在集团一级，已经完成改制的，也基本上是国有独资公司，通过划转企业集团的国有股权至社会保障基金，可以使国有独资公司变成国有资本控股公司，有利于完善公司治理结构。但是，如果划转至社会保障基金的国有股权占比太低，难以对另一国有股东形成有效制约，则划转虽然名义上实现了股权的多元化持有，但并不能改善其治理机制。将划转比例定为10%，可以保证承接主体能够行使少数股东权，对另一股东形成一定的制约，但10%相对于90%来说，在资本多数决的规则下，是难以发挥作用的，总体看来作用有限。但是，显然也不可能为了满足公司治理的需要，就大幅度地提高划转比例。为解决这一问题，尚需另辟蹊径。

四、关于承接主体

对于划转部分国有资本至社会保障基金的承接主体，《划转方案》对中央和地方做出区别规定，分别为：划转的中央企业国有股权，由国务院委托社会保障基金会负责集中持有；划转的地方企业国有股权，由各省级人民政府设立国有独资公司集中持有、管理和运营。也可将划转的国有股权委托本省（自治区、直辖市）具有国有资本投资运营功能的公司专户管理。令人疑惑的是，《划转方案》这种区别对待的理据是什么呢？不明就里。社会保障基金会显然不是一个合适的国有资本运营主体，此其一。其二，国有股权集中持有，可能带来关联关系问题、同业竞争问题等。

五、关于承接主体的国有股权行使

《划转方案》对承接主体的国有股权行使做了规定。不过，表述中，没有使用"承接主体的国有股权行使"，而是使用了"承接主体对国有资本的管理"。我们认为，划转的国有资本是国有股权，承接单位作为国有股权的持有人，是国有股权的名义股东。作为股东，其对国有股权（国有资本）的所谓管理，本质上就是行使国有股权。从国有股权行使的角度来审视《划转方案》关于承接主体对国有资本的管理的规定，不难发现其中问题。《划转方案》中规定："承接主体作为财务投资者，享有所划入国有股权的收益权和处置权，不干预企业日常生产经营管理，一般不向企业派出董事。必要时，经批准可向企业派出董事。"对此，我们在讨论《划转方案》的指导思想时已经做出过批评。这里，我们需要继续进行对这一规定的批评。

股权包括资产收益权、选择管理者的权利、参与重大事项决策等权利，承接主体既然承接了国有股权，就应当积极地行使股权。虽然说权利是可以放弃的，但是，一方面，权利的放弃应当是基于权利人的意思，国务院直接限制权利人的权利，显然不当。另一方面，承接主体只有积极地行使国有股权，才可能使有股权的多元化行使变得有意义，才可能改善国有企业的治理机制。

第三节　划转部分国有资本充实社会
保障基金法律制度的完善

《划转方案》对"划转部分国有资本充实社会保障基金"做了比较全面的规定，使之有章可循。同时，《划转方案》也存在上一节所述的诸多问题，需要完善。

一、扩大地方政府"划转部分国有资本充实社会保障基金"的自主权

（一）扩大地方政府"划转部分国有资本充实社会保障基金"的自主权的必要性

如前所述，"划转部分国有资本充实社会保障基金"的目标有二：一是弥补社会保障基金的不足；二是深化国有企业改革。由于各地社会保障基金的缺口不同，弥补缺口所需国有资本的量不同，加之各地国有资本的总量和分布领域不同，盈利能力也不同。国务院规定统一的划转方式和划转比例，显然不利于"划转部分国有资本充实社会保障基金"的目标实现。相反，授予地方政府更大的自主权，可以调动其积极性，发挥其主动性和创造性，有利于其根据本地实际，采用适当的划转方式和确定适当的划转比例。

（二）扩大地方政府"划转部分国有资本充实社会保障基金"的自主权的合法性

国有资产虽然是国家所有，但是，根据《企业国有资产法》第4条的规定，国务院和地方人民政府分别代表国家对国家出资企业享有出资人权益和履行出资人职责。并且，在分税制体制下，地方国有资本实际是归地方支配的；而社会保障基金也有中央与地方之分，各有其保障范围。从财权和事权的角度看，划转中央所属国有资本补充全国社会保障基金属于国务院的财权和事权；划转地方所属国有资本补充地方社会保障基金属于地方政府的财权和事权。因此，扩大地方政府"划转部分国有资本充实社会保障基金"的自主权具有合法性。

（三）扩大地方政府"划转部分国有资本充实社会保障基金"的自主权的具体内容

既然"划转部分地方所属国有资本充实地方社会保障基金"属于地方政府的事权，那么，涉及"划转部分地方所属国有资本充实地方社会保障基金"各项制度安排，如划转的主体、划转的方式、划转的比例、承接主体、划转的程序等，以及划转的时间进度表等具体事务，均属于地方自主权的范围。

基于以上分析，我们认为，国务院制定的《划转方案》应当仅适用于中央政府所属国有资本，对于"划转部分地方所属国有资本充实地方社会保障基金"，可以参照适用。

二、采用更有利于实现深化国有企业改革目标的划转方式

划转部分国有资本充实社会保障基金，始终是与国有企业改革联系在一起，不是简单地弥补社会保障基金的不足。《划转方案》对此也在基本原则中做了规定。但是，划转本身并不天然具有实现深化国有企业改革目标的功能，必须通过一定的制度安排，才有可能使划转部分国有资本充实社会保障基金的行为在充实社会保障基金的同时，推进国有企业改革目标的实现。

在前一节中，我们已经明确，划转部分国有资本充实社会保障基金能够与国有企业改革目标联系在一起，主要是可以通过划转实现国有股权多元化持有，从而推动国有企业完善公司治理结构，建立现代企业制度。按照《划转方案》确定的划转范围和划转比例，每个纳入划转范围的国有企业集团均须划转10%的国有股权给承接主体，如此规定整齐划一，简单明了，便于操作。能够非常有效地实现充实社会保障基金的目标。同时，也实现了国有股权的多元化持有。但是，仔细探究，我们就会发现，它对实现深化国有企业改革的目标的贡献度极其有限。国有企业集团，基本上是国有独资公司，通

过划转可以使这些国有企业集团变成有两个国有投资主体的有限责任公司。在这个有限责任公司中，履行出资人职责的机构①占90%的股权，承接主体占10%的股权。在资本多数决的现代企业制度中，这种股权比例是极不合理的。与国有独资公司相比，在治理中面临更多的问题。《公司法》对国有独资公司有特别规定，国有独资公司经过股权划转后成为一般的有限责任公司，不再受《公司法》关于国有独资公司的特别规定的约束，这样履行出资人职责的机构一方面仍然可以独享对公司重大事项的决策权、选择管理者的权利，同时逃脱了法律对国有独资公司股东的特别规定的约束，这与制度的初衷南辕北辙。

要解决上述问题，似乎只能通过大幅度提高划转比例的方法来解决。但是，如前所述，这显然是不可行的。我们必须在划转方式上寻求解决之法。为此，我们可以回溯划转的两大目标：第一，补充社会保障基金；第二，实现国有企业改革的目标。就第一个目标的实现而言，是必须有足额的资本被划转至社会保障基金，至于被划转的国有资本从何处来，在所不问，因为不影响该目标的实现。当纳入划转范围的国有资本和划转比例确定后，即中央政府或者地方政府应当划转至社会保障基金的国有资本总量可以确定。只要能保证足额的国有资本划转至社会保障基金即算是实现了该目标。这就为我们实现第二个目标留下了巨大的空间：按照《划转方案》，将每个企业集团的国有股权的10%划转至社会保障基金仅仅是可选方案之一，除此之外，还有很多可选方案，这里简单列出三种方案：

方案一：划转相当于集团公司10%的国有资本的该集团所属公司的国有股权至社会保障基金。

---

① 《划转方案》规定："本方案所称国有资产监督管理机构，是指代表国务院和地方人民政府履行出资人职责的部门（机构）、负责监督管理行政事业单位所办企业国有资产和金融类企业国有资产的财政部门。"这是极其不准确的。根据《企业国有资产法》的规定，国有资产监督管理机构是有特定含义的专有名词，特指国务院国资委和地方政府的国资委（局），至于其他代表政府履行出资人职责的机构，不能称之为国有资产监督管理机构。

方案二：根据履行出资人职责的机构持有的纳入划转范围的国有资本总量，确定应当划转的国有资本总量。在保证足额国有资本划转至社会保障基金的前提下，灵活决定划出主体。

方案三：根据本级政府纳入划转范围的国有资本总量，确定应当划转的国有资本总量。在保证足额国有资本划转至社会保障基金的前提下，灵活决定划出主体。

以上三种方案还可以有无数的变种。这里不再列举。采用这三种方案的任一种，都可以通过集中划转部分国有公司的国有股权达到划转至社会保障基金的国有股权在国有公司中占比提高的效果，从而实现我们所追求的国有企业改革目标。

当然，每一种方案都存在一些需要解决的问题。例如如何选择被划转的目标公司就可能是一个技术性难题，这其中还可能隐含着如何克服选择被划转目标公司时的寻租问题，等等。

三、承接主体的确定

（一）承接主体的地位和权利

国有资本划转至社会保障基金后，企业出资人职责转变为由拥有股东地位的履行出资人职责的机构与社会保障基金的承接主体共同行使，可以说实现了《指导意见》提出的国资监管模式由管资产到管资本的重大转变。这同样会涉及众多的问题。首当其冲的，是要明确承接主体应当具有的权利与地位，解决了这个核心问题后才可能进一步解答谁是适格的承接主体以及承接主体如何行使其权利的问题，并为后续的更深层次改革措施的制定奠定基础。

划转至社会保障基金的国有资本，其表现形式是国有股权。承接主体作为国有股权的持有者，其身份和地位当然是股东——名义股东，其依法享有的权利，当然就是股权。

（二）适格的承接主体

国有资本划转至社会保障基金，成为社会保障基金的一部分，承接主体自然是社会保障基金的管理运营机构。我国实行分税制的财政体制，社会保障基金也有中央和地方之分。

中央的社会保障基金，即全国社会保障基金，由全国社会保障基金理事会负责管理和运营。根据《全国社会保障基金理事会章程》的规定，全国社会保障基金理事会是全国社会保障基金的管理运营机构，为国务院直属事业单位，由国务院直接领导，并接受国务院或国务院授权部门的监督。根据《划转方案》的规定，中央企业划转的国有资本，划转至全国社会保障基金，承接主体是全国社会保障基金理事会。这一规定无疑是正确的。

地方的社会保障基金，其管理运营情况在全国并不统一。有的地方由单独设立的社会保障基金理事会负责管理运营；有的地方是由财政部门负责管理和运营。对于社会保障基金由单独设立的社会保障基金理事会负责管理运营的地区，承接主体应当是地方社会保障基金理事会；对于社会保障基金由财政部门负责管理和运营的地区，承接主体应当是地方财政部门。《划转方案》将划转至地方社会保障基金的国有资本的承接主体确定为专门设立的国有独资公司或者国有资本投资运营公司，从逻辑上是说不通的。

四、承接主体的持股方式

承接主体可行的持股方式可以有以下三种：普通股方式、优先股方式以及信托方式。

（一）普通股方式

这种持股方式是最为普遍的，普通股股东拥有广泛的权利，其中最主要的就是就公司重大问题进行发言和投票表决的权利以及对公司分红的收益权。对于国有企业来说，国资委享有对国有企业的控制权，就其价值取向来说即便其所作的决策并不能绝对保证国有资产的保值增值，但保障国有资产的安全是全然不存在问题的，即使进行公司制改造也不会影响到其作为控股股东的地位。若使得社会保障基金理事会成为普通股股东，其除了不享有控制权外几乎拥有了与国资委相当的权利与地位，其有权依照其持股比例参与企业相关事项的决策。这在两股东意见一致的情况下尚无问题，但仍可能导致"二龙治水"的情形发生，特别是在国资委持股比例与社会保障基金理事会接近的情况下。当然，为保证国资委对国有企业的控制权而确定社会保障基金理事会适当的持股比例应当是在划转国资阶段就应当考虑的事情，故可以基本上假定两者持股比例接近的情况不会出现，即便如此，社会保障基金理事会因与国资委拥有不同的价值取向可能导致决策相左的情况出现，而国资委因拥有控股优势依照其意愿做出的代表企业意志的决定时，难道此时就完全忽视社会保障基金理事会根据其价值取向所做出的决策吗？这必然会引发两股东之间的矛盾，不仅不利于国有企业的良性运作，还会减损国企运营效率，这与改革的初衷相违背。这也就涉及对两个股东的价值利益平衡的问题，笔者将在本节下一部分进行专门阐述。

（二）优先股方式

优先股股东在利润分红及剩余财产分配的权利方面优先于普通股股东，但对公司的经营没有参与决策的权利。从社会保障基金理事会为使社会保障基金保值增值的持股目的看，其对于参与公司具体的运营可能并无兴趣，而从其行使普通股股东权利的能力上看也颇有欠缺，相对于其运营社会保障基金的本职，国企涉及的行业五花八门，社会保障基金理事会既无可能也无权力招募大量的专业人才作为其派出代表来行使其作为股东的权利，况且其持股比例往往与国资委相距悬殊，即便是拥有普通股股东地位尚不能对国资委与其意见相左的决策施加影响。但若使得社会保障基金理事会成为优先股股东则又会回到国资委一直以来一家独大的局面，可能不能起到制衡国资委的作用，这是否会与改革的初衷相违背则有待讨论。从现阶段来看，从前述的两个因素考量这种持股方式仍具有一定的可行性。

（三）信托方式

受现今讨论激烈的公司员工持股信托管理模式的启发，笔者认为公司员工作为股东的特性与作为划转股份持有人的社会保障基金理事会具有极大的相似之处，特别是因其持股比例较少相对于公司大股东处于弱势地位，且受其本身的知识与能力限制在行使股权上难以发挥资产增值的目的，而信托作为一种财产转移并管理的法律制度，其优势在于信托操作的专业性与灵活性。专业性是指运用资产来发挥其财产投资方面的价值，实现信托财产的增值，灵活性则指在财产所有权与受益权分离的信托理念指导下，信托在设立方式上、财产管理方面都呈现多样化特点。并且笔者看到通过基金方式进行产权制度改革，是新形势下发展混合所有制经济的创新举措，实现国有资本基金化运作是当前部分省份出台的国资国企改革意见中所包含的内容，例如山东省提出了鼓励国有资本与非国有资本共同发起设立股权投资基金、北京市与江西省均提出了鼓励国有资本与创业投资基金、产业投资基金、政府引导基金等各类资本共同设立股权投资基金。[1] 通过设立国有资本基金并以基金化方式推进混合所有制改革的模式同样可以为探索社会保障基金理事会的持股方式作借鉴。因而基于上述两种思路笔者产生了一个新的构想，即社会保障基金理事会是否能就这部分划转的并以股份形式存在的国有资本成立信托投资基金并委托给专业的信托机构作为受托人进行管理，这里就会产生两个亟待解决的问题，一是不同企业划转来的国有资本委托同一信托机构管理还是有选择性地根据国资涉及行业的不同及其他具体情况差异来委托不同的信托机构管理？二是所选择的信托机构的性质究竟应当是属于公共属性的还

---

① 参见吴熊伟：《基金式国有资本》，《上海国资》2015 年第 5 期。

是私人属性的？第一个问题是一个实践性问题，应经过试验，并应根据结果来决定选择方式，第二个问题则可以借鉴公共养老金的国际管理经验，例如日本、丹麦、加拿大等国虽然明确养老金为政府所有，但均成立了专门的民商事主体来受托运营，或者赋予相关机构的私人公司属性，以便利其利用商业的特征和优势来实现公共养老金受益人利益最大化的管理目标，[1] 即对这部分公共基金的管理可以适当借鉴西方国家私人养老金的信托管理架构。当然对于选择信托机构的问题上应与现有的改革战略规划的内容相契合，如在《指导意见》中提到的"在国资委下面改组部分主业突出并具备一定规模、发展前景较好的企业成为国有资本投资、运营公司作为国有企业出资人"，可在国资委进行自我改革成为纯正的监管者而由国有资本投资运营公司作为出资人的同时，由国有资本投资运营公司成为划转国有资本的信托管理人并由其介入国有企业的专业化经营管理，而国资委与社会保障基金理事会均不直接参与实际经营，这样即能实现国有资产的保值增值也使得社会保障基金理事会能够实现其目的。故此种持股方式应当说具有相当的优势性，特别是体现在能够与时俱进地改变国有经济功能，实现由过去看重对产业和企业的"控制"转向专注资本投资收益的重大转变。

　　根据信托财产的独立性原理，信托一旦成立，信托财产便产生一种"闭锁效应"，使信托财产独立于信托人、受托人和受益人。[2] 这可以在一定程度上理解为社会保障基金理事会丧失了对信托股份的所有权，也就决定了社会保障基金理事会在信托期间不能随意处置信托股份除非出现特殊事由或到达既定期限，此时社会保障基金理事会作为国有股份的实际所有人其原本基于其股东地位拥有的股权收益权转化为信托收益权。

---

① 参见倪受彬：《公共养老金投资中的受信人义务》，《法学》2014 年第 1 期。
② 参见王志诚、赖源河：《现代信托法论》，中国政法大学出版社 2002 年版，第 23 页。

五、社会保障基金理事会与财政部门、国资委价值冲突之平衡

（一）社会保障基金理事会与财政部门、国资委的价值冲突

在我国，社会保障基金理事会存在全国与地方之分，但无论是全国的还是地方的社会保障基金理事会都是基于社会保障基金的设立而成立的，是社会保障基金的管理运营者，目的是为了保证社保资金的增值以增强国家社保战略储备能力。从社会保障基金的性质上看其实质上是劳动者私有财产的集合，而非实质意义上国有资产的一部分，正如某些学者总结的，这部分基金既非国家财政性资金，也非民间或社团机构的慈善性基金，而是归参加社会保险的全体劳动者所有，并必须专款专用，且需要不断积累的社会性公共后备基金。① 这就明确了社会保障基金理事会的职责即是使受益人利益最大化，这里的受益人即劳动者，因而其价值取向具有相当的针对性，受益人范围则具有相当的特定性。

财政部门本身是政府部门，国资委作为政府特设机构，与政府在价值取向上具有相当的一致性。财政部门、国资委的价值取向定然不同于社会保障基金理事会，前者的目标是实现国家利益最大化，而后者则是最大程度保障劳动者利益。两者的价值取向的不同致使国有股权从财政部门、国资委划转至社会保障基金后如何来保障社会保障基金理事会行使其权利以及如何平衡二者的价值冲突成为不可回避的话题。并且，据相关资料显示财政部门已经逐步取代社保管理部门成为养老金的实际管理人，② 即便仍由社会保障基金理事会履行社会保障基金管理人的职责，其实质上也已充满行政化色彩即作

① 参见王显勇：《论社会保险统筹基金的法律性质及其管理运营》，《财经理论与实践》2011 年第 3 期。

② See Cregorio lmpavido, Yu-Wei Hu, and Xiao-Hong Li, Governance and Fund Management in the Chinese Pension System, IMF Working Paper, WP/09/246, p. 10.

为政府部门而存在，其在行使投资职能的过程中不时会受到政府的干预，这势必就与其本应充当的角色不符。政府的干预可能致使受益人的利益受损，毕竟政府的利益取向更具普世性而不限于劳动者，既可能远宽于劳动者也可能仅及于劳动者中之一部分，且投资方向的行政导向性而非市场竞争性同样容易使得社会保障基金保值增值的目标难以实现。

（二）保持社会保障基金理事会的独立性

毫无疑问，首先必须采取的措施是明确社会保障基金理事会应具有独立于政府的地位而不能依附于政府而存在，社会保障基金理事会的管理人的选任不应当出于政府意志，在投资方向的选择上更多应出于对社保资金增值这一目标的考量，仅对投资方向的边界由政府或国资委出台相关规范性文件予以划定，当然此边界应是否定性边界（哪个领域不得进入）而非肯定性边界。

（三）优化社会保障基金理事会持股方式

社会保障基金理事会持股方式的不同影响到其与财政部门或国资委之间的利益冲突。若以普通股式的持股方式作为构建公司治理结构的基础则无论如何都难以避免冲突的发生，若以优先股方式、信托方式持股，则利益冲突问题就会在一定的程度上被淡化。当然，这并不是说后两种形式更为可取，而是各有利弊。这里说的优化，是说在具体选择时，根据不同情况，通过权衡利弊选择最适当的持股方式。

不过，对社会保障基金进行基金化运作是一种趋势，其可以在一定程度上推进混合所有制改革。首先，社会保障基金理事会对划转的众多国有企业股份即应拥有减持、转让的权利以增加国有股份的流动性，其减持、转让股份的后果即是让民间资本接手其持有国资股份，原本的国家所有由此转变为混合所有，而国有股份的变现则使得国资流动并投入更具收益性的行业，结合《指导意见》中第十四项中提出的"优化国有资本重点投资方向和领域，推动国有资本向关系国家安全、国民经济命脉和国计民生的重要行业和关键领域、重点基础设施集中，向前瞻性战略性产业和具有核心竞争力的优势企业集中"以及"变现的国有资本用于更需要的领域和行业"，这对社会保障基金理事会变现其所持国有企业股份后的国资流向具有指导意义，在通常情况下其在社会保障基金保值增值的目标指引下可以投向更具盈利性的行业领域，而对于一定时期国家重点建设项目其同样也可以该部分国资进行投入加以支持，当然并不应当对该部分国资仅能投向国有企业进行限定，资金流向可由社会保障基金理事会自行决定，只要在投资前做风险评估或前述由政府或国资委对投资边界事前以规范性文件予以限定即可。具体操作中是采取基金模式（母基金、引导基金）还是其他模式可按具体情况再行决定。显然前文的论述都是建立在信托给国有资本投资运营公司的国有股份能够转让的基础上，但因信托财产的"闭锁效应"其转让可能存在理论上的障碍，而将该部分信托股份的性质理解为信托收益权实质上就解决了这一问题，因为这种带有请求权性质的信托收益权的转让类似于民法上的"指示交付"，仅会产生所有权主体的变动并不会改变信托股份的原有状态。如此一来，就在国有资产的安全得到保障的情况下，增强了社保资金的流动性，也使得混合所有制得以实现。

第七章 国有股权行使之党组织参与论

2016 年 10 月，习近平同志在全国国有企业党的建设工作会议的讲话中提出："将党组织内嵌到国有公司治理结构中，明确和落实党组织在（国有）公司法人治理结构中的法定地位"，这是深化国有企业改革、加强和改善党对国有企业领导的重要举措，是习近平新时代中国特色社会主义党的建设理论中法治化的重要论述，是习近平运用"法治思维"治国理政的典型范例，是党的关系接受法律调整的标志性事件，是我国法治化进程中的重要跨越。法律学者有责任在认真学习、深刻领会的基础上对此做出诠释，并探索将党组织内嵌到公司法人治理结构之中的有效方法。在我国的公司治理逻辑结构中，公司治理主要是股东的治理，因此，党组织要参与国有公司治理，必须探讨党组织参与国有股权行使的理论依据和现实方法。

第一节 党组织参与国有股权行使的理论基础

一、党组织参与国有股权行使的价值

（一）有利于加强党组织对国有公司的领导

党组织参与国有企业的治理（管理）是我国国有企业治理（管理）的

光荣传统。国有企业进行公司制改造后，建立了现代企业制度，由于现代企业制度属于舶来品，党组织在现代企业制度的治理框架中没有法定地位，党对国有公司的领导被置于国有公司治理结构之外。国有公司党组织的活动空间在公司，党组织的活动游离了公司的治理结构，党组织难以有效实现"政治领导、思想领导和组织领导的有机统一"，难以发挥"领导核心和政治核心作用"，难以"把方向、管大局、保落实"。在国有公司的治理实践中，普遍存在党的建设"弱化、淡化、虚化、边缘化"等"四化"现象，党建工作被放在"想起来问一问，闲下来管一管"的尴尬位置。①

党组织参与国有股权的行使，可以使党组织融入国有公司治理各环节，成为国有公司法人治理结构的有机组成部分，有利于加强党对国有公司的领导。

（二）有利于改善党对国有公司的领导

在全面深化改革的过程中，党组织参与国有股权行使的情况良莠不齐，缺位、错位与越位现象并存。如前所述，国有公司党建工作普遍存在"弱化、淡化、虚化、边缘化"问题，多数国有公司党组织基本不参与公司任何实质性管理。但也有个别国有公司的党组织包揽一切，取代股东会、董事会、经理进行决策，存在严重的越位问题。此外，社会各界围绕国有公司党组织与经营管理班子"谁大"的问题也一直争论不休，国有公司党组织与经营管理班子的内耗现象在国有公司治理中不同程度地存在，严重影响了国有公司的正常经营管理活动。出现这些问题的原因在于未在制度上确立党组织参与国有股权行使的资格，导致未能明确其在国有公司治理结构中的法定地位。党组织对国有公司的领导是政治领导、组织领导和思想领导，这是共识，并无争议。但是，这种过于宏观、过于原则的规定，难以对党组织在国

---

① 参见刘炳香、韩宏亮：《国有企业党组织发挥政治核心作用的现状和对策》，《理论视野》2011 年第 7 期。

有股权行使中的行为形成有效指引。党组织对国有公司的政治领导、组织领导和思想领导必须在规范化的制度框架内进行，必须体现在国有公司具体事务的决策和执行上。

在制度上确立党组织参与国有股权行使的资格，就可以将党组织内嵌于国有公司治理结构中，明确党组织参与国有公司事务的权力边界，即党组织对哪些事务有决策权、对哪些事务有建议权、对哪些事务有监督权，以及这些权力在决策、执行、监督各环节的行使方式，使党组织发挥作用组织化、制度化、具体化；明确党组织参与国有公司治理的程序，做到与其他治理主体的治理无缝衔接，形成各司其职、各负其责、协调运转、有效制衡的公司治理机制。确立党组织参与国有股权行使的资格，不仅赋予了党组织参与公司治理的权利，同时也为党组织增设了依法参与公司治理的义务。这会促使党组织加强自身建设，提升其参与国有股权行使和国有公司治理的能力，可以有效解决党组织在国有公司治理中的越位、缺位和错位的问题。

（三）有利于促进国有公司的科学发展、健康发展

国有公司以公有制为基础，是公有制经济最主要的微观载体。但是，现代企业制度是在私有制的土壤里诞生和成长起来的，尽管作为人类文明的优秀成果，我们可以大胆地拿来，但是，我们在拿来时必须充分考虑现代企业制度的生成原理及其制度环境所带来的影响，并结合中国国情进行改良，形成中国特色的现代国有企业制度。否则，出现"橘生淮北则为枳"似的水土不服现象，几乎是不可避免的。

确立党组织参与国有股权行使的资格，这是结合我国国情、超越西方现代企业制度的一种探索，是具有中国特色的现代国有企业制度。党组织具有雄厚的工人阶级基础，具有执政党所赋予的政治核心地位和政治工作资源，具有不断巩固和拓展的组织资源。现代企业制度并没有改变工人阶级的特性和历史地位，国有公司仍是工人阶级人数集中、力量雄厚的地方。确立党组

织参与国有股权行使的资格，可将党组织的政治优势转化为公司发展优势。党组织可以为国有公司的科学发展"把方向"，引领国有公司坚持科学发展、绿色低碳发展、以人为本健康发展；① 可以依法维护国有公司的正当权益，遏制国有公司的非社会责任行为，有效弥补市场调节和政府调节的不足，促进国有公司承担经济责任、政治责任和社会责任；② 可以发挥党组织的思想领导优势，引领公司文化建设，协调各种利益关系，促进公司内部和谐，在公司内部营造健康、积极的工作氛围，调动公司员工的积极性和创造性，让国有公司形成强大的创造力、凝聚力和战斗力。③

（四）为将党的领导全面纳入法治轨道进行制度探索和实验

《宪法》第 5 条明确规定："一切国家机关和武装力量、各政党和各社会团体、各企业事业组织都必须遵守宪法和法律。一切违反宪法和法律的行为，必须予以追究。任何组织或者个人都不得有超越宪法和法律的特权"。党的十八届四中全会审议通过的《中共中央关于全面推进依法治国若干重大问题的决定》提出："各级党组织和领导干部要深刻认识到，维护宪法法律权威就是维护党和人民共同意志的权威，捍卫宪法法律尊严就是捍卫党和人民共同意志的尊严，保证宪法法律实施就是保证党和人民共同意志的实现。""完善党委依法决策机制"；《指导意见》提出："加强国有企业相关法律法规立改废释工作，确保重大改革于法有据。"长期以来，党组织的活动都是依靠党章及政策规定进行的，无论是立法机关、司法机关、行政机关还是国有企事业单位，党组织的活动均未受到法律制度的有效规范和指引，没有纳入法治轨道，这与《宪法》第 5 条的规定、党的十八届四中全会提出的"依

---

① 参见尹超明：《国有企业基层服务型党组织建设研究》，《求实》2013 年第 10 期。

② 参见马连福、王元芳、沈小秀：《国有企业党组织治理、冗余雇员与高管薪酬契约》，《管理世界》2013 年第 5 期。

③ 参见刘鹏杰：《浅谈如何发挥国有企业基层党组织的作用》，《改革与开放》2015 年第 5 期。

法治国"方略是相冲突的。

在全面推进依法治国的背景下，党的领导也应当全面纳入法治轨道。"党政军民学，东西南北中，党是领导一切的。"将党的领导全面纳入法治轨道是一个浩大的系统工程，且没有现成的经验可循，不是一蹴而就的，需要不断地探索和实验。确立党组织参与国有股权行使的资格，既是将党的领导全面纳入法治轨道的题中之义和重要内容，也是对如何将党的领导纳入法治轨道进行的探索和实验。这种探索和实验一旦取得成功，形成可资其他领域将党的领导纳入法治轨道借鉴的经验，将是我国法治化进程中的重要跨越。

二、党组织参与国有股权行使的理据

（一）党组织参与国有股权行使具有合法性

从宪法来看，《宪法》第 1 条明确规定了党的领导地位。从法律来看，《公司法》第 19 条规定："在公司中，根据中国共产党章程的规定，设立中国共产党的组织，开展党的活动。公司应当为党组织的活动提供必要条件。"根据该规定，公司中的党组织应依照《中国共产党章程》（以下简称《党章》）活动。党的十九大修订的《党章》第 33 条第 2 款规定："国有企业党委（党组）发挥领导作用，把方向、管大局、保落实，依照规定讨论和决定企业重大事项。"公司重大决策属于股东权利，既然党组织要"依照规定讨论和决定"公司的重大事项，党组织就必然要参与股权行使。同时，公司重大事项决策必须通过公司治理结构来完成，既然党组织要讨论和决定国有公司重大事项，党组织就必须内嵌到国有公司治理结构中，明确和落实党组织在国有公司治理结构中的法定地位。也就是说，《公司法》第 19 条是对《宪法》规定的党的领导地位在公司中的落实，具有合宪性；《公司法》第19 条通过援引《党章》的规定，赋予了党组织讨论和决定国有公司重大事项之权；而党组织参与国有股权行使，继而将党组织内嵌到国有公司治理结构中，明确和落实党组织在国有公司治理结构中的法定地位，是党组织讨论和决定国有公司重大事项的实现形式，具有合法性。

不过，党组织如何参与国有股权行使，党组织在国有公司治理结构中的法定地位究竟是什么地位，与股东会、董事会、监事会的关系如何，《党章》也没有明确规定，尚需做进一步的理论研究和实践探索。

（二）党组织参与国有股权行使具有正当性

公司治理结构是公司控制权与剩余索取权分配的法律和制度安排。国有公司的财产具有全民性质，"全民"享有剩余索取权，但是，出资人权益不可能由"全民"行使，"全民"只能委派代表来行使。《党章》总纲开宗明义地宣称："中国共产党是中国工人阶级的先锋队，同时是中国人民和中华民族的先锋队，是中国特色社会主义事业的领导核心，代表中国先进生产力的发展要求，代表中国先进文化的前进方向，代表中国最广大人民的根本利益。""实现人民的愿望、满足人民的需要、维护人民的利益……是中国共产党的立党之本、执政之基、力量源泉。"[①] 党是人民利益最可靠、最忠实的代表，国有公司的党组织是国有公司中党的代表、人民的代表，其参与国有股权行使理所应当。

（三）党组织参与国有股权行使具有合规律性

如前所述，现代企业制度作为舶来品，没有党组织的容身空间。既然现代企业制度中没有党组织的位置，那么，党组织参与国有股权行使后，还是现代企业制度吗？这是我们在党组织参与国有股权行使时必须回答的问题。

现代企业是相对古典企业而言的，古典企业是企业所有者与企业管理者相统一的企业；与之相对应，现代企业是企业所有者与企业管理者相分离的企业。现代企业制度的本质特征为："产权清晰、权责明确、政企分开、管

---

① 中共中央组织部党建研究所课题组：《中国共产党执政规律研究》，党建读物出版社2004年版，第193页。

理科学"。现代企业制度就是指公司制度，而公司制度是指以产权制度为核心的公司法人制度，它包括公司法人产权制度、公司组织制度和公司治理制度等内容。其中公司组织制度是指公司的法人治理结构，它是通过公司的权力机构、决策机构、执行机构和监督机构形成的各自独立、权责分明、相互制衡的有机整体，这种法人治理结构，不同于过去党委领导下的厂长负责制或厂长负责制。① 现代企业制度治理机制的核心是在公司所有者和管理者相分离的情况下，为了防治管理者的道德风险，最大限度地谋求公司价值的最大化所建立的激励和约束管理者行为的机制。我们对一切外来的文明都要根据中国自身的情况有选择地吸收和加以改造，对于引进的现代企业制度也是如此。对于现代企业制度的治理结构，我们不能刻板地理解为"一元制"下的股东（大）会、董事会或"二元制"下的股东（大）会、监事会、董事会，而应理解其精神实质在于通过"权责分明，管理科学，激励和约束相结合"的内部机构设置和权责安排来激励和约束管理者，实现公司价值的最大化。

党组织参与国有股权行使，只要能在激励和约束管理者两个方面发挥作用，就符合现代企业治理的要求。在激励和约束管理者方面，我党在长期的实践中积累了丰富的管理经验。毛泽东同志曾指出："政治路线确定之后，干部就是决定的因素。"② 自中国共产党执政以来，党组织的建设情况和经济的发展结果足以证明党在选人用人、各级领导班子的激励和制约监督方面是成功的。党组织参与国有股权行使就是充分考虑我国的国情，把党组织的这种优势与现代企业制度的优势有机结合，能够更好地激励和约束管理者，这是符合现代企业治理要求的。

---

① 参见国务院国有资产监督管理委员会研究局：《探索与研究——国有资产监管和国有企业改革研究报告（2009）》，中国经济出版社 2010 年版，第 454 页。

② 《毛泽东选集》第 2 卷，人民出版社 1991 年版，第 526 页。

（四）党组织参与国有股权行使与党组织参与国有企业管理的历史一脉相承

从历史来看，党组织在国有企业管理中从未缺位。1949—1956 年，国营企业领导体制经历了从"一长制"到党委领导下的厂长负责制，"一长制"并没有被完全否定。1957—1965 年，实行党委领导下的厂长负责制，"一长制"被批判，同时出现党政合一、政企不分的弊病。1966—1976 年，经历了从革命委员会到党的一元化领导，党政军大权合一。1978—1988 年，恢复和改进党委领导下的厂长负责制，要求党组织与企业行政组织逐步实现分工，发挥党组织的政治优势。同时由于党组织监督未从理论原则转化为具体制度规范，导致党组织出现无力监督和无法监督的问题。1989—1992 年，确定党组织的政治核心作用，坚持和完善厂长负责制，企业党政不分、以党代政问题大有改进，确立"三句话"① 总方针。1997 年，《中共中央关于进一步加强和改进国有企业党的建设工作的通知》提出："根据工作需要和人员条件，党委成员可依法分别进入董事会、监事会和经理班子；董事会、监事会、经理班子中的党员，具备条件的，可按照有关规定进入党委会。"确立了"双向进入、交叉任职"制度。

在历史发展过程中，有关党组织参与国有（国营）企业管理的党章规定也不断更新发展。1956 年 9 月，八大修订的《党章》第 49 条规定："基层组织的代表大会或者党员大会，讨论和决定本单位的工作问题。"第 51 条第 1 款规定："在企业、农村、学校和部队中的党的基层组织，应当领导和监督本单位的行政机构和群众组织积极地实现上级党组织和上级国家机关的决议，不断地改进本单位的工作。"1982 年 9 月，十二大修订的《党章》第 33

① 1991 年，江泽民在中央工作会议上指出："关于国营企业内部领导体制问题概括起来是三句话：充分发挥党组织的政治核心作用，坚持和完善厂长负责制，全心全意依靠工人阶级。"

条第 1 款规定："企业事业单位中党的基层委员会，和不设基层委员会的总支部委员会或支部委员会，领导本单位的工作。这些基层党组织应对重大原则问题进行讨论和做出决定，同时保证行政负责人充分行使自己的职权，不要包办代替他们的工作。基层委员会领导下的总支部委员会和支部委员会，除特殊情况外，只对本单位生产任务和业务工作的正确完成起保证监督作用。"1992 年 10 月，十四大修订的《党章》第 32 条第 2 款规定："全民所有制企业中党的基层组织，发挥政治核心作用，围绕企业生产经营开展工作。保证监督党和国家的方针、政策在本企业的贯彻执行；支持厂长（经理）依法行使职权，坚持和完善厂长（经理）负责制；全心全意依靠职工群众，支持职工代表大会开展工作；参与企业重大问题的决策；加强党组织的自身建设，领导思想政治工作和工会、共青团等群众组织。"2002 年 11 月，党的十六大修订的《党章》第 32 条规定："国有企业和集体企业中党的基层组织，发挥政治核心作用，围绕企业生产经营开展工作。保证监督党和国家的方针、政策在本企业的贯彻执行；支持股东会、董事会、监事会和经理（厂长）依法行使职权；全心全意依靠职工群众，支持职工代表大会开展工作；参与企业重大问题的决策；加强党组织的自身建设，领导思想政治工作、精神文明建设和工会、共青团等群众组织。"从十二大开始，党组织始终保持参与企业重大问题的讨论和决策。相比八大修订的党章，十二大修订的党章要求国有企业的党组织关注企业自身利益，总体上领导企业工作，具体把控重大原则性问题，全方位监督企业业务工作。十四大继承和发展了八大与十二大的宗旨精神，兼顾国家与企业双方权益。由领导企业工作转变为领导企业的思想政治工作，发挥政治核心作用，围绕生产经营开展工作。由讨论决定重大原则问题转为参与重大问题决策，同时又保证监督党和国家方针政策的贯彻执行。

诺思指出："历史是最重要的。其重要性不仅在于我们可以从历史中获取知识，还在于种种社会制度的连续性把现在、未来与过去联结在了一起。现在和未来的选择是由过去所形塑的，并且只有在制度演化的历史话语中，才能理解过去。"① 历史上，党组织参与国有企业管理经历了从党委领导下的厂长负责制到厂长负责制，从厂长负责制到法人治理结构的演变，党的领导体制不是固定不变的，也没有固定的模式。内容形式虽然有变化，但是它始终是与党和国家的任务、国有公司利益相联系，关于党组织参与国有公司的治理总体上是不断进步的。因此，党组织参与国有股权行使的地位是历史发展所做出的选择，是一脉相承的。

第二节　党组织参与国有股权行使的原则②

法律原则是作为法律规则的基础或本源的综合性、稳定性原理和准则，它指导和协调着社会关系的法律调整机制。③ 党组织参与国有股权行使的法律规则的制定、实施和解释，党组织参与国有股权行使的实践，均必须在党组织参与国有股权行使的法律原则指引之下进行。

一、合法性原则

合法性（Legitimacy）一词，最初是由韦伯提出的，与政治秩序有关，是指政治统治被社会认可和尊重。任何一种政治统治都要尽力设法把自己标榜为是"合法的"，都要唤起人们对其统治的"合法性"的信仰。马克斯·韦伯指出："一切经验表明，没有任何一种统治自愿地满足于仅仅以物质的动机或者仅仅以情绪的动机，或者仅仅以价值合乎理性的动机，作为其继续

---

① ［美］道格拉斯·C. 诺思：《制度、制度变迁与经济绩效》，杭行译，格致出版社、上海三联书店、上海人民出版社 2014 年版，前言第 1 页。
② 本节已公开发表。参见王新红、武欣玲：《论党组织参与国有公司治理的法律原则》，《中南大学学报》（社会科学版）2017 年第 5 期。
③ 参见［美］迈克尔·D. 贝勒斯：《法律的原则——一个规范的分析》，张文显等译，中国大百科全书出版社 1996 年版，第 468 页。

存在的机会。毋宁说，任何统治都企图唤起并维持对它的'合法性'的信仰。"① 哈贝马斯认为："合法性的意思是说，同一种政治制度联系在一起的、被承认是正确的和合理的要求对自身要有很好的论证。合法的制度应该得到承认。合法性就是承认一个政治制度的尊严性。"② "一个统治制度的合法性，是以被统治者对合法性的信任为尺度的。这涉及着'信任问题，即相信一个国家的结构、活动、活动方式、决断、政策，以及一个国家的官吏和政治领导人都具有正确性、合理性、善良道德的素质；并且相信由于这种素质而应该得到承认。'"③ 合法性最初只涉及政治统治问题，"只有政治制度才拥有或者才可能失去合法性；只有它才需要合法性。"④ 但现如今，该概念的使用范围被大大扩展了。一般认为，合法性的含义，有形式意义上的合法性与实质意义上的合法性之分。形式意义上的合法性是指，符合宪法和法律的规定；实质意义上的合法性，则是指正当性、合道德性与合规律性。基于合法性的两层含义，党组织参与国有股权行使的合法性原则也包括形式意义上的合法性原则和实质意义的合法性原则。

（一）形式意义上的合法性原则

形式意义上的合法性原则是指党组织参与国有股权行使的行为及规范党组织参与国有股权行使的规则均必须符合宪法和法律的规定。党的十八届四中全会做出的《中共中央关于全面推进依法治国若干重大问题的决定》明确要求："必须加强和改进党对法治工作的领导，把党的领导贯彻到全面推进

---

① ［德］马克斯·韦伯：《经济与社会》上册，林荣远译，商务印书馆1998年版，第239页。

② ［德］尤尔根·哈贝马斯：《重建历史唯物主义》，郭官义译，社会科学文献出版社2000年版，第262页。

③ ［德］尤尔根·哈贝马斯：《重建历史唯物主义》，郭官义译，社会科学文献出版社2000年版，第287页。

④ ［德］尤尔根·哈贝马斯：《重建历史唯物主义》，郭官义译，社会科学文献出版社2000年版，第262页。

依法治国全过程。坚持依法执政，各级领导干部要带头遵守法律，带头依法办事，不得违法行使权力，更不能以言代法、以权压法、徇私枉法。"依法治国是党带领人民治理国家的基本方略，也是国家长治久安的重要保障。党组织参与国有股权行使必须遵守宪法和法律，是依法治国的题中之义。如前所述，《公司法》第 19 条援引《党章》的规定，为党组织参与国有股权行使提供了法律依据，基本上满足了形式上的合法性原则。

（二）实质意义上的合法性原则

实质意义上的合法性原则是指，党组织参与国有股权行使的行为及规范党组织参与国有股权行使的规则应当具有正当性、合规律性以及民众的认可。现代企业制度是西方国家解决公司两权分离状态下管理者道德风险的制度安排，在现代企业制度中，并无党组织的栖身之所。那么，党组织参与国有股权行使的合法性何在呢？

首先，我们注意到，无论是党章、党的文件的规定，还是党的领导人的讲话，都只强调党组织对国有企业经营管理的参与，却从不要求党组织参与非国有企业的经营管理。这是因为，按照企业法的一般理论，企业的经营管理者应当是由企业财产的真正所有者——出资人或其委托的人担任，企业决策也应当由企业财产的真正所有者——出资人做出或其委托的人代为做出。非国有企业，党组织自然是没有权利干预其依法进行的经营管理活动。国有企业或者国有公司却不同，其财产具有全民性质。由于出资人权益不可能由"全民"行使，而是需要代表来行使。在我国现行的法律制度体系中，是由国务院代表国家行使国有资产所有权，国务院和地方政府分别代表国家享有出资人权益，国务院和地方政府履行出资人职责的机构具体履行出资人职责。从这些规定看，虽然没有涉及党组织，但是，我国《宪法》确定的党的执政地位和领导地位，在各级政府和政府机构中均有党组织。从这个意义上讲，党组织行使某些属于国有公司的出资人权利，具有正当性。其次，国有公司财产作为党执政的物质基础，国有公司党组织是党的基层组织，是党在国有公司的代表。最后，也是最重要的是，根据韦伯和哈贝马斯对统治合法性的阐述，党组织参与国有股权行使的合法性来源于社会的认同。中国共产党的领导地位是历史形成的，已经获得了人们的广泛认同。

（三）合法性原则的落实

从法治的视角看，合法性原则是党组织参与国有股权行使必须遵守的首要原则，也是总的原则。依合法性原则要求，党组织参与国有股权行使应当具有合规律性。所谓合规律性，是指党组织参与国有股权行使应当符合公司治理的一般规律，有利于实现国有公司治理的目的，有利于国有公司的健康发展。如果，党组织参与国有股权行使违背了国有公司治理的一般规律，不仅不利于实现国有公司治理的目的，而且有碍于国有公司的健康发展，人们就会逐渐失去对党组织参与国有股权行使的认同，其合法性也会随之丧失。

基于以上认识，笔者认为，本文接下来阐述的党组织参与国有股权行使应遵循的科学性原则、民主性原则、安全性原则、效率性原则和有限参与原则等其他原则是合法性原则所蕴含的，是落实合法性原则的原则。因此，贯彻实施其他原则就是对合法性原则的落实。

从合法性原则本身来看，《公司法》和《党章》均没有对党组织参与国有股权行使的权限、方式、程序和责任等做出明确规定，这一方面为实践中探索党组织参与国有股权行使的有效形式提供了广阔的空间，另一方面，却未能为党组织合法、有效地参与国有股权行使提供可靠的指引。实践中，国有公司党组织参与国有股权行使的情况良莠不齐，缺位与越位现象并存。落实合法性原则，必须总结党组织参与国有股权行使的经验和教训，及时将一些被实践证明可行，以政策、公司章程等形式存在的行为规范上升为法律。

二、科学性原则

科学是使主观认识与客观实际实现具体统一的实践活动，它是通往预期目标的桥梁，也是联结现实与理想的纽带。科学性就是符合客观实际的真实属性，它是主观认识与客观实际能够实现具体统一的属性。党组织参与国有股权行使应当符合科学性原则，就是指党组织参与国有股权行使应当符合公司治理客观规律。

本章前文对党组织与国有股权行使具有合规律性的阐述充分说明了党组织与国有股权行使的科学性，在此不赘述。

三、民主性原则

民主性原则是指党组织参与国有股权行使应当体现民主参与、民主决策。民主性原则是党章确定的党组织活动的基本准则。《党章》第10条规定："党是根据自己的纲领和章程，按照民主集中制组织起来的统一整体。党的民主集中制的基本原则是：（一）党员个人服从党的组织，少数服从多数，下级组织服从上级组织，全党各个组织和全体党员服从党的全国代表大会和中央委员会。……（五）党的各级委员会实行集体领导和个人分工负责相结合的制度。凡属重大问题都要按照集体领导、民主集中、个别酝酿、会议决定的原则，由党的委员会集体讨论，做出决定；委员会成员要根据集体的决定和分工，切实履行自己的职责。……"第16条规定："党组织讨论决定问题，必须执行少数服从多数的原则。……任何党员不论职务高低，都不能个人决定重大问题；如遇紧急情况，必须由个人做出决定时，事后要迅速向党组织报告。不允许任何领导人个人专断和把个人凌驾于组织之上。"

按照民主性原则的要求，党组织参与国有股权行使应当注意以下两个问题：

（一）参与国有股权行使的主体是党组织

参与国有股权行使的主体是党组织，而不是党委书记或者个别党员。实践中，实现党对国有公司的领导，主要采取的是"双向进入，交叉任职"的方式，这种方式仅仅是保证了党组织在公司治理机构中有自己的代表，并不足以保证党组织参与国有股权的行使，如果进入公司治理结构中的党的领导干部不是按照党组织的要求和决定履行职责，则党组织参与国有股权行使成为空话。为此，国有公司的党组织在国有公司决定重大事项之前，应当形成统一的意见。党组织讨论公司重大事项存在分歧的，应当按照党的民主集中制原则形成统一意见。党组织对重大问题集体研究形成决议后，由进入股东（大）会、董事会、监事会、经理班子的党委成员个人通过多种方式分别反映党组织的意见和建议。进入股东（大）会、董事会、监事会、经理班子的党委成员个人必须按照党组织的决定发表意见和进行表决。必须防止党委书记或者其他个别党员将个人意志强行代替党组织的意志，或者将个人意志凌驾于党组织的意志之上。

（二）党组织民主决策不能代替国有公司的民主决策

党组织对国有公司治理事项形成的决议是国有公司党组织的决议，不是国有公司的决议，党组织的决议要转化成国有公司的决议，必须经公司相关机构做出决策。进入股东（大）会、董事会、监事会和经理班子中的党委成员，只能以国有股权代表、董事、监事或经理班子成员的身份，依照《公司法》和公司章程的规定行使权利，不能以企业党组织的名义要求执行党组织的决定。根据《公司法》对公司机构的表决规则的规定，党组织的决议在转化成公司决策的过程中，在不同的机构中会遇到不同的问题。（1）股东（大）会实行"资本多数决"的表决规则，只要国有股权代表按照党组织的决定行使表决权，就能够保障党组织的决定转化成为国有公司的决定。不过，《企业国有资产法》第 13 条规定："履行出资人职责的机构委派的股东代表参加国有资本控股公司、国有资本参股公司召开的股东会会议、股东大会会议，应当按照委派机构的指示提出提案、发表意见、行使表决权，并将其履行职责的情况和结果及时报告委派机构。"根据该规定，国有公司党组织就有关属于股东（大）会议决的事项，在形成决议后，应当报履行出资人职责的机构批准。（2）董事会、监事会实行的是"一人一票制"的表决规则，党组织的决定有可能通过，也有可能被修改甚至被否决。（3）经理层实行的是总经理负责制，党组织的决定有可能不被总经理采纳。对于上述情况，应当理解为党组织参与国有股权行使的限度，应当视为一种正常情形予以接受。

四、安全性原则

安全性原则是指党组织参与国有股权行使必须有利于保持国有经济的主导地位和企业国有资产的保值增值。国有经济是党执政的物质基础，维护国有经济在国民经济中的主导地位，促进企业国有资产的保值增值，均有利于巩固党的执政基础。因此，党组织参与国有股权行使必须遵循安全性原则。安全性原则包括以下两个维度：

（一）保持国有经济主导性地位的安全

改革开放以来，我国经济建设取得巨大成就，国有资产增长迅速，国有资产规模不断壮大。但与此同时，我国的基本经济制度发生了重大变化，特别是 1999 年修改的《宪法》明确规定："国家在社会主义初级阶段，坚持公有制为主体、多种所有制经济共同发展的基本经济制度"；民营经济发展迅速，国民经济的所有制结构进行了重大调整，国有资本退出了一些领域，国有经济在国民经济中的比重有所下降。在国有企业的改革过程中，一些人唱衰国有经济，主张私有化；实践中，有些人将国有企业改革理解成私有化，个别地方，甚至将企业国有资产卖光。党组织参与国有股权行使，必须旗帜鲜明地维护国有经济主导性地位。一方面要对国有资本分布结构进行战略性调整，更多投向关系国家安全、国民经济命脉的重要行业和关键领域，重点提供公共服务、发展重要前瞻性战略性产业、保护生态环境、支持科技进步、保障国家安全；另一方面，必须致力于发挥国有经济主导作用，通过混合所有制改革，不断增强国有经济活力、控制力、影响力。

（二）防治企业国有资产的流失

当前，国有公司因产权变更、改制重组、投资决策造成国有资产流失的现象时有发生，国有资产的安全面临严峻挑战。党组织参与国有股权行使，必须多管齐下，遏制企业国有资产的流失。如：（1）通过贯彻党和国家重大政策方针，对企业重大事项决策的影响来预防可能造成国有资产流失的决策出台；（2）通过对选任合格的管理者来抑制内部人控制带来的企业国有资产流失；（3）通过对领导班子和关键岗位关键职责等的监督，降低国有资产流失的风险；（4）通过开展党建和党风廉政建设，促进国有公司管理者树立正确的政绩观，树立全心全意为人民、为企业服务的理念，强化其忠诚意识等，防治管理者的道德风险带来的企业国有资产流失；等等。

五、效率性原则

效率性原则是指党组织参与国有公司的治理应当有利于国有公司效率的提高。公司是营利性组织，尽管国有公司除了肩负经济责任外，还肩负政治责任和社会责任，但仍然改变不了其作为营利性组织的本质属性。我国国有企业改革的根本原因是效率低下；我国国有企业改革的终极目标是提高效率。

改革开放以来国有企业的成长历程表明，党建工作作为国有企业的"政治资源"，对国有企业做大做强发挥了重要作用。习近平指出："坚持党的领导、加强党的建设，是我国国有企业的光荣传统，是国有企业的'根'和

'魂'，是我国国有企业的独特优势。"这种"独特优势"必须通过党组织参与国有股权行使转化成国有公司效率提升的重要力量。如果党组织参与国有股权行使不能促成国有公司效率的提升或者甚至走到了反面——降低了国有公司的效率，则党组织参与国有股权行使的正当性就会受到质疑。

党组织参与国有股权行使，进而参与国有公司治理是我国国有公司制度的最大的特点，并且是制约内部人控制的重要的平衡力量。有学者以2008—2010年A股披露的党委会与公司董事会、监事会以及高管层人员重合与任职信息的国有上市公司为样本，以党委会"双向进入、交叉任职"这一领导体制为研究对象检验其对公司治理、董事会效率的影响。研究发现，党委会"双向进入"程度与公司治理水平呈倒"U"型关系，与董事会效率呈正相关，而"交叉任职"可以显著影响公司治理水平，但董事长担任党委书记不利于公司治理水平的提高。①

六、有限参与原则

有限参与原则是指党组织参与国有股权行使，继而参与国有公司治理的范围、方式、程度等都是有限的。党组织在参与国有股权行使和参与国有公司治理过程中，需要准确把握其行为的边界，做到既不越位、也不缺位。

当前，国有公司党组织在参与国有股权行使和国有公司治理方面"越位"现象与"缺位"现象并存。要做到不越位，要求党组织不得违反法律和公司章程越权行使董事会、监事会及经理层的职权。如对属于公司董事会决策的公司重大事项，党组织不能代替董事会直接进行决策，只能就公司重大事项提出决策建议，由董事会决策。同时，应当明确党组织成员进入公司治理层的规则，进入公司治理层的党组成员反映党组织意志、处理既是党组成员又是公司治理层成员的双重角色的规则等，做到规范化、程序化，谨防越位行使职权。《中

---

① 参见王元芳、马连福：《国有企业党组织能降低代理成本吗？——基于"内部人控制"的视角》，《中国工业经济》2014年第10期。

共中央关于进一步加强和改进国有企业党的建设工作的通知》（中发〔1997〕
4号）明确规定："国有企业党组织参与决策的重大问题，主要有经营方针、
发展规划、年度计划和重大技术改造、技术引进方案；财务预决算、资产重组
和资本运作中的重大问题，中层以上管理人员的选拔使用和奖惩；企业的重要
改革方案和重要管理制度的制定、修改；涉及广大职工切身利益的重要问题。"
有人将此归纳为十个方面的内容："①选人用人问题；②党和国家路线、方针、
政策、法律、法令在企业的贯彻执行方案；③企业改制分流及劳动、人事、分
配制度的改革方案和职工培训计划；④企业中长期建设和发展计划；⑤企业年
度、季度生产、经营计划；⑥工厂经营方针、设备改造、科技进步、工程外
委、物资供应的大项计划；⑦职工的奖罚制度和绩效考核办法；⑧财务预决
算，自有资金的分配和使用方案；⑨企业机构设置、人员编制计划和调整方
案；⑩涉及职工切身利益的重大问题。"①

　　笔者认为，党组织参与国有股权行使事务的具体范围和具体方式，应当
由国有公司根据法律和党的政策在公司章程中规定，不宜简单地一刀切。

七、小结

　　在国有企业实行现代企业制度的新形势下，由于实践经验不足，我国法
律对党组织参与国有股权行使以及参与国有公司治理的规定还处于探索时
期，立法者需要保持适度的保守、立法需要保持理性的滞后，以给国有公司
更多的创新空间，即让国有公司通过章程规定党组织在国有公司治理结构中
的地位。数量庞大、类型各异的国有公司通过章程规定党组织参与国有股权
行使，这无疑是无数场实验，通过对无数实践经验总结，我们相信，在不久
的将来，我们就可以找到合理而又统一的关于党组织参与国有股权行使的恰
当定位。本文探讨的党组织参与国有股权行使的原则，是在总结党组织参与
国有股权行使实践经验的基础之上得出的，尽管依据这些原则，我们仍然难

---

　　① 杨念山：《国有企业党组织参与重大问题决策的再思考》，《现代管理科学》2003年第7期。

以描绘出党组织参与国有股权行使的方式、权限，也无法给党组织在国有公司治理中的法定地位予以准确定位。但正因为这样，这些原则对于党组织参与国有股权行使实践的价值更弥足珍贵，因为这些原则为国有公司探索并确立党组织参与国有股权行使的规则提供了指引。

第三节　党组织参与国有股权行使的基本要求和路径选择

一、党组织参与国有股权行使的基本要求

（一）应当与时俱进

党组织对国有企业的领导地位及其对国有企业管理的参与是历史形成的，需要一脉相承，但必须是在发展中进行继承，与时俱进。从上述历史发展进程和党章的变化就可以看出党组织参与国有企业管理是随着时代变迁不断发展变化的。十八大以来，以习近平同志为核心的党中央充分认识到，我国自建立现代企业制度以来党组织与国有公司的治理相脱节，游离于国有公司治理结构之外的现象出现并逐渐蔓延，削弱了党对国有公司的领导，不利于国有公司发展。为此，2015 年、2016 年，习近平同志先后在中央深化改革领导小组会议和全国国有企业党的建设工作会议上强调，把党的领导融入公司治理各环节，把党组织内嵌到国有公司治理结构中，明确和落实党组织在公司法人治理结构中的法定地位，做到组织落实、干部到位、职责明确、监督严格。由此可见，党组织参与国有股权行使是新时代党对国有企业领导方式的新发展，是与时俱进的结果。党组织参与国有股权行使的实现形式也应当与时俱进，不能因循历史上党组织参与国有企业管理的方法。

（二）应当符合现代企业治理的规律

习近平强调指出："党对国有企业的领导是重大政治原则，必须一以贯之；建立现代企业制度是国有企业改革的方向，也必须一以贯之。"党对国有公司的领导和建立现代企业制度，两者必须兼顾，不可偏废。国有企业公司制改造的目标是建立现代企业制度，现代企业制度中的治理制度从组织机构到治理模式上彻底颠覆了原国有企业的经营管理逻辑。确定党组织参与国有股权行使，必须按照现代公司治理的逻辑，创新党组织的工作机制。但从实践来看，国有公司党组织显然对此准备不足，一些国有公司党组织仍然采用传统全民所有制企业的领导模式，其运行机制与现代企业治理机制没有相互协调融合；一些国有公司的党组织放弃了旧的领导方式，却没有在现代企业制度中找到自己的位置，茫然失措，导致党的领导弱化、淡化、虚化、边缘化。当然，也有一些国有公司的党组织锐意进取，积极探索党组织参与国有股权行使的恰当方式。

党组织参与国有股权行使，需要考虑并解决以下问题：首先，现代企业是营利法人，法人独立承担民事责任，必须有独立的财产和独立的意思。党组织参与国有股权行使，不能因此使国有公司的财产失去独立性，也不能使国有公司的意思失去独立性。在确定党组织参与国有股权行使时，必须筹划如何防止这种情况的出现。其次，现代企业存在两权分离现象，现代企业治理的核心是控制管理者的道德风险。这就要求我们处理好在现代国有企业股权行使中党对党组织和党员领导干部监督的关系。不仅党组织和党员领导干部要自觉接受监督，而且在制度构建上，应当对其加强监督，并同时注重激励制度的运用。最后，现代企业是多方利益的契约共同体，现代企业制度的安排，充分体现了多方利益之间的妥协与均衡。党组织参与国有股权行使，应当注意维护这种利益均衡关系。

（三）应当满足国有公司发展的特殊要求

确定党组织参与国有股权行使，应当考虑国有公司的特殊性及其对治理机制的特殊要求。国有公司治理的特殊要求体现在两个方面：其一，国有公司委托代理的特殊性。国有公司初始委托人缺位，导致国有公司无法依靠以股东对自己权益的关心为基础来建构治理机制问题的发生。与西方国家的现代企业相比较，不难发现，西方国家现代企业的两权分离只在管理者这个环节上产生"单重代理风险"，而我国国有公司的两权分离不仅在管理者环节上，而且在所有者环节上也产生风险，存在"双重代理风险"。国有公司名义上是全民所有，实际上全民所有只是一个整体概念，全国人民不可能对国有公司进行有效的监督。西方国家的公司治理结构中，只可能在一个环节上（即管理者环节）出问题，而我国却可能在两个环节上出现问题。① 正如前文所述，"这种缺乏所有人终极关怀的情况，几乎可以用来解释国有企业存在的一切问题。"② 其二，国有公司肩负责任的特殊性。国有公司肩负营利以外的其他责任，导致难以依靠市场机制来化解企业的治理问题。典型的商事企业，以营利为唯一目的，可以通过证券市场、产品市场、经理市场竞争形成的压力促使管理者履行信托责任；通过会计师事务所、审计事务所的审计服务对管理者是否履行信托责任进行监督。长期以来，我们对国有公司赋予太多、太大的功能和目标定位。国有公司是经济组织，承担着重要的经济责任，同时，国有公司特别是关系国家安全和国民经济命脉的国有重要骨干公司又是特殊的经济组织，担负着重要的政治责任和社会责任。尽管党的十八届三中全会提出了国有企业分类改革的新思路，《指导意见》明确将国有企业分为商业类和公益类，这种划分虽然对不同类型的企业的要求有所不

---

① 参见薛旭东：《国企改制过程中企业所有权与经营权分离探析》，《邯郸职业技术学院学报》2010 年第 2 期。

② 王新红：《论企业国有资产的诉讼保护》，《中南大学学报》（社会科学版）2006 年第1 期。

同，但并不能从根本上改变国有企业的责任承担。无论是商业类，还是公益类国有企业，均需要承担经济责任、政治责任和社会责任。这在国务院国资委、财政部《关于完善中央企业功能分类考核的实施方案》中有明确要求："坚持经济效益和社会效益相结合。根据国有资本的战略定位和发展目标，结合企业实际，不断完善考核体系，推动中央企业提高发展质量和经济效益，自觉履行经济责任、政治责任和社会责任。"国有公司承担经济责任以外的其他责任，必然对其承担的经济责任构成冲击。当公司经营业绩差强人意时，公司管理者往往会诿过于承担了非经济性责任。国有公司相对于私有公司的特殊性，正是国有股权行使需要党组织参与的重要原因之一。但这同时也意味着，国有公司的治理必须针对上述特殊性问题探寻特殊的治理机制。

习近平同志提出将党组织内嵌到国有公司法人治理结构中，这是中国特色现代国有公司制度的创新，是新时代党对国有企业领导方式的创新。为了实现这种创新，必须创新思维方式，跳出理性人假设的理论桎梏与逻辑陷阱，从共产党及共产党人的特殊性上寻求解决国有公司的特殊性带给国有公司治理难题的方法。毛泽东同志曾指出："共产党人的一切言论行动，必须以合乎最广大人民群众的最大利益，为最广大人民群众所拥护为最高标准。"[1] 党章和其他党内法规共同构成了保障充分发挥党组织和党员领导干部的先锋模范作用的制度体系，能够有效缓解国有公司初始委托人缺位带来的治理难题，保障国有公司依法履行经济责任、政治责任和社会责任。

二、党组织参与国有股权行使的路径选择

（一）立法保持理性的"滞后"

立法不仅需要高超的法律技术，也需要实践经验的沉淀，盲目的、快餐

---

① 《毛泽东选集》第 3 卷，人民出版社 1991 年版，第 1096 页。

式的立法不仅难以实现立法的初衷，反而会导致落入仓促立法、频繁修法的陷阱当中。党组织参与国有股权行使需要立法，在国有公司实行现代企业制度的新形势下，由于理论准备和实践经验两个方面都存在不足，立法的条件并充分，匆忙制定法律是不谨慎的。在目前这种情况下，暂缓立法是理性的选择。我们称之为理性的滞后，它是指立法时间的滞后，而不是指法律制度本身的滞后性——不反映社会的变化，滞后于时代的发展，其实质是为法律制度的前瞻性做铺垫。需要指出的是，暂不立法，是由于时机不成熟，是迫不得已的选择。一旦时机成熟，应及时立法。但时机成熟不是等来的，而是需要我们从理论研究和企业实践两个方面去进行深入的探索。

（二）通过章程进行试错

在依法治国的背景下，任何重大的制度变革都必须有法律依据，在立法选择理性滞后时，如何保证党组织参与国有股权行使的合法性呢？《指导意见》指出，要"把加强党的领导和完善公司治理统一起来，将党建工作总体要求纳入国有企业章程。"章程是公司的宪章，合法有效的公司章程，对公司及其成员、公司机关等具有约束力。因此，通过章程规定党组织参与国有股权行使不失为一个可行的"试错"的方法。试错，是中国改革开放取得巨大成就的重要经验。"'中国经验'表现出来与两大'共识'不同的，是中国人的改革开放哲学，中庸圆融，摸索渐进，尝试于先而普及于后，不拘泥于某种理性构造制度和政策的'完美结构'，大大地减少了变革中的曲折，节约了变革的成本，反而赢得了改革开放的高效和最佳成果。"① 我国的国有公司类型多样，规模不一，分布的行业、领域广泛，不同的公司遇到的治理问题也不尽相同，各国有公司在治理实践中针对各自的问题不断地探索、创新和改进，不断地相互学习、借鉴，总结党组织参与国有股权行使和参与国有公司治理的成功经验与失败教训，不断修正章程关于党组织在公司治理

---

① 陈彩虹：《从"共识"到"中国经验"》，载《读书》2010 年第 8 期。

结构中的地位的规定。这无疑是无数场为法律的制定摸索道路的伟大实验。

需要指出的是，施行"试错机制"，应注意两个问题：其一，既然是试错，就必须建立鼓励创新、宽容失败的责任豁免机制。对党组织参与国有股权行使和国有公司治理改革创新过程中未能实现预期目标，但有关国有公司和个人是依据法律、中央有关精神决策进行探索，且尽职尽责，未谋取私利的，不作负面评价，并不对其错误决策追究责任。其二，试错不能成为滥用职权、玩忽职守或者侵害国家利益的借口。对于已经被实践检验了的、错误的做法，不能借口试错，继续推行；更不能违背法律规定进行试错。对于一切以试错为借口的违法行为，必须依法追究责任。

（三）将试错后的成功经验逐步体现在立法中

通过一次又一次试错形成无数实践的积累，不断地总结经验教训，合理而又统一的关于党组织地位的公司惯例自然会浮现出来，然后再复制和推广，把这种惯例制度化，让其及时形成成熟可操作的法律。如下文将要论及的"双向进入、交叉任职"制度，已经实行了20年，取得了比较成熟的经验，应当在法律中予以明确规定。

第四节　党组织参与国有股权行使的内容

党组织参与国有股权行使的内容包括三个方面：（1）参与决定公司的重大事项；（2）参与公司管理者的选任；（3）参与公司的监督。分述如下：

一、参与决定公司的重大事项

在现代企业制度中，公司重大事项的决策权在股东（大）会和董事会。党组织要参与公司重大决策，要么是直接参与股东（大）会和董事会，要么是与股东（大）会和董事会分享公司重大事项决策权。从现有的实际做法来看，党组织既没有进入股东（大）会，也没有与股东（大）会分享决策权。党组织参与公司重大事项决策权主要是在董事会层面。既有党组织成员通过"双向进入、交叉任职"进入到董事会的制度安排；也有党组织与董事会分享决策权的制度安排。但是，除了国有独资公司外，国有公司重大事项决策权主要是由股东（大）会行使的，党组织要参与公司重大事项决策，如果不能与股东（大）会分享决策权，在股东（大）会上也没有发言权，则其参与会受到很大的限制。

（一）建立党组织参与股东（大）会制度

股东（大）会由全体股东组成，除了国有全资公司外，国有公司中还含有非国有股东，如果党组织要与股东（大）会分享决策权，势必侵犯其他股东的权利。因此，党组织不能通过与股东（大）会分享决策权的方式参与公司重大事项的决策，只能通过参与股东（大）会的方式参与公司重大事项的决策。在股东（大）会上，实行的是一股一票的资本多数决规则，国有公司的党组织并不是股东，那么，它能否取得投票权？如果没有投票权，则其参与公司重大事项的决策便成了一句空话；如果有投票权，投票权来源何处？有多少比例的投票权？这就需要我们建构党组织参与股东（大）会制度。

党组织参与股东（大）会的法理依据与其参与国有股权行使的法理依据相同，其核心是国有公司的资产属于全民所有，而党组织是人民利益的忠实代表。但是，在国有资产的委托链条中，并没有党组织的存在。现在的问题是，尽管党组织是合适的人民利益的代表，但并没有获得代表的资格。这里我们需要注意的是，代表国家直接行使股权的名义股东，股权的行使行为，要受到同级党组织的影响。也就是说，在这里，党组织是指作为国有公司名义股东的党组织。我们需要建立这样的制度：名义股东在行使国有股权时，就国有股权行使事项，应当听取党委会的意见和建议，重大事项必须按照党委会的意见进行表决。

（二）坚持和完善"双向进入、交叉任职"制度

所谓"双向进入、交叉任职"，是指使符合条件的公司党委委员通过法定的程序进入公司董事会、经理层；符合条件的董事、经理层成员按照党章及有关规定进入党委会、纪委；公司党委书记兼任董事长，或党员董事长兼任党委副书记、党委书记兼任副董事长。"双向进入、交叉任职"制度通过相互渗透保证了党组织的意志在国有公司经营管理过程中得以贯彻和执行，因为进入董事会、经理层的党委委员在董事会、经理层决策时，是要按照公司党委决定在董事会、经理层会议上发表意见，并及时向公司党委报告决策情况。"双向进入、交叉任职"制度还使得党委会与董事会在人员上的交叉重合，可以避免程序上的烦琐和资源上的浪费，提高董事会效率，也保证了党组织能总揽全局，在关系企业经营方向和发展规划等重大问题上积极参与，为企业"把关定向"，防止内部人控制，保障国家利益不受损害。[①]"双向进入、交叉任职"制度间接地强化了党组织在公司治理中的地位，在一定程度上保障了党组织对国有公司的领导和政治核心作用的发挥，客观上有利于缓和国有公司党组织与公司治理结构之间的紧张关系，在一定程度上实现党组织与公司治理结构的融合。

1. 在立法上确定"双向进入、交叉任职"制度

我国国有公司实行"双向进入、交叉任职"制度是公司治理制度的一大创新，无先例可循，一直在摸索中前行。有关"双向进入、交叉任职"的规定，主要是党的文件，尚未有立法。经过 20 年的探索，已经取得了比较成熟的经验，应当以立法的形式整合法律法规政策以及党章相关规定，对"双向进入、交叉任职"做出从程序到实体全面、系统、切实可行的规定，使该制度真正从散乱的政策上升到系统的法律法规。

---

① 参见王元芳、马连福：《国有企业党组织能降低代理成本吗？——基于"内部人控制"的视角》，《中国工业经济》2014 年第 10 期。

2. 科学确定党委委员在董事会中的占比

通过"双向进入、交叉任职",会出现部分党委委员与董事重合的现象。具有双重身份的人员在董事会、监事会中的占比成为一个值得探讨的问题。该比例既不能过高也不能过低,过低会导致"双向进入、交叉任职"制度形式化,党组织的意志得不到尊重和体现;过高会导致党委会的决定取代董事会的决定,形成多块牌子一套班子,失去"双向进入、交叉任职"制度应有的制衡作用。我们认为,董事会中党委委员所占比例以不低于三分之一、不足二分之一为宜。理由是:由于党组织的决策一旦做出,无论党委委员是否赞成该决定,都必须无条件地遵守该决定。如果党委委员在董事会中的人数占比过半数,则党委会事实上取代了董事会,使董事会沦为摆设。如果党委委员在董事会中的占比不足三分之一,则党组织的意图很难得到贯彻。

3. 完善董事任职资格的规定

董事要进入党委会,必须符合党委委员任职资格的要求,这依照党章的相关规定即可。党委委员进入董事会,必须符合董事任职资格的要求。董事的任职资格包括消极资格和积极资格两个方面。但《公司法》仅在第146条对董事的消极资格做了规定,没有对积极资格做出任何规定。且由于《公司法》适用于各种各样的公司,对董事的任职资格的要求必须具有普适性,该任职资格要求仅仅是最低标准。对于国有公司中的董事来说,《公司法》第146条的规定是不够的,应当根据国有公司治理的特殊要求提升标准。

就消极资格来说,党委委员中的纪委委员不得进入董事会,以避免职务不相容问题的出现。除此之外,应高度重视对任职人员的品性的要求,因贪污、贿赂行为受到党纪、政纪处分的,个人信用有不良记录的,均在一定年限内不得担任国有公司的董事。因为,很难设想,一个品性不好的人会为了公司的发展和他人的利益而尽心尽力,会在自己的利益与公司利益发生冲突时毅然选择公司的利益。①

就积极资格来说，对于担任国有公司的董事，必须有积极资格要求。我国国有企业改革至今，大量的中小型国有企业已经被民营化或者重组成了大型国有公司。作为大型国有企业的董事、经理，既需要有良好的政治素质，也需要有良好的专业技能；既需要有理论知识，也需要有丰富的实践经验；既需要有良好的规则意识，也需要有打破陈规、大胆创新的勇气和能力。为了确保董事达到以上要求，必须对其任职的积极资格从以下几个方面做出规定：第一，文化素质和专业技能的要求，如要求具有管理类本科以上学历或者其他专业硕士以上学历；第二，实践经验的要求，执行董事应当具有一定年限的大型企业管理工作经历；第三，创新能力和协调能力要求，在既往的工作中，表现出了很强的创新能力、判断力、敏锐性和协作能力。②

（三）建立党委会和董事会联席会制度

党委会和董事会联席会制度是党组织分享公司重大事项决策权的重要制度安排。党委会与董事会联席会由全体董事和全体党委委员组成，就国有公司的重大事项，先经党委会和董事会联席会进行集体研究和协商。经联席会充分沟通协商后达成一致意见即为通过，如果未达成一致意见，则按法定程序由董事会表决。

联席会议是党组织和董事会共同议事和管理的有效载体，联席会制度是一个信息沟通的制度，通过联席会，党委委员与董事可以充分地进行信息沟通和民主协商，有利于达成共识、形成合力，使党委会与董事会做到工作上分、思想上合，职责上分、目标上合。③ 联席会制度简化了表决程序，提高

---

① 参见雷兴虎：《论董事行使职权的事前、事中和事后制衡机制》，《政法论坛：中国政法大学学报》2001 年第 2 期。

② 参见段从清：《独立董事的任职资格与任免机制问题研究》，《江汉论坛》2004 年第 6 期。

③ 参见关茹萍：《党政联席会议制度实施中存在的问题及对策》，《沈阳师范大学学报》（社会科学版）2013 年第 1 期。

了公司治理效率。在国有公司治理效率本身仍有待进一步提高的背景下，党组织参与国有公司治理的制度设计，不应成为公司"效率化经营"的障碍，联席会制度对于平衡公司治理效率与治理安全的关系具有重要意义。①

需要指出的是，联席会不是决策机构，仅仅是信息沟通交流和民主协商的一个平台，经党委会和董事会联席会达成一致意见后，无须再经董事会表决，董事会应根据联席会达成一致意见做出决定。

二、党组织参与国有公司管理者的选择

党管国有公司管理者是我国长期坚持的党管干部原则在国有公司的体现，也是国有公司的一贯做法。党组织参与国有公司的管理者选择包括两种情况：一是指国有公司名义股东的党组织通过影响参加公司股东（大）会的国有股东代表行使表决权选举公司的董事和监事；二是国有公司的党组织分享董事会在任免管理者方面的职权。关于党组织通过影响参加公司股东（大）会的国有股东代表行使表决权来参与国有公司的董事和监事的选任，与党组织参与股东（大）会决定公司重大事项同理，不赘述。这里仅谈谈党组织分享董事会任免管理者的职权问题。如前所述，党管国有公司管理者是我国的一贯做法，是我国长期坚持的党管干部原则在国有公司的体现，必须坚持，并使之制度化。可以考虑就管理者任免事项建立党委会表决前置制度。具体做法是，对于管理者的任免，先经党委会讨论决定，对于党委会决定的人事任免，董事会可以否决，但不能选择未经党委会讨论通过的新的人选。

三、党组织参与国有公司的监督

党组织对国有公司的监督的现实路径是根据党内法规对党员的监督，这种监督包括了对担任公司董事、监事和经理的党员干部的监督。这种监督在

---

① 参见蒋大兴：《走向"政治性公司法"——党组织如何参与公司治理》，《中南大学学报》（社会科学版）2017 年第 3 期。

国有公司中发挥极其重要的作用。但这种监督的局限性在于：（1）它只针对党员，对于非党员的董事、监事和经理无法监督。（2）党内法规对于党员干部监督的规定是一般性的规定，没有针对公司监督的特殊性做出规定。党组织参与国有股权行使意义上的党组织参与国有公司监督，显然不是指党组织依据党内法规对公司党员的监督。但应当是怎样的监督呢？现行法律没有规定，需要我们去研究。

（一）通过参与公司股东（大）会行使监督权

党组织参与国有公司监督，既然是作为党组织参与国有股权行使的内容，那么这种权利就可以通过参与公司股东（大）会的方式来行使。关于党组织参加公司股东（大）会，在前文已有详细阐述，这里不再赘述。

（二）建立和完善纪委委员与监事"双向进入、交叉任职"制度

纪委委员与监事"双向进入、交叉任职"，是指使符合条件的公司纪委委员通过法定的程序进入公司监事会，担任监事，符合条件的监事按照党章及有关规定进入纪委，担任纪委委员；公司纪委书记兼任监事会主席。"双向进入、交叉任职"制度通过相互渗透保证了党组织的监督。建立和完善纪委委员与监事"双向进入、交叉任职"制度，可以参照完善党委委员（不含同时为纪委委员的党委委员）与董事、经理"双向进入、交叉任职"制度，在立法上确定纪委委员与监事"双向进入、交叉任职"制度；科学确定纪委委员在监事会中的占比；完善监事任职资格的规定。

（三）建立纪委与监事会联席会制度

纪委与监事会联席会制度是党组织分享公司监督权的重要制度安排。纪委与监事会联席会由全体监事和全体纪委委员组成，就国有公司的监督事项，先经纪委与监事会联席会进行集体研究和协商。经联席会充分沟通协商

后达成一致意见的即为通过，无须再经监事会表决，监事会应根据联席会达成一致意见做出决定；如果未达成一致意见，则按法定程序由监事会表决。

四、明确和落实党委委员和纪委委员的个人义务和责任

党组织参与国有股权行使之后，随之而来的问题是：（1）谁对党组织的决策负责；（2）党委委员和纪委委员是否对公司负忠实义务和勤勉义务。

（一）党委委员或纪委委员应当对党组织的决策负个人责任

党组织集体决策的形成，是由党委委员或纪委委员通过民主集中制的方式形成的。党组织的决策可能存在违法违纪问题，也可能存在重大失误，造成公司重大损失。基于权责一致的原则，谁决策，谁负责，决策者应当对决策的后果承担责任。毛泽东同志指出："集体领导和个人负责，二者不可偏废。"[1] 由于决策违法、违纪或出现重大失误，投票赞成该决策的党组织成员应当承担个人责任；造成公司损失的，还应当赔偿公司的损失。在其位而谋其事，谋其事才可有其位。党组织成员只有尽职尽责地履行了个人责任，才有资格继续为公司服务。如果党组织成员不履行、怠于履行或者错误履行职责的行为不受法律约束，则党组织成员缺乏"在其位谋其事"的动力。

（二）党委委员和纪委委员应对公司负忠实义务和勤勉义务

党委委员和纪委委员要对党忠诚，服从党的领导、遵从党的决定。但与此同时，由于党组织内嵌到了公司治理结构中，党委会和董事会共同行使公司事务的决策权，纪委和监事会共同行使公司事务的监督权。董事、监事依照公司法对公司负忠实义务和勤勉义务，基于权利义务相一致的原则，法律也应当规定党委委员和纪委委员对公司负忠实义务和勤勉义务。

---

① 《毛泽东选集》第4卷，人民出版社1991年版，第1341页。

第八章　国有股权行使之处分论

国有股权的处分，从表面上看，也是国有股权的权能之一。但是，国有股权的处分涉及的是国有股权本身的处置问题，这与其他国有股权的权能有很大的区别，故单独作为一章。国有股权的处分是实现国有经济布局和战略性结构调整优化的重要手段，涉及国家利益，具有公益性目的。为防止国有资产的流失，确保国有资产的保值、增值，对国有股权转让设置严格的实体和程序规范，具有正当性。就实体规范而言，应厘清国有股权转让的处分主体、明晰处分主体的权限和相关主体的责任机制，以确保国有股权的国家利益和社会公共利益得以有效保障。就程序规范而言，应在公平、公正、公开原则的指导下，不断完善程序规则，形成公正的竞争秩序，以规范国有股权转让行为，最大限度减少国有资产的流失。当然，因国有股权的转让涉及受让方的利益以及企业职工利益的保护，现有规则关注明显不足，应加以完善，以协调各方利益。最终，在实现防止国有资产流失的目的时，兼顾到各方合法权益的保护。

第一节　国有股权处分的含义和特征

一、国有股权处分的含义

国有股权处分有广义和狭义之分，广义的国有股权处分，包括转让、无偿划转、质押等方式，狭义上仅指国有股权的转让。本章所述国有股权处分是指狭义的国有股权处分，它是国有企业改革，特别是混合所有制改革的重要方式，是指持有国有股权的主体在其权限范围内依法将国有股权转让给他人的行为。由于在我国公有制经济是国民经济的主体，国有经济在国民经济中起主导作用，国有大中型企业是国民经济的支柱，对整个国民经济的发展起决定性作用。因此，国有股权的处分具有特殊性，既涉及公有制经济在国民经济中的主体地位和主导作用，也涉及国家利益和职工利益的保护，乃至社会的安全稳定。为实现国有资产的保值和增值、防止国有资产的流失，我国对国有股权的处分做了特别规定，以从实体和程序上规范国有股权的处分行为。

国有股权的处分，因处分的形式不同，分为公开竞价方式转让和协议方式转让两种。国有股权的公开竞价转让，是指国有股转让方通过产权市场公开征集受让人，采取拍卖、招投标、网络竞价等竞价方式确定具体的受让方，并与之签订国有股权转让合同的方式转让国有股权。国有股权协议转让，是指国有股转让方与受让人之间通过协商，达成由受让人支付相应对价并取得国有股权的协议的方式转让国有股权。

当前，国有股权转让的规范体现在《企业国有资产法》《暂行条例》《企业国有产权转让管理暂行办法》①（以下简称《转让管理办法》）《企业国有资产交易监督管理办法》（以下简称《交易监督办法》）等法律、行政法规、行政规章中，既包括实体规范，也包括程序规范，而程序规范以《交易监督办法》为主。根据《企业国有资产法》《暂行条例》《转让管理办法》和《交易监督办法》的相关规定，国有股权转让相对于一般股权转让而言，主要设置了国有股权处分的主体、处分的权限、法律责任等实体规范，以及国有股权处分的内部决议程序、审批程序、评估程序、交易程序等程序规范，在"符合国有经济布局和结构调整""公开、公平、公正""依法审批、

---

① 该办法已于 2017 年 12 月 29 日被国务院国资委废止。

评估"等原则的指导下，规范国有股权转让行为，以防止国有股权转让中国有资产的流失，确保国有资产的保值、增值。但是，现有国有股权处分的实体和程序规范方面还有诸多地方存在缺陷，难以实现规范的目的，有待改进。下文以《企业国有资产法》《暂行条例》《转让管理办法》《交易监督办法》等规范性文件为分析对象，在评析国有股权转让相关实体和程序规范的基础上，指出其不足和存在的缺陷，并提出相关完善措施。

二、国有股权处分的特征

国有股权处分相较于非国有股权的处分，有其特殊性，且国有股权公开竞价方式转让和协议方式转让又各有特点。为了更清晰地阐明国有股权处分的特征，我们分别从国有股权处分的一般特征、国有股权公开竞价方式转让的特征、国有股权协议方式转让的特征三个方面进行描述。

（一）国有股权处分的一般特征

1. 转让主体的特定性

国有股权转让的主体，不仅包括有权代表国家投资的机构或部门向股份公司出资形成或依法定程序取得股份的国家股股东，还包括具有法人资格的国有企业、事业及其他单位以其依法占用的法人资产向独立于自己的股份公司出资形成或依法定程序取得股份的国有法人股股东。

2. 转让程序的复杂性

依据 2016 年实施的《交易监督办法》的相关规定，国有股权转让除按照企业章程和企业内部管理制度进行决议外，转让还要经过行政审批、资产评估等法定程序。

3. 转让价格具有限制性

依据《交易监督办法》第 17 条和第 32 条的规定，可以发现国有股权的转让价格有下限的限制，原则上不得低于评估价。而且，转让价格降低时还须履行审批手续。依据《交易监督办法》第 18 条的规定，降低国有股权的转让底价低于评估结果的 90%时，需要经原审批单位书面同意。

4. 转让场所的特定性

为实现国有资产的保值和增值、防止国有资产的流失，自 2003 年以来，无论是政策还是法律，对于国有股权的转让，原则上均要求通过依法设立的产权交易机构公开进行。

（二）国有股权公开竞价方式转让的特征

1. 公开性

国有股权公开竞价转让，是通过产权交易机构公开征集受让方，相对于协议转让而言，具有公开性，符合条件的意向受让方均可参与竞争。

2. 竞争性

根据《交易监督办法》第 22 条的规定，国有股权转让信息披露期满、产生符合条件的意向受让方后，采取拍卖、招投标、网络竞价等竞价方式组织竞价。相对于协议转让而言，转让价格的形成具有竞争性。

（三）国有股权协议方式转让的特征

1. 非公开性

根据《交易监督办法》第 13 条的规定，国有股权的转让，原则上在产权市场公开进行。而协议转让则属于例外，不需要通过公开市场进行，转让方式明显具有非公开性。

2. 排他性

国有股权协议转让中，由于受让主体特定，除特定受让主体外，其他主体无法参与国有股权的协议转让，相对于公开竞价转让而言，该种转让方式能够排除其他主体参与竞争，具有排他性。

第二节　国有股权处分的实体问题

一、处分主体

（一）关于处分主体的规定

从法律、行政法规层面有关国有股权转让主体的规定来看，《企业国有资产法》仅明确了国家股的转让由国有资产监督管理机构或者国务院和地方人民政府授权的其他部门、机构来决定，如转让全部国家股或部分国家股导致国家丧失控制地位的，还应报请所属人民政府批准。《暂行条例》的规定与《企业国有资产法》的规定相同。由此可见，《企业国有资产法》以及《暂行条例》仅是对国家股的转让主体做出了规定，而对于国有法人股的转让主体没有予以明确规定。

从行政规章层面有关国有股权转让主体的规定来看，《转让管理办法》基本延续了《企业国有资产法》《暂行条例》有关国家股转让决定主体的规定。并进一步对国家出资企业投资所形成的国有法人股的转让决定主体做出了规定，值得肯定。而《交易监督办法》第 7 条对国家股转让的决定主体，也是基本延续《企业国有资产法》《暂行条例》有关的原则性规定，其第 8 条对国家出资企业投资所形成的国有法人股的转让决定主体也基本延续了《转让管理办法》的有关规定，并且规定得更为具体，其可操作性得到增强，值得肯定。

（二）有关处分主体规定存在的问题

但是，由于国有资产监督管理机构在履行出资人职责的同时，还负有国有资产行政监管的职能。根据《暂行条例》第 13 条的规定，国有资产监督管理机构不仅有"指导推进国有及国有控股企业的改革和重组"等方面的职能，还有"制定企业国有资产监督管理的规章、制度"的职能。并且，依据其第 15 条的规定，国有资产监督管理机构还应就"企业国有资产监督管理工作"，向所属人民政府报告。因此，国有资产监督管理机构既依法履行出资人职能，又依法履行行政监管的职能，导致其"政企不分"。国有资产监督管理机构作为出资人依法转让股权，采取"市场化"的方式进行，而作为行政监管机构又依法对股权转让负有监管的责任，导致其"自己监管自己"，难以在国有股权转让中实现国家利益和社会公共利益的有效保障。正如有学者指出，国有资产监督管理机构既有"行政监管职能"又有"出资人职能"，是目前国有资产管理体制中最大的问题。①

二、处分权限

（一）关于处分权限的规定

由于国有股权的特殊性，其最终利益归属于全体人民。《企业国有资产法》第 52 条明确了国有股权的转让，不仅要有利于"国有经济布局和结构的战略性调整"，而且要防止国有资产的流失。可见，国有股权基于资本"来源上的公法性"，其转让受到"公益性目的"的制约。② 因此，代表"全民"的国有资产监督管理机构或者国家出资企业在转让国有股权时，既要实现"国有股权保值增值"的经济性目标，也要实现"国有经济布局和结构的战略性调整""国有经济成分的控制力与支配力方面的影响"等非经济性目标。③ 但是，由于国有股权的转让主体并非国有股权的最终所有者"全民"，其行为目标与国有股权最终所有者的"全民"存有差异，为确保国有股权公益性目的的实现，应通过法律机制对国有资产监督管理机构、国家出

---

① 参见课题组：《国资委履行出资人职责模式研究》，《科学发展》2012 年第 9 期。

② 参见燕春：《国有股权的公权本质与私法行使》，《安徽农业大学学报》（社会科学版）2008 年第 1 期。

③ 参见刘蕴、王华：《国有股权行使主体的厘清及法律定位》，《北京工业大学学报》（社会科学版）2012 年第 3 期。

资企业的国有股权转让行为予以必要的监督，以符合国有股权转让的公益性要求。根据法律、行政法规层面的《企业国有资产法》《暂行条例》的有关规定，以及行政规章层面的《转让管理办法》《交易监督办法》的有关规定，对转让全部国有股权或者国有股权转让导致国家丧失控股地位的，以及"对主业处于关系国家安全、国民经济命脉的重要行业和关键领域，主要承担重大专项任务子企业"的国有股权转让，设立了监督机制，值得肯定。

（二）有关处分权限规定存在的问题

对于非转让全部国有股权或者转让国有股权不导致国家丧失控股地位的，仅由国有资产监督管理机构决定；"对主业非处于关系国家安全、国民经济命脉的重要行业和关键领域，不承担重大专项任务子企业"的国有股权转让，仅由国家出资企业决定，没有对此设立有关的法律监督机制以及救济机制，难以确保国有股权转让实现"国有经济布局和结构的战略性调整"等公益性目标。

而且，对于"主业处于关系国家安全、国民经济命脉的重要行业和关键领域，主要承担重大专项任务子企业"的股权转让须报请同级国资监管机构批准，如属于国家出资企业非直接下级企业的国有股权转让，则须通过国家出资企业履行向同级国资监管机构报请批准的义务。但国家出资企业对于其非直接下级企业的国有股权转让，通过其向同级国资监管机构报请批准时，国家出资企业是仅享有程序上的权利，还是享有实体上的否决权，法律上没有明确，实践中容易引发争议。如果国家出资企业不报请同级国资监管机构审批，那么转让协议的效力如何呢？实践中，对此有不同的观点。如在"陈发树与云南红塔集团有限公司股权转让纠纷案"中，因中国烟草总公司不同意其非直接子企业"云南红塔集团有限公司"转让其所持有的云南白药集团股份有限公司股份，故未将"云南红塔集团有限公司与陈发树签订了《股份转让协议》"报请有权审批的国有资产监督管理机构批准。虽然，一审法院认为涉案"股份转让协议"系双方当事人真实的意思表示，内容不违反法律法规的禁止性规定，合法有效。但因该协议未获得有权审批的国有资产监督管理机构批准，故对陈发树要求云南红塔集团有限公司继续履行"股份转让协议"的诉求不予支持。[1] 二审法院则认为涉案"股份转让协议"属于依法应当办理批准手续的合同，由于该协议缺乏有权机关批准，将其认定为"不生效合同"，对陈发树要求云南红塔集团有限公司继续履行"股份转让协议"并承担违约责任的诉求不予支持。[2] 由此可见，对于需要报请同级国资监管机构批准的国家出资企业的非直接下级企业的国有股权转让，须由国家出资企业向同级国资监管机构报请审批，如果国家出资企业不报请同级国资监管机构审批，导致"股权转让协议"未能得到有权机关批准时，对该协议的效力，司法实践中存有争议。

三、法律责任

（一）关于法律责任的规定

由于国有股权的特殊性，国有股权的转让要防止国有资产的流失，实现"国有股权保值增值"的经济性目标。因此，在国有股权转让过程中，如由于相关主体的原因导致了国有资产的流失，则相关主体应承担法律责任。当然，这里的法律责任问题，主要是相关主体应承担的民事责任问题。

从法律、行政法规层面有关国有股权转让之主体责任的规范上看，《企业国有资产法》仅明确国有股权转让过程中的行为，如交易双方恶意串通损害国有资产权益的，转让行为无效，[3] 但未对相关主体的民事责任做出规定。而《暂行条例》也未对此做出规定。

---

[1] 云南省高级人民法院（2012）云高民二初字第 1 号民事判决书。
[2] 最高人民法院（2013）民二终字第 42 号民事判决书。
[3] 《企业国有资产法》第 72 条规定："在涉及关联方交易、国有资产转让等交易活动中，当事人恶意串通，损害国有资产权益的，该交易行为无效。"

从行政规章层面有关国有股权转让之主体责任的规范上看，《转让管理办法》第32条进一步明确了具体的责任主体以及需要承担赔偿责任的情形。如由于受让方的责任造成国有资产流失的，受让方对转让方的经济损失也要承担赔偿责任。该规定细化了国有股权转让导致国有资产流失时，相关主体应承担的赔偿责任，增强了可操作性，值得肯定。

（二）有关法律责任规定存在的问题

但是，由于《转让管理办法》已于2017年12月29日，被国务院国资委废止。而《交易监管办法》第59条对此方面的规定却相对原则，仅明确了国有股权转让中，因国资监管机构、国有及国有控股企业、国有实际控制企业的有关人员造成国有资产损失的，相关责任人员应当承担赔偿责任，可操作性还有待加强。因此，无论是法律、行政法规，还是行政规章，对于国有股权转让导致国有资产流失的，相关主体的赔偿责任的规定还较为原则，可操作性有待增强。

第三节　国有股权处分的程序问题

一、内部决议程序

（一）关于内部决议程序的规定

从行政规章层面有关国有股权转让之内部决议程序的规范上看，《转让管理办法》相关规定明确了国有股权转让如果涉及职工安置事项的，应当经过职工代表大会讨论通过；如果国有股权转让导致转让方丧失控制地位的，应当附送经债权金融机构书面同意的相关债权债务协议以及职工代表大会审议职工安置方案的决议。笔者认为，基于国有股权转让的特殊性，国有股权转让如果涉及职工安置事项的，设置职工代表大会讨论通过的程序来保护职工利益，具有合理性。因为国有股权转让不仅涉及国家利益，还涉及职工利益、社会公共利益。职工利益保护程序的设置是国有股权顺利转让、公司持续经营、经济良性发展以及社会秩序和谐稳定的基本保障。但是，国有股权转让并不会导致公司注册资本的减少，公司的资产也不会发生变化，更不会损及公司债权人的利益。因此，金融机构债权人利益保护的程序设置，显然是对金融机构债权人利益的过度保护，不具有妥当性。而且，该种规定与《公司法》规定的相关债权人利益保护程序设置的适用情形也不相同，不符合《公司法》的立法理念。《交易监督办法》第 10 条延续了国有股权转让职工利益保护的程序设置，取消了金融机构债权人利益保护的程序设置。该条规定明确了"产权转让涉及职工安置事项的，安置方案应当经职工代表大会或职工大会审议通过；涉及债权债务处置事项的，应当符合国家相关法律法规的规定"，值得肯定。当然，也取消了"国有股权转让导致转让方丧失控制地位的，应当附送经职工代表大会审议职工安置方案的决议"的规定，较为合理。因为国有股权转让如导致转让方丧失控制地位的，都会涉及职工的安置问题。该种情形下职工利益保护的程序设置可以被"产权转让涉及职工安置事项的，安置方案应当经职工代表大会或职工大会审议通过"的规定所包含，无须另行规定。

（二）有关内部决议程序规定存在的问题

无论是《交易监督办法》，还是《转让管理办法》，有关国有股权转让之内部决策程序的规定，均存在不足之处。主要问题有：

1. 职工利益保护的程序规定可操作性不强

《交易监督办法》第 10 条和《转让管理办法》第 12 条均只明确了"职工安置事项应经职工代表大会讨论或审议通过"，但是对于职工代表如何产生、职工安置事项如何通过、职工对职工代表大会通过的安置方案有异议时如何救济等具体问题并没有做出规定，反映了有关职工利益保护的程序规定欠缺可操作性，有待进一步细化。

2. 未履行内部决策程序对国有股权转让协议产生何种影响立法上未明确

虽然《转让管理办法》第 32 条明确了国有资产监督管理机构或者企业国有产权转让相关批准机构可以就"转让方、转让标的企业不履行相应的内部决策程序，擅自转让企业国有产权的"情形向法院起诉，确认国有股权转让行为无效。但由于《转让管理办法》属于行政规章，并非行政法规。该条规范显然不属于《合同法》第 52 条所说的"法律、行政法规的强制性规定"的范畴，以违反该条规定作为确认国有股权转让行为无效的理由，还有待商榷。而且，《交易监督办法》取消了相关规定，而《转让管理办法》已于 2017 年 12 月 29 日，被国务院国资委废止。由此可见，国有股权转让未履行内部决策程序时对国有股权转让协议产生何种影响，立法上并未明确。

二、审批程序

（一）关于审批程序的规定

从法律、行政法规层面有关国有股权转让的审批规范来看，《暂行条例》仅明确了国有资产监督管理机构所出资企业之国有股权转让的审批程序，而对于国家出资企业之子企业的国有股权转让如何审批并未予以明确。虽然《企业国有资产法》第 53 条提高了国有资产监督管理机构所出资企业之国有股权转让审批程序的立法位阶，但是相比于《暂行条例》的规定而言，对于国家出资企业之子企业的国有股权转让如何审批仍没有做出规定，仅是适用范围比《暂行条例》第 23 条更广。

从行政规章层面有关国有股权转让的审批规范来看，《转让管理办法》不仅明确了国有资产监督管理机构所出资企业之国有股权转让的审批程序，也明确了国家出资企业之子企业的国有股权转让的审批程序，弥补了《企业国有资产法》《暂行条例》规定的不足，值得肯定。虽然国有资产监督管理机构所出资企业之国有股权转让审批程序的规定，仅明确了转让国有股权致

使国家不再拥有控股地位的，应当报本级人民政府批准。但是，并不意味着
转让全部国有股权的，不需要报本级人民政府的批准，因为根据上位法优于
下位法的法律适用原则，此时，应当依据《企业国有资产法》《暂行条
例》的规定，报本级人民政府批准。对于国家出资企业之子企业的国有股权转
让，何种情形应当报同级国有资产监督管理机构会签财政部门后批准，规定
得较为原则。《交易监督办法》第 7 条基本延续了《转让管理办法》第 25 条
的规定。相较于《转让管理办法》第 26 条的规定，《交易监督办法》第 8 条
更明确了国家出资企业对其子企业国有股权转让享有的审批管理职责。对于
"国家出资企业之子企业的国有股权转让，何种情形需履行同级国资监管机
构批准"的规定，取消了"会签财政部门"的规定，减少了审批环节，值
得肯定。相比于《转让管理办法》第 26 条的规定，《交易监督办法》对于
报请同级国资监管机构批准的情形，规定的更为明确，但仍有进一步细化的
空间，以增强其可操作性。

（二）有关审批程序规定存在的问题

由此可见，无论是法律、行政法规层面的《企业国有资产法》《暂行条
例》，还是行政规章层面的《转让管理办法》《交易监督办法》，有关国有股
权转让之审批程序的规定，均有不足之处。主要问题有：

1. 政府和国有资产监督管理机构审批国有股权转让的时限立法上未明确

从《暂行条例》第 23 条、《企业国有资产法》第 53 条的规定来看，均
只是明确国有资产监督管理机构转让其所出资企业的全部国有股权或者转让
部分国有股权致使其不再拥有控股地位的，报本级人民政府批准。对于政府
应在接到转让方提交的书面申请材料后，多长时间做出批准或不予批准的决
定，却没有明确。从《交易监督办法》第 8 条、《转让管理办法》第 26 条的
规定来看，也均只是明确国有出资企业转让其子企业的国有股权在一定的情
形下，需要报同级国有资产监督管理机构批准。对于国有资产监督管理机构

应在接到转让方提交的书面申请材料后，多长时间做出批准或不予批准的决定，也没有明确。而《暂行条例》《企业国有资产法》《交易监督办法》《转让管理办法》对审批时限没有做出规定，会影响到股权转让的效率，对交易产生不利影响，容易损害受让方的权益。有时甚至会使得审批处于失控状况，因为"逐级报告"的流程将使得"任何一个级别的国有出资人不愿意配合报批时，交易就能被无限期搁置而不在字面上违反法律条文"。①

2. 国家出资企业之子企业的股权转让应报国有资产监督管理机构批准的规定不甚明确

从《转让管理办法》第 26 条的规定来看，何种情形应报同级国有资产监督管理机构批准尚不明确，如"重要子企业"是指哪些子企业，并不明确；"重大国有产权转让事项"具体包括哪些情形，也不明确。而《交易监督办法》第 8 条的规定，相较于《转让管理办法》第 26 条，进一步明确了报请同级国有资产监督管理机构批准的情形，但仍较为原则，有待进一步细化，如"关系国家安全、国民经济命脉的重要行业"是指哪些行业、"关系国家安全、国民经济命脉的关键领域"包括哪些领域，"主要承担重大专项任务子企业"又具体涵盖哪些企业，均不明确，其可操作性有待增强。

3. 国有股权转让未经审批对转让协议产生何种影响未明确

对于国有股权转让未经审批，对国有股权转让协议产生何种影响，司法实务界和理论界均有两种观点。一种观点认为，未经批准的国有股权转让协议未生效。其理由在于：虽然国有股权转让的审批规范主要规定在《转让管理办法》中，但该办法有关审批程序的规定是依据《暂行条例》的相关规定制定的，属于对《暂行条例》相关规定的具体化。在国有股权转让过程中，没有依照《转让管理办法》的相关规定办理审批手续的，即同时违反了《暂行条例》的规定，应当根据《合同法》第 44 条第 2 款《民法典》第 502

---

① 谬因知：《国有股转让协议审批要求对合同效力之影响——以"史上最大股权纠纷"为例》，《中外法学》2015 年第 5 期。

条第 2 款关于"法律、行政法规规定应当办理批准、登记等生效手续的，依照其规定"的规定，认定国有股权转让协议未生效。① 该种观点显然是将有关国有股权转让的审批规范纳入《合同法》第 44 条第 2 款的适用范围，以认定国有股权转让协议未生效。司法实践中，有持该种观点的意见。如"新昌金昌实业发展有限公司诉浙江省仙居县国有资产经营有限公司股权转让合同纠纷案"，法院以涉案股权转让协议至今仍未经主管部门批准，适用《合同法》第 44 条第 2 款的规定，认定涉案股权转让协议未生效。② 又如"柴丽玮等诉厦门市天韵建筑装饰工程有限公司股权转让纠纷案"，法院以天韵公司与柴丽玮签订的《股权转让协议》未按《暂行条例》的规定办理批准手续，适用《合同法》第 44 条第 2 款的规定，认定涉案股权转让协议虽已成立但未生效。③ 再如"中国华融资产管理公司贵阳办事处与贵州钢绳（集团）有限责任公司、贵州省冶金国有资产经营有限责任公司股权置换纠纷案"，一审法院以涉案《股权置换协议》未经审批，认定该协议未生效。④ 二审法院也以当事人未办理股权置换的审批手续，适用《合同法》第 44 条第 2 款的规定，认定涉案股权置换协议中的股权置换条款未生效。⑤

另一种观点认为，未经批准的国有股权转让协议无效，因国有股权涉及"保证国家在关系国计民生的重要行业和国民经济主导产业中的控股地位"的需要，有关国有股权转让须经审批的规范属于效力性规范，因此，违反该规范的行为无效。⑥⑦ 该种观点显然是将有关国有股权转让的审批规范纳入

---

① 江苏省高级人民法院民二庭：《企事业单位国有产权转让合同的效力认定》，《法律适用》2005 年第 12 期。

② 浙江省高级人民法院（2010）浙商初字第 3 号民事判决书。

③ 福建省武夷山市人民法院（2015）武民初字第 2038 号民事判决书。

④ 贵州省高级人民法院（2006）黔高民二初字第 18 号民事判决书。

⑤ 最高人民法院（2007）民二终字第 190 号民事判决书。

⑥ 参见王杰、李宏：《国有股权转让协议效力的法律分析》，《内蒙古民族大学学报》（社会科学版）2005 年第 4 期。

⑦ 参见张文亮、杨建：《论国有股权非正常程序转让的效力认定》，《山东审判》2007 年第 5 期。

《合同法》第52条第5项（《民法典》第53条第1款）"法律、行政法规强制性规定"的范畴，以国有股权转让行为违反"法律、行政法规强制性规定"为由，认定国有股权转让协议无效。司法实践中，也有持该种观点的意见。如"迪佛电信集团有限公司等诉浙江国鼎建设有限公司股权转让纠纷案"，一二审法院均以涉案国有股权转让违反了法律、行政法规的强制性规定，确认国有股权转让协议无效。[①]

三、评估程序

（一）关于评估程序的规定

从法律层面上看，根据《企业国有资产法》第55条的规定，资产评估是国有股权转让的必经程序，其目的在于确定国有股权转让的底价，以防止国有资产的流失。但该规定仅明确以经认可或核准的评估价格作为国有股权转让的最低价格。但对于如何保证评估的价格能真实地反映国有股权的实际价值却并没有规定，以及对未经评估的国有股权转让行为的效力没有予以明确。

从行政法规层面上看，《评估办法》不仅在第3条明确了"国有资产拍卖、转让应当进行资产评估"，而且确立了"国有资产评估项目的立项确认审批制"，并明确了资产评估的监管、程序、方法等问题。不过，随后国务院办公厅发布的《转发财政部关于改革国有资产评估行政管理方式加强资产评估监督管理工作意见的通知》取消了"立项确认审批制"，改为对国有资产评估实行核准制和备案制。而《暂行条例》仅在第29条明确了国有资产监督管理机构负责企业国有资产评估的监管工作。但与《企业国有资产法》一样，均未对如何保证评估的价格能真实地反映国有股权的实际价值做出具体的规定，以及对未经评估的国有股权转让行为的效力予以明确。

[①] 杭州市下城区人民法院（2010）杭下商初字第1512号民事判决书；杭州市中级人民法院（2011）浙杭商终字第1070号民事判决书。

从行政规章层面及政策性规范文件上看，《转让管理办法》第 13 条除明确经核准或者备案的评估价格作为国有股权转让价格的参考外，仅对产权交易过程中可能出现的交易价格低于评估价格 90% 时如何处理做出了规定。但对于如何保证评估的价格能真实地反映国有股权的实际价值没有做出规定。当然，该《转让管理办法》已于 2017 年 12 月 29 日被废止。而《交易监管办法》第 12、17、18 条则基本延续了《转让管理办法》第 13 条的规定，只是更明确了国有股权转让首次披露的底价不得低于经核准或者备案的评估价格，以及进一步明确了可以降低国有股权转让底价的情形。但是，对于如何保证评估的价格能真实地反映国有股权的实际价值还是没有做出规定。

此外，《评估施行细则》也仅是对《评估办法》有关组织管理、评估程序、评估办法等规定进一步细化，以增强可操作性。《国有资产评估管理若干问题的规定》除进一步明确上市公司以外的国有股权转让应当进行资产评估，确立了"国有资产评估项目实行核准制和备案制"外，还对核准制和备案制的适用做出原则上的安排。《评估暂行办法》则进一步对核准和备案的具体适用问题做出了规定。《关于加强企业国有资产评估管理工作有关问题的通知》更进一步对资产评估管理过程中的一些具体问题做出了明确规定。对于金融企业国有股权转让而言，《金融企业国有资产转让管理办法》第 14 条仅明确了非上市金融企业国有股权转让应当进行资产评估，而《金融企业国有资产评估监督管理暂行办法》也只是对金融企业国有资产的"评估事项""核准或备案"等问题做出了规定，《关于金融企业国有资产评估监督管理有关问题的通知》则是对金融企业资产评估管理过程中的一些具体问题做出了明确规定。对于中央文化企业国有股权转让而言，《关于加强中央文化企业国有产权转让管理的通知》第 5 条仅是明确中央文化企业国有产权转让应当按规定做好资产评估工作，并以经核准或备案的资产评估值作为转让价格的参考依据。而《中央文化企业国有资产评估管理暂行办法》只是对中央文化企业国有资产的"核准""备案"等问题做出了规定，《关于中央文化企业国有资产评估管理的补充通知》则是对中央文化企业资产评估管理过程中的一些具体问题做出了明确规定。对于国家农业综合开发投资参股企业国有股权转让而言，《国家农业综合开发投资参股企业国有股权转让管理办法》第 14 条除明确经省级财政部门备案的评估价格对作为国有股权转让价格的参考依据外，仅是对产权交易过程中可能出现的交易价格低于评估价格 90%时如何处理做出了规定。但是，这些规范性文件对如何保证评估的价格能够真实地反映国有股权的实际价值均没有做出具体的规定。

（二）有关评估程序规定存在的问题

由此可见，无论是法律、行政法规，还是行政规章以及政策性规范文件，有关国有股权转让之评估程序的规定，均存在缺陷和不足，难以有效发挥防止国有资产流失之"安全阀"的功效。主要问题有：

1. 缺乏确保评估价格能真实反映国有股权实际价值的保障机制

国有股权转让过程中，基于国有股权的特殊性，设置评估程序的目的在于防止国有资产的流失。而评估的价格要能够真实地反映国有股权的实际价值，则需要相应的保障机制予以保证。从相关规范来看，无论是《企业国有资产法》第 55 条的规定，还是《交易监督办法》第 12、17、18 条的规定，均缺乏确保评估机构独立性和公正性的程序规范以及评估价格依据国有股权价值重大变化的调整规范。

而且，从评估机构的责任机制来看，《企业国有资产法》第 74 条只是明确了应依据法律法规追究资产评估机构违法和违反执业准则出具虚假资产评估报告的法律责任，但对法律责任的具体形式却没有规定。《评估办法》第 32 条也仅是明确了评估机构存在作弊或者玩忽职守的情形时可以对其处以警告、停业整顿和吊销国有资产评估资格证书，但对其是否应当承担民事赔偿责任却没有做出规定。而《评估施行细则》第 54 条则是进一步增加了没收评估机构的违法所得、对其及评估人员处以罚款，以及给予行政处分等行政处罚的种类，但对其违规执业时是否应当承担民事赔偿责任也没有做出规定。《评估暂行办法》第 29 条与《交易监督办法》第 60 条虽然规定上有所差异，但均只是明确了当评估机构存在违规执业行为时，不再委托其从事国有股权转让评估事宜或者建议其行业主管机关给予相应处罚。而对其违规执业时是否应当承担民事赔偿责任还是没有做出规定。可见，法律、行政法规、行政规章均没有对评估机构违规执业是否应当承担民事赔偿责任做出规定，难以对评估机构形成有效的责任约束，无法有效保障评估结果的客观真实性。

2. 回避机制不健全

由于国有企业所有人缺位，其管理者拥有广泛的权利。如果管理层①参与受让国有股权，则与管理者自身利益或其近亲属利益则与国有企业利益之间必然存在冲突，存在管理者为了自身利益或其近亲属利益，利用其控制企业的优势和参与资产评估工作的机会实施损害国有企业利益行为的道德风险。这种道德风险在实践中的主要表现形式为管理者与资产评估机构合谋，低估国有资产的价格。②

《企业国有资产法》第 56 条规定："法律、行政法规或者国务院国有资产监督管理机构规定可以向本企业的董事、监事、高级管理人员或者其近亲属，或者这些人员所有或者实际控制的企业转让的国有资产，在转让时，上述人员或者企业参与受让的，应当与其他受让参与者平等竞买；转让方应当按照国家有关规定，如实披露有关信息；相关的董事、监事和高级管理人员不得参与转让方案的制定和组织实施的各项工作。"根据该规定，企业依法向其董事、监事、高级管理人员或者其近亲属，或者这些人员所有或者实际控制的企业转让国有股权时，有两点基本要求：（1）转让方负有信息披露义务；（2）管理者不得参与国有股权评估工作。以上规定有利于维护国有股权

---

① 这里的"管理层"包括转让方及转让标的企业的经营管理人员或其近亲属，或者这些人员所有及实际控制的公司。

② 参见李杰：《企业国有产权转让法律程序研究——〈企业国有产权转让管理暂行办法〉的缺陷与完善》，《研究生法学》2005 年第 2 期。

转让的公平竞争秩序，有利于防止国有资产的流失，值得肯定。但是，该规定总体上比较原则。从行政法规和规章层面的规定来看，《评估办法》《评估施行细则》《评估暂行办法》《交易监管办法》对此问题均没有做出规定。从部门规范性文件层面的规定来看，虽然国务院国资委和财政部于 2005 年 4 月 11 日联合发布的《企业国有产权向管理层转让暂行规定》，明确了"国有产权转让方案的制订以及与此相关的清产核资、财务审计、资产评估、底价确定、中介机构委托等重大事项应当由有管理职权的国有产权持有单位依照国家有关规定统一组织进行，管理层不得参与"，值得肯定。但是，该规范性文件已于 2016 年 6 月 30 日被废止了。因此，基于《企业国有资产法》第 56 条规定存在的缺陷，"管理层"参与受让国有股权时，管理者不得参与资产评估工作的回避机制不健全，存在导致评估结果的不实、造成国有资产流失的风险。

3. 国有股权转让未经评估的法律后果不明确

国有股权转让未经评估的法律后果，是指国有股权转让未经评估，对转让行为效力的影响。由于没有明确的规定，司法实务界和理论界存在较大争议，主要有以下两种观点：

一种观点认为，国有股权转让未经资产评估的，违反法律法规的强制性规定，应认定国有股权转让行为无效。其理由是：基于国有股权的特殊性，国有股权转让涉及国家利益，如果不严格按照规定进行资产评估的话，无法确定其真实价值、难以准确确定股权转让的交易价格，可能造成国有资产流失。[①] 该种观点对于国有股权转让未经评估是否会导致国有资产流失的判断，显然采取的是形式标准，以评估程序的履行来确保转让价格不偏离国有股权的真实价值。因此，未履行评估程序的，国有股权转让行为无效。司法实践中，有持该种观点的意见。如淮阴市信托投资公司等与殷林股权转让纠纷

---

① 参见王杰、李宏：《国有股权转让协议效力的法律分析》，《内蒙古民族大学学报》（社会科学版）2005 年第 4 期。

案，一、二审法院均以涉案股权转让未履行相关评估手续，违反行政法规的强制性规定，认定转让协议无效。[①] 又如重庆市建设投资公司等与中国长江三峡工程开发总公司等股权转让纠纷案，法院以建投公司和开投公司与市工行之间进行的国有股权转让未经资产评估，违反了行政法规的强制性规定，认定涉案股权转让协议无效。[②] 再如甘肃兰驼集团有限责任公司诉常柴银川柴油机有限公司等股权转让纠纷案，法院以兰驼集团与常柴银川公司之间的股权转让，未依照《国有资产评估管理办法》的规定对股权价值进行评估，故确认股权转让协议无效。[③]

另一种观点认为，国有股权转让未经资产评估的，并不当然导致转让行为无效。其理由在于：国有股权转让应经评估的规范虽然属于强制性规范，但是该强制性规范的目的在于防止国有股权转让中出现低价出售造成国有资产流失的现象发生，而并非为了阻止国有股权交易。在国有股权转让中，违反规定没有进行资产评估的，并不当然导致国有股权转让价格严重偏离国有股权的真实价值，如果受让方愿意接受经过评估后的价格，国有股权转让行为仍然应当维持和保护。[④] 因为既然未经评估的国有股权转让价格并不一定低于评估价格，也就不必然会造成国有资产的流失，从保护交易安全的目的出发，一般不宜认定此类合同为无效合同。[⑤] 该种观点对于国有股权转让未经评估是否会导致国有资产流失的判断，显然采取的是实质标准，即看国有股权未经评估的转让价格实际上是否有偏离国有股权的真实价值。即便在转让价格与股权真实价值之间发生了偏离，也可以采取适当的补救措施，看受

---

① 江苏省淮安市中级人民法院（2000）经初字第 53 号民事判决书；江苏省高级人民法院（2001）苏民二终字第 175 号民事判决书。

② 重庆市高级人民法院（1999）渝高法经一初字第 20 号民事判决书。

③ 甘肃省高级人民法院（2013）甘民二初字第 6 号民事判决书。

④ 江苏省高级人民法院民二庭：《企事业单位国有产权转让合同的效力认定》，《法律适用》2005 年第 12 期。

⑤ 参见张文亮、杨建：《论国有股权非正常程序转让的效力认定》，《山东审判》2007 年第 5 期。

让人是否愿意接受评估后的价格，以利于保护交易的安全。如受让人接受评估后的价格，则国有股权转让行为有效。司法实践中，也有持该种观点的意见。如青海铝型材厂诉同仁县国有资产管理局股权转让合同案，一、二审法院均认为，虽然国有股权转让未经评估，但是，股权转让协议是双方当事人的真实意思表示，没有证据显示存在恶意低价转让国有股权的行为，认定股权转让协议有效。[①]

四、交易程序

（一）关于交易程序的规定

交易程序主要涉及信息发布问题和交易方式问题。对于信息发布而言，根据《转让管理办法》的相关规定，就国有股权转让的信息公开途径，仅明确在省级以上发行的经济或金融类报刊、产权交易机构的网站上公开，还稍欠充分。就国有股权转让的信息公开内容，则缺乏管理层是否参与受让、有限责任公司股东是否放弃优先购买权、中外合资有限公司外方股东是否放弃优先购买权，以及转让方如何选择受让方等信息的披露要求，显然不够充分。而《交易监督办法》的相关规定，相比于《转让管理办法》第 14 条的规定，既增加了信息预披露的方式，并明确了其适用的情形，也明确了"企业管理层是否参与受让""有限责任公司股东是否放弃优先受让权""受让方选择的相关评判标准"等信息披露的要求，值得肯定。但是，就信息公开的内容而言，还有待进一步完善。

对于交易方式而言，从法律层面的规定来看，《企业国有资产法》第 54 条只是明确了"除按照国家规定可以直接协议转让的以外，国有资产转让应当在依法设立的产权交易场所公开进行"。从行政规章层面的规定来看，根据《转让管理办法》第 4、17、18 条对国有股权转让更进一步的规定，国有

[①]　青海省高级人民法院（2004）青民二初字第 5 号民事判决书；最高人民法院（2005）民二终字第 157 号民事判决书。

股权应当在依法设立的产权交易机构中公开进行。经公开征集产生两个以上受让方时，产权交易机构根据具体情况采取拍卖或招投标的方式；经公开征集只产生一个受让方或按照有关规定经国有资产监督管理机构批准，可采取协议转让的方式。可以说，国有股权以公开转让为原则，辅之以协议转让，但是，规定得较为简单。而《交易监督办法》的相关规定，虽然相比于《转让管理办法》第 4、17、18 条的规定而言，增加了网络竞价的方式，值得肯定，但是从具体的规定看，也较为简单，如网络竞价如何进行，没有具体规定，欠缺可操作性。

（二）有关交易程序规定存在的问题

由此可见，无论是《转让管理办法》，还是《交易监督办法》，有关国有股权转让之信息发布、交易方式等交易程序的规定均存在缺陷。主要问题有：

1. 国有股权转让信息公开的途径和内容不够充分

第一，国有股权转让信息公开的途径不够充分。《转让管理办法》第 14 条仅明确转让信息在省级以上发行的经济或者金融类报刊和产权交易机构的网站上公开，而《交易监督办法》却没有对国有股权转让信息公开的途径做出规定。因此，信息公开途径的规定显然还不够充分，有必要进一步增加信息公开的途径，以利于更充分的竞争。第二，国有股权转让信息公开的内容不够充分。《交易监督办法》第 15 条相比于《转让管理办法》第 14 条的规定，进一步完善了转让信息公开的内容，如增加了披露"企业管理层是否参与受让""有限责任公司股东是否放弃优先受让权""受让方选择的相关评判标准"等信息的要求，但是还不够充分，如没有明确企业管理层如果参与受让应披露哪些信息等，有待进一步完善。

2. 国有股权交易方式规定得较为简单

无论是《转让管理办法》的规定，还是《交易监督办法》的规定，对于国有股权交易方式规定得均较为简单。具体而言，主要存在两个方面的问题：第一，国有股权交易忽视了职工购买的特殊性，均没有赋予职工优先购买权。国有股权的转让既要防止国有资产的流失，也要重视职工利益的保护。如果国有股权转让中，对职工安置不妥，会影响到社会的稳定。在职工有受让意愿的情况下，如处理不妥，也会对社会带来不利的影响。职工购买的特殊性在于：一方面，国有股权转让会对职工造成重大影响；另一方面，职工购买国有股权，能够调动职工的主人翁意识，有利于公司的持续经营。因此，基于职工购买具有的特殊性，赋予职工优先购买权，既有利于平息国有股权转让带来的社会矛盾，也有利于凝聚企业职工的人心。① 第二，对网络竞价方式规定得较为原则，欠缺可操作性。《交易监督办法》的相关规定只是明确了国有股权交易可以采取网络竞价的方式，但是如何进行网络竞价却没有明确，显然欠缺可操作性。

3. 国有股权公开竞价转让与有限责任公司股东、中外合资有限公司外方股东优先购买权行使存在法律冲突

《公司法》第 71 条的规定明确了，国有股权处分主体在转让其所持有的有限责任公司的国有股权时，其他股东有优先购买权。《中外合资经营企业法实施条例》第 20 条的规定也明确了国有股权处分主体在转让其所持有的中外合资有限公司的国有股权时，外方股东也有优先购买权。而无论是《企业国有资产法》，还是《交易监督办法》《转让管理办法》，基于防止国有资产流失的目的，均规定了国有股权交易以公开竞价为原则。但对公开竞价时与有限责任公司股东、中外合资有限公司外方股东优先购买权行使存在的冲突如何解决，没有予以规定。

---

① 参见李杰：《企业国有产权转让法律程序研究——〈企业国有产权转让管理暂行办法〉的缺陷与完善》，《研究生法学》2005 年第 2 期。

第四节 国有股权处分制度的完善

一、国有股权处分实体制度的完善

(一) 处分主体制度的完善

国有资产监督管理机构既履行国有资产出资人职能，又承担国有资产行政监管职能，导致了政企不分，国有股权的公益性目的难以有效实现。因此，有必要厘清国有资产监督管理机构的职能，将出资人职能与行政监管职能进行分离。对此，有学者主张，基于国有资产监督管理机构已积累了丰富的行政监管经验的实际情况，应将国有资产监督管理机构定位为纯粹的国有资产行政监管机构，将其国有资产出资人职能分离出去，成立专门的国有投资控股公司，由其行使国有资产出资人职能。① 即由国有投资控股公司来决定国有股权的转让，切实实现国有股权转让的私法化行使。也有学者主张，基于国有股权的真正所有权主体为全体人民，为根本解决委托代理问题，应构建人民代表股东会这一组织，由其行使国有资产出资人职能，而将国有资产监督管理机构的出资人职能剥离，让其专门承担国有资产监督管理职能。② 笔者赞同前一种观点，因为从改革成本角度看，前一种方案相对于后一种方案，改革的成本较小。而且，从国有股权行使的市场化角度看，由国有投资控股公司作为国有股权的处分主体，显然比人民代表股东会作为国有股权的处分主体更有效率。

---

① 参见课题组：《国资委履行出资人职责模式研究》，《科学发展》2012 年第 9 期。
② 参见燕春、史安娜：《从国资委到人民代表股东会——国有资产出资人制度批评与重构》，《经济体制改革》2008 年第 3 期。

（二）处分权限制度的完善

1. 健全国有股权转让的法律监督机制

基于国有股权的公益性目的，国有资本控股公司在转让国有股权时，既要实现"国有股权保值增值"的经济性目标，也要实现"国有经济布局和结构的战略性调整"等非经济性目标。因此，有必要健全监督机制，由国有资产监督管理机构对国有资本控股公司处分国有股权的行为进行监督，确保国有股权的国家利益和社会公共利益有效保障。对于《企业国有资产法》《暂行条例》规定的"转让全部国有股权或者国有股权转让导致国家丧失控股地位的，报请所属人民政府批准"，以及《交易监督办法》规定的对"主业处于关系国家安全、国民经济命脉的重要行业和关键领域，主要承担重大专项任务子企业的股权转让，报请同级国有资产监督管理机构批准"，无需修改。对于其他情形的国有股转让由国有资本控股公司决定后，还应报国有资产监督管理机构备案，以便于国有资产监督管理机构对国有股权的转让履行监管职能。

2. 明确国家出资企业的申请报批行为不影响其非直接下级企业股权转让协议的效力

在司法实践中，对于国家出资企业的非直接下级企业的国有股权转让依法需要报批的，须由国家出资企业向同级国有资产监督管理机构报请审批，如果国家出资企业不报请同级国有资产监督管理机构审批，导致股权转让协议未能得到有权机关批准时，这对股权转让协议的效力产生怎样的影响？司法实践中有不同的看法。这从被号称为"史上最大股权纠纷"的陈发树与云南红塔集团有限公司股权转让纠纷案一、二审法院的不同判决可以看出，至少存在两种不同的观点：一种观点（也即该案一审法院云南省高级人民法院的观点）认为，此种情况下股权转让协议仍然合法有效，其理由是：当事人约定股权转让协议自签订之日起生效。① 另一种观点（即该案二审法院最高人民法院的观点）则认为，此种情况下股权转让协议不生效。其理由是：因云南红塔集团有限公司上级主管部门中烟总公司不同意本次股权转让，报批程序已经结束，该股份转让协议已确定无法得到有权机关批准，根据《合同法》第44条第2款的规定，应认定该股权转让协议为不生效合同。② 笔者认为，对于国家出资企业的非直接下级企业的国有股权转让，属于依法需要报请国资监管机构批准的，在国家出资企业不报请同级国有资产监督管理机构审批，导致股权转让协议未能得到有权机关批准时，一审法院认定该协议合法有效，显然违反了《合同法》第44条第2款的规定，属于适用法律错误。二审法院虽然根据《合同法》第44条第2款的规定正确地认定该股权转让协议为不生效合同，但其观点也是值得商榷的。从《暂行条例》第24条的规定来看，云南红塔集团有限公司转让其所持有的股权，需要通过中烟总公司来履行向国有资产监督管理机构报批的义务，中烟总公司并非国有资产监督管理机构或法律法规授权行使国有资产监督管理职权的机构，其对国有股权转让的批复意见不具有行政审批的性质。中烟总公司是国家出资企业，法律、行政法规并没有授予国家出资企业否决、搁置其非直接下级企业股权转让协议的权利。正如有学者对此案批评时指出："国企出资人并非国资监督管理机构，无权对非直接下级的企业中的国资转让行使监督管理权，其在向有权审批的国资监督管理机构逐级报告国有股转让协议时如有迟延或自作终止，应令出让方承担违约责任。"③因此，有必要在法律上明确国家出资企业的非直接下级企业的国有股权转让时，国家出资企业的报请批准义务，仅是程序上的义务，在履行报请批准义务的过程中，国家出资企业不享有否决权，以避免给司法实务带来争议或者混乱。

---

① 云南省高级人民法院（2012）民二初字第1号民事判决书。
② 最高人民法院（2013）民二终字第42号民事判决书。
③ 谬因知：《国有股转让协议审求对合同效力之影响——以"史上最大股权纠纷"为例》，《中外法学》2015年第5期。

（三）法律责任制度的完善

因法律对国家出资企业转让国有股权过程中造成国有资产流失的相关主体应承担赔偿责任的规定较为原则，欠缺可操作性，有完善的必要。具体内容为：（1）国家出资企业转让国有股权时，因转让方和受让方原因造成国有资产流失的，应由国家出资企业的相关责任人及受让方对国有资产的流失部分承担连带赔偿责任。（2）履行国有资产监督管理职能的国有资产监督管理机构对国有资产转让负有监督管理责任，在国家出资企业转让国有股权时，因转让方和受让方原因造成国家出资企业转让国有股权时国有资产流失的，国有资产监督管理机构应作为原告向人民法院提起民事诉讼，要求国家出资企业的相关责任人及受让方对国有资产的流失部分承担连带赔偿责任。（3）检察机关作为国家的法律监督机关，在国有资产监督管理机构怠于履行相关的监管职能，不积极要求国家出资企业的相关责任人和受让方对国有资产的流失部分承担赔偿责任时，有权通过发出督促履行的建议或意见的方式督促国有资产监督管理机构积极履行监管职能，要求其在一定的期限内向人民法院提起要求国家出资企业的相关责任人和受让方对国有资产的流失部分承担连带赔偿责任的诉讼。（4）如果国有资产监督管理机构在一定的期限内仍不积极履行监管职能，不向人民法院提起诉讼，检察机关可以向人民法院提起行政公益诉讼，要求国有资产监督管理机构积极履行国有资产监督管理职能；检察机关也可以直接向人民法院提起民事公益诉讼，要求国家出资企业的相关责任人以及受让方对国有资产的流失部分承担连带赔偿责任。

二、国有股权处分程序制度的完善

（一）内部决议程序制度的完善

1. 增强国有股权转让职工利益保护程序规则的可操作性

第一，明确职工代表产生的方式和程序，以确保职工代表的代表性，保证职工合法权益的有效维护。第二,明确职工代表大会的召集程序和通过职工安置方案的决议规则。因安置方案涉及职工的切身利益,应实行较为严格的表决规则。对于职工安置方案的通过规则,可以借鉴《公司法》第 43 条或第 103 条有关股东会或股东大会就"修改公司章程、增加或者减少注册资本的决议,以及公司合并、分立、解散或者变更公司形式"做出决议的通过规则,由职工代表的三分之二以上通过。第三,明确职工对职工代表大会通过的安置方案有异议时的救济方式。如果职工代表大会通过的安置方案存在程序不合法的问题或者侵犯到了职工的利益,职工有权提出异议,并享有救济的权利。对于具体的救济方式,可以借鉴《公司法》第 22 条就"股东会或者股东大会的会议召集程序、表决方式违反法律、行政法规或者公司章程,或者决议内容违反公司章程的,股东可以行使撤销之诉"的规定,明确如果职工代表大会的会议召集程序、表决方式违反规定,或者表决通过的安置方案损害了职工利益,职工可以自决议做出之日起 60 日内,请求人民法院予以撤销。

2. 明确国有股权转让未履行内部决策程序时不得对抗善意受让人

对于国有股权的转让未履行内部决策程序时,是否对股权转让协议的效力产生影响。有观点认为,国有股权转让合同的效力不受内部决策程序的影响,除非受让方主观上具有恶意,即受让方明知转让方没有履行内部决策程序,而是公司法定代表人的擅自行为,仍然与其签订国有股权转让合同,可以适用《合同法》第 52 条第 2 项"恶意串通,损害国家、集体以及第三人利益"或者第 4 项"损害社会公共利益"的规定,认定国有股权转让行为无效。[1] 笔者表示赞同,因为无论从《企业国有资产法》的相关规定来看,还是从《暂行条例》的相关规定来看,均无国有股权转让应履行内部决策程序的强制性规定,无法适用《合同法》第 52 条第 5 项"违反法律、行政法规

---

[1] 江苏省高级人民法院民二庭:《企事业单位国有产权转让合同的效力认定》,《法律适用》2005 年第 12 期。

的强制性规定"的规定。而且，从法理上看，内部决策程序通常不具有对抗善意第三人的效力。对于善意第三人的认定而言，主要看受让方是否对转让方内部决策的相关书面决议进行了审查，如果受让人经审查没有发现内部决策的相关书面决策存在瑕疵，则受让人属于善意第三人。当然，如果受让人怠于或者拒绝审查转让方内部决策的相关书面决议，则说明受让人主观上存在过错，不属于善意第三人，其利益不受法律保护。

（二）审批程序制度的完善

1. 明确政府和国有资产监督管理机构审批国有股权转让的时限

对于国有股权转让的审批时限问题，国务院国资委和财政部可以发布规范性文件的形式予以明确。至于审批时限多长较为合理，可以参考部分地方政府出台的有关国有产权转让的政府规章或规范性文件的规定。如 2015 年 1 月 1 日实施的《内蒙古自治区企业国有资产转让管理办法》第 9 条明确了审批机构批准国有股权转让申请的时限为 20 个工作日；2016 年 1 月 13 日实施的《合肥市企业国有产权转让管理办法》第 13 条规定也明确了审批机构批准国有股权转让申请的时限为 20 个工作日。由此可见，对于国有股权转让的审批时限，规定为 20 个工作日较为合理。具体而言，国务院国资委和财政部可以做出"国有股权转让的批准机构应当自接到转让方提交的书面申请材料之日起二十个工作日内做出决定。符合条件的，做出准予转让的书面批复；不符合条件的，应当向转让方书面说明理由"的规定，以消除时限不明对交易产生的不利影响，保护交易方的合法权益。

2. 进一步明确国家出资企业之子企业的国有股权转让应报同级国有资产监督管理机构批准的具体情形

从《交易监督办法》第 8 条的规定来看，国家出资企业之子企业的国有股权转让应报同级国有资产监督管理机构批准的具体情形还需进一步细化。那么，应如何细化应批准的具体情形呢？笔者认为，可以通过国务院国资委和财政部发布规范性文件的形式，采取具体列举并辅之以兜底条款的方式，来细化国家出资企业之子企业的国有股权转让应报同级国有资产监督管理机构批准的具体情形。具体而言，对于哪些属于关系国家安全、国民经济命脉的重要行业，应通过具体列举相关行业并辅之以兜底条款的形式予以明确；对于哪些属于关系国家安全、国民经济命脉的关键领域，也应通过具体列举相关领域并辅之以兜底条款的形式予以明确；对于哪些属于主要承担重大专项任务的子企业，应通过具体列举相关企业并辅之以兜底条款的形式予以明确。当然，随着国有经济布局的调整和结构的优化，关系国家安全、国民经济命脉的重要行业，关系国家安全、国民经济命脉的关键领域以及主要承担重大专项任务子企业也应随之调整。

3. 明确国有股权转让未经审批对国有股权转让协议产生的影响以厘清司法实践争议

司法实务中，对未经审批的国有股权转让行为的效力问题产生争议的主要原因在于：《暂行条例》第 23 条对于行政审批对股权转让合同效力的影响没有明确规定，导致司法实务中法官对于国有股权转让须经国有资产监督管理机构审批的相关法律条款，是属于《合同法》第 44 条第 2 款规定的合同生效的特别要件，还是属于《合同法》第 52 条第（五）项规定的强制性规范的认识和理解不同。笔者认为，将国有股权转让审批程序的规范解读为效力性规定的观点有待商榷。该种观点显然混淆了《合同法》第 52 条第（五）项与《合同法》第 44 条第 2 款。强制性规定，既包括要求当事人必须采用特定行为模式的强制性规定，也包括禁止当事人采用特定行为模式的强制性规定，而违反前一种类型的强制性规定，尽管会影响合同行为效力的发生，但并不会导致合同行为绝对无效。《合同法》第 44 条第 2 款属于前一种类型的强制性规定，而《合同法》第 52 条第（五）项则明显属于后一种类型的强制性规定。

从最高人民法院对于《合同法》第 44 条第 2 款以及《合同法》第 52 条第（五）项所作的司法解释来看，认定未经审批的国有股权转让协议成立但未生效，符合司法解释的规定。《最高人民法院关于适用〈中华人民共和国合同法〉司法解释（一）》（下称《合同法解释一》）第9条明确了，对于未经审批的合同，在一审辩论终结前当事人仍未办理批准手续的，合同处于未生效状态。而《最高人民法院关于适用〈中华人民共和国合同法〉司法解释（二）》（下称《合同法解释二》）第8条则进一步明确了，须经审批才能生效的合同，负有报请审批义务一方当事人不履行报批义务时，应承担的责任。由此可见，司法实务中，持"未经审批的国有股权转让协议未生效"的观点较为妥当。

但是这种表述也不太准确，因为"合同未生效"在传统将合同效力分为成立和生效的二层次理论进行解释时，难以为合同一方当事人负有报批义务提供法律的正当性基础，以至于最高人民法院对于当事人违反报批义务的责任定性与责任承担规定的不一致。《合同法解释一》第9条明确规定，未经批准的合同未生效。但是《合同法解释二》第8条却既将当事人违反报批义务定性为缔约过失责任，又明确"人民法院可以根据案件的具体情况和相对人的请求，判决相对人自己办理有关手续；对方当事人对由此产生的费用和给相对人造成的实际损失，应当承担损害赔偿责任"，显然超过了缔约过失责任的承担范围，已属于违约责任范围，反映了司法实务中的困惑。

有观点试图从合同成立的拘束力上为合同一方当事人负有报批义务提供法律的正当性。该观点认为，合同的法律拘束力可以产生报批义务，"是法律赋予合同对当事人的强制力，当事人应按诚实信用原则履行一定的合同外义务，如完成合同的报批、登记手续以使合同生效"[①]。但是，根据文义解释，依法成立的合同具有的拘束力，是指除非当事人另有约定或者法律另有规定，不允许任何一方当事人擅自解除或者变更合同。显然，合同成立的拘束力包括依据诚实信用原则产生的报批义务，超越了文本的射程，将破坏合

---

① 赵旭东：《论合同的法律约束力与效力及合同的成立与生效》，《中国法学》2000年第1期。

同法的概念体系，不符合解释论的要求，有欠妥当。正如我国台湾学者王泽鉴先生指出，要严格区分契约的拘束力与契约的效力：前者是指除当事人互相同意或满足解除条件外，不容一方当事人任意反悔请求解约，无故撤销；后者则是指基于契约而生的权利义务。契约效力的发生，以契约有效成立为前提；契约通常于其成立时，即具有拘束力。①

笔者认为，该种观点难以为当事人负有报批义务提供法律的正当性基础，根源在于：该观点是建立在传统合同效力分为成立和生效二层次理论的框架内所做的解释。而该传统理论难以有效解决未经批准合同的效力状态问题，无法为当事人负有报批义务提供法律的正当性基础。对此，合同效力分为成立、有效、生效的三层次理论进行了突破，能够有效解决未经批准合同当事人负有报批义务的法律正当性基础。该理论认为，合同的有效是国家对当事人之间的意思表示所做的肯定性评价，属于合同效力的静态层面问题；而合同的生效则是法律对合同做了肯定性评价以后，合同确定的权利义务内容运行开始，属于合同效力的动态层面问题，厘清了合同的有效这一法律评价层面问题和合同的生效这一程序层面问题的不同。② 未经批准的国有股权转让协议处于有效但未生效的状态，合同对当事人具有法律约束力，当事人负有报批义务。负有报批义务的一方当事人不履行报批义务，应承担违约责任。该观点能够解决合同成立的拘束力难以涵摄合同当事人具有报批义务的问题，完全在《合同法》第 44 条第 2 款的文义射程范围之内，符合解释论的要求。而且，与《民法总则》建构的法律行为效力结构秩序相符。因此，可以通过修改《暂行条例》或者出台司法解释的方式，明确国有股权转让未经审批的，转让协议处于有效但未生效状态。

---

① 参见王泽鉴：《债法原理（1）：基本原理·债之发生》，中国政法大学出版社 2001 年版，第 193 页。转引自刘贵祥：《论行政审批与合同效力——以外商投资企业股权转让为线索》，《中国法学》2011 年第 2 期。

② 参见江钦辉：《论法律行为的效力层次——以探矿权、采矿权转让合同未经批准的效力问题为例》，《东南学术》2013 年第 1 期。

（三）评估程序制度的完善

1. 建立确保评估价格能真实反映国有股权实际价值的保障机制

在国有股权转让中，要实现资产评估的目的和作用，仅明确国有股权的转让要经过评估程序是不够的，还需建立资产评估机构独立性和公正性的程序机制、评估机构违规执业的民事责任机制以及评估结果的合理调整机制，以确保评估价格能真实反映国有股权的实际价值，有效发挥安全阀的功效。

（1）建立评估机构独立性和公正性的程序机制。要实现评估价格能真实反映国有股权的实际价值，第一，应要有公正公开的程序予以保障。正如日本学者谷口安平所指出："在'正当程序'得到实施的前提下，程序过程本身确实能够发挥给结果以正当性的重要作用。"[①] 具体而言，主要包括建立公开、透明的评估机构委托程序和评估报告的公开程序。首先要建立公开、透明的评估机构委托程序。对此，可以参考部分地方出台的有关国有产权转让的规范性文件的规定。如 2016 年 1 月 13 日实施的《合肥市企业国有产权转让管理办法》第 15 条明确了国有股权的转让方从国有资产监督管理机构建立的中介机构备选库中选任评估机构的要求，2015 年 7 月 6 日实施的《宁波市市属企业国有产权转让管理办法》第 23 条明确了采取随机抽取的方式产生评估机构并详细记录抽取过程的要求，值得肯定。因此，笔者认为，对于评估机构的委托方式，应遵循公开、透明的原则，在省级以上国有资产监督管理机构建立资产评估机构备选库的基础上，采取随机抽取等方式选择依法设立的、具有相应资质的资产评估机构。当然，在随机抽取时，至少要有三家以上供选取的资产评估机构，并对抽取过程通过文字、视频等方式进行详细记录并予以公开。第二，应建立评估报告的公开程序。对于评估机构出具的评估报告应当公开，以在一定范围内接受社会监督。对此，可以参考部

---

① 谷口安平：《程序的正义与诉讼》，王亚新、刘荣军译，中国政法大学出版社 2002 年版，第 10 页。

分地方出台的有关国有产权转让的规范性文件的规定。如 2016 年 1 月 13 日实施的《合肥市企业国有产权转让管理办法》第 17 条明确了对评估报告的公示并对反映的问题及时答疑的要求，值得肯定。因此，国有股权的转让方应将评估报告在转让方以及标的企业进行公示，并且公示时间不少于 10 个工作日。公示期间，国有股权的转让方应指定专人与评估机构对接，对反映的问题于 3 个工作日内予以答疑、解决。公示结束后，评估机构应在 10 个工作日内修改完善，正式出具评估报告，并附上对反映问题的详细答疑理由和解决方式。

（2）建立评估机构违规执业的民事责任机制。由于评估结果是否能够真实地反映国有股权的实际价值，是防止国有资产流失的前提和基础。因此，必须建立严格的责任机制，以确保评估机构出具的评估报告客观、真实和准确，有效发挥"安全阀"的功能和作用。笔者认为，除国有资产监督管理机构对其实行"黑名单"管理外，建立评估机构违规执业的民事赔偿责任机制也尤为重要，以对评估机构形成有效的责任约束。即评估机构在国有股权转让的资产评估过程中如有违规执业的，除国有资产监督管理机构要将其列入"黑名单"外，还应对因评估不实造成的国有资产流失承担赔偿责任。正如有观点指出，在国有股权转让中，受让方的违法行为是离不开评估机构配合的，如低价受让导致国有资产流失的，虽然起主要作用的是受让方，受让人应承担全部赔偿责任，但评估机构也有违职业操守，违反诚信义务，应承担补充连带责任。① 对此，笔者表示赞同。由评估机构对其违规执业的行为，承担补充连带责任较为妥当。这既能对评估机构形成有效的责任约束，也能通过民事责任的方式促进评估市场的健康有序发展。

（3）建立评估结果的合理调整机制。由于国有股权进行资产评估时，对国有股权真实价值的评估是建立在评估基准日之基础上的，如果在评估基准

---

① 参见李杰：《企业国有产权转让法律程序研究——〈企业国有产权转让管理暂行办法〉的缺陷与完善》，《研究生法学》2005 年第 2 期。

日后，国有股权的价值发生了重大变化，则应对评估结果进行合理调整，以确保评估结果的真实、客观、准确。因此，有必要建立评估结果的合理调整机制，以防止国有资产的流失。对此，可以参考部分地方出台的有关国有产权转让的规范性文件的规定。如 2016 年 1 月 13 日实施的《合肥市企业国有产权转让管理办法》第 12 条明确了可以对评估结果进行合理调整的具体情形，值得肯定。具体而言，可以规定"在评估完成后，如发生了股权价值有重大变化、国家重大政策调整、汇率变动等情形，可能对评估结果产生重大影响的，则应对评估结果进行公平合理的调整"，以确保评估结果能够反映国有股权的实际价值，防止国有资产的流失。

2. 健全"管理层"参与国有股权受让时转让方及转让标的企业的管理者不得参与资产评估工作的回避机制

在管理层参与国有股权的受让时，面临的最大问题就是如何确保其他拟受让方能公平参与竞争。而其他拟受让方要想公平参与国有股权受让的竞争，就必须禁止转让方及转让标的企业的管理者参与资产评估工作，以避免其利用参与资产评估工作的机会为自身或其近亲属谋取利益。因此，如果管理层参与受让国有股权的，为确保公平的竞争秩序，以保证其他拟受让人能公平参与竞争，应健全转让方及转让标的企业的管理者不得参与资产评估工作的回避机制。并明确此时由国有资产监督管理机构来组织评估，以避免转让方及转让标的企业的管理者利用其参与资产评估工作的机会谋取私利，确保国有股权的其他拟受让方能公平参与竞争，形成公平的竞争环境和秩序。

3. 明确国有股权转让未经评估对转让行为效力产生的影响

司法实务中，对未经评估的国有股权转让行为的效力问题之所以会出现两种不同的观点，其主要症结在于：《评估办法》这一行政法规没有对资产评估程序对国有股权转让行为效力的影响做出明确规定，导致了司法实务中法官对国有股权转让应当履行评估手续的条款是否属于效力性规范的认识和理解不同。"国有股权转让未经资产评估的，并不当然导致转让行为无效"的观点，是将国有股权转让应履行评估手续的规定作为管理性规范来解读，采取实质标准来判断国有股权转让未经评估是否会导致转化行为无效。如果转让价格不低于经评估的价格，则说明没有导致国有资产的流失，未经评估不对转让行为的效力产生影响。如果转让价格低于经评估的价格的，也可以采取补救措施，允许受让方选择是否愿意补足差价。如受让人愿意补足差价，则转让行为也应予以保护。对此观点，笔者持有异议，赞同"国有股权转让未经资产评估的，应认定转让行为无效"的观点。因为国有股权转让未经评估，违反了《评估办法》第 3 条的强制性规定。而《评估办法》之所以规定国有股权转让应当经过评估程序，其规范的目的在于保护国有资产、防止国有资产的流失。但是，该规范只是为防止国有资产流失而设置的第一道安全阀，评估结果仅是作为国有股权公开竞价的底价。评估之后还设置了第二道更重要的防止国有资产流失的安全阀，即在评估价格基础上的公开竞价程序。可见，虽然评估程序只是防止国有资产流失的基础和前提，但是没有评估这一基础和前提工作，国有股权转让的价格就无法在充分和有效的竞争基础上形成，国有股权通过公开竞价转让的方式以实现利益最大化的目的就难以达成，国有资产的保值和增值也就失去了应有的程序保障。因而国有股权转让未经评估的，即便受让人愿意补足差价，也无法进行充分和有效的竞争，显然不利于国有资产的保值、增值。还会由此导致转让价格在评估价格的基础上通过充分和有效的竞争以形成的机制将受破坏，第二道防止国有资产流失的安全阀的功效将难以有效发挥。因此，对该条文的正确理解不应局限于法条本身，而应将其放到国有股权转让评估规范整体的法律框架中，来探寻立法者的真实意图。① 从目的解释上看，应将该条强制性规范纳入《合同法》第 52 条第（五）项的范畴，将其定性为效力性规定。国有股权转让违反该规定的，应当认定转让行为无效。

而且，《评估暂行办法》第 27 条也明确了国有股权转让未经评估的，国

---

① 参见阮忠良、俞巍、朱颖琦：《国有法人股转让未进场交易的法律后果——兼论司法评价企业国有资产转让效力的法律根据》，《法学》2009 年第 12 期。

有资产监督管理机构可以向法院起诉，确认转让行为无效。虽然该办法属于行政规章，不属于《合同法》第52条第（五）项规定的法律、行政法规的范畴，但是，对于行政规章是基于对行政法规较为原则规范的具体和细化规定，在适用时则可以予以参考。况且，从该办法的立法目的来看，也是为了防止国有资产的流失。正如有学者在论及规章能否作为认定合同无效的依据时指出，一般来说，法院可以将这些地方性法规和规章作为判断合同是否无效的参考，不得直接援引这些规范性文件为依据判断合同无效。但在参考时，应注意以下几点：一，考虑其是否有上位法存在。如果有上位法存在且规定得比较原则，其对上位法做出了具体规定，可以依照上位法确认合同的效力将其作为确认合同效力的参考；第二，若上位法授权地方或某部门做出解释，而其是根据授权做出解释，那么可以依照上位法确认合同的效力将其作为确认合同效力的参考；三，如果地方性法规和规章的制定旨在保护国家和社会公共利益，而违反其规定将损害国家和社会公共利益，可以以损害国家和社会公共利益为由并依据合同法有关规定确认合同无效。[1] 当然，最高人民法院在某些场合也持有"国务院部委根据国务院授权制定的规章，也具有相当于行政法规的效力"[2] 的观点值得注意。对于国有资产监管的有关行政规章，如是国务院授权制定的，则可以作此解读。因此，为厘清司法实践中的争议，可以通过修改《评估办法》或者出台司法解释的方式，明确国有股权转让未经评估的，转让行为无效。

（四）交易程序制度的完善

1. 完善关于国有股权转让信息公开的途径和内容

（1）完善关于国有股权转让信息公开的途径的规定。对于信息公开的途

---

[1]　参见王利明：《合同法研究》第一卷，中国人民大学出版社2002年版，第657页；王利明：《合同法新问题研究》，中国社会科学出版社2003年版，第319—320页。

[2]　高民尚：《关于审理涉及金融不良债权转让案件的若干政策和法律问题——解读〈关于审理涉及金融不良债权转让案件工作座谈会纪要〉》，奚晓明主编：《民商事审判指导》，人民法院出版社2009年版，第35页。

径，仅明确在专业报纸和产权交易机构网上公开信息，显然是不够的，应当增加信息公开的途径。对此，可以参考部分地方出台的有关国有产权转让的规范性文件的规定。如2015年7月6日实施的《宁波市市属企业国有产权转让管理办法》第34条，不仅明确了国有股权转让的信息应在省级以上综合、经济或金融类报纸以及产权交易服务机构网站上公开发布，而且还明确了国有股权转让的信息应在"国务院国资委国有产权转让信息统一发布平台"同步发布。因此，可以通过修改《交易监督办法》，明确国有股权转让信息应在省级以上公开发行的综合、经济或金融类报刊以及产权交易服务机构网站和国务院国资委国有产权转让信息统一发布平台上同时发布。

（2）完善关于国有股权转让信息公开的内容的规定。虽然《交易监督办法》第15条相比于《转让管理办法》第14条而言，对国有股权转让信息公开的内容进行了完善，但还不够充分。而转让信息的充分公开，是拟受让方参与公平竞争的保障。因此，可以通过修改《交易监督办法》，进一步明确如下信息的披露要求。第一，在企业管理层参与受让时，应进一步披露管理层持有标的企业的产权情况、拟参与受让国有产权的管理层名单、拟受让比例、受让国有产权的目的及相关后续计划、是否改变标的企业的主营业务、是否对标的企业进行重大重组等信息；第二，在有限责任公司股东、中外合资有限公司外方股东行使优先购买权时，进一步披露优先购买权的具体行使方式，如何时行使，是否需要进场，是否需要与其他拟受让方一起竞价等。

2. 完善关于国有股权交易方式的规定

（1）明确一定条件下职工享有优先购买权。如上所述，国有股权转让会对职工利益产生重大影响，在职工有意愿购买的情况下，如处理不妥，会影响到社会的稳定。但从有关国有股权交易方式的规范来看，基于防止国有资产流失的目的，明确了以公开竞价为原则，以保证充分竞争，此种情形下赋予职工优先购买权，将与防止国有资产流失的目的相冲突，不太妥当。但在只征集到一个受让方的情况下采取协议转让方式时，基于职工购买国有股权的特殊性，赋予职工优先购买权较为可行，可以更好地保护职工的利益，促进企业的持续经营。

（2）明确网络竞价的具体规则，以增强网络竞价的可操作性。由于网络竞价是随着互联网的发展而产生的一种公开交易方式，作为一种新型公开交易方式，应明确其具体的操作规则。对此，可以参考部分地方出台的有关国有产权转让的规范性文件规定。如 2016 年 1 月 13 日实施的《合肥市企业国有产权转让管理办法》第 24 条对网络竞价程序的规定。通过修改《交易监督办法》，可以明确网络竞价的具体操作程序，规定竞价者的首次报价不得低于挂牌价格；下一次报价应高于上一次报价，成为最新报价；每次报价应不低于产权交易机构确定的加价幅度；竞价结束后，以最高报价者确定受让方和成交价格。

3. 明确国有股权公开竞价转让与有限责任公司股东、中外合资有限公司外方股东优先购买权行使冲突的应对措施

因国有股权转让的公开竞价制度与股东优先购买权制度，分别保护着不同的法益，有着不同的价值目标，无法择一适用，有必要协调其冲突。在以拍卖的方式转让国有股权时，如何协调冲突，理论上有两种观点。一种观点认为，应将优先购买人视同一般的竞买人，实行跟价规则。要求竞买人与优先购买权人一起竞价，实行价高者得。[1] 另一种观点认为，应明确享有优先购买权的股东有进场的义务，但不参与竞价，优先购买权行使实行询价规则，即"等经过竞价由拍卖师在第三次落槌产生最高应价之后，询问其他股东是否愿意以该最高应价购买，如其不愿购买，则拍卖标的由最高应价者购得。如其愿意购买，则再询问场内是否有竞买者愿意加价，在加价后再询问优先权人，如此反复，直至其中一人退出"。[2] 笔者认为，前一种观点使得优先购买权人丧失"优先权"，导致优先购买权制度的目的落空，不可取。

---

① 参见陈义华：《中外合资有限公司国有股转让中的法律冲突及其立法对策》，《理论界》2014 年第 7 期。

② 郑太福、张杰：《国有股转让与股东优先购买权行使冲突的实证研究》，《江西社会科学》2014 年第 5 期。

而后一种观点，既能够协调法律上的冲突，也能兼顾不同制度价值目标的实现，较为妥当。因此，可以通过修改《企业国有资产法》，明确国有股权转让时，标的企业其他股东依法在同等条件下享有优先购买权的，通过拍卖的方式转让时，要实行询价规则。

第九章　国有股权行使之实践论

——以福建省国有股权行使为例

本章考察福建省国有股权行使的实践，观察国有股权行使实践状况，试图通过窥一斑而知全豹，呈现国有股权行使的实践样态。本章是项目研究成果的具体运用和检验，是整个研究的总结。

第一节　福建省国有股权行使的主体

一、福建省省级国有股权行使的主体

（一）福建省人民政府国有资产监督管理委员会

福建省人民政府国有资产监督管理委员会（以下简称福建省国资委）于2004年5月正式成立，是直属于福建省人民政府（以下简称省政府）的正厅级特设机构，其主要职能为代表省政府依法履行出资人职责，负责对企业国有资产的监督和管理。

福建省国资委成立时，省政府将29户国家出资企业授权其履行出资人职责，经过整合重组后，目前，福建省国资委履行出资人职责的企业为17户。据福建省国资委统计，截至2016年底，福建省国资委所出资企业资产

总额 12989.31 亿元，所有者权益 2840.55 亿元，全年累计实现营业收入 2407.50 亿元，实现利润总额 143.95 亿元，已缴税费总额 116.14 亿元。所监管的资产量占省级企业国有资产的 98.18%。其余，1.82% 的资产由部分省直厅局监管。①

（二）福建省财政厅

目前，福建省财政厅是福建省级金融、文化领域国有股权的行使主体，代表省政府对兴业银行、兴业证券、福建广电网络集团股份有限公司等省级金融、文化领域国家出资企业履行出资人职责。

二、福建省市级国有股权行使的主体

根据《暂行条例》第 12 条的规定，从 2005 年起，福建省九个设区市，福州、厦门、漳州、泉州、三明、莆田、南平、龙岩和宁德陆续设立国资委，根据当地政府授权代表市政府依法履行出资人职责。2016 年，平潭综合实验区设立国有资产管理局，代表平潭综合实验区依法履行出资人职责，至此全省设区市级政府全部设立了独立的国有资产监督管理机构，专司国有资产监管工作。据福建省国资委统计，截至 2016 年底，各设区市国资委出资企业资产总额 15359.79 亿元，所有者权益总额 6157.64 亿元，全年累计实现营业收入 5674.52 亿元，累计实现利润总额 199.76 亿元。②

市级国资委（局）监管范围是市属企业（不含金融类企业），但个别市级国资委监管范围较宽。例如，南平市国资委还代表市政府对市直行政事业单位国有资产的营运和资产流转实施监管，负责拟订行政事业单位国有资产管理规章制度，负责行政事业单位国有资产产权界定、登记；依法监督行政

---

① 参见《2016 年 1—12 月省属出资企业财务简况》，http：//www.fjgzw.gov.cn/ar/20170111000028.htm，2018 年 3 月 27 日访问。

② 《2016 年 1—12 月各设区市国资委出资企业财务简况》，http：//www.fjgzw.gov.cn/ar/20170111000029.htm，2018 年 3 月 28 日访问。

事业单位国有资产的划拨、转让和纠纷调处，促进行政事业单位国有资产合理流动和调配；负责对国有资产由非经营性向经营性转变的监管，促进国有资产保值增值。

从市级国资委的"三定方案"来看，市级国资委职责主要包括：代表本市人民政府依法履行出资人职责；监管市属国有企业国有资产；在市委市政府统一领导下依照法定程序对企业管理者进行任免、考核，并根据其经营业绩进行奖惩；承担授权监管范围内的国有资产保值增值责任；代表市政府向市属企业派出监事会；推动国有经济结构和布局的战略性调整；通过统计、稽核等方式对所监管国有资产的保值增值情况进行监管；负责本市国有资产的统计、分析等基础管理工作；监管国有资产收益，维护国有资产出资人的权益；指导和监督下级政府国有资产监管工作。

三、福建省县级国有股权行使的主体

据福建省国资委、福建省国有资产管理学会联合调研组（以下简称调研组）统计，截至 2016 年底，福建省县级经营性国有资产总额 7533.20 亿元，负债总额 4584.52 亿元，所有者权益总额 2948.68 亿元。全省 88 个县市区，共有国企 1812 户，职工 101496 人，全年营业收入 435.94 亿元，利润总额 48.31 亿元，净利润 35.40 亿元。① 目前，全省绝大多数县（区、市）国有资产管理体制普遍停留在 2003 年新的国有资产管理体制施行前的状态，"九龙治水""政企不分""政资不分"的现象很普遍，国资监管体制改革严重滞后。根据调研组的调研结果，目前福建县级国有资产管理体制主要有以下模式②：

---

① 参见福建省国资委、福建省国资学会联合调研组：《因地制宜推动县级国资监管盖——福建省县级国有资产管理体制现状及改革建议》，《国资报告》2017 年第 12 期。

② 参见福建省国资委、福建省国资学会联合调研组：《因地制宜推动县级国资监管盖——福建省县级国有资产管理体制现状及改革建议》，《国资报告》2017 年第 12 期。

表 10-1 福建县级国有资产管理体制主要模式

模式种类	采用的县数量	备注
模式一：县国有资产管理委员会（或领导小组，简称国资委）——国资办（挂县财政局）——国有企业	40 个	此模式下，县国资委是非常设议事机构。
模式二：县财政局——国有企业	23 个	此模式下，县财政局被授权对县级国企履行出资人职责。
模式三：县政府（或财政局）——国投公司——国有企业	19 个	此模式下，县政府授权国投公司履行出资人职责，国投公司隶属于县级政府或县财政局。
其他	6 个	其中 5 个与上述模式大同小异，只有上杭县国资管理模式参照省、市级监管模式，设立了独立的县国资局。

第二节　福建省国有股权诸权能行使的情况

福建省国资委成立以来，根据省政府的授权，依照《公司法》《企业国有资产法》《暂行条例》等法律法规的规定，代表福建省人民政府对省属国家出资企业履行出资人职责。

一、福建省国资委开展组织体系建设和制度建设总体情况

2004 年 2 月，中共福建省委印发《关于福建省人民政府国有资产监督管理委员会筹备组组成人员的通知》，决定成立福建省国资委筹备组及其办公室，筹备组工作人员均由省直厅局抽调。至此福建省国资委正式进入筹备阶段并于 2004 年 5 月正式挂牌成立。成立之初，福建省国资委就注重内部管理的程序化和规范化，着重抓好内部决策程序和议事规则的制定，明确了各个处室的工作职责和办事程序，建立起一套比较高效协同的工作体系。并根据国企国资改革实践，不断完善机构设置，完善自身组织体系。例如，根据

工作需要，将规划发展处与企业改革与改组处合并为改革发展处；按照以管资本为主的要求加强国资监管，设立资本运营处等。

福建省国资委自成立起就明确了自身的履行出资人职责定位，本着"国资监管，制度先行"的理念，加强履行出资人职责制度体系建设。截至 2017 年底，福建省国资委出台规范性文件 130 多件，涉及企业章程管理、企业管理者经营业绩考核、薪酬管理、企业重大投资管理、企业改革改制、企业分类管理、对外担保、产权转让、资产评估、国有资产损失责任追究等方面，并根据企业发展实际，不断修改完善。

党的十八届三中全会以来，根据《指导意见》及已出台的相关配套文件精神，福建省委省政府出台《关于深化国有企业改革实施意见》，作为福建省深化改革的一号文件，在此基础上，福建省国资委出台一批改革配套文件，包括研究制定了加强和改进所出资企业党建工作、加强国有资产监督防止国有资产流失等实施办法、意见或指引。从 2014 年起，根据中央和福建省委省政府工作部署，福建省国资委就已开展"简政放权"，2015 年公布履行出资人职责事项清单和责任清单，取消了 32 项需要进行审批审核事项；2016 年又将上市公司投向非主业、参股非国有控股的权限全部下放，福建省国资委还下放了部分资产评估项目的备案权；初步完成对 2004 年以来国资监管制度文件的清理工作，废止并宣布失效 32 件规范性文件，进一步完善国资监管制度体系。2017 年 12 月，福建省国资委制订的《福建省国资委以管资本为主推进职能转变方案》经省政府研究同意后，由省政府办公厅转发实施，① 方案明确提出在所出资企业年金方案审批、上市公司国有股权质押备案、所出资企业所属、企业产权转让等方面进一步放权，取消、下放监管事项 19 项。按照方案要求，2018 年 1 月，福建省行政审批制度改革工作小组办公室与福建省国资委联合印发《关于公布省人民政府国有资产监督管理

---

① 《福建省人民政府办公厅关于转发福建省国资委以管资本为主推进职能转变方案的通知》（闽政办〔2017〕150 号）。

委员会权责事项清单的通知》。根据清单，福建省国资委权责事项 23 项，其中：内部审批（审核）15 项，其他权责事项 8 项，福建省国资委权责事项进一步精简，权责更加明晰，企业经营自主权进一步扩大。

二、重大事项决策权的行使

（一）对所出资企业进行分类监管

2016 年 7 月，福建省国资委印发《所出资企业分类监管实施办法的通知》，通知明确规定，应当根据所出资企业实际和发展目标，按照不同的资产功能和产业特征，将所出资企业分为商业一类企业和商业二类企业，并根据企业的实际发展情况实施动态调整。商业一类企业以市场为导向，以企业价值最大化、成为全省乃至全国产业龙头为目标。商业二类企业，以完成政府战略任务或政府重大专项任务为主要目标。这类企业主要包括铁路投资、水利枢纽、高速公路等致力于基础设施建设的企业。针对不同类型的企业，采取不同的政策措施。第一，分类推进改革。第二，分类促进发展。第三，分类实施监管。第四，分类定责考核。对所出资企业进行分类监管，有利于提高监管的科学性和针对性，为实现以管资本为主加强国有资产监管奠定了基础。

（二）对所出资企业改革改制工作的推进

1. 推进公司制改制

制定《所出资企业改制工作程序》《所出资企业改制工作指引》，对所出资企业及其全资、控股企业的改制工作进行指导和规范。并持续推进企业改制工作，至 2016 年底，所出资企业层面全部完成公司制改制。2017 年计划全面完成所出资企业所投资企业中按《全民所有制工业企业法》登记的正常经营企业公司制改革。

2. 推进混合所有制改革

福建省国资委、福建省财政厅、福建证监局根据国务院国资委等三部门《关于国有控股混合所有制企业开展员工持股试点的意见》（国资发改革〔2016〕133 号）精神，出台《福建省国有混合所有制企业开展员工持股试点的管理办法》。在对申报试点企业调研的基础上，筛选并公布了和泉生物、省建筑设计院等 10 家企业列入福建省首批员工持股试点。福建省国资委出台《关于加快推进所出资企业国有资本证券化工作的若干意见》，推进资本证券化工作，将改制上市作为推进国资国企改革的一个重要突破口和推进混合所有制改革的主要形式。截至 2017 年 12 月底，省属国企共控股 11 家境内上市公司、2 家境外上市公司、7 家新三板挂牌公司。

3. 开展国有资本投资、运营公司试点

福建省国资委印发《关于开展国有资本投资公司和运营公司试点工作的通知》，选择省投资集团作为组建国有资本投资公司试点，国资公司作为组建国有资本运营公司试点。目前两家企业的试点正在推进中。

（三）加强所出资企业法人治理结构建设

在福建省国资委成立初期，其管理下的近半数企业是按照《全民所有制工业企业法》进行注册登记的企业法人。自成立以来，福建省国资委持续推进所出资企业的公司制改革。2016 年，福建省国资委全面完成了所出资企业的公司制改制工作，17 家所出资企业全都是按照《公司法》注册登记的国有独资（全资）公司，都设立了董事会、经理层，福建省国资委派出了五个监事会，实现了监事会监督的全覆盖。2017 年 7 月，按照中共中央国务院关于深化国企改革的方针政策，福建省国资委通过修订所出资企业章程，全面完成了党建进章程工作，明确了党组织的设置形式、地位作用、职责权限以及研究讨论重大问题的运行机制，明确党务工作机构及人员配备、党建工作经费保障等内容和要求，保障党组织发挥领导核心作用和政治核心作用。

尽管完成了公司制改革，但是福建省国资委 17 家所出资企业法人治理结构并不完善，现代企业制度不健全。存在的主要问题有：（1）董事会不健全。公司章程中通常规定董事会成员为 5 人或 7 人，但是 17 家企业董事会人数都没有配齐，没有按照公司法的规定配备职工代表董事，也还没有配备外部董事。公司重大经营决策一般通过召开"党政联席会""经营班子会议"等进行。董事会依法享有的任免公司管理层等权利没有得到较好的落实。因此，董事会形同虚设，未能发挥应有的作用。（2）经理层缺乏经营自主权。由于公司董事会不健全不规范，董事会与经理层之间往往分工不明，职责不清，甚至高度重叠，董事会与经理层之间关系没有理顺，经理层缺乏经营自主权，无法形成各司其责、相互制约、协调运转的局面。（3）监事会不健全。根据公司法规定，国有独资公司监事会是公司内设机构，其成员不得少于五人，其中职工代表的比例不得低于三分之一。目前，福建省国资委设立了五个外派监事会，每个监事会平均负责监督 3—4 家企业。外派监事会并不是企业的内设机构，独立于企业，其成员都是公务员。福建省国资委所出资企业从形式上而言，并未按《公司法》《企业国有资产法》规定的设立内设的监事会。

针对以上问题，2017 年 12 月福建省人民政府办公厅印发的《关于进一步完善国有企业法人治理结构的实施意见》提出：一要理顺出资人职责，转变监管方式。出资人机构依据法律法规和公司章程规定行使股东权利、履行股东义务，有关监管内容依法纳入公司章程。二要加强董事会建设，落实董事会职权，规范董事会行为，对市场化程度较高、外部董事过半数、制度机制健全、运作规范的国有独资、全资公司董事会，依法落实和维护董事会行使重大决策、选人用人、薪酬分配等权利，充分发挥董事会的决策作用，增强董事会的独立性和权威性。三要维护企业经营自主权，激发管理层活力。

建立规范的管理层授权管理制度，提高企业经营管理效率，定期对企业管理层履职情况进行监督检查。有序推进职业经理人制度建设，逐步扩大职业经理人队伍，有序实行市场化薪酬，探索完善中长期激励机制。国有独资公司要积极探索推行职业经理人制度，实行内培外引相结合，畅通企业管理层与职业经理人的身份转换通道。

（四）对所出资企业章程的管理

2007 年，福建省国资委出台了《所出资企业公司章程管理暂行办法》，规定制定、修改国有独资、控股和参股公司章程的管理程序。制定了《国有独资公司章程范本》，按新的国有股权行使法律制度的规定，全面重新制定所出资企业公司章程。并根据所出资企业发展实际，适时修订所出资企业公司章程。

（五）对所出资企业重大投资的管理

1. 加强对所出资企业的主业管理

采取以下措施加强对所出资企业的主业管理：一是明确各所出资企业主业，并根据实际情况进行动态调整；二是要求企业根据其主业定位，制定企业发展战略和规划；三是优化企业资源配置，将企业的主要资源集中用于发展主业，进一步提高企业的整体实力和核心竞争力；四是要求企业固定资产投资、对外合资合作和并购活动等应遵循突出主业的原则。

2. 对所出资企业重大投资行为进行规范

为了规范企业重大投资行为，福建省国资委制定了《所出资企业投资管理暂行办法》，并根据企业发展实际进行了适时修订。2014 年底，将企业主业范围内的投资事项全部下放给企业自主决策。2015 年 12 月，又将上市公司投向非主业、参股非国有控股的投资项目，所出资企业集团之间、子企业之间、集团与子企业之间互相参股，参股方投资的项目，下放给所出资企业按照内部决策程序自行研究决定，企业经营自主权进一步增加。

3. 对所出资企业进行投资后评价管理

福建省国资委制定《所出资企业投资项目后评价工作指引》，加强对企业投资行为的监督管理，提高企业投资决策水平和投资效益，防范投资风险。

（六）对所出资企业重大国有资产交易的监管

根据《交易监督管理办法》规定，企业国有资产交易行为包括产权转让、企业增资、资产转让三个方面。企业国有资产交易事项经过有关机关的审批、评估后，就要进入公开市场进行交易。对如何进行交易，国务院国资委出台了《企业国有产权交易操作规则》，该规则对交易原则、适用范围、交易的申请、信息的发布、意向受让方的登记、交易签约、资金结算、交易凭证的出具等事项作出了具体规定。目前进行的企业国有产权交易都是按照该规则的规定执行的。福建省国资委成立后，根据《企业国有资产法》第54条的要求，福建省国资委确定的从事企业国有产权交易的机构为福建省产权交易中心，并出台了《所出资企业国有产权转让管理办法》等10多件有关国有资产交易监管的规范性文件，并根据实际不断修改完善，解决了资产要不要卖、以什么价格卖的问题，从根本改变了过去国有资产交易存在的自我买卖、自己定价、"一把手"个人决策的不规范做法。

（1）产权转让方面。对转让所出资企业国有产权致使福建省国资委不再拥有控股地位的，由福建省国资委提出意见，报省政府批准。对转让所出资企业国有产权但控股权不发生转移的、转让所出资企业所属重要子企业国有产权致使该所出资企业不再拥有控股地位的、转让所出资企业所属重要子企业国有产权（资产）账面净值在5000万元（含5000万元）人民币以上的、所出资企业国有产权协议转让和无偿划转事项的等重大国有产权转让事项由福建省国资委决定或者批准。对上市公司国有股权的管理，应当按照国家相关法律法规的规定执行。除上述以外的企业国有产权转让行为，由所出资企业依照法律、法规自行决定。其中在所出资企业内部资产重组中，转让方和受让方均为所出资企业及其直接或者间接全资拥有的境内各级子企业的国有产权协议转让，由所出资企业决定或者批准，但所出资企业不得将审批权限下放给所属企业。

（2）企业增资方面。福建省国资委根据《交易监督管理办法》第34条、第35条的相关规定进行管理。

（3）企业资产转让方面。根据2018年1月公布的福建省国资委权责事项清单，企业土地使用权对外转让、所出资企业及其所属企业将持有的产权、资产与国有企业所持有的产权、资产进行置换的，须报福建省国资委审批。

除了对上述重大的事项进行规范管理外，福建省国资委还出台《所出资企业担保事项管理暂行办法》《所出资企业债券发行管理暂行办法》等，对企业对外担保、债券发行等关系出资人权益的重大事项进行监管，维护出资人的合法权益。

三、　选择管理者权利的行使

（一）所出资企业管理者的任免

福建省国资委17家所出资企业全部为国有独资公司，其中省管企业15家，直管企业2家（其中1家企业管理者由国资委管理，另一家企业管理者由省水利厅管理①）。在省管企业管理者管理上，包括企业董事长、副董事长、董事、监事会主席、经理、副经理在内的企业管理者都由省委研究决定，省政府根据省委决定发文任免。福建省国资委只是在人选考察、任免文件和年度考核等配合省委组织部开展工作。1家直管企业领导人员由福建省国资委党委管理，福建省国资委党委根据企业领导班子的实际情况，结合年

---

① 福建省水利投资开发集团有限公司原为福建省水利厅下属企业，2015年与福建省水利厅脱钩，由福建省国资委履行出资人职责。2017年福建省水利投资开发集团有限公司又回归省水利厅，其人事由省水利厅负责管理，福建省国资委负责除人事外出资人事项的管理，这是国有资产集中统一监管的倒退。

度考核评价结果，对直管企业领导班子进行任免。

（二）所出资企业管理者的考核

所出资企业管理者考核，是福建省国资委对履行出资人职责的企业中，由省委、省政府或福建省国资委任命的企业的董事会成员、经理层和其他管理人员进行的经营业绩考核。经营业绩考核是福建省国资委对企业管理者进行管理的重要抓手，也是落实国有资产保值增值的重要手段。为做好经营业绩考核工作，福建省国资委制定了《福建省国资委所出资企业负责人经营业绩考核暂行办法》，规范对企业管理者的考核。企业管理者业绩考核，分为年度经营业绩考核和任期经营业绩考核。年度经营业绩考核每年开展一次，任期（三年为一个任期）经营业绩考核每三年开展一次。年度考核指标主要由经济指标和管理绩效指标构成。考核中涉及的经济指标有业绩净利润、营业收入增长率、成本费用占营业收入比重、经济增加值、国有资产保值增值率等，同时还根据企业的实际情况，设置个性指标。管理绩效指标包括年度重点管理工作、基础管理、创新发展等。根据中央国企国资改革的方针政策，2015 年 10 月，福建省国资委对经营业绩考核办法进行修订。按照分类监管的要求，根据企业所属行业的竞争性，将所出资企业划分为商业一类、商业二类，分别设置考核指标体系，进行分类考核。考核结果分为 A、B、C、D、E 五个等级。福建省国资委每年将考核结果报省政府同意后再批复企业。考核结果直接与企业管理者的薪酬挂钩。同时，考核结果还作为省委组织部省管企业领导班子综合评价的重要内容。

（三）所出资企业管理者的薪酬

福建省国资委制定了《福建省国资委所出资企业负责人薪酬管理办法》，从适用范围、薪酬管理基本原则、薪酬构成与确定、福利性待遇、薪酬审核与支付、监督管理与责任等方面，对所出资企业管理者薪酬管理做出规定。

企业管理者薪酬由基本年薪、绩效年薪、任期激励收入三部分构成。每年，福建省国资委在企业管理者年度经营业绩考核工作结束后，根据薪酬管理办法和企业管理者年度经营业绩考核结果，对企业负责人薪酬进行核定和批复。并于年底前将上一年度企业负责人薪酬信息通过福建省国资委官方网站进行信息公开。

四、　资产收益权的行使

福建省国资委自成立以来，就积极研究探索国有资本经营预算管理，通过深入调研，认真开展国有资本经营预算管理的前期工作。2007 年 1 月，省政府出台了《福建省国有资产监督管理委员会所出资企业国有资本收益管理暂行办法》，规定福建省国资委是所出资企业国有资本收益收支计划的编制主体，福建省国资委应当按照"方向明确，简便易行，监管到位"的原则对所出资企业国有资本收益支出计划草案进行编制。福建省国资委编制的国有资本收益支出计划草案，与省财政厅进行协商后，报省政府批准。并要求省财政厅设立所出资企业国有资本收益收缴专户，实行专户专存、独立核算。2010 年，经福建省政府批准，福建省国资委首次对所出资企业 2009 年度的国有资本收益进行收缴。之后因受国际金融危机等影响，省政府为支持省属企业发展，收益收缴工作暂缓实施。2015 年开始，按照新《预算法》和省人大、省政府的要求，开始重新启动编制国有资本经营预算工作。根据《福建省国有资本经营预算试行办法》的规定、省政府的指示和省财政厅的部署，福建省国资委决定每年 9 月份进行对福建省国资委所出资企业下一年度的国有资本经营预算建议方案的编制，然后报送省财政厅审核。省财政厅审核通过后，再报送省政府审定。省政府在省人大举行会议时，将本级国有资本经营预算草案提交省人大审查并批准。省财政厅应当自省人大批准省级国有资本经营预算之日起 30 日内，向福建省国资委批复国有资本经营预算。福建省国资委接到省财政厅批复后，于 15 日内批复所出资企业执行。

2015 年、2016 年，省级国有资本经营预算按照"全额返还上缴企业"方式编制收支计划，即企业上缴多少，返还多少，不留余额。国有资本收益主要用于企业部分投资项目，项目分布在工业、能源、港口码头、高速公路、技改支出等领域。省委、省政府发布的《关于深化国有企业改革的实施意见》提出："逐步提高国有资本收益上缴的比例，2020 年提高到 30%"。预算支出方面，《中共福建省委福建省人民政府关于实施创新驱动发展战略建设创新型省份的决定》提出："激励国有企业加大创新投入，全面落实国有企业研发投入视同利润的考核措施，各级国有资本经营预算应当安排适当比例的资金用于国有企业自主创新并逐年增加"。中共福建省委《关于深化人才发展体制机制改革的实施意见》提出："对人才发展的补助和奖励可列入国有资本经营预算。"此外，根据国务院部署，国有企业"三供一业"必须在 2018 年底前剥离移交完毕，其费用由同级财政负担一半。因此，从2017 年开始，福建省级国有资本经营预算预算资金实行统筹使用，改变以往"企业上缴多少、全额返还本企业"的预算收支方式，统筹安排部分国有资本经营预算收入用于支持企业科技创新、人才发展和支持企业改革改制支出，发挥国有资本经营预算资金的引领和放大效应，助推产业转型升级，促进省属企业做强做优做大。这也是实行以管资本为主加强国有资产监管的需要。

五、 出资人监督权的行使

（一）预算监督管理

为加强对国资委履行出资人职责的企业的财务监管，规范企业财务预算管理，落实经营责任，实现国有资产保值增值，对企业年度财务预算的组织、编制、报告、执行等工作进行监督管理，福建省国资委制定了《所出资企业财务预算管理暂行办法》。每年 10 月，福建省国资委以通知形式下达次年度财务预算编制工作，12 月底企业报送次年财务预算预计目标，次年 1 月报送年度财务预算正式报告。福建省国资委根据年度经营指标增长目标，主要是资产总额、所有者权益、营业收入、利润总额、归属母公司所有者的净利润等，对各企业上报的财务预算建议值进行汇总、审核后，批复各企业年度主要财务预算目标，同时作为企业年度业绩考核目标。

（二）决算监督管理

财务决算管理主要是根据《福建省省属企业财务决算审计工作规则》和《福建省省属企业财务决算报告管理办法》，对企业年度财务决算报告的编制工作、审计工作、审计质量等进行监督管理，并组织对企业财务决算报告的真实性、完整性进行核查。每年10月，福建省国资委布置各企业财务决算报告编制和中介会计师事务所审计工作。次年4月中旬，组织中介机构专家对财务决算报告数据质量进行验审、对审计报告质量进行评价，并汇总各企业财务决算报告数据上报国务院国资委核准。核准后，中介会计师事务所出具财务决算审计报告、福建省国资委批复各企业财务决算核准结果，并出具年度省属企业国有资产运营分析报告。

（三）总会计师履职管理

2014年5月，福建省国资委制定了《福建省国资委所出资企业总会计师工作职责管理暂行办法》，2015年11月，制定了《所出资企业总会计师履职评价内容与评分标准（试行）》，依法依规对企业总会计师工作职责履行情况进行监督管理，对所出资企业总会计师履职情况开展专业评价。所出资企业总会计师作为出资人财务监督代表，实行定期述职、专项履职报告和任期履职评价管理。总会计师应当在年度结束两个月内和任期结束前一个月内，进行年度工作报告和任期述职。企业发生财务危机、重大经营风险、重大资产损失、重大违规决策、系统性财务违规违纪事件，或者出现会计信息质量严重失真、财会内部控制重大缺陷、财务基础管理混乱等问题，总会计师应当及时向福建省国资委提交专项履职报告，全面说明事件或问题的详细情况、本人的履职过程情况、事件或问题的处理情况以及下一步的工作意见和建议。福建省国资委组织对总会计师履职情况开展专业评价，从管理办法贯彻落实、制度体系健全完善、财务预决算和快报分析管理、联签制度执行、履职报告情况等方面对所出资企业总会计师履职情况实施评价。总会计师存在不符合勤勉尽职要求，未有效履职、未能有效提高财务管理水平，服务企业发展工作不力，对福建省国资委的财务监督制度执行落实不力以及未按规定进行述职报告、专项报告或未及时报告重大经营事项等情形的，由福建省国资委给予诫勉谈话、通报批评、扣减薪金处理。2016 年 12 月，福建省国资委出台了《关于在所出资企业开展总会计师委派试点工作的意见》，决定在所出资企业开展总会计师委派试点工作，对委派总会计师实行任期管理和定期交流，强化出资人对企业重大财务事项的监督。

六、国有股权行使的其他制度

（一）完善国有资本布局和结构

福建省国资委成立之初，所出资企业有 31 家，从总体情况上来看，这些企业普遍存在规模小，实力差，内部竞争严重的问题。经福建省政府批准同意，福建省国资委对所出资企业进行了多轮整合重组，不断完善国有资本布局和结构。2004 年至 2016 年，福建省国资委所出资企业从原有的 31 户减少到 17 户，户均资产从 41.74 亿元增加到 817.65 亿元；营业总收入从 534 亿元增加到 2414 亿元；利润总额从 35 亿元增加到 130 亿元，年均增长 11.6%；年均资本保值增值率达 117.0%。经过此轮的整合重组，福建省省属国有企业逐步向大企业、大集团的方向靠拢，向重要行业和关键领域集中，向价值链的顶端聚集，可持续发展水平得到明显的提高。

福建省国资委还以同期福建省国民经济和社会发展五年规划纲要和省委省政府关于深化国有企业改革的方针政策为指导，制定省属企业五年发展规划，总结省属企业上一个五年发展规划国有资产布局和结构调整实施情况，分析当期所面临的形势和任务，预测国有企业及国有经济发展中长期面临的困难和问题，提出未来五年省属企业改革发展的总体要求、目标任务、发展重点和保障措施。省属企业五年发展规划，由福建省国资委报经省政府同意后印发所出资企业实施。福建省国资委成立以来，先后制定了"十一五""十二五""十三五"三个省属企业五年发展规划。制定省属企业五年发展规划，对完善福建省国资委所出资企业国有资本布局和结构，引导企业转型升级，增强国有经济活力、控制力、影响力和抗风险能力，更好服务全省经济社会发展战略具有重要意义。

（二）推动经营性国有资产集中统一监管

为完善国有资产管理体制、明确国有资产监管责任主体、实现政企分开和政资分开，2014 年 4 月，福建省委、省政府出台《福建省省级行政机关与所办（属）企业和经营性资产脱钩工作的实施意见》，决定开展省级行政机关与所办（属）企业和经营性资产脱钩工作，并指定省财政厅为牵头单位，福建省国资委和机关事务管理局配合，共同推动工作落实。福建省国资委制定了《关于深入贯彻落实〈福建省省级行政机关与所办（属）企业和经营性资产脱钩工作的实施意见〉有关事项的通知》，对脱钩范围、原则、方式、程序、政策措施、工作要求等给予了明确要求，为脱钩制定了路线图。同时，福建省人社、国土、税务等部门分别对脱钩工作中涉及的职工安置、土地资产处置、税收优惠等给予了支持，简化审批程序，出台了针对性的优惠政策，为脱钩工作顺利完成提供了政策保障。按照"成熟一批、报送一批、签约划转一批、接收一批"分步实施的办法，先易后难，分批推动。截至2016 年底，共有 112 个省级行政机关开展了脱钩工作，一级脱钩企业 145 家（其中 2014 年第一批 122 家，2015 年第二批 21 家，2016 年第三、四批各 1家）。截至 2016 年底，脱钩企业资产总额 152.24 亿元，负债 93.52 亿元，净资产 58.72 亿元（包含参股企业），职工 11498 人（其中离退休职工 4924 人）。目前，绝大部分厅局所办的企业已划转给福建省国资委，实现了国有企业的监管全覆盖。脱钩企业按照"合并重组一批、划转移交一批、转让变现一批、清算注销一批"的处置方式，基本解决了历史遗留问题。福建省国资委对脱钩企业整合重组，将脱钩企业划转到产业带动性强、龙头作用凸显的企业集团中，优化国有资本配置，以构筑产业链，发挥产业链集聚效应，培育壮大龙头企业。在统一的国资监管体系和制度约束下，发展态势良好，实现了国有资产的保值增值，有效防止了国有资产流失。

（三）开展国有股权基础管理工作

1. 国有资产统计工作方面

福建省国资委组织福建省国有资产统计工作体系建设，建立健全本级政府有关部门、地市级及以下承担国有资产统计工作任务机构的工作体系。对各级国有资产监督管理机构及所属企业负责国有资产统计的工作人员进行业务培训。组织布置国有资产统计工作，协调相关部门，在规定时间内完成国有资产统计数据的收集、审核、汇总和上报，确保国有资产统计工作顺利开展，按时保质完成国有资产统计工作任务。国有资产统计工作，包括月度财务快报工作和年度国有资产统计工作。月度财务快报工作汇总范围主要包括省市两级国有资产监督管理机构所出资企业。福建省国资委所出资企业于每月 8 日前报送上月财务快报报表，各地市国资委于每月 9 日前报送上月监管企业财务快报报表，福建省国资委对两级监管企业的财务快报报表进行收集、审核、汇总，对报表勾稽关系不正确和填列不规范的地方进行修改，撰写福建省国资委所出资企业财务快报分析和各设区市国资委所出资企业财务快报简况，在每月 12 日前按时向国务院国资委上报。年度国有资产统计范围主要包括省、市两级国有资产监督管理机构所出资的企业、各级政府有关部门管理的企业，以及无主管部门的非由国有资产监督管理机构出资的企业。每年4月份开展全省国有资产统计集中验审，主要对福建省各级国有资产监督管理机构出资的企业、非由国有资产监督管理机构出资企业的国有资产统计报表数据准确性、真实性、规范性进行审核。验审后汇总全省报表，5月份送国务院国资委审核。

2. 产权登记工作方面

福建省国资委根据国务院国资委关于产权登记的相关规定，本着全面性、准确性、及时性、有效性的原则，应登尽登、应登即登、登则登准，建立起比较完善的所出资企业及其出资企业的产权登记管理工作体系。

3. 资产评估管理工作方面

根据《资产评估法》《国有资产评估管理办法》（国务院令第91号）、《企业国有资产评估管理暂行办法》等国家有关国有资产评估管理的规定，福建省国资委出台了一系列配套制度，建立了比较完善的国有资产评估工作体系，并在全国范围内率先建立起企业国有资产评估结果公示制度。其中，为更好地完成对所出资企业国有资产的评估工作，福建省国资委对企业国有资产评估项目实行核准制和备案制相结合的方式，对凡是经省政府批注的经济行为事项中含有涉及资产评估项目的均由福建省国资委进行核准；对凡是由福建省国资委所出资企业以及各子企业批准的经济行为事项中含有资产评估项目的均由福建省国资委进行备案；对评估值在100万元以下的资产，由所出资企业备案。

（四）落实国有资产监管指导监督制度

根据《企业国有资产法》《暂行条例》和国务院国资委《地方国有资产监管工作指导监督办法》的规定，福建省国资委依法对市级国有资产监管工作进行指导和监督。第一，健全完善省市国资委重大事项报告交流制度。福建省国资委通过会议、开展培训等方式及时传达中央和福建省有关国资国企改革的方针政策和重大举措，统一思想，明确方向。市国资委向福建省国资委报告本市国资国企改革的举措、进展等，并按规定将出台的规范性文件报福建省国资委备案等等。第二，明确年度指导监督地方国资工作计划，细化年度工作安排和分工，将指导监督地方国资工作常态化。第三，建立省、市、县三级国资工作联动机制。通过信息化平台，加强省、市级国资委国资监管工作的业务交流。

福建省国资委成立以来，在福建省委、省政府的领导下依法依规履行出资人职责，工作取得良好成效。福建省国资委所出资企业发展情况主要呈现以下特点：第一，企业资产规模持续扩张。所出资企业资产总额从 2004 年的 1294 亿元增长到 2016 年的 13065 亿元，增长 9.1 倍，年均增长 21.3%；所有者权益从 430 亿元增长到 2829 亿元，年均增长 17.0%。第二，经济运行质量和效益明显提高。营业总收入从 534 亿元增长到 2414 亿元；利润总额从 35 亿元增长到 130 亿元，年均增长 11.6%；年均资本保值增值率达 117.0%。第三，大企业大集团战略初步显现。17 家所出资企业中，资产总额超 100 亿元的有 9 家，其中高速公路超 3000 亿元，投资集团超 1000 亿元，冶金控股和能源集团超 600 亿元。能源集团、金龙汽车、三钢集团 3 家省属企业进入中国企业 500 强。省电子信息集团也作为全国"国企改革十二个样本"之一，在全国范围内进行了宣传推广。省属企业的一大批产品、技术居于全国乃至世界前列，形成一批知名品牌和商标。福建省国资委行使国有股权的实践表明新的国有股权行使制度总体上是行之有效的，是符合国情和市场经济规律的，改革的方向是正确的。

第三节 福建省国有股权行使实践中 存在的主要问题

从福建省国资国企发展情况，福建省、市、县三级国有股权行使情况，以及福建省国资委履行出资人职责的实践来看，我们认为，当前国有股权行使法律制度仍然存在一些问题和不足，需要在新一轮的改革中予以解决。

一、政企分开、 政资分开仍未完成

　　尽管新的国有资产管理制度从 2003 年就开始运行，且《暂行条例》第 46 条就明确规定："政企尚未分开的单位，应当按照国务院的规定，加快改革，实现政企分开。政企分开后的企业，由国有资产监督管理机构依法履行出资人职责，依法对企业国有资产进行监督管理。"但目前还有大量的国有资产仍游离于这一制度之外，新的国有资产管理制度要求的政企分开、政资分开、不干预企业依法自主经营的原则，并没有得到全面执行。截至 2016 年底，福建省、市两级国资委监管企业资产总额 28349.1 亿元，占全省非金融领域非文化领域国有企业资产总额的 79.6%，未纳入省市国资委监管范围的国有资产总额达 7249.9 亿元，占全省非金融领域非文化领域国有企业资产总额的 20.4%。如果加上金融、文化领域的国有资产，则数字更加庞大。就全国范围内而言，这种现象也是普遍存在。从中央层面来看，金融、文化、铁道、烟草、邮政等领域的企业国有资产仍由财政部门或相关行业主管部门进行监管。除个别省、市外，很多省、市金融、文化领域的企业国有资产仍由政府行政管理部门负责履行出资人职责。绝大多数县级国有资产仍沿用旧体制进行监管。因此，我国目前依然存在新旧国有资产管理体制并存的局面，新的国有资产管理制度并没有实现全覆盖，国有资产管理体制仍然没有完全理顺。《指导意见》已经正视这个问题，提出以管资本为主推进经营性国有资产集中统一监管，稳步将党政机关、事业单位所属企业的国有资本纳入经营性国有资产集中统一监管体系，具备条件的进入国有资本投资、运营公司。在完善国有股权行使法律制度中，应尽快修改《企业国有资产法》《暂行条例》，完善履行出资人职责机构设置及其履行出资人职责的国有资产的范围。

二、履行出资人职责机构职权没有落实到位， 且权责不够明晰

（一）履行出资人职责机构职权没有落实到位

履行出资人职责机构在新的国有资产管理体制中占有重要地位。明晰履行出资人职责机构的权利、义务和责任，是履行出资人职责机构依法行权履职的前提，也是国有资产管理体制得以正常运行的前提条件。现行国有资产管理体制下，履行出资人职责机构履行出资人职责实行"三统一，三结合"原则，《企业国有资产法》《暂行条例》对其做了制度安排，但在实践中，这一原则并没有真正的落到实处。例如，由于对省管企业管理者没有任免或者建议任免的权限，福建省国资委在推进国有资本投资、运营公司试点等改革的过程中面临不少困难，影响改革的进展和成效。就全国范围来看，不同层级、不同地方履行出资人职责的机构享有的权利（力）存在较大差异，这种差异取决于同级党委政府的考量及授权幅度，但履行出资人职责机构对国有资产保值增值等方面承担的责任并无差异。

（二）履行出资人职责机构权责不够明晰

《企业国有资产法》设专章对履行出资人职责机构的权责进行了规定，在后续的章节中也对履行出资人职责机构在具体事项中的权责进行了规定，但总的来看，这些规定比较原则，权责不够明晰，操作性不强。例如，《企业国有资产法》第三十八条规定："国有独资企业、国有独资公司、国有资本控股公司对其所出资企业的重大事项参照本章规定履行出资人职责。具体办法由国务院规定。"《暂行条例》第24条："所出资企业投资设立的重要子企业的重大事项，需由所出资企业报国有资产监督管理机构批准的，管理办法由国务院国有资产监督管理机构另行制定，报国务院批准。"至今，国

务院、国务院国资委都尚未制定相关规定，对国家出资企业所投资的企业重大事项的管理进行明确。在实践中，由于国家出资企业的主要资产都沉淀在其所投资的企业，如何对其投资企业的重大事项进行管理，这事关国有资产安全，同时也涉及企业经营自主权问题。履行出资人职责机构在履行出资人职责实践中，是无法绕过这一问题的。但由于没有明确的规范，很容易导致履行出资人职责机构在行权履职中缺位、越位或错位。

三、国家出资企业法人治理结构法律规定的滞后

《企业国有资产法》对国家出资企业法人治理结构没有作特别的规定，只是原则要求"国家出资企业应当依法建立和完善法人治理结构，建立健全内部监督管理和风险控制制度"。国家出资企业法人治理结构的构建是沿用《公司法》的规定。近年来曝光的重大案件揭示出国家出资企业存在内部人控制、利益输送，企业董事会形同虚设、"一把手"说了算等问题，表明国家出资企业企业法人治理结构存在重大缺陷。这些缺陷又是导致国有资产流失的重要原因。为此，《指导意见》提出的健全公司法人治理结构的具体内容为国家出资企业法人治理结构的完善指明了方向。应尽快修订《公司法》和《企业国有资产法》，对国家出资企业的法人治理结构进行完善，为改革提供法律支撑。

四、国有资产监督制度不完善

国有资产监督制度是国有资产管理法律体系的重要组成部分，对防止国有资产流失，实现国有资产保值增值具有重要的意义。《企业国有资产法》第七章从人大监督、政府监督、审计监督、社会监督和出资人监督五个方面规定构建国有资产监督体系，但这一监督体系并不完善。一是各监督主体的监督职能不清。根据《企业国有资产法》第63—67条的规定，各级人民代表大会及其常务委员会、国务院和地方人民政府、各级政府审计机关、社会

公众和履行出资人职责的机构是国有资产的有权监督主体。但是，各不同的监督主体分别有哪些监督职能、不同的监督主体之间的监督职能如何设定和划分，立法的规定并不清晰。① 二是监督体系不健全。国有资产监督除上述五个方面监督外，还应该包括党的监督和企业职工民主监督。三是监督工作责任追究制度不健全。《企业国有资产法》第八章规定了履行出资人职责机构及其工作人员应承担法律责任的情形，但对政府审计机关等相关监督主体应承担的法律责任并无相关规定。法律对国有资产监督工作的责任追究不力，必然导致监督的作用弱化。

五、国有资产管理规则不统一

从基础管理工作的角度来看，国有资产基础管理工作是国家作为出资人全面了解和掌握国有资产总量、结构、变动、收益等基本情况的重要途径；是国有资产进行战略性布局和结构调整的重要基础；是增强国有经济活力、控制力和影响力的重要因素；以及防止国有资产损失的制度基础。国有资产基础管理的内容主要包括产权界定、产权登记、产权转让、资产评估监管、清产核资、资产统计、综合评价等。根据《企业国有资产法》第 9 条的规定："国家要建立健全国有资产基础管理制度，具体办法按照国务院的规定制定。"目前，由于国务院尚未出台《企业国有资产基础管理条例》，同时政府授权履行出资人职责的机构既包括国资委，也包括其他部门和机构，除以上问题外，我国企业国有资产管理还存在国有资产基础管理制度不统一、政出多门，甚至相互矛盾的问题。福建省在国有资产统计工作等基础管理工作中就存在一些非国资委监管的企业对财务管理等基础管理重视不够，报表的编报质量较差等问题。这势必对全省国有企业统计等基础管理工作造成不良的影响。此外，福建省非由福建省国资委监管的企业普遍存在资产状况不

---

① 参见王克稳：《〈企业国有资产法〉的进步与不足》，《苏州大学学报》（哲学社会科学版）2009 年第 4 期。

佳，经济效益较差的问题，国有资产流失风险较高。以 2016 年为例，全省由福建省国资委履行净资产收益率为 2.02%，低于省市两级国资委监督出资人职责的企业 0.57 个百分点，总资产报酬率 1.27%，低于省、市两级国有资产监督管理机构出资人职责的企业 0.7 个百分点。

六、地方政府作为出资人代表享有的权利缺乏有效的约束

根据法律规定，地方各级人民政府代表国家对本级国家出资企业履行出资人职责，享有出资人权利。地方人民政府按照国务院的规定设立国有资产监督管理机构，并授权其代表本级人民政府对国家出资企业履行出资人职责。地方人民政府根据需要，可以授权其他部门、机构代表本级人民政府对国家出资企业履行出资人职责。这就造成不同层级、不同地方的政府，不同层级、不同地方的履行出资人职责机构之间在出资人权利分配上，以及履行出资人职责机构的设定上存在较大差异。在具体履行出资人职责过程中，各级各地方政府对国资国企工作的重视程度，以及推进改革的力度，都直接决定了当地国资国企发展的速度、质量和效益。实践中，各地方人民政府对国资国企改革发展的重视程度，改革的推进的力度等方面都存在很大的差异。法律赋予各级政府的权力过大，但又没有规定政府在履行出资人职责中应承担的具体责任。这很难避免政府在代表国家对国家出资企业履行出资人职责时出现不作为、乱作为等问题。根据《企业国有资产法》等法律法规的规定，地方政府的出资人权利由国家所有权派生的，要服从、服务于国家统一所有权，并不是无限的权利。但是，《企业国有资产法》和《暂行条例》都并未明确地方政府作为出资人的权利边界，也没有对政府作为出资人是否应当对国家统一所有负责作明确的规定，虽然有"促进国有资产保值增值"的规定，但仍然涵盖不了对国家统一所有的责任。如果把出资人责任分为宏观责任和微观责任，那么现在的法律法规强调的多数是出资人的微观责任，而

没有对其宏观责任做出具体的规定。①

第四节　完善国有股权行使法律制度的建议

当前，新一轮的国资国企改革正在紧锣密鼓地进行中。为使改革顺利进行，应当抓紧修改《企业国有资产法》《公司法》等相关法律法规，加快健全完善国有股权行使法律制度体系，为改革提供法律保障。完善国有股权行使法律制度体系应遵循党的十六大确立的国有管理体制改革的基本原则和党的十八届三中全会以来中央关于深化国有企业改革的方针政策。针对目前国有股权行使法律制度存在的问题，提出以下完善建议：

一、明确国有资产集中统一监管

根据《企业国有资产法》的规定，国有资产是包括金融、文化等所有领域在内的国家对企业各种形式的出资所形成的权益。国有资产只有实现集中统一监管，才能优化国有资本布局结构，提高国有资本配置效率，增强国有经济整体功能和效益。按照《指导意见》"以管资本为主推进经营性国有资产集中统一监管"的改革精神，必须实行国有资产的集中统一监管。

（一）由国有资产监督管理机构集中统一履行企业国有资产监督管理职能

集中统一监管不等于履行出资人职责机构的集中统一，而应当是建立在国有资产监督管理机构剥离出资人职责，仅保留监管职责的基础上。如果不剥离其履行出资人职责的职能，则很难实现国有资产的集中统一监管。国务院国资委自成立伊始就力推企业国有资产的集中统一监管，即所谓的"大国

---

① 参见国务院国资委研究局编：《探索与研究——国有资产监管与国有企业改革研究报告（2009）》，中国经济出版社 2010 年版，第 56 页。

资、大监管"，但在实际的推动过程中我们发现这样的监管模式不仅推不动，而且国资委履行出资人职责的现有状况，也饱受诟病，人们对国资委代表政府对那么多国家出资企业履行出资人职责，深表担忧。并且，根据第三章的阐述，监管职能和出资人职能之间存在冲突，国有资产监督管理机构是对国有股权进行监督的适格主体，却不是适格的国有股权行使主体，故应当剥离其履行出资人职责的职能，作为纯粹的监管者。其监管对象主要是履行出资人职责的机构的履职行为。作为纯粹的监管者，其监管的对象就应当涵盖、也可以涵盖一切企业国有资产。为此，建议修改《企业国有资产法》相关内容，规定："国务院国有资产监督管理机构和地方人民政府按照国务院的规定设立的国有资产监督管理机构，根据本级人民政府的授权，代表本级人民政府对国有资本投资、运营公司等履行出资人职责的机构的履职行为进行监督和管理。"

（二）　由国有资本投资、运营公司履行出资人职能

党的十八届三中全会通过的《决定》（2013）提出组建国有资本投资、运营公司，作为国有资本的运营平台。虽然目前国有资本投资、运营公司还是作为国家出资企业的形式存在，由国有资产监督管理机构对其履行出资人职责，并没有突破现行体制。但是，《决定》（2013）同时提出，进行由国有资本投资、运营公司直接代表政府履行出资人职责的试验。我们认为，由国有资本投资、运营公司作为代表政府履行出资人职责的机构，可以有效地解决现行体制存在的国有资产监督管理机构职权冲突问题、企业国有资产监督管理不统一问题和国家出资企业间存在的普遍性关联关系问题。为此，建议将《企业国有资产法》第 11 条第 1 款修改为："国务院和地方人民政府组建的国有资本投资、运营公司，根据本级人民政府的授权，代表本级人民政府对国家出资企业履行出资人职责。"

二、进一步明晰履行出资人职责机构和国有资产监督管理机构的权责

在现有制度体系中，国有资产监督管理机构也是履行出资人职责的机构。但前文已阐明，两者是应当分开的。故我们将两者分别阐述。

（一）明晰履行出资人职责机构的权责

实践表明，履行出资人职责的机构的权利和责任不明确，会出现履行出资人职责时的越位、缺位和错位现象。本来，履行出资人职责就是行使股东权利，《公司法》对股权行使有规定。为什么还会出现履行出资人职责的机构在履行出资人职责时越位、缺位和错位呢？原因其实很简单，就是我们一直强调的国有股权的特殊性使然。国有股权的公共产权属性，决定了法律关于履行出资人职责（即国有股权行使）必须在《公司法》之外有一些特殊的规定。这些特殊的规定应当规定在《企业国有资产法》中。但令人遗憾的是，《企业国有资产法》显然忽略了。建议在《企业国有资产法》第二章"履行出资人职责的机构"，增加履行出资人职责的机构权利、义务的专门条款，体现履行出资人职责的机构代表国家履行出资人职责的特殊性。

关于出资人职责的履行机构的权利和责任内容，《暂行条例》第 13 条、第 14 条可以作为参考依据。在这两个条文中，有些属于监管职能，有些属于出资人职能。这是因为现行体制两者是统一的缘故。既然我们认为两者应当分开，就必须明确，哪些权责是出资人权责，哪些权责是监管者权责。将监管权责剥离出去。除此之外，对于条例规定不当的内容，必须加以修正；对应当规定而条例没有规定的内容，必须补正。

总结国有股权行使的实践，参照《暂行条例》第 13 条、第 14 条的规定，建议在《企业国有资产法》中对履行出资人职责的机构的权责做如下规定："履行出资人职责的机构的主要职责是：（1）依照本法和《中华人民共

和国公司法》等法律、法规，对国家出资企业履行出资人职责，维护所有者权益；（2）依照法律规定对国家出资企业的董事、监事进行任免或者向国家出资企业推荐董事监事人选，对其任免或推荐的董事、监事进行考核，并根据考核结果对其进行奖惩；（3）依法决定或参与决定国家出资企业的重大事项决策；（4）通过统计、稽核等方式对企业国有资产的保值增值情况进行监督；（5）探索有效的企业国有资产经营体制和方式；（6）尊重、维护国家出资企业经营自主权，依法维护企业合法权益，促进企业依法经营管理，增强企业竞争力；（7）指导和促进国家出资企业建立现代企业制度，完善法人治理结构，推进管理现代化；（8）履行出资人的其他职责。"在后续的章节中进一步明晰履行出资人职责机构在资产收益、企业重大决策和选择管理者等具体事项中的权利。

（二）　明晰国有资产监督管理机构的权责

建议在《企业国有资产法》中规定："国有资产监督管理机构的主要职责是：（1）依法对履行出资人职责的机构进行监督和管理，防止企业国有资产流失；（2）推进国有资产合理流动和优化配置，推动国有经济布局和结构的调整；（3）指导和协调解决国家出资企业改革与发展中的困难和问题。"

三、完善国家出资企业的法人治理结构

进一步推进国有企业建立现代企业制度是新时代国有企业改革的主要目标。前文已经阐述，具有中国特色的"鸡尾酒式混合治理模式"从总体上讲，是符合中国实际的，是中国特色的现代国有企业制度。但是，中石油系"塌方式"腐败所揭示的国有企业存在的严重的腐败现象表明，我国的国家出资企业治理仍然存在严重的问题。因此，完善国家出资企业的法人治理结构仍然是国有企业建立现代企业制度改革的核心内容。根据前文的研究，建议对《公司法》《企业国有资产法》做修改、补充，在修改过程中，还应做

好《企业国有资产法》和《公司法》的衔接、配套和统一。

（一）加强董事会建设

董事会是现代企业决策核心，强有力的董事会，是搞好国有企业的关键，也是防治国有企业腐败的关键。首先，必须明确规定董事会由执行董事、职工董事、外部董事和独立董事组成，且外部董事和独立董事占多数，以防范内部人控制；其次，明确规定各类董事的任职资格，包括消极资格和积极资格；最后，明确规定董事的任免程序及其权利、义务和责任。

（二）外部监事会应当内部化

我国目前对国家出资企业采用外派监事会的监督模式，这不符合现代企业制度的原理，应当将外部监事会内部化。有关此主张的详细论述，见第六章国有股权行使之监督论。

（三）明确和落实企业党组织在国家出资企业法人治理结构中的地位

党对国有企业的领导，是中国特色的现代国有企业制度，是国有企业的"根"、是国有企业的"魂"。我国在国有企业建立现代企业制度的改革中，曾经有意无意地忽视了党的领导，出现了国有企业党的领导弱化、淡化、虚化、边缘化现象。党的十九大提出，党是领导一切的，我们重视和加强党对国有企业的领导，这是完全正确的。但是，在理论的实际运用过程中我们必须正确地理解和处理党的领导同公司治理结构的关系。2016年10月，习近平同志提出将党组织内嵌到国有公司治理结构中，明确和落实党组织在国有公司治理结构中的法定地位，为我们处理党的领导与国有公司治理结构的关系指明了方向。有关明确企业党组织在国家出资企业法人治理结构中的地位的详细阐述，见第七章国有股权行使之党组织参与论。

　　另外，完善国有股权行使监督制度以防治国有资产流失始终是国有股权行使的中心议题。福建省国有股权行使的实践反映出我国国有股权行使监督制度尚存在诸多不足。有关国有股权行使监督制度的详细阐述，见第五章国有股权行使之监督论。

参 考 文 献

一、著作类

1. 《资本论》第 1 卷，人民出版社 2004 年版。

2. 《马克思恩格斯全集》第 48 卷，人民出版社 1985 年版。

3. 《马克思恩格斯全集》第 1 卷，人民出版社 1972 年版。

4. 《资本论》第 3 卷，人民出版社 2004 年版。

5. 列宁：《帝国主义是资本主义的最高阶段》，人民出版社 2014 年版。

6. 《毛泽东选集》第 2 卷，人民出版社 1991 年版。

7. 《毛泽东选集》第 3 卷，人民出版社 1991 年版。

8. 《毛泽东选集》第 4 卷，人民出版社 1991 年版。

9. 《邓小平文选》第 2 卷，人民出版社 1994 年版。

10. 王新红等：《国有企业法律制度研究》，中央编译出版社 2015 年版。

11. 徐晓松等：《国有股权行使和监管法律制度研究》，北京大学出版社 2016 年版。

12. 史际春：《国有企业法论》，中国法制出版社 1997 年版。

13. 肖海军：《国有股权代表人制度研究》，中国检察出版社 2015 年版。

14. 程合红、刘智慧、王洪亮：《国有股权研究》，中国政法大学出版社 2000 年版。

15. 漆多俊主编：《国有企业股份公司改组法律问题研究》，中国方正出版社 2002

368

年版。

16. ［美］威廉姆森、［美］温特编：《企业的性质——起源、演变与发展》，商务印书馆 2010 年版。

17. ［美］罗纳德·H. 科斯等：《财产权利与制度变迁——产权学派与新制度学派译文集》，刘守英等译，格致出版社、上海三联书店、上海人民出版社 2014 年版。

18. ［英］亚当·斯密：《国富论》，胡长明译，人民日报出版社 2009 年版。

19. ［美］亨利·汉斯曼：《企业所有权论》，于静译，中国政法大学出版社 2002 年版。

20. ［美］Y. 巴泽尔：《产权的经济分析》，费方域、段毅才译，上海三联书店、上海人民出版社 1997 年版。

21. ［美］阿道夫·A. 伯利、［美］加德纳·C. 米恩斯：《现代公司与私有财产》，甘华鸣，罗锐韧、蔡如海译，商务印书馆 2005 年版。

22. ［印度］阿玛蒂亚·森：《理性与自由》，李风华译，中国人民大学出版社 2006 年版。

23. ［美］弗朗西斯·福山：《大断裂：人类本性与社会秩序的重建》，广西师范大学出版社 2015 年版。

24. 经济合作与发展组织（OECD）编著：《国家发展进程中的国企角色》，贾涛译，中信出版集团股份有限公司 2016 年版。

25. ［美］丹尼尔·W. 布罗姆利：《经济利益与经济制度——公共政策的理论基础》，陈郁等译，上海三联书店、上海人民出版社 2006 年版。

26. ［荷兰］格泽戈尔兹·W. 柯勒德克：《从休克到疗法：后社会主义转轨的政治经济》，上海远东出版社 2000 年版。

27. ［美］道格拉斯·C. 诺思：《制度、制度变迁与经济绩效》，杭行译，格致出版社、上海三联书店、上海人民出版社 2014 年版。

28. ［德］马克斯·韦伯：《经济与社会》（上册），林荣远译，商务印书馆 1998 年版。

29. ［德］尤尔根·哈贝马斯：《重建历史唯物主义》，郭官义译，社会科学文献出版社 2000 年版。

30. ［美］迈克尔·D. 贝勒斯：《法律的原则—— 一个规范的分析》，张文显等译，中国大百科全书出版社 1996 年版。

31. ［日］谷口安平：《程序的正义与诉讼》，王亚新、刘荣军译，中国政法大学出版社 2002 年版。

32. 赵晓雷：《中国现代经济理论：1949—2000》，上海人民出版社 2001 年版。

33. 孙宪忠：《中国物权法原理》，法律出版社 2004 年版。

34. 孟勤国：《物权二元结构论——中国物权制度的理论重构》，人民法院出版社 2002 年版。

35. 覃天云主编：《经营权论》（修订版），四川人民出版社 2001 年版。

36. 张维迎：《企业理论与中国企业改革》，世纪出版集团、上海人民出版社 2015 年版。

37. 何维达、杨仕辉：《现代西方产权理论》，中国财政经济出版社 1998 年版。

38. 崔勤之：《崔勤之文集》，社会科学文献出版社 2014 年版。

39. 林敏娟：《公共文化服务中的民营企业角色》，中国社会出版社 2014 年版。

40. 张培尧：《国有控股权行使法律制度研究》，中国法制出版社 2014 年版。

41. 信春鹰等： 《车之两轮 鸟之两翼——改革发展中的经济与法律 （1978—1995）》，社会科学文献出版社 2004 年版。

42. 殷召良：《公司控制权法律问题研究》，法律出版社 2001 年版。

43. 李中建：《国有企业经营者激励问题研究》，经济科学出版社 2008 年版。

44. 梁上上：《论股东表决权》，法律出版社 2005 年版。

45. 盛毅、林彬：《地方国有资产管理体制改革与创新》，人民出版社 2004 年版。

46. 绍秉仁主编：《创建国有资产管理新体制》，中国财政经济出版社 2003 年版。

47. 莫少昆、余继业：《问道淡马锡》，中国经济出版社 2015 年版。

48. 王泽鉴：《民法学说与判例研究》第 2 卷，中国政法大学出版社 1998 年版。

49. 郑海航、戚聿东、吴冬梅编著：《国有资产管理体制与国有控股公司研究》，经济管理出版社 2010 年版。

50. 张多中：《国有控股公司控制体系研究》，中国经济出版社 2006 年版。

51. 吴秋生：《政府审计职责研究》，中国财政经济出版社 2007 年版。

52. 王志诚、赖源河：《现代信托法论》，中国政法大学出版社 2002 年版。

53. 中共中央组织部党建研究所课题组：《中国共产党执政规律研究》，党建读物出版社 2004 年版。

54. 国务院国有资产监督管理委员会研究局编：《探索与研究——国有资产监管和国有企业改革研究报告（2009）》，中国经济出版社 2010 年版。

55. 卫祥云：《国企改革新思路——如何把正确的事做对》，电子工业出版社 2013 年版。

56. 胡改蓉：《国有公司董事会法律制度研究》，北京大学出版社 2010 年版。

57. 谢朝斌：《独立董事法律制度研究》，法律出版社 2004 年版。

58. 张文魁、袁东明主编：《中国经济改革 30 年·国有企业卷》，重庆大学出版社 2008 年版。

59. 董辅礽、唐宗焜、杜海燕主编：《中国国有企业制度变革研究》，人民出版社 1995 年版。

60. 胡海涛：《国有资产管理法律实现机制若干理论问题研究》，中国检察出版社 2006 年版。

61. 杨瑞龙主编：《企业共同治理的经济学分析》，经济科学出版社 2001 年版。

62. 王泽鉴：《债法原理（1）：基本原理·债之发生》，中国政法大学出版社 2001 年版。

63. 顾功耘等：《国有资产法论》，北京大学出版社 2010 年版。

64. 施天涛：《公司法论》，法律出版社 2014 年版。

65. 国务院国资委研究局编：《探索与研究——国有资产监管与国有企业改革研究报告》（2009），中国经济出版社 2010 年版。

66. Berle，A. A.，and Means，G. G. The Modern Corporation and Private Property. New York：Macmillan. 1932.

67. Shaprio，R. Willig. Econimics Rational for the Scope of Privatization. Westview Press，London，1990.

68. Louis Loss. Fundamentals of Securities Regulation. Boston：Little Brown，1998.

69. Pierre. The Forms of Capital/Handbook of Theory & Research for the Sociology of

Education. Greenwood Press，1986.

二、论文类

1. 王新红：《论企业国有资产管理体制的完善——兼论国资委的定位调整》，《政治与法律》2015 年第 10 期。

2. 王新红：《关于总出资人权法律规定的思考——对〈企业国有资产法〉第 3 条的检讨》，《江西财经大学学报》2012 年第 3 期。

3. 王新红：《〈企业国有资产法〉若干法律问题初探》，《福建师范大学学报》（哲学社会科学版）2016 年第 1 期。

4. 王新红：《国企改革：股份制企业治理机制的中国式探索》，《法学》2018 年第 1 期。

5. 王新红：《论企业国有资产的诉讼保护》，《中南大学学报》（社会科学版）2006 年第 1 期。

6. 王新红、谈琳、周俊桦：《论国资委的性质——兼评〈企业国有资产监督管理暂行条例〉之不足》，《当代财经》2005 年第 5 期。

7. 王新红：《论建立和完善国有独资公司的监督机制》，《中南工业大学学报》（社会科学版）2000 年第 4 期。

8. 王新红：《论现代企业经营者的信托责任——中国经验、反思与建议》，《福建师范大学学报》（哲学社会科学版）2012 年第 1 期。

9. 王新红：《宏观调控法治化建设环境之"转型时期"的界定》，《北京工业大学学报》（社会科学版）2012 年第 4 期。

10. 张培尧：《论国有股权的基本属性》，《北方法学》2012 年第 2 期。

11. 吴凡、卢阳春：《我国国有企业公司治理存在的主要问题与对策》，《经济体制改革》2010 年第 5 期。

12. 王妍：《所有权与经营权关系的当代发展及后现代企业制度的生成》，《当代经济研究》2013 年第 9 期。

13. 顾功耘、徐菲等：《国资委履行出资人职责模式研究》，《科学发展》2012 年第 9 期。

14. 李曙光：《论〈企业国有资产法〉中的"五人"定位》，《政治与法律》2009 年第 4 期。

15. 周放生：《从内部人董事会到出资人董事会》，《上海国资》2005 年第 6 期。

16. 安志惠：《混合所有制下国有股权的保护》，《常州工学院学报》2017 年第 3 期。

17. 王利明：《论股份制企业所有权的二重结构——与郭锋同志商榷》，《中国法学》1989 年第 1 期。

18. 郭锋：《股份制企业所有权问题的探讨》，《中国法学》1988 年第 3 期。

19. 江平、孔祥俊：《论股权》，《中国法学》1994 年第 1 期。

20. 马俊驹：《国家所有权的基本理论和立法结构探讨》，《中国法学》2011 年第 4 期。

21. 漆多俊：《论公司制两权分离形态》，《现代法学》1992 年第 3 期。

22. 王克稳：《〈企业国有资产法〉的进步与不足》，《苏州大学学报》（哲学社会科学版）2009 年第 4 期。

23. 许保利：《如何看待和推进国企国资改革》，《国有资产管理》2017 年第 1 期。

24. 罗培新：《"冷眼"看独立董事》，《金融法苑》2000 年第 12 期。

25. 谭郑霄：《我国上市公司独立董事制度批判》，《时代法学》2005 年第 6 期。

26. 夏志强：《产权制度创新与国有资产管理体制重构》《财经科学》2004 年第 2 期。

27. 张培尧：《论国有股权行使产生的法律关系属性》，《四川师范大学学报》（社会科学版）2012 年第 5 期。

28. 许斌龙：《关于国有股权的法理思考》，《改革与战略》2008 年第 11 期。

29. 薛旭东：《国企改制过程中企业所有权与经营权分离探析》，《邯郸职业技术学院学报》2010 年第 2 期。

30. 马捷、段顾、张维迎：《所有权与经营权分离情况下的自由进入均衡》，《经济研究》2013 年第 8 期。

31. 马海涛、王爱君：《中国国有资产管理体制改革 30 年经验回顾与展望》，《广西财经学院学报》2009 年第 4 期。

32. 蒋大兴：《废除国资委？——一种理想主义者的"空想"》，《清华法学》2016 年第 6 期。

33. 朱虹波：《国资委的角色冲突》，《中国改革》2007 年第 5 期。

34. 丁传斌：《国资委出资人监管职责与行政监管职责的厘定》，《企业经济》2012 年第 5 期。

35. 谢志斌、郑江淮：《控制权的分割与整合——国有产权"五龙治水"体制变迁效率的博弈分析》，《产业经济学》2005 年第 6 期。

36. 张锐：《何晶：驰骋资本王国的新加坡"第一夫人"》，《经济导刊》2006 年第 11 期。

37. 薛求知、姚凯：《国企监管的国际比较与借鉴》，《上海国资》2002 年第 9 期。

38. 郑和平：《国有控股公司的控股比例和国有股退出方式的选择》，《西南民族大学学报》（哲学社会科学版）2002 年第 12 期。

39. 萧延高：《国有股权转让的制度障碍与对策》，《四川师范大学学报》（社会科学版）2000 年第 2 期。

40. 胡瑞生、陈浩：《关于国资委若干法律问题思考》，《南方经济》2003 年第 12 期。

41. 郭复初：《论国有资产监督管理委员会的性质、管理范围与职责》，《国有资产管理》2003 年第 8 期。

42. 王全兴、傅雷、徐承云：《国资委与国资运营主体法律关系的定性探讨》，《法商研究》2003 年第 5 期。

43. 平新乔：《功能错位的国资委》，《中国企业家》2005 年第 2 期。

44. 王跃生：《论当代企业所有权与经营权融合的趋势》，《北京大学学报》（哲学社会科学版）2004 年第 1 期。

45. 郭为伟：《深化国有资产管理体制改革的思考》，《理论界》2006 年第 1 期。

46. 纪宝成、刘元春：《论全国人大参与国有资产监管的合理性与必然性》，《经济学动态》2006 年第 10 期。

47. 彭勇、朱海波：《国资委如何履行出资人职责——访省国资委党委副书记、副主任陈敏》，《当代贵州》2004 年第 14 期。

48. 冯立新、孙勇：《牢牢把握出资人的职责定位——访国务院国资委主任李荣融》，《企业改革与管理》2004 年第 7 期。

49. 何小钢：《国有资本投资、运营公司改革试点成效与启示》，《经济纵横》2017 年第 11 期。

50. 徐晓松：《论国有资产监督管理机构在国有资本经营预算中的职责》，《政治与法律》2009 年第 4 期。

51. 国务院发展研究中心"国有资本管理体制改革研究"课题组：《开展国有资本投资、运营公司试点的建议》，《发展研究》2015 年第 5 期。

52. 徐晓松：《论国有资本经营预算的生存环境及其对法律调整的影响》，《中国法学》2009 年第 4 期。

53. 华国庆：《我国国有资本收益若干法律问题研究》，《法学论坛》2012 年第 1 期。

54. 国资委"建立国有资本经营预算制度研究"课题组：《论国有资本经营预算监管体系的构建》，《经济参考研究》2006 年第 54 期。

55. 文宗瑜、刘微：《国有资本经营预算如何与公共收支预算对接》，《财会研究》2008 年第 1 期。

56. 杜坤：《国有资本经营预算衔接法律机制的构建——以功能定位再思考为主线》，《武汉大学学报》（哲学社会科学版）2017 年第 1 期。

57. 赵继新、肖秀梅：《国有股权代表相关研究综述》，《管理观察》2016 年第 1 期。

58. 李维安、丁军、朱光华：《论所有权与经营权分离形式的硬化机制——两权分离比较研究的启示》，《南开经济研究》1987 年第 3 期。

59. 薛有志、彭华伟、李国栋：《执行董事、多元化程度与公司绩效的研究》，《经济问题探索》2010 年第 4 期。

60. 徐振东：《论在银行公司治理中实现三权有效制衡》，《国际金融研究》2003 年第 9 期。

61. 甘培忠：《建立国有企业独立董事制度》，《中国社会科学报》2014 年第 7 期。

62. 王树文：《完善我国大型国有企业政府董事制度建设的途径》，《中国行政管理》2008 年第 11 期。

63. 温丛岭、董昭江：《完善国有企业政府董事制度的思考》，《商场现代化》2008 年第 18 期。

64. 肖海军：《政府董事：国有企业内部治理结构重建的切入点》，《政法论坛》2017 年第 1 期。

65. 孙光焰：《国企董事薪酬激励控制权的公司治理配置进路》，《中南民族大学学报》（人文社会科学版）2014 年第 4 期。

66. 陈晓红、黄勇：《独立董事报酬水平和薪酬结构设计分析》，《证券市场导报》2006 年第 5 期。

67. 国务院国资委监事会课题组：《现行外派监事会制度面临的难题》，《经济研究参考》2011 年第 36 期。

68. 李明辉：《论国有企业监事会制度》，《山西财经大学学报》2005 年第 12 期。

69. 彭洒清等：《中国企业家队伍成长现状与环境评价》，《管理世界》2003 年第 7 期。

70. 冯果：《股东异质化视角下的双层股权结构》，《政法论坛》2016 年第 4 期。

71. 张舫：《一股一票原则与不同投票权股的发行》，《重庆大学学报》（社会科学版）2013 年第 1 期。

72. 张志坡：《优先股之无表决权质疑》，《法学杂志》2012 年第 12 期。

73. 顾功耘、胡改蓉：《国企改革的政府定位及制度重构》，《现代法学》2014 年第 3 期。

74. 孙红玲、刘长庚：《论国有大型企业"两股制"产权改革》，《经济体制改革》2006 年第 5 期。

75. 王保树：《完善国有企业改革措施的法理念》，《中国法学》2000 年第 2 期。

76. 张立省：《黄金股研究综述》，《首都师范大学学报》2012 年第 1 期。

77. 周勤：《商事信托：制度特性、功能实现与立法调整》，《清华法学》2008 年第 2 期。

78. 陈雪萍：《信托财产权的法理学研究》，《社会科学》2006 年第 9 期。

79. 梅夏英：《民法上'所有权'概念的两个隐喻及其解读——兼论当代财产权法律关系的构建》，《中国人民大学学报》2002 年第 1 期。

80. 张维迎：《所有制、治理结构及关系——兼评崔之元和周其仁的一些观点》《经济研究》1996 年第 9 期。

81. 仇书勇：《反思对现代公司"两权分离"理论的两种误解——以法学为视角的研究》，《法学论坛》2007 年第 2 期。

82. 陈雪萍：《论我国商事信托之制度创新》，《法商研究》2006 年第 3 期。

83. 张培尧：《论国有股权的信托行使》，《理论月刊》2012 年第 12 期。

84. 那述宇：《监督机制的概念解析与模式选择》，《南通大学学报》（社会科学版）2002 年第 12 期。

85. 李明辉：《日本的独立董事制度及其启示》，《世界经济研究》2005 年第 3 期。

86. 白呈明：《股份有限公司监督机制的发展趋势》，《西安财经学院学报》2003 年第 2 期。

87. 柳思维：《对国有资产经营与管理的若干思考》，《中国审计》2004 年第 6 期。

88. 廖红伟：《我国国有资产监管问题与对策研究》，《经济纵横》2009 年第 1 期。

89. 谢志华：《所有权与经营权：本质和形式》，《财务与会计》（理财版）2014 年第 3 期。

90. 丁国民、漆丹：《国有股权的信托行使》，《中南大学学报》（社会科学版）2004 年第 6 期。

91. 刘迎霜：《股东对董事诉讼中的商业判断规则》，《法学》2009 年第 5 期。

92. 蒋来用：《以务实精神合理创设容错机制》，《人民论坛》2016 年第 11 期。

93. 石明磊：《论人大对国有资产的监管》，《人大研究》2003 年第 10 期。

94. 纪宝成、刘元春：《论全国人大参与国有资产监管的合理性与必然性》，《经济学动态》2006 年第 10 期。

95. 张喜亮：《缜密谋划国企改革》，《中国经济报告》2015 年第 7 期。

96. 陈怡璇：《山东三成国资划转社保》，《上海国资》2015 年第 5 期。

97. 徐锦文：《美国社会保障制度简介及启示》，《湖北财税》2002 年第 2 期。

98. 丛树海：《英国社会保障制度框架和运行效果分析》，《财政研究》2001 年第 6 期。

99. 吕学静：《立法：日本社会保障的基石》，《国际金融报》2001 年 1 月 5 日。

100. 杨俊、龚六堂、王亚平：《国有股权型社会保障研究》，《经济研究》2006 年第 3 期。

101. 吴熊伟：《基金式国有资本》，《上海国资》2015 年第 5 期。

102. 倪受彬：《公共养老金投资中的受信人义务》，《法学》2014 年第 1 期。

103. 王显勇：《论社会保险统筹基金的法律性质及其管理运营》，《财经理论与实践》2011 年第 3 期。

104. 刘炳香、韩宏亮：《国有企业党组织发挥政治核心作用的现状和对策》，《理论视野》2011 年第 7 期。

105. 尹超明：《国有企业基层服务型党组织建设研究》，《求实》2013 年第 10 期。

106. 马连福、王元芳、沈小秀：《国有企业党组织治理、冗余雇员与高管薪酬契约》，《管理世界》2013 年第 5 期。

107. 刘鹏杰：《浅谈如何发挥国有企业基层党组织的作用》，《改革与开放》2015 年第 5 期。

108. 王新红、武欣玲：《论党组织参与国有公司治理的法律原则》，《中南大学学报》（社会科学版）2017 年第 5 期。

109. 王元芳、马连福：《国有企业党组织能降低代理成本吗？——基于"内部人控制"的视角》，《中国工业经济》2014 年第 10 期。

110. 杨念山：《国有企业党组织参与重大问题决策的再思考》，《现代管理科学》2003 年第 7 期。

111. 王新红：《国有企业所有权与经营权相分离理论批判》，《政治与法律》2019

年第 8 期。

112. 陈彩虹：《从"共识"到"中国经验"》，《读书》2010 年第 8 期。

113. 雷兴虎：《论董事行使职权的事前、事中和事后制衡机制》，《政法论坛：中国政法大学学报》2001 年第 2 期。

114. 段从清：《独立董事的任职资格与任免机制问题研究》，《江汉论坛》2004 年第 6 期。

115. 关茹萍：《党政联席会议制度实施中存在的问题及对策》，《沈阳师范大学学报》（社会科学版）2013 年第 1 期。

116. 蒋大兴：《走向"政治性公司法"——党组织如何参与公司治理》，《中南大学学报》（社会科学版）2017 年第 3 期。

117. 燕春：《国有股权的公权本质与私法行使》，《安徽农业大学学报》（社会科学版）2008 年第 1 期。

118. 刘蕴、王华：《国有股权行使主体的厘清及法律定位》，《北京工业大学学报》（社会科学版）2012 年第 3 期。

119. 谬因知：《国有股转让协议审批要求对合同效力之影响——以"史上最大股权纠纷"为例》，《中外法学》2015 年第 5 期。

120. 江苏省高级人民法院民二庭：《企事业单位国有产权转让合同的效力认定》，《法律适用》2005 年第 12 期。

121. 王杰、李宏：《国有股权转让协议效力的法律分析》，《内蒙古民族大学学报》（社会科学版）2005 年第 4 期。

122. 张文亮、杨建：《论国有股权非正常程序转让的效力认定》，《山东审判》2007 年第 5 期。

123. 李杰：《企业国有产权转让法律程序研究——〈企业国有产权转让管理暂行办法〉的缺陷与完善》，《研究生法学》2005 年第 2 期。

124. 燕春、史安娜：《从国资委到人民代表股东会——国有资产出资人制度批评与重构》，《经济体制改革》2008 年第 3 期。

125. 赵旭东：《论合同的法律约束力与效力及合同的成立与生效》，《中国法学》2000 年第 1 期。

126. 刘贵祥：《论行政审批与合同效力——以外商投资企业股权转让为线索》，《中国法学》2011 年第 2 期。

127. 江钦辉：《论法律行为的效力层次——以探矿权、采矿权转让合同未经批准的效力问题为例》，《东南学术》2013 年第 1 期。

128. 阮忠良、俞巍、朱颖琦：《国有法人股转让未进场交易的法律后果——兼论司法评价企业国有资产转让效力的法律根据》，《法学》2009 年第 12 期。

129. 陈义华：《中外合资有限公司国有股转让中的法律冲突及其立法对策》，《理论界》2014 年第 7 期。

130. 郑太福、张杰：《国有股转让与股东优先购买权行使冲突的实证研究》，《江西社会科学》2014 年第 5 期。

131. 王荣：《国有股权信托行使研究》，《理论月刊》2014 年第 12 期。

132. 吴越主编：《公司治理：国企所有权与治理目标——中国欧盟国有企业公司治理国际研讨会论文集 I》，法律出版社 2006 年版。

133. 贺海峰：《构建容错纠错机制激励干部干事创业》，《光明日报》2016 年 11 月 14 日。

134. 国资委"建立国有资本经营预算制度研究"课题组：《论国有资本经营预算监管体系的构建》，《经济参考研究》2006 年第 54 期。

135. Nadia Gaydarska, StemphanRanmmeloo. "The Legality of the 'golden share' under EC Law", Maastricht Faculty of Law Working Paper. Vol. 5. No. 9. 2009.

后　记

本书是我主持的国家社科基金重点项目"国有股权行使法律问题研究"的结项成果，各章的完成人分别是：

绪　论　王新红

第一章　王新红

第二章　王新红、张琳

第三章　王新红

第四章　王新红、杨雄壬

第五章　王新红、武欣玲

第六章　王新红

第七章　王新红

第八章　魏树发

第九章　刘玉梅

全书由王新红统稿、定稿。

在项目研究中，得到了湖南省国资委肖和华先生、湖北省国资委陈爱斌先生、财政部李文静先生、中国股转系统伍云先生、科技日报谈琳女士的帮助和支持。新疆社会科学院江钦辉研究员、华东政法大学陶琨炜博士和山东齐鲁律师事务所安志惠律师分别为为本书第八章、第六章、第七章的写作贡献了智慧，原福建师范大学法学院研究生杜君彦、陈婧娴、林继彬、张龄升、姜超夫协助张琳老师完成了本书第二章第一节部分内容、第二节和"国有股权行使之控制论"（因故未收入本书）的撰写。书稿完成后，庄晓燕博士和胡春晖、匡红、黄婷婷、康博然等十几位研究生为本书做了认真细致的校对工作，人民出版社的领导和编辑为本书做了卓有成效的编辑工作，在此一并致谢。

　　本书是项目组全体成员共同努力的成果，凝聚了项目组每个成员的智慧和汗水。作为项目负责人，我要感谢刘玉梅女士和张琳教授的友情加入，感谢杨雄壬先生和武欣玲女士任劳任怨的付出。特别感谢挚友魏树发教授，他对本书的贡献，不仅仅体现为他是作者之一，更重要的是他达观的处世态度和兄长般的鼓励与帮助，使我获益良多，这是本书能够顺利完成的重要原因。

王新红

2022 年 1 月 10 日

责任编辑:陈寒节

封面设计:石笑梦

版式设计:胡欣欣

图书在版编目(CIP)数据

国有股权行使法律问题研究/王新红等 著.—北京:人民出版社,
　2022.7

ISBN 978-7-01-023551-6

Ⅰ.①国…　Ⅱ.①王…　Ⅲ.①国有股权管理-法律-研究-中国
　Ⅳ.①D922.291.914

中国版本图书馆 CIP 数据核字(2021)第 129008 号

国有股权行使法律问题研究

GUOYOU GUQUAN XINGSHI FALÜ WENTI YANJIU

王新红 等 著

人 民 出 版 社 出版发行

(100706　北京市东城区隆福寺街 99 号)

天津文林印务有限公司印刷　新华书店经销

2022 年 7 月第 1 版　2022 年 7 月北京第 1 次印刷

开本:710 毫米×1000 毫米 1/16　印张:24.25

字数:377 千字

ISBN 978-7-01-023551-6　定价:85.00 元

邮购地址:100706　北京市东城区隆福寺街 99 号

人民东方图书销售中心　电话:(010)65250042　65289539

版权所有·侵权必究

凡购买本社图书,如有印刷质量问题,我社负责调换。

服务电话:(010)65250042